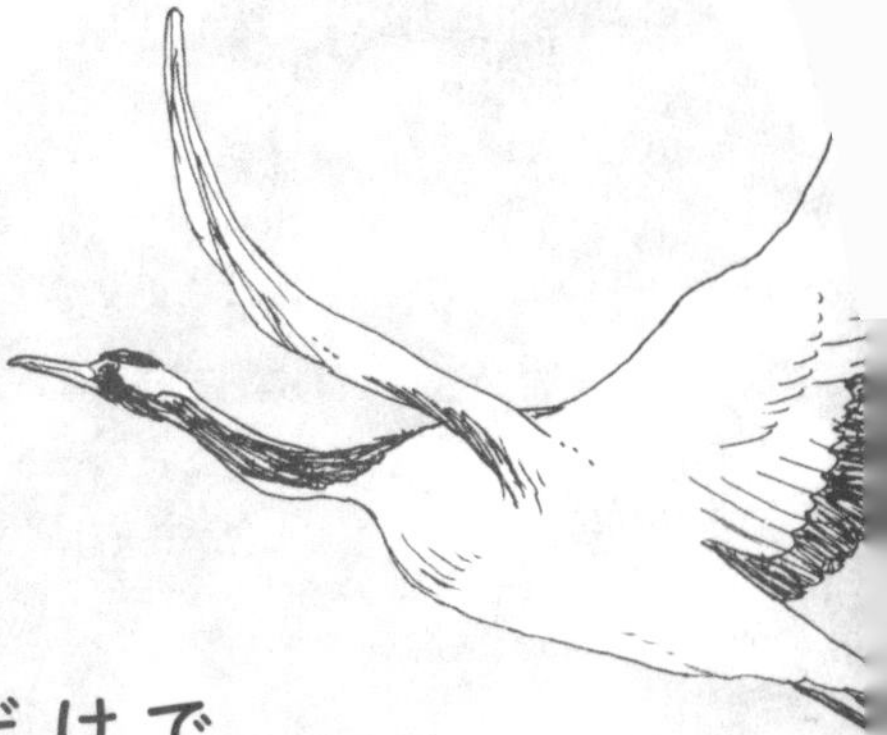

1日1分、
日本の暦を読むだけで
開運できる

365日のご利益大全

今日はいい日だった。
今日はいい日じゃなかった。

このように1日を振り返ったことはないでしょうか？

人生に同じ日は、1日もありません。
節目となる忘れられない出来事が起こる日もあれば、
昨日の繰り返しのように思えてしまう日もあるでしょう。

1年は「何気ない1日」の積み重ねで過ぎていきます。
でも、古来日本人は1日という区切りに意味を見出して、
大切に生きていました。

毎日を「何気ない日」で終わらせずに、
「いい日」「意味のある日」にする
智慧をもっていたのです。

その智慧とは、

二十四節気、七十二候の暦です。

じつは、毎日をいい日にすることは簡単です。
季節に合わせた生き方の指針となる、
暦に合わせた行動をすればいいだけなのです。

もう大丈夫です。
今日も明日も明後日も、
あなたにとっての毎日は「いい日」で溢れ出します。

はじめに

本書は「365日＋1日」で構成された、「毎日がいい日になる」ための不思議な力を詰め込んだ道具です。

この世界は「人間が作り出したもの」ではありません。

人間は科学を駆使し、さまざまな発見と発明により、長い年月をかけて高度な文明と社会を作り上げました。

でも、その過程において大きな「勘違い」をするようになったのです。

それは「人間が世界を作り出した」という思い込みです。

現代に生きる私たちは、この世界を「人が作り出したもの」だと思い込んで暮らしています。

確かに、住む家も、着る服も、生きるための食料も、世界の誰かが作り出したものです。

でも、それは「もともと、あるもの」が形を変えて目の前に現れただけで、**まったくの「無」から人間が作り出したものなど、この地球、この宇宙のどこを探しても存在しないのです。**

「時間の流れ」も人間が作り出したのではなく「もともと、そうなっていること」を人間がわかりやすいように、数字で表現したものに過ぎません。

この「大前提」を深く理解していたのが、世界地図の隅にあって、龍の形をした島国に生まれた日本人でした。

彼らは、世界のすべては「もともと、あるもの」で構成され、それにより人間は「生きている」のではなく「生かされている」という事実を根本から理解している民族でした。

そして「もともと、そうなっていること」を「神さま」や「仏さま」として、祈りの対象へと進化させていったのです。

本書は、日本人が世界のすべてを「神さま」「仏さま」として祈り、感謝を捧げていた時代の「幸せに生きるための智慧と工夫」を現代に復活させるために生み出されました。

現代のように何月何日といった数字で表現しない「古暦」という日本の伝承、そして古暦を重んじてきた私たちのご先祖さまの智慧を現代語に翻訳してお伝えしています。

そのため、1日1ページ読むことで、現代を生きるあなたの仕事、お金、人間関係のすべてが向上し、「より幸せに生きる」という願いが叶う「仕掛け」を込めることができたのです。

日々の暮らしと時間は「波の動き」のように、上下を行き来しながら流れていきます。

この本は、そばにあるだけでも「全部が良くなる効果」がありますが、とくに迷うときや不安なときに、ここに書かれた「行動（ワーク）」や「呪文」を実践することで、その状況を変化させ、「自力」だけではない「他力」をも味方につけることができます。

私が「人間以外の力」の存在と重要性に気がついたのは、30年以上前のことです。

人生という波の動きに翻弄され、絶望の淵に立たされたとき、「人間の自力ではない他力の存在」に救われたのです。

そのときから現在に至るまで、「幸せに生きた人々」と「他力」の関係についての研究が始まり「幸せを生む他力」を追いつづけることが、私の人生のすべてとなりました。

その過程として、江戸時代の中期から後期にかけて興った「国学」という学問へと進み、今では極めて珍しい「神社に所属しない高等神職階位・明階保持者」

として、多大なるご支援とご協力を得て、研究を続けてまいりました。

現在では、日本良学株式会社の代表として、年間2000人以上の皆さまに講演会やご参拝イベントを通じて、研究の成果をお伝えしております。

そして今回は「ご利益暦」として生き残った「暗号」を解読し、「先人たちからのメッセージ」の「現代版」をお伝えしています。

それは、時代や社会がどのように変化しても、歴史のなかで受け継がれるべき「必勝法」です。

それを実践するのは「今、このとき」なのです。

1日1ページ、あなたのペースで読みながら、「すべてが良くなる」という現象を体感してください。

ブックデザイン 吉田考宏 イラスト 畠山モグ 校正 ペーパーハウス
プロデュース 山本時嗣 編集 尾澤佑紀（サンマーク出版）

日本人が古来より受け継いできた「古暦」の力

この国に暮らす
私たちのご先祖さまは
自然とともに生き、
神さまや仏さまの存在を
身近に感じながら、
たくさんの智慧を残してくれました。

その「智慧」こそが、
今日まで伝わっている
二十四節気・七十二候という暦です。

1日1ページ、
ご利益をいただく実践に入る前に、
暦のもつ力に
触れてみてください。

カレンダーはつい150年ほど前から使われはじめた日本人にとっては新しいツール

日常生活で、ほとんどの人が毎日確認している情報があります。

それは「カレンダー」に書かれた日付です。

人との約束も、仕事の期限も、手続きの締め切りも、すべてがカレンダーという共通の情報によって決定され、共有されているのです。

でも、日本ではカレンダーは「つい最近使われるようになった道具」であることを、ご存じでしょうか？

日本が国として成立していたことが確認できる飛鳥時代から、独自の国家として繁栄を極めた江戸時代が終わるまでの「1276年間」、現在のようなカレンダーは、この国では存在していなかったのです。

そして、150年ほど前に突然「西洋のカレンダー」を使用することを義務づけられて、現在に至るのです。

では、それ以前の長い期間、私たちのご先祖さまは日付や日程や期限を認識しなくてもよい社会で暮らしていたのでしょうか？

むしろ「逆」です。

日本では、現代のカレンダーより厳密に計算され、多方面かつ多用途のツールとして「暦」と呼ばれるものが利用されてきたのです。

古暦は、人知を超えた変化を活用するツールだった

「暦」には、さまざまな種類が存在していました。

私の研究では40種類以上の存在を確認していますが、時代によっては、それを大きく超えるバリエーションがあったと推測されます。

なぜ、そのようにたくさんの種類の暦が存在したのかというと、「暦を使用する目的がたくさんあったから」です。

もちろん、現代のように「時間の流れに対して、共通の認識をもつため」という目的はあったのですが、それよりも遥かに「重要な目的」が存在しました。

それは……。

「人間には理解できない領域の変化を活用する」という目的です。

そのため、多くの暦は人間には理解できない領域の象徴である「神さま」や「仏さま」と緊密に結びついて、開発されていったのです。

そしてそこには、日本では封印されてしまった「日本式占星術の手法」も含まれています。

現代では西洋占星術しか星の動きを読む手法が伝えられていませんが、**日本では国家として成立する2000年以上前から「星読み」による「見えない領域へのアプローチ」が存在していました。**

しかし、それらの多くは表に出ることなく、明治維新後に政府の方針によって消え去ることとなったのです。

暦の叡智を現代版にアップデート！ 今日から毎日が「いい日」になる

本書では、多くの種類があった「暦」のなかで「二十四節気」と「七十二候」

という「暗号化されていたために検閲から生き残った暦」を使用し、本来の目的であった「人間ではコントロールできない領域での変化を活用する」という意図を復活させています。

とはいえ、現代のカレンダーは私たちの生活の基盤となっているため、365日（うるう年は366日）に変換したうえで、現代の社会生活に適応する内容へと翻訳しました。

その結果、私が30年以上研究してきた「ご利益」という概念を適応させ、現代でも実行が可能な「ご利益行動（ワーク）」をご提案させていただきました。

本書を読んで、毎日少しの時間でいいので実践することで、ご利益を実感できるのです。

「古暦」には大きく分けて2種類が存在します。

一つは「毎日変化して、まったく同じ日が2度発生しない」タイプ、もう一つは「1年間で循環して、螺旋状に上下する」タイプです。

本書は「螺旋状のタイプ」として365日を循環するように設計しています。

そのため、あなたが「いつからでも」「どこからでも」「どのような状況でも」本書とご縁を繋いだ瞬間から、その効果が発動する仕組みとなっています。

つまり、**今日この日から、毎日を「いい日」に変えることができるのです。**

さらに、「コトダマ」という日本人が古代から認識していた「言葉のもつ、不思議な力」が、自動的に発動するための仕組みも施しています。

忙しくて読めない日があっても、気にする必要はありません。

いつかこの本が本棚で眠る日が来たとしても、家に置いておくだけで「あなたの幸せを常に願う存在」として機能するようになっています。

お金にも人にも仕事にも恵まれて、「幸せに生きた」と言える人生を歩むため。

本書は、私の30年以上のご利益研究、そして暦の叡智を余すところなく1冊に詰め込み、あなたのもとにやってきた「不思議な本」なのです。

本書の使い方

本書を余すところなくご活用いただき、ご利益を実感していただくために、本書の見方を解説しました。日々大切なのは、「楽しんで実践する」という感覚です。さあ、新しい「区切り」をこの本からスタートしましょう。

ご利益行動(P.83)

その日に取り組んでいただきたい行動(ワーク)を記載しています。毎日欠かさず実行する必要はありません。自分の直感で「やってみよう」と感じたものを、実践してください。

見出し

当日に確認していただくと、より効果的な「コトダマ」を記載しています。お忙しいときは、この見出しだけ確認しても有効です。また、二十四節気にちなんだゲン担ぎとなる季節の植物のイラストも載っています。

1月1日

二十四節気　冬至《とうじ》

七十二候　麋角解《さわしかのつのおつる》 から 雪下出麦《ゆきわたりてむぎのびる》 へ

「おめでとう」は、あなたの未来への言葉

ご利益行動

予祝で1年を始める

1月1日は世界中が「西暦の新年」をお祝いする日です。今日は、新しい年の最初の日をお祝いするとともに、これからやってくる「望むべき結果を先取りしてお祝いするおまじない」を実践してみてください。**それは「予祝」と呼ばれる行動です。**専門の解説書が出るほど、よく効くおまじないなのです。**具体的には、すでに願い事が叶ったかのように振る舞い、ご馳走を食べ、お祝いをします。**この本を手に取った今から、お正月の「おめでとう」という言葉は、あなたの「これからやってくる良い結果を予祝する言葉だ」と認識を変えてみてください。すると、世界中があなたの未来を祝福することになるのです。

暦からのメッセージ

今日はまだ準備期間

じつは日本人が「新しい年が来た」と認識するのは、西暦の1月1日ではありません。なぜなら、日本人は古来より「古暦」を基準に生きてきたからです。そのため**1月1日は、まだ準備段階であることを認識してください。**今日は予祝で、やがて来る古来の新年を迎える準備をするのです。

今日のご縁日

歳徳神《としとくじん》さま

別名・お正月さま。毎年違う方向からやってくる幸せの神さまです。毎年変わる「恵方」とは、この神さまがいる方向のこと。もともと日本の1月1日は、この神さまをお迎えするお祭りの日なのです。

今日の呪文

「めでたきかな、めでたきかな、元朝の、年神さまの、あきほうに、この1年の幸せを祈念いたします」

歳徳神さまをお迎えするための呪文です。今年の「恵方」に向かって唱えます。

ご利益フード

おせち料理

日本の「ゲン担ぎ」が詰まった、予祝に最高のメニューです。それぞれの料理の意味を確認すると、ゲン担ぎの効果が倍増します。

20

二十四節気・七十二候(P.51)

その日の二十四節気と七十二候です。文字と読み方を確認してください。現代のカレンダーでは誤差が発生するため、二つの暦が重なる「切り替わりのタイミング」が2日間存在します。どちらも「変化のタイミング」として認識してください。

今日の呪文(P.183)

その日に相応しい「ご真言」「吉語」「禅語」を厳選してお伝えしています。唱える方向や回数が指定されているものは「試してみる」という感覚で、その通りに唱えてみてください。

今日のご縁日(P.117)

その日にご縁を感じていただきたい「神さま」と「仏さま」の御名《みな》(尊い名前)が記載されています。御名そのものが「縁起が良い文字列」ですので、ぜひ確認してみてください。

暦からのメッセージ

その日を鑑定した内容や「ご利益行動」の補足が、こちらの欄に記載されています。

ご利益フード(P.249)

「旬となる食材」を中心にご紹介しています。本来、旬とは「おいしくなる期間」という意味だけではなく、ゲン担ぎの意味も込められていました。こちらも「無理しない程度」に、意識して当日に食べてみてください。

( ) 内のページ数は、詳しく解説しているコラムページのページ数を示しています。

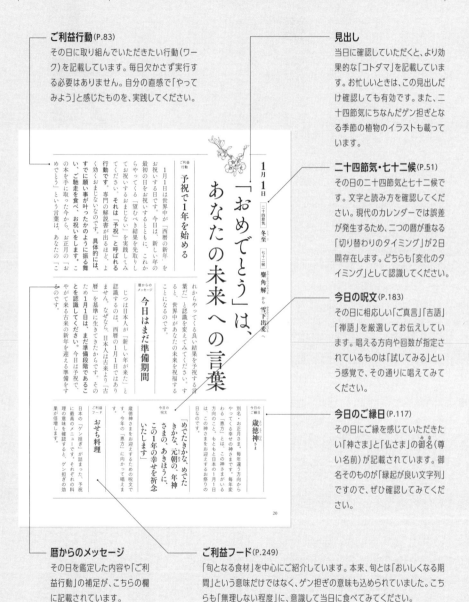

1月

新年を迎え、澄み切った空気が
新しい年への希望を運んできます。
1月は1年でもっとも日が短い冬至《とうじ》から、
小寒《しょうかん》、そして大寒《だいかん》へと
寒さが厳しくなる月でもあります。
少し先に訪れる春の気配を感じながら、
五感を大切に、本書を携えて
新しい暮らしを作っていきましょう。

Yukiwataritemuginobiru

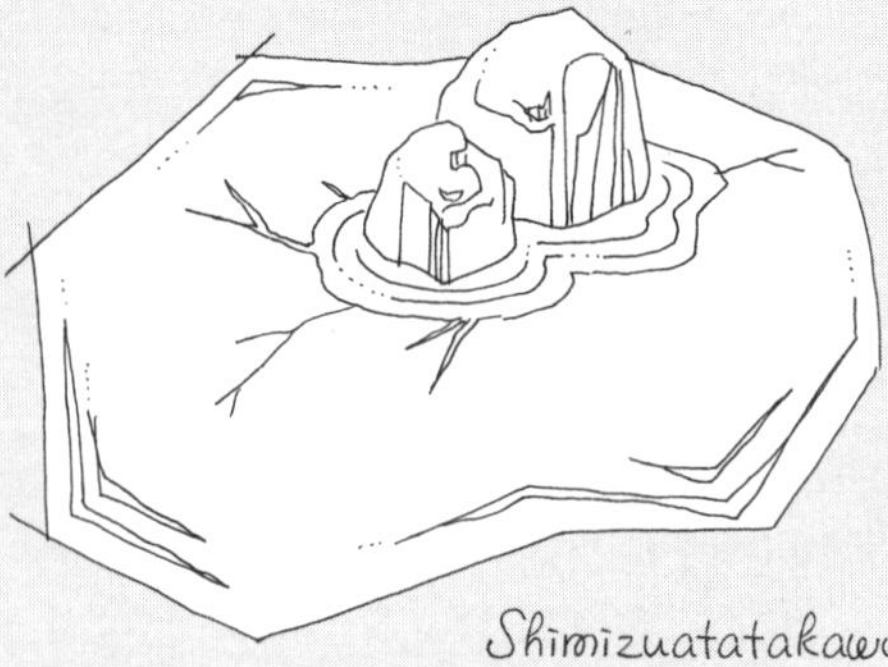

Shimizuatatakawofukumu

Serisunawachisakau

Kijihajimetenaku

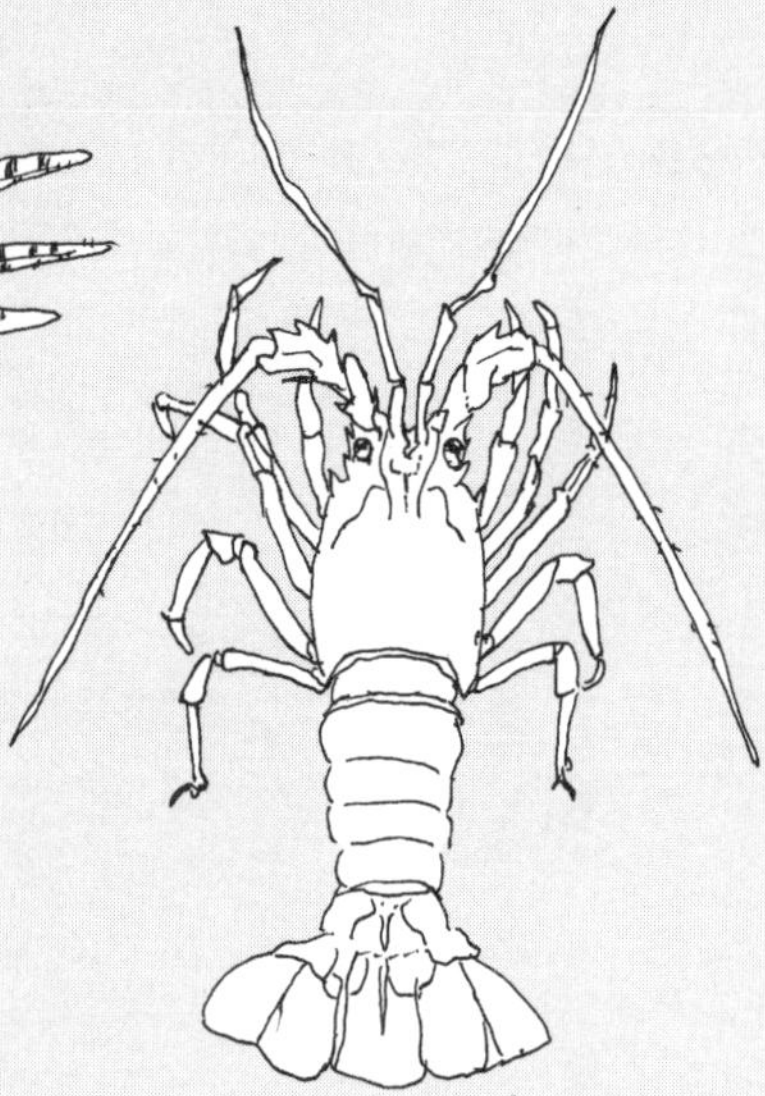

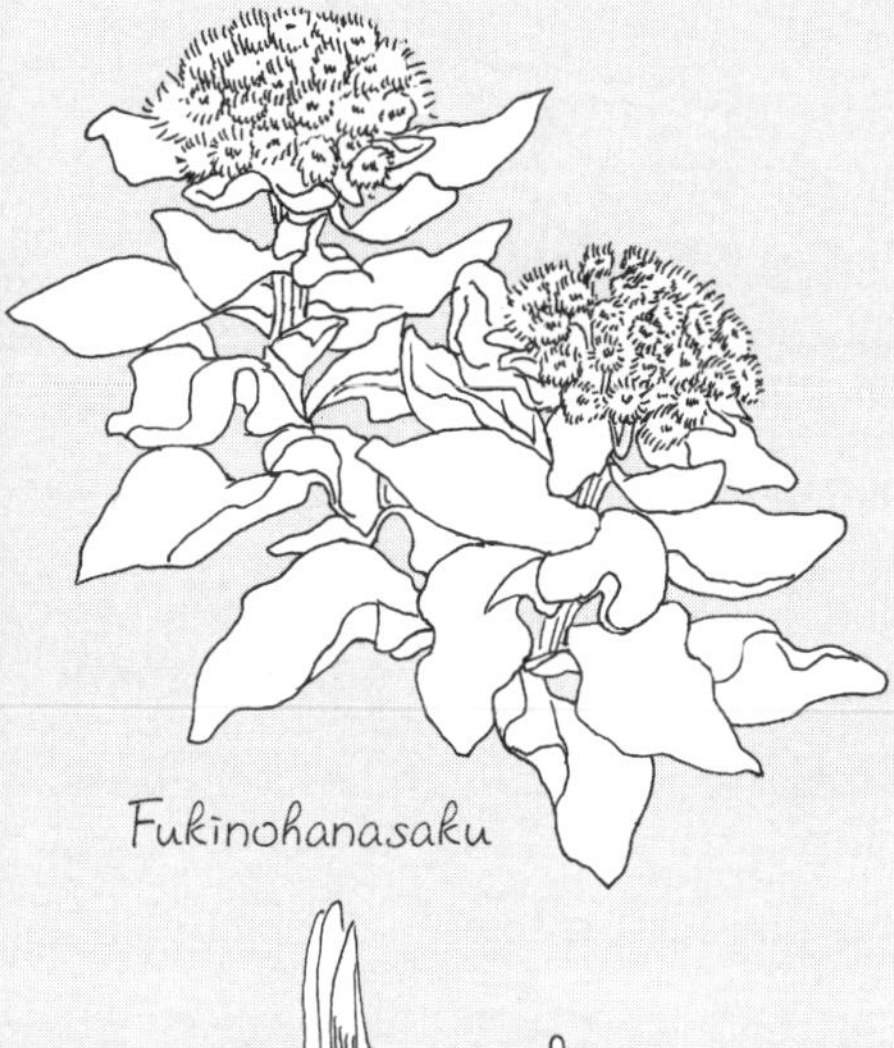

Fukinohanasaku

Niwatorihajimetetoyanitsuku

Sawamizukooritsumeru

1月1日

二十四節気 冬至《とうじ》

七十二候 麋角解《さわしかのつのおつる》から雪下出麦《ゆきわたりてむぎのびる》へ

「おめでとう」は、あなたの未来への言葉

ご利益行動

予祝で1年を始める

1月1日は世界中が「西暦の新年」をお祝いする日です。今日は、新しい年の最初の日をお祝いするとともに、これからやってくる「望むべき結果を先取りしてお祝いするおまじない」を実践してみてください。**それは「予祝」と呼ばれる行動です。**専門の解説書が出るほど、よく効くおまじないなのです。**具体的には、すでに願い事が叶ったかのように振る舞い、ご馳走を食べ、お祝いをします。**この本を手に取った今から、お正月の「おめでとう」という言葉は、あなたの「これからやってくる良い結果を予祝する言葉だ」と認識を変えてみてください。すると、世界中があなたの未来を祝福することになるのです。

暦からのメッセージ

今日はまだ準備期間

じつは日本人が「新しい年が来た」と認識するのは、西暦の1月1日ではありません。なぜなら、日本人は古来より「古暦」を基準に生きてきたからです。そのため**1月1日は、まだ準備段階であることを認識してください。**今日は予祝で、やがて来る古来の新年を迎える準備をするのです。

今日のご縁日

歳《とし》徳《とく》神《じん》さま

別名・お正月さま。毎年違う方向からやってくる幸せの神さまです。毎年変わる「恵方」とは、この神さまがいる方向のこと。もともと日本の1月1日は、この神さまをお迎えするお祭りの日なのです。

今日の呪文

「めでたきかな、めでたきかな、元朝《もとあさ》の、年神さまの、あきほうに、この1年の幸せを祈念いたします」

歳徳神さまをお迎えするための呪文です。今年の「恵方」に向かって唱えます。

ご利益フード

おせち料理

日本の「ゲン担ぎ」が詰まった、予祝に最高のメニューです。それぞれの料理の意味を確認すると、ゲン担ぎの効果が倍増します。

1月2日
寝る前にちょっとだけ妄想をしてみる

二十四節気　冬至

七十二候　麋角解 から 雪下出麦 へ

ご利益行動

夢は寝る直前に描く

1月2日の夜に見た夢は「初夢」となって、現実化します。現代でも有名なおまじないで、古暦から西暦に置き換わっても受け継がれてきました。1年に一度のタイミングなので初夢を見ることを心待ちにするだけでなく、一歩先を行くなら**「寝る直前に夢を描く」というおまじないを、今日は試してみてください。**世界中で新年をお祝いしている期間だからこそ、妄想を楽しみながら膨らませていくことで、夢と現実の境界線を越えて、見えない領域からの支援が発生するのです。

暦からのメッセージ

変化はまだ先

目に見える変化と見えない変化を繰り返しながら、季節は変わっていきます。人間も大自然の一部に過ぎず、その流れのなかで「生かされている」という前提が、この国で幸せに生きるために必要な古来より伝わる認識だったのです。世間はお正月ムードに包まれていますが、古暦ではまだ大きな変化のタイミングではありません。西暦のお正月を楽しみつつ、「初夢のおまじない」にも挑んでみてください。

今日のご縁日

七福神《しちふくじん》さま

大黒天《だいこくてん》さま、毘沙門天《びしゃもんてん》さま、恵比須天《えびすてん》さま、寿老人《じゅろうじん》さま、福禄寿《ふくろくじゅ》さま、弁財《べんざい》天《てん》さま、布袋尊《ほていそん》さまの総称。初夢でこのうちの誰かが登場すると、最高に幸せな1年がやってきます。

今日の呪文

「なかきよの とおのねふりの みなめさめ なみのりふねの おとのよきかな」

江戸時代に大流行した初夢用のおまじないです。寝る直前、お布団のなかで唱えてみてください。

ご利益フード

胡桃《くるみ》

良い夢を見るために役に立つ「トリプトファン」が豊富に含まれています。人の脳のような形をしているため、「頭が良くなる」というゲン担ぎもできる食べ物です。

1月3日

二十四節気　**冬至**

七十二候　**雪下出麦**

内へ向かう意識が明日の自分を変える

日は現代のカレンダーとは違っています。全体の雰囲気に心身を馴染ませながら、古暦の智慧を活用していきましょう。

ご利益行動

心の準備を意識する

今日は「心の準備」「気持ちの準備」に意識を向けると、良い方向へと導かれるタイミングです。今年が始まってまだ3日と思われるかもしれませんが、「もう3日経った」のです。世間が緩んでいるうちに、自分の内側を準備しておきましょう。準備で「大きな差」が生じるのが暦のパワーなのです。「1年の計は元旦にあり」という格言をご存じでしょうか。これは現在の西暦における1月1日の朝のご利益行動とはなりません。そもそもこの言葉ができたころの元旦となる

暦からのメッセージ

変化を想像する

「冬至」の期間ですが、人間には見えない領域が確実に春へと推移しています。ときの流れは、変化が留まらないから成立しているともいえます。今は「兆し」が見える領域へと移行する期間です。**雪の下で起こる変化を想像することで、雪が溶けて変化が目に見えるようになったときに、想像をして準備をしなかった人との違いがはっきりと現れます。**

今日のご縁日

元三大師《がんざんだいし》さま

「厄除け大師さま」として、有名なお坊さんです。ご命日が1月3日のため、今日がご縁日となります。流行していた疫病を護符によって吹き飛ばしたことで、今でも「角大師護符《つのだいしごふ》」は大人気です。

今日の呪文

「おんしゅだしゅだ」

浄化のための呪文です。お正月の期間は生活のリズムが乱れがちなので、今のうちに唱えておきましょう。3回唱えます。

ご利益フード

小豆《あずき》

おせち料理にも使われる強力な魔除けフードです。豆には、強い鬼も逃げ出すほどのお祓いパワーがあるのです。

1月4日

二十四節気　冬至

七十二候　雪下出麦

祈る、徳を積む。だから、幸せになる

ご利益行動

世界に祈りを捧げる

さて、正月三が日も終わり、そろそろ通常モードへ移行していきます。「今日から始動」と思っている方も多いでしょう。でも、**今日は直接的な活動の前に「徳を積む」という行動を選択してみてください。**それもボランティアや寄付などの、他人の助けになることではなく、「誰にも知られない貢献」を行うのです。他人に知られない徳のことを「陰徳《いんとく》」といいます。「自分の深いところへ届く無償の貢献が、神さまや仏さまに届く」と考えた日本人の幸せになる手段の一つです。誰にでもすぐできるおすすめの陰徳を積む方法は、「祈ること」です。今日のタイミングで世界のすべてに向けて、あなたの祈りを捧げてみてください。

暦からのメッセージ

見えない変化は急激

冬至の期間は、目に見える世界の変化は「ゆっくり」ですが、見えない領域の変化は「急激」です。同じような寒さが続いていても、地面の下では、確実に春へと向かう変化が続いています。今日は「陰」、つまり見えない領域で変化のためのエネルギーが必要な日です。あなたの祈りが暖かい春へと結びつくのです。

今日のご縁日

薬《や》師《くし》瑠《る》璃《り》光《こう》如《にょ》来《らい》さま

医王善逝《いおうぜんぜい》とも称される仏さまです。癒やしの光と人間には作れない薬を用いて、人々を救ってくれるといわれています。

今日の呪文

「オン コロコロ センダリ マトウギ ソワカ」

今日は初薬師さまとなりますので、できれば午前中に唱えてみてください。周囲の人も元気にする呪文です。スタートダッシュのためには健康は必須条件です。医王さまの力を得ましょう。

ご利益フード

牛蒡《ごぼう》

食物繊維が豊富で、お腹のなかを整えてくれる食材です。もともとは薬として中国から日本にやってきたほど、その効果は高いのです。

1月5日

二十四節気

冬至から小寒《しょうかん》へ

七十二候

雪下出麦から芹乃栄《せりすなわちさかう》へ

「すっきり」が、迷いに道を示す

ご利益行動

すっきりを書き出す

現代社会は選択肢が増えすぎたため、多くの人が迷いやストレスを抱えています。**今日は「すっきり」を合言葉に整理してみましょう。**スマホのメモ機能やメモ帳を使って「すっきり」と「モヤモヤ」の分類で書き出してみます。たとえばすっきり欄には、「シャワー」「掃除」「体操」、モヤモヤ欄には、「寝不足」「雑用」「満員電車」など、思いつくままに書いてみるのです。そしてモヤモヤ欄をキレイさっぱり消してみてください。これで、あなたのすっきりが明確になります。今後、選択で迷うときには、このメモを見れば良いヒントが得られますよ！

暦からのメッセージ

変化は確実に

冬至から小寒へ。寒い冬は変化がないように見えますが、見えない領域では変化が起きています。人間が変化を理解できたときを「春」と呼んでいるのです。**寒さはこれからが本番ですが、今日の暦からは、変化のスピードが速いものが「目に見える領域」へ出現していきます。**人間に理解できる変化が起こる前に、すでに変化が始まっていることを、古暦は教えてくれているのです。

今日のご縁日

天之御中主神《あめのみなかぬしのかみ》さま

この宇宙が始まるとき、最初に現れた神さまです。東京・水天宮さまでは「初水天宮」としてお祝いされています。

今日の呪文

「春来喜氣迎《しゅんらいききげい》」

嬉しい春が来る前に、春を喜んでおくための呪文です。「新春」と呼ばれるこの時期に唱えておくことが重要なのです。

ご利益フード

レモン

「すっきりの代名詞」ともいえる食材です。1年中手に入る果物ですが、旬は1月なのです。寒いので「ホットレモネード」で温まるのもいいですね。

1月6日

豊かさの基準は自分で決める

二十四節気 冬至 から 小寒 へ

七十二候 雪下出麦 から 芹乃栄 へ

ご利益行動

もっているお金と向き合う

自分のもっているお金と向き合う。これはとても勇気がいることです。とくに、「人間性や実力、生き方が収入に比例する」と信じている人にとっては、自分の認識よりも少ない金額だと失望に繋がるからです。でも、「あなたのお金」は、「あなたを評価する数値」ではありません。ただ現代の世界では、お金は少ないよりも多いほうが、「気分が良いことができる可能性」が広がることは確かです。**ぜひ「自分なりの豊かさ」を実現するうえで、「お金の現状」から目を背けない訓練を開始してください。**収入と支出の把握を今日から始めてみましょう。

暦からのメッセージ

区切りを意識する

古暦は「米＝昔のお金と同等なもの」が、多く収穫されることを意図して作成されたものです。豊かな実りのためには、育成の段階を区切り、各段階ごとに作業を区切る必要がありました。**今日のタイミングでは「区切り」を意識しながら、そこに隠された力を活用してみましょう。**

今日のご縁日

武《たけ》甕《みか》槌《づちの》大《おお》神《かみ》さま

東国三社さまの一つ「鹿島《かしま》神宮さま」のご主祭神さまです。強く気高い神さまで、高天原《たかまがはら》より地上に降り立った天《あま》津《つ》神《かみ》の代表として国譲りを実現させ、今でも「地震を起こすナマズ」を押さえつけてくれています。

今日の呪文

「和《わ》氣《き》作《さく》新《しん》年《ねん》」

年の初めに唱えておくことで、この1年の豊かな実りを祈る効果が継続して発動します。「収穫」は現代においては「収入」と同義なのです。

ご利益フード

鯛

「おめでたい」の鯛です。恵比須さまは、豊かさの象徴として鯛を抱えています。今日は豊かになる鯛を体に取り込みましょう。

1月7日

美しく生きる人は、内面を整えている

二十四節気　小寒

七十二候　芹乃栄

ご利益行動

深く、心を整える

「美容」という言葉は古代ギリシャの時代から存在しています。美しいという認識は神さまへ通ずる「祈り」にも似た感情なのです。でも、それは「表面的なもの」「目に見える範囲だけのこと」ではありません。化粧やアクセサリーや洋服は、一時的な美を伝えることはできますが、内面から整えていかなければ、外面の美しさを維持することはできません。**ぜひ、春を迎える前に「内面を整える」意識を育てましょう。**もちろん、体の内側から効くコスメやサプリもよいのですが、それよりも深い内面、つまり、「心」を整えてみてください。

暦からのメッセージ

摂理を活用する

深いところで芽生えた変化が、少しずつさまざまな栄養や要素を取り入れながら、大きく、強くなっていく。これを「摂理」といいます。摂理とは、人間が決めたことではなく「もともと、そうなっていること」なのです。古暦は、この摂理を幸せに生きるために活用するヒントとして教えてくれます。**今日は「内面の重要性」に気づくことで、美しく生きる変化が始まる日なのです。**

今日のご縁日

建《たけ》速《はや》須《す》佐《さ》之《の》男《お》命《のみこと》さま

高天原からこの国に降り立ち、英雄として人々を導いた神さまです。長野県上田市の信濃国分寺では1月7日は「八日堂縁日」が開催されます。

今日の呪文

「蘇《そ》民《みん》将《しょう》来《らい》」

須佐之男命さまの伝説で登場する魔除け、病気除けの呪文です。玄関で3回唱えてみてください。

ご利益フード

七草粥

セリ・ナズナ・ゴギョウ・ハコベラ・ホトケノザ・スズナ・スズシロの七草が入った、お正月のご馳走で疲れた胃腸をいたわるお粥です。この七草の名前そのものが、健康になる呪文なのです。「蘇民将来」とセットで、唱えてみてください。

1月8日

二十四節気 小寒

七十二候 芹乃栄

日々の良いことを増やしながら生きる

ご利益行動

日々の良いことを増やす

簡単なようで難しいのが、「自分の思い通りに生きること」です。私たちが生まれる前から社会や制度は存在しているのですから、協調性や社会性が優先される場面も多くあります。そのため、自分の望み通りではないことも受け入れなければならず、悔しかったり、悲しかったりするのです。**でも1から100まで思い通りに生きることを目指すより、「自分にとって良いことを増やしながら生きる」ほうが簡単だったりします。**「日々の良いことを増やす」感覚のほうが、暦を受け継いできた先人たちの智慧に近いのです。

暦からのメッセージ

完璧な世界などない

この世界には、人間が決めた規律よりも前に、自然が決めた法則が存在します。**どんなに社会が成長しても、100%人間の欲求通りの世界なんて、ありえないのです。**人間は「完全には程遠い生き物」なのだから、いきなり「すべてが素晴らしい世界」は成立しないのです。古暦はその前提をもとに、いかに気分よく生き抜くかという気づきを与えてくれます。

今日のご縁日

薬師瑠璃光如来さま

1月4日もご縁日ですが、1月8日も初薬師さまとしてお祝いするお寺が多いのです。「この時期は体調に注意せよ」という先人たちからのメッセージですね。

今日の呪文

「オン ビセイゼイ ビセイゼイ ビセイジャサンボリ ギャテイ ソワカ」

ちょっと長いので、本書を見ながら唱えてみてください。健康と元気をもたらしてくれる呪文です。

ご利益フード

牡蠣《かき》

冬のご馳走です。豊富なミネラルが取れるため、古代では薬としても用いられました。この時期なら鍋がいいですね！

1月9日

二十四節気　小寒

七十二候　芹乃栄

祈ると、神さま仏さまが味方してくれる

ご利益行動

良い選択のために祈る

「今の現実は自分の選択の結果だから、自分に責任がある」。一見すると正しい意見のように思えますが、昔の日本人は、そのように考えていませんでした。なぜなら、選択に必要なひらめきや発想、決断は自分だけではなく、「神さまや仏さまから与えられるもの」だと考えていたからです。これが「自力と他力」という仏教的発想と結びついて、「良い行動を選択するために祈る」という行為を生んだのです。**今日は、少しだけ意識を昔の日本人に戻して「良い選択ができますように」と願ってみてください。**その後の変化を検証してみていただければ、自分に合う方法なのかを確認することができます。

暦からのメッセージ

発想は外から

ひらめきは、人間の領域を超えたところからやってくる。先人たちがそのように考えたのは、ひらめきが人間の力だけで来るとは思えなかったからです。**今日の古暦は「見えない領域へのアプローチ」に最適だと教えてくれています。**春が来る前に準備をしておくと、少しの差が、大きな差となります。

今日のご縁日

高《たか》龗神《おかみのかみ》さま

京都の貴船《きふね》神社さまでお祀りされる、水を司る神さまであり、「龍」を祀る時代の御名《みな》でもあります。ちなみに地名は「きぶね」ですが、水の神さまが濁らないように、お社の名前は「きふね」と読みます。

今日の呪文

「凌霄之志《りょうしょうしし》」

「大空よりも高い望み」という意味の呪文です。澄み渡る空を駆け昇る「龍神さま」のイメージと一緒に唱えてみてください。

ご利益フード

御殻《おから》

「豆腐を作った後に出る搾りかす」なんて、とんでもない誤解です。栄養価も風味も豆腐に負けないほど豊かな食材です。

1月10日

二十四節気 **小寒**

七十二候 **芹乃栄** から **水泉動《しみずあたたかをふくむ》** へ

今日は慌てず歩くだけ

ご利益行動

歩く時間を増やす

歩くことの健康効果は、医学でも認められ、推奨されています。でも、「いきなり歩く時間を取ることが難しい」という人は多いです。さらには「歩くだけ」というのは、習慣化されないうちは退屈なので、わかっていても続けられなかったりします。そこで本書では、暦の変化という人間が決めた法則ではない流れのなかで、「ここで始めると大きく育つ」というタイミングをお伝えしています。

今日から「歩く時間を増やしてみる」という選択をすると、自然界の変化のタイミングとマッチするので、自然と長く歩けるようになっていくのです。

暦からのメッセージ

心が波立っても慌てない

芹乃栄から水泉動へ。目に見えない領域から見える領域へ、変化の波が近づいています。でもまだ、本格的な変化は先です。そのため、心や気持ちといった「内面」は変化を感じているのに、肉体や意識といった「外面」は変化が伴わないという状況でギャップが生まれます。**今は内面がざわざわしても、慌てなくてよいことを先人たちの智慧である古暦は教えてくれています。**

今日のご縁日

金《こん》毘《ぴ》羅《ら》大《おお》神《かみ》さま

海の神さまとして、インドからやってきました。とくに1月10日は「初金毘羅さま」として、各地の神社ではお祭りとなります。

今日の呪文

「オン ヒラヒラ コンピラ ゴンテー ソワカ」

金毘羅さまの大いなる力を認め、賞賛する呪文です。お昼ごろに唱えてみてください。

ご利益フード

鮟《あん》鱇《こう》

おいしい冬のご馳走です。肝も溶け込んだ鍋は絶品ですね。見た目がすごいので、海の神さまの使いとして扱われていたこともある魚です。

1月11日 正しいのは、本当に自分なの？

二十四節気 小寒

七十二候 芹乃栄 から 水泉動 へ

ご利益行動

「正しさ」を考える

「正しさ」は、どこから生まれるのでしょうか？　多くの場合、自分の主張と他人の主張の背後にある価値観や判断基準のギャップから生まれます。**今日は、正しさの前に「自分なりの」という言葉をつけて、考えてみてください。誰かの意見や誰かの価値観ではなく、「自分なりの正しさ」を検討するのです。**すると、いかに他人の意見を自分のなかに取り入れて正しさを振りかざしていたかに、気がつくでしょう。日本の長い歴史をひもといてみると「正しいのは、神さまと仏さまだけ」と認識していた時代が、圧倒的に長いのです。それは、この島国で天災を生き延びて幸せに暮らすための智慧だったからです。

暦からのメッセージ

まだ準備の期間

じわじわと近づいてくる春。そのための準備をする期間が続いてきました。古暦は今日も、準備の期間が終わったわけではなく、一部の先行した変化が表面に現れるタイミングであることを告げています。この準備は「自分の内面」で行うべきことが多いのが、この期間の特徴です。

今日のご縁日

歓《かん》喜《き》仏《ぶつ》さま

菩薩《ぼさつ》さまへと昇華する過程の最初の段階にある仏さまです。人を助けることに喜びを見出す仏さまなので、このお名前になりました。

今日の呪文

「令《れい》聞《ぶん》広《こう》誉《よ》」

良い評判や評価が、どんどん世界に広まっていく効果のある呪文です。自分が多くの人からほめられているイメージと一緒に唱えてみてください。嬉しい感情が伴うと、より効果的です。

ご利益フード

山芋

内臓を優しくいたわってくれる食材です。穏やかな人は、胃や腸の状態が良い人だそうですよ。

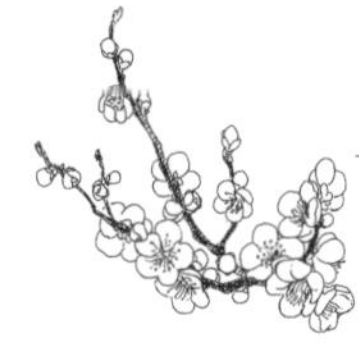

1月12日

二十四節気 小寒

七十二候 水泉動

「いま、ここ」を意識して、水と体を馴染《なじ》ませる

ご利益行動

白湯《さゆ》をゆっくり飲む

「あたたかい飲み物」というと、現代ではコーヒー、紅茶、お茶が圧倒的に主流です。**でも今日は「白湯」、つまり、ただのお湯をゆっくり時間をかけて飲んでみましょう。**人間の体はほとんどの成分が「水」です。でも水を飲むとき、その水が体に馴染んでいくことを意識する人は、ほとんどいません。ただのお湯をしっかり、ゆっくり、「いま、ここ」に意識をもってきて飲む。これはお坊さんも修行で行う、全体のリズムを整える効果もある「ゲン担ぎ行動」です。

暦からのメッセージ

水に感謝

とくに日本は世界的にも珍しい「美しい水がいたるところにある島国」です。そのため、他の民族に比べ「水への感謝」が薄らいでいるようにも感じることがあります。**古暦において水は、最初に変化の兆しを教えてくれる物質として扱われています。**美しい水も洪水の水も、同じ物質なのです。このタイミングで、しっかりと日本人が受け継いできた感覚を思い出してください。

今日のご縁日

虚《こ》空《くう》蔵《ぞう》菩《ぼ》薩《さつ》さま

「明けの明星」、つまり「金星」を司る仏さまです。美しいものを守ってくれる仏さまですので、今日はオシャレをするのもゲン担ぎとなります。

今日の呪文

「オン バザラ アラタンノウ オンタラク ソワカ」

「宇宙のごとく広い慈愛」を与えてくれるご真言です。白湯を飲んだ後、唱えてみてください。

ご利益フード

白湯

今日のご利益行動と同じで恐縮ですが、白湯だけでなく、今日は味が濃いもの、油気が強いもの以外のメニューを心がけてみてください。味以外の魅力を食事で発見するチャンスですよ！

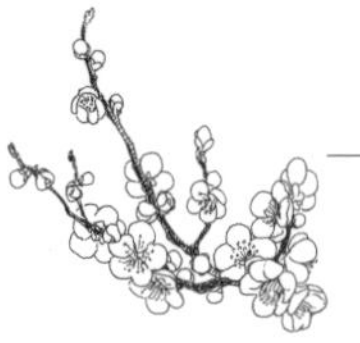

1月13日

二十四節気　**小寒**

七十二候　**水泉動**

すべての物事には流れがある

ご利益行動

流れにたとえて考える

仕事でも勉強でも「流れ」が大切です。水は高いところから、低いところへ流れますが、その性質はそれ以外の変化でも確認できるのです。**今日は仕事や勉強を「川の流れ」にたとえて、考えてみてください。**最初の起点となる水。そこから小さな流れが生まれ、曲がりくねりながら、他の流れと合流し、海へとたどり着く。そのイメージを当てはめてみるのです。現在の仕事・勉強の起点はどこか、どのような流れか、どの川と合流し、最終的な海はどこなのか。今日のタイミングだと、スイスイ考えられるワークですので、ぜひ挑んでみてください。

暦からのメッセージ

水に神さまを見出す

「水の流れ」の例で考えても、この世界は「人間が作り上げたもの」ではないことが確認できます。水の性質や水を利用することは、「もともと、そうなっていたこと」を人間が発見しただけです。それなのに「人間が作り出したこと」として勘違いしていると、自然という神さまからの、しっぺ返しを食らうのです。先人たちは、美しい水に神さまを見出すことで、感謝と祈りを捧げていたのです。

今日のご縁日

松《まつの》尾《お》大《だい》明《みょう》神《じん》さま

京都の西山に鎮座する神さまです。現代では「お酒の神さま」としても大人気。お酒がお好きな方はぜひ、おいしいお酒が飲めることに感謝の遥拝《ようはい》（遠くへだたったところから拝む）を捧げてみてください。

今日の呪文

「鹿《ろく》鳴《めい》之《し》宴《えん》」

「喜びに溢れた宴」を意味する呪文です。今日は、神さまが楽しげに宴会しているイメージと一緒に、唱えてみてください。

ご利益フード

蒟蒻《こんにゃく》

それ自体は味がないのですが、調理方法によって主役ともなる食材です。「おいしい蒟蒻は、おいしい水から生まれる」という事実も、今日の古暦に対応したゲン担ぎとなります。

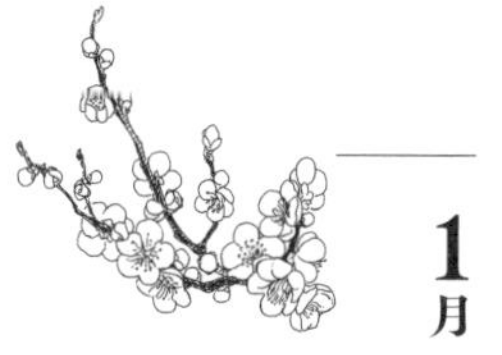

1月14日 優しい言葉が、優しい心を作る

二十四節気 小寒

七十二候 水泉動

ご利益行動

優しい言葉をかける

優しくすれば、優しくされる。当たり前の法則にも思えますが、相手が家族だとなかなかできません。「愛する人が間違った道を進まないように、やむを得ず厳しい言葉で制した」。こういう経験をしたりされたりする人は多いのですが、それは本当に幸せへと導く方法でしょうか。あなたの世界と他人の世界は、異なるのです。そのなかで、「家族だから」という理由で厳しい言葉で否定することは、その人に備わる「仏さま」、つまり「仏心」をも批難することになると、昔の日本人は考えていました。今日から「優しい言葉をかける」という選択を増やしていってください。最初は難しいチャレンジですが、継続していけば、絶大な効果を生みます。

暦からのメッセージ

先に優しさを

古暦は、時間の流れが一定のリズムをもって繰り返されていることを教えてくれます。今日のタイミングは、リズムが変わる手前で、少し厳しい状況が現れることを示唆しています。**厳しい予測に先手を打って、優しくする。**これが暦の戦略的活用法なのです。

今日のご縁日

十一面《じゅういちめん》観世音《かんぜおん》菩薩《ぼさつ》さま

11もの顔をもつ、万能の仏さまです。人間の三大悩みである「健康」「お金」「人間関係」をすべて救済してくれる仏さまとして、全国でお祀りされています。

今日の呪文

「オンロケイジンバラキリク」

十一面観音さまのご真言です。朝・昼・晩、3回ずつ唱えると、ご縁日の効果も実感できますよ!

ご利益フード

蓮根

見通しの良い、お正月のご利益フードです。食物繊維が豊富で、粘り気があり、胃腸をいたわってくれます。優しい人は、自分の胃腸にも優しいのです。優しさを考えるタイミングの今日にぴったりの食材です。

1月15日

二十四節気 **小寒**

七十二候 **水泉動** から **雉始雊《きじはじめてなく》** へ

大きな声が福を招く

ご利益行動

大きな声を出す

「大きな声」を出していますか？　仕事や学校で大きな声を出す場面がある方は問題ありませんが、そうでない方は、難しい課題かもしれません。人間の発声は、もともと「群れ」として暮らしていくなかで進化した機能だといわれています。遠くの仲間に危険を知らせるために「大音量の発声」まで可能なのですが、現代ではその機能を使用する場面が少なくなっています。**今日は、喉に気をつけて「大きな声」を出していただきたいのです。**家でやる場合は、本書を見せて「ゲン担ぎで試してみる」と家族に伝えてから、ご近所に配慮のうえ実践ください。

暦からのメッセージ

音に意識を向ける

水泉動から雉始雊へ。今日から暦が変化し、「音」についての意識を強める期間に入っていきます。現代ではさまざまな人工的な音に満ち溢れているため、本来の自然の音が薄らいでしまっています。**自然界の一部である私たちが発する声も、少しずつ小さいものへと変化してきているのです。**今日は「人間にはこんなに大きな音を発生させる機能がある」という事実を確認してみてください。

今日のご縁日

歳徳神さま

今日は「小正月」と呼ばれる、1月1日の次にお正月さまを接待する日です。家の中をしっかり掃除して、この1年間の家の守り神としてお招きしてください。

今日の呪文

「めでたきかな、めでたきかな、元朝の、年神さまの、あきほうに、この1年の幸せを祈念いたします」

今年の「恵方」に向かって唱えます。1月1日に唱えた方も、もう1回唱えておいてください。

ご利益フード

菜の花

春はまだ先ですが、食材としての旬を迎えています。美しい春の景色は、出荷後の菜の花畑なのです。今日の食事では「おいしい！」と大きめな声で、喜んでみてください。

1月16日

二十四節気　小寒

七十二候　水泉動 から 雉始雊 へ

「いま、ここ」を聞くと自分の位置がわかる

ご利益行動

音から位置を知る

自分のいる「場所」はすぐに確認できますが、自分のいる「位置」を把握するのは、簡単なことではありません。なぜなら、場所は住所や座標という他人が決めた数値がありますが、「位置」は自分が把握しているものと、他人が把握しているものが異なるからです。**今日は自分の「位置」を知るために、耳を澄ませてみましょう。**聞こえてくる音、聞こえてくる言葉をしっかりと把握すると、自分がどの位置に存在しているのかを知るための手がかりとなります。「いま、ここ」に意識を向けて、聞こえてくる情報に集中する時間をとってください。

暦からのメッセージ

聴覚に頼る

現代の私たちは、短時間でたくさんの情報を得られる「視覚」に頼って生きています。でも、**「いま、ここ」に意識を向けると「聴覚」も多くの情報を得られる機能であることが確認できます。**今日の暦が切り替わるタイミングは「聴覚」へ意識を促すタイミングなのです。ぜひ、「自分も自然の一部である」という認識のもと、「聞こえる音」を把握してみてください。

今日のご縁日

閻《えん》魔《ま》大《だい》王《おう》さま

今日は死後に天国か地獄か行き先を判定していただける「閻魔さま」のご縁日です。怖い印象がある仏さまですが、じつは「地蔵菩薩さま」が姿を変えた仏さまです。罪や間違いを犯した人でも、優しく導いてくれます。

今日の呪文

「オン カカカ ビサンマエイ ソワカ」

こちらは3回、自分が良いと思ったタイミングで唱えてみてください。「万能の効果がある」とまでいわれた呪文ですよ。

ご利益フード

鰤《ぶり》

名前が成長によって変わる出世魚なので、ご利益があるとして全国で大人気です。出世は自分の位置が上がることでもあります。諸先輩が体験した「ゲン担ぎパワー」を試してみましょう。

1月17日

二十四節気 小寒

七十二候 雉始雊

音楽は見えない領域と繋がる大切な糸

ご利益行動

好きな音楽を考える

音楽は全人類共通の発明であり、発見です。文明の進化は、音楽の進化と不思議なほどシンクロしています。日本における最初の音楽、それは「神さまへの捧げもの」であったと考えられます。天《あま》照大御神《てらすおおみかみ》さまが岩戸にお隠れになられたときも、神々が集まり、音楽を奏で、舞を踊り奉納したからこそ、地上に光が戻ったと記されています。音楽は「見えない領域と私たちを繋ぐ糸」のようなものだと、昔の日本人は考えました。**今日は、自分の好きな音楽を振り返り、自分が「好きだと思う傾向」を考えてみてください。**幸せは「好きの積み重ね」なのです。自分の好きを把握しておけば、いつでも幸せになれます。

暦からのメッセージ

音は神の声

この国には、動物の声や植物の音も、神の声として敬愛していた時代がありました。特別な声や音を聞くと、神さまが身近にいると感じたのです。**これから来る春は「声と音」が溢れてしまい、自分の好みを把握するのに適さないことを暦は教えてくれています。**今日は周囲の音にも注意を向けてみてください。

今日のご縁日

大山咋神《おおやまくいのかみ》さま

別のお名前は「山王さま」です。比叡山を中心に拡大した「山王一実神道《さんのういちじつしんとう》」のご縁日です。神仏習合という、神さまも仏さまも祈りの対象とした時代は、ご縁日が今よりも多かったのです。

今日の呪文

「安処撫清琴《あんじょぶせいきん》」

「素晴らしい環境で、美しい琴の音色を楽しむ」という意味の呪文です。この呪文を唱えておくと音楽とのご縁が深まり、楽しむための環境も整っていきます。

ご利益フード

シークワーサー

酸っぱさが疲れを取り、リフレッシュに効きます。さらにクエン酸に含まれるカルシウムやカリウムなどが「喉の調子」を整えてくれるのです。沖縄の名産の果物ですが、今は全国で楽しめます。

1月18日 好きな歌詞は、幸せへのヒント

二十四節気 小寒

七十二候 雉始雊

ご利益行動

好きな歌詞を読む

音楽のなかでも、ずっと受け継がれ、多くの支持を得ているのが「歌」です。楽器が奏でる音色にメロディーと言葉をのせる。これも人類共通で受け継がれてきた「祈り」の手段です。**今日は自分の好きな歌の歌詞に注目してみてください。**好きな歌の歌詞が日本語でない場合は、和訳を探してください。それにより、自分が「どのような言葉に惹かれているのか」を把握することができます。そしてそれは、自分の欲求を把握する行為となります。また、自分が理解していた内容と本当の歌詞が違う場合があります。それは「コトダマ」の力を利用するうえで大きな「矛盾」となりますので、今日のタイミングで点検しておくことをおすすめします。

暦からのメッセージ

鳥の声の神秘

昔の日本人は動物の声、とくに「鳥の鳴き声」を神さまからのメッセージだと捉えていました。そのため、季節の変化を捉えるために「鳥の声」を観測し、それに合わせて農作業の計画やお祭りの日程を検討したのです。この期間の暦・雉始雊は、そのころの名残を伝えています。

今日のご縁日

聖《しょう》観《かん》世《ぜ》音《おん》菩《ぼ》薩《さつ》さま

世の中を広く見渡し、幸せに導いてくださる仏さまです。1月最初のご縁日は「初」という冠がつくことが多いのですが、今日は「初観音さま」です。

今日の呪文

「オンアロリキャ ソワカ」

今日のご真言は、夜唱えても効果が増幅します。可能なら、星空を見ながら唱えてみてください。

ご利益フード

鰆《さわら》

魚に春と書いて、「さわら」という漢字になります。実際は春が来る前、今ごろから旬が始まります。おいしい時期の魚は、頭が良くなる成分が増加しています。おいしく取り込んで「自分の好み」について、しっかり考えてみてください。

1月19日

二十四節気 小寒

七十二候 雉始雊

静寂が豊かな心を連れてくる

ご利益行動

5分間音を遠ざける

今日は日常の雑音も含め、「すべての音を遠ざける時間」を作ってみてください。5分程度確保できれば充分です。現代社会は音に満ち溢れています。静かな部屋のなかでも、家電のモーター音や振動から逃れられませんし、外を走る車やバイクの音、移動する人々の音が絶えず届いているからです。そのため、疑似的ではありますが、「耳栓」の使用をおすすめします。100円ショップで売っていますので、投資だと思って実験してみてください。耳栓と合わせて、静かな状況も用意する必要があります。家のなかで静かな場所を見つけ、さらに耳栓をする。その5分間を生み出す体験をしてみてください。

暦からのメッセージ

静けさを思う

聴覚を意識的に止めることは、視覚を止めるよりも難しいです。今日は音が「静寂」から生じることを思い出しましょう。暦が切り替わる今日のタイミングで、意図的に外部の音を消して静かな時間を作ることの難しさを認識していただきたいのです。それにより、忘れていた「静けさ」を思い出すことができます。

今日のご縁日

日光菩薩《にっこうぼさつ》さま

明るい光で、人々を良い方向へ導いてくれる仏さまです。社会全体を照らす光として、見守ってくれる仏さまでもあります。

今日の呪文

「オン ソリヤ ハラバヤ ソワカ」

世界を明るくする呪文です。お昼ごろに、お日さまのもとで唱えてみてください。

ご利益フード

納豆

寒い時期は納豆菌が元気になり、風味や粘り気が増すので、今が旬となっています。納豆をかき混ぜているときは、誰もが無口になります。今日のご利益行動ともなりますので、ぜひ、黙って納豆をかき混ぜましょう！

1月20日

二十四節気 小寒 から 大寒《だいかん》 へ

七十二候 雉始雊 から 款冬華《ふきのはなさく》 へ

苦い経験は、特効薬になる

ご利益行動

苦い経験と向き合う

今日は、自分の過去で思わず封印したくなった**「苦い経験」をあえて振り返る挑戦をしてみてください。**意識的に向き合わなければ「苦い経験」は「失敗」として、自分のなかに残ってしまうからです。しっかり向き合って、そのときの自分の感情も認めてあげると、どんな経験でも「学び」として得るものが発見できます。得るものが確認できた瞬間に「失敗」は「学び」へと変換されます。それにより、不必要な恐怖や不安を生む原因を退治できるようになるのです。試してみる感覚で、苦い経験と向き合ってみてください。

暦からのメッセージ

良い材料を増やす

小寒から大寒へ。暦が切り替わり、「1年で一番寒い時期」へと移行します。そのタイミングで過去が未来への「材料」へと変化します。**今日のタイミングで「良くない材料」を減らして「良い材料」へと変換しておくと、未来が良いものへと変わっていくのです。**私たちは「自分の経験」という限られた資源で「未来」を構築しなければなりません。だからこそ、「良い材料」を増やしていきましょう。

今日のご縁日

恵比須天さま

今日は「はつかえびす」というご縁日です。恵比須天さまは七福神さまの一員で、大黒天さまと国造りを行った、福の神さまとして有名です。

今日の呪文

「紅《こう》炉《ろ》一點《いってん》雪《せつ》」

紅く燃える焚火のうえで、静かに消えていく雪の美しさを意味する呪文です。今日は、そのイメージをそのまま思い浮べながら、唱えてみてください。余計な恐怖や不安も、イメージの雪と一緒に消えていく効果があります。

ご利益フード

春菊

その名とは異なり、旬は春よりも前の今の時期です。苦味が強い食材ですが、他の食材と合わせると、それが旨味となります。苦さが旨さへと変わることを味覚で体験しましょう。

1月21日

かつての苦手は、成長へのヒント

二十四節気
小寒から大寒へ

七十二候
雉始雊から款冬華へ

ご利益行動

苦手克服を振り返る

今日も「振り返り」が大切な期間です。**今日は、「自分を自分でほめてあげたくなるような経験」と向き合ってください。**仕事や勉強など、最初は苦手だったことが、普通あるいは得意になったという変化に着目するのです。「苦手な食べ物を克服した」「嫌いだった人を認めてあげた」「慣れない仕事も上手にできるようになった」など、他人は知らないし、どうってことのない事柄でも構いません。その記憶には「これから起こる苦手に通用する手段」が含まれています。

暦からのメッセージ

季節は自然の営み

今日の暦は「これからもっと寒くなるけど、春の準備はそろそろ終わる」という摂理を伝えてくれています。現代の私たちは西暦のカレンダーしか利用していないので、つい気温と気候だけが季節だと思ってしまっています。でもじつは、「季節」とは、天候とは関連しない「大自然の営みそのもの」を意味しています。それを観察、研究、検討、検証して言語化したのが、本来の暦です。だから、現代においても、幸せに生きるためのヒントを抽出することができるのです。

今日のご縁日

天火明命《あめのほあかりのみこと》さま

光がもたらしてくれる「変化」を司る神さまです。今日は過去を照らしてくれる光をイメージして、ご縁を感じてみてください。記憶だけではない過去の領域を照らしていただけます。

今日の呪文

「日出海天清《じっしゅつかいてんせい》」

青い海原を照らす、美しい太陽の光を称えた呪文です。世界の美しさに気づき、それを受け入れる効果があります。

ご利益フード

セロリ

子ども時代に苦手だった人も多いでしょう。大人でも積極的に食べる人は少ない気がしますが、それはもったいないことです。新鮮なセロリは、野菜の滋味を楽しみ、心身ともにリフレッシュできる食材です。餃子の具に入れると、食感も変わり、サッパリ楽しめます。

1月22日 言葉を求めると、成果がやってくる

二十四節気 **大寒**

七十二候 **款冬華**

ご利益行動

必要な言葉を求める

今日も「自分と向き合う行動」が有効です。**願望と向き合い、それを言葉として表現する必要があります。**言葉として表現することにより、「必要なもの」と「必要な行動」を確認できるのです。適切な言葉が思い浮かばないこともあると思いますが、慌てなくて大丈夫です。なぜなら「必要な言葉」は、求めれば必要なときに必要な内容でやってくるからです。ただ単に、今まで「求める」という行為をしてこなかっただけです。少しずつ「求めること」に慣れていけば、いつのまにか言葉は自然と出てくるようになります。

暦からのメッセージ

望みのための準備

春を楽しむためには、気候に対する備えだけでは「準備」とはなりません。**今日行うのは、「何を、どのようにして、どうなりたいのか」という質問に、すぐに答えられるための準備です。**「自分の望み」を結果として得たいのであれば、準備が必要なのです。それは人間が決めたことではなく、自然界で「もともと、そうなっていたこと」、つまり、摂理です。

今日のご縁日

稲荷《いなり》大明神《だいみょうじん》さま

穀物、農業から商工業まで、人々の営みに力を授けてくれる神さまです。「お稲荷さん」として、日本中でお祀りされていますので、ぜひご参拝ください。

今日の呪文

「萬《ばん》里《り》無《む》片《へん》雲《うん》」

「遥か彼方まで、雲のない空が続いている」という意味の呪文です。澄み切った空をイメージしながら唱えると、新しい気づきや発想を与えてくれます。

ご利益フード

鱈《たら》

雪の季節のご馳走が「鱈」。鍋に入れるとおいしい出汁が出るうえに、他の食材と調和がとれる素晴らしい食材です。おいしい鍋に重要なのは、事前に仕上がりのイメージをしっかりもつこと。各食材が一緒になる「成果」をイメージしてください。

1月23日

二十四節気 **大寒**

七十二候 **款冬華**

見えない努力に気づくと、仲間が増える

ご利益行動

見えない努力をほめる

私たちが暮らす「社会」は、大原則として一人では成立しません。**今日の行動は「仲間を増やす」ことの重要性に気がついている方に、有効な手段となります。**会社でも学校でも、あなたの周囲にいる人は「あなたの知らない努力」をしています。それをコミュニケーションのなかで探ってみてください。さらに、それを無条件でほめてください。それだけで、その人はあなたを大切な仲間として認めてくれます。さらに、その努力が「表に表れていないこと」であればあるほど、その効果は強力になります。

暦からのメッセージ

植物の神秘に触れる

「植物が芽を出すのに、努力はいらない」。そんな格言を聞いたことがあります。でも、**植物は膨大な努力をして芽を出していると、日本人は考えていたようです。**科学的にも、植物が芽を出すには莫大なエネルギーとプロセスが必要であることが確認できます。植物にポジティブな声かけを続けると、元気な状態が続くという話もあります。「植物にも神さまや仏さまが宿っているのかもしれない」。昔の日本人は真剣にそう考えていたのです。

今日のご縁日

地蔵菩薩さま

いろいろな場所で祀られているので、親しみやすい仏さまのように感じますが、じつは「超エライ」仏さまなのです。人間の苦悩を理解し、救いの手を差し伸べてくれます。

今日の呪文

「オン カカカ ビサンマエイ ソワカ」

困ったときにすぐに効くご真言です。今日は朝・昼・晩に唱えてみてください。私もよくお世話になっています。

ご利益フード

公《わか》魚《さぎ》

氷の張った湖で公魚を釣る姿は、冬の風物詩ともいえます。この魚は群れで仲間と一緒に行動しています。だから、この群れに当たった人は「大漁」となるのです。新鮮なうちに天ぷらで食べると、手が止まらなくなります。

1月24日

二十四節気 大寒

七十二候 款冬華

失敗の具体化は、最高の準備になる

ご利益行動

数字で振り返る

さて、本格的な寒さが続く期間ではありますが、だからこそこの期間は「振り返り」に適しています。今日は1月20日の「苦い経験を学びに変換する作業」を一歩前進させて、**過去の失敗に向き合う時間を作り、それを客観的に捉えることにより、学びへと変換してみてください。**

この作業に必要なのは「数字」です。失敗した経験を振り返り、当事者ではなく第三者の立場から「数値化」へ取り組みます。たとえば「お金」と「時間」は失敗を数値化するには、とても有効な手段となります。仕事でも人間関係でも投資でも、すべて数値化して測定すると、学びへと一気に転換します。ぜひ、今日のタイミングで検証してみてください。

暦からのメッセージ

マイナスをプラスに

この期間の特徴として、今まで「マイナス」でしかなかったものを「プラス」に転換して準備を進めると、うまくいきます。失敗は学びとなるだけでなく、成功のための必須要素です。それは、自然界の変化をつぶさに観察した先人たちが、そこから得られた智慧を暦として残してくれたからわかることなのです。

今日のご縁日

愛宕《あたご》権現《ごんげん》さま

「火伏せの神さま」として有名ですが、勝軍《しょうぐん》地蔵《じぞう》菩薩《ぼさつ》さまとして、勝利の神さまとしても信仰されています。今日は「初愛宕」として、お祭りが行われていますので、ぜひお参りしてみてください。

今日の呪文

「八《はっ》角《かく》磨《ま》盤《ばん》空《くう》裏《り》走《そう》」

今日のご利益行動である「振り返り」の前に、唱えてみてください。自分の集中力を高め、数値化を助けてくれる効果があります。

ご利益フード

蜆《しじみ》

おいしい味噌汁の具の定番です。肝臓を元気にする成分が多いことで健康食材としても大人気です。失敗はストレスとなって肝臓に溜まることがあります。しっかりケアしましょう。

1月25日

停滞しても大丈夫。それは失敗ではないから

二十四節気　**大寒**

七十二候　**款冬華**　から　**水沢腹堅**《さわみずこおりつめる》　へ

ご利益行動

失敗の意味を知る

今日は「自分の今までの認識」へ挑むワークです。努力してきたことや、準備してきたことが、停滞したり、中止になったりした場合、多くの現代人は怒ったり、悲しんだりします。でも、落ち着いて考えてみれば、怒っても悲しんでも、停滞や中止となった原因の改善には意味がありません。停滞や中止は、失敗とは異なります。停滞や中止は、あきらめて手放したとき初めて、失敗へと変化します。**今日は「停滞や中止を失敗だと決めつけていないか」確認してみてください。**

暦からのメッセージ

人間に備わった感情を知る

大きな変化は、人間の感情を大きく揺さぶります。変化は長期的なものと短期的なものに区別されます。日本は気候も含め、短期的変化が激しい国です。**そのなかで、幸せに生きるための工夫として「変化」に対する「感情」を把握するという手段を見出しました。**ぜひ、今日のタイミングで、その効果を検証してみてください。

今日のご縁日

天《てん》神《じん》さま

菅原道真公を祀るお社では「初天神」というご縁日となります。現代では「受験の神さま」として大人気ですが、道真公が「仕事の天才」だったため、じつは実業、商売の神さまでもあります。

今日の呪文

「梅《ばい》花《か》開《かい》五《ご》福《ふく》」

美しい梅の花が「無病」「富貴」「長寿」「道標」「天命」という五つの福をもたらすという意味の呪文です。そろそろ咲きはじめる、可愛らしい梅の花をイメージしながら、唱えてみてください。天神さまとのご縁が深まる効果もあります。

ご利益フード

河《ふ》豚《ぐ》

冬のご馳走です。淡白ですが独特の旨味があります。河豚は「後退」が得意な魚です。自分の視界を変えずに後ろに下がることが、生き残るうえで大切なのです。

1月26日

二十四節気 **大寒**

七十二候 **款冬華** から **水沢腹堅** へ

覚悟があれば、落胆すら栄養となる

ご利益行動

覚悟が幸せを実現する

「自分と向き合う期間」が続きます。今日は、自分の「覚悟」について考えてみましょう。**人はそれぞれに「幸せの形」が異なります。**幸せになるための手段も異なるのです。ただし、「幸せになりたい」という願いは多くの人に共通しています。これは、すべての生物に備わっている「もともと、そうなっていること」の一つです。でも、誰もが幸せになれるわけではないのは、「覚悟」が影響しているからです。「自分は幸せに生きる」という覚悟があれば、一時的にがっかりしても、次の瞬間には「がっかりしているヒマはない」と思えるようになります。

暦からのメッセージ

恐れは必要

今日は「恐れは必要である」という先人たちの智慧を確認してみてください。

款冬華から水沢腹堅へ。暦は変化し、冬の寒さのなかでの成長を促す期間が続きます。昔の日本人は、流れている沢の水が氷結し、停滞するように、「目に見えない領域でも、同じ停滞の現象が発生している」と考えたのです。そこには「自然こそ神さまである」という意識が存在していました。

今日のご縁日

薬上菩薩《やくじょうぼさつ》さま

手に薬壺をもち、人々を病気から救ってくれる仏さまです。薬壺の中身には、体の病気だけでなく、心にも効く魔法の薬が入っていると伝えられています。

今日の呪文

「オンバイセイジャ アランジャヤ ソワカ」

心と体の健康に効くご真言です。お風呂上がりと寝る前に唱えてみてください。

ご利益フード

伊予柑《いよかん》

がっかりすると、失われるものがあります。それは「ビタミン」と「いい予感」です。今日はそれを補塡するタイミングです。伊予柑は「いいよかん」に繋がり、ビタミンも豊富なご利益フードです。これは語呂合わせという「コトダマ」の力を使った、立派なおまじないなのです。

1月27日

前進と後退と停止を、意図して使い分ける

二十四節気　大寒

七十二候　水沢腹堅

ご利益行動

主導権を宣言する

1月25日に「停滞や中止は失敗ではない」とお伝えしました。今日はさらに解釈を変化させてみましょう。**「主導権は自分にある」と宣言するのです。**物事が自分の意図する内容で進行しないときがありますよね。自分以外に原因があることも確かにありますが、それを「受け入れるかどうか」は、自分が決定しているのです。「前進」「後退」「停止」について、それを選択することによって、得られるメリットを具体化してみてください。それにより自分の「意図」によって決定する状況を作り出せるようになります。

暦からのメッセージ

流れは止まらない

今日の七十二候「水沢腹堅」は、そのまま受け取ると「流れる川の水が凍るほどの寒さ」という意味ですが、そこには「表面は凍っているように見えるが、その流れは留まらない」というメッセージが隠れています。流れる水が凍らないのは、人間が作り出した現象ではありません。「もともと、そうなっていること」として、それを理解し、日本人の思想として受け継いできたのです。

今日のご縁日

毘《び》盧《る》舎《しゃ》那《な》如《にょ》来《らい》さま

この宇宙を照らす、光の仏さまです。100億個もの世界を守護しているといわれています。強大な力で人々を救済してくれると考えられ、奈良の大仏さまとして、巨大なお姿でお祀りされたのです。

今日の呪文

「獨《どく》坐《ざ》大《だい》雄《ゆう》峰《ほう》」

「高い山の頂上から、一人きりで世界を眺める」という意味の呪文です。迷ったとき、自分の意志を尊重できるようになる効果もあります。

ご利益フード

鮃《ひらめ》

海底の砂のなかで、目だけが上を確認できるように進化した魚です。危険が迫れば砂のなかに潜り停止、獲物が近づけば飛び出して捕食します。鮃ほど、前進と後退と停止が上手な生き物はいません。

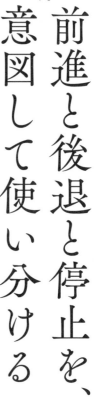

1月28日

留まってもいい。良い道が見つかるから

二十四節気 **大寒**

七十二候 **水沢腹堅**

ご利益行動

現在地に留まる 利点を確認する

今日は、現在の場所に留まることの良い点と悪い点を整理してみてください。

子どものころ、学校のマラソン大会は強制的に参加するものでした。友だちのなかには走れなくなり、その場でしゃがみ込んでしまう子もいました。そのとき先生が、「少しでも前に行きなさい」と指導されていたのを、よく覚えています。ゴールに向かうためには、前進することが必要です。でも、人生はマラソン大会ではありません。その場に留まり、周囲の様子や自分の状態を確認することで、より良い道が見えてくるものです。

暦からのメッセージ

ときには留まる

今日の暦は「流れに乗ること」と「留まること」がともに大切であると伝えています。水は流れ、くぼんだ場所では留まるようになっています。長い時間留まると、濁ってしまいますが、良い場所で留まると人や動物が集まってくる場へと変化します。一見すると停滞に見えることも、大きな視点から見ると「貢献」や「発展」へと繋がるステップなのです。

今日のご縁日

不《ふ》動《どう》明《みょう》王《おう》さま

五大明王という仏さまグループのリーダー的存在です。強い力で魔を断ち、人々を救うとされています。姿や表情は怖いのですが、じつは広大無辺の優しさをもった仏さまです。今日は「初不動」として、全国でお祭りが開催されています。

今日の呪文

「ノウマク サンマンダ バザラダン カン」

揺るぎなき守護者に力をお借りしたいときに唱えると、素晴らしい効果が確認できます。本日のご縁日だけでなく、何気ない日々も唱えたいご真言の一つです。

ご利益フード

小《こ》鰭《はだ》

お寿司では定番の「光り物」です。酢締めでさっぱり楽しむのがおすすめです。

1月29日

二十四節気 大寒

七十二候 水沢腹堅

硬さを意識すると、バランスがとれる

ストレッチなど、体を柔らかくする動作をして「体が硬くなっていること」を意識するのです。すると本来の「バランス」がすぐに戻ってきます。

暦からのメッセージ

硬さから柔らかさへ

「硬い」とは「流れを留める状態」と同じだと、古暦では解釈していました。水は凍ると硬くなり、流れが留まります。自分の体も「硬い」と血液の循環が妨げられ、流れが留まってしまうのです。今日の暦は春の変化に向けて「硬さ」から「柔らかさ」へと変化するタイミングが近いことを伝えています。

ご利益行動

体を柔らかくする

「緊張してはいけない」。そう思えば思うほど、緊張してしまう。私も経験がありますが、大きな変化を前に、重要な場面になると緊張状態が発生します。でもこれも、人間が作ったルールではなく「もともと、そうなっていること」の一つです。ということは緊張は、「もともと人間が生きるうえで必要な状態」であると考えられます。**今日は「緊張を消す方法」をお伝えします。それは「自分の体が硬くなっていること」を確認して、柔らかくするイメージをもつという行為です。**

今日のご縁日

薬《やく》王《おう》菩《ぼ》薩《さつ》さま

毎月26日がご縁日となる薬上菩薩さまのお兄さまとなる仏さま。薬壺と薬草を手にもち、人々を救いつづけている仏さまです。

今日の呪文

「オン ビセイシャラ ジャヤ ソワカ」

ご縁日のタイミングはもちろん、「疲れたかも……」と感じたときにも唱えてみてください。不思議と元気が湧いてくるご真言です。

ご利益フード

キャベツ

春キャベツは甘みが増しておいしいのですが、今ごろのキャベツも硬く、しっかり詰まっていておいしいのです。キャベツはまとまった状態では硬いのですが、葉を解いていくと緩く、柔らかくなります。どちらの状態もおいしいことに変わりはありません。

1月30日

二十四節気 **大寒**

七十二候 **水沢腹堅** から **鶏始乳**《にわとりはじめてとやにつく》 へ

新しいことは、自分の認識から始まる

ご利益行動

新しい一歩を踏み出す

今日は新しいことを始めるのに適した日です。新しいことを始めるのは、勇気が必要です。でも、よく考えてみると新しいことは、自分が認識して初めて「新しい」となるのです。他人にとっては新しくないことでも、自分にとっては新しいことも珍しくありません。会社や学校も「受動的な新しいこと」が多いように思えますが、じつは自分にとって新しいだけで、他の人にとっては「前からあること」だったり「繰り返されたこと」だったりします。**だから「自分の認識から、すべてはスタートする」という事実を理解する必要があるのです。**今日は新しい一歩を踏み出してください。

暦からのメッセージ

停止から始動へ

水沢腹堅から鶏始乳へ。**停止から始動へと、全体が移行するタイミングです。**新しい意識を芽生えさせるのに適したタイミングでもあります。もともとそうなっている自然の流れに沿って、自分たちの幸せを実現していく。それが暦を作成した目的なのです。

今日のご縁日

釈迦如来様《しゃかにょらいさま》

仏教を開いた仏陀《ぶっだ》さまのご縁日です。もともとは、インドの王子さまだったので、仏さまになった後も、人々の悩みや苦しみを理解し、助けてくれるのです。

今日の呪文

「盡始盡終《じんしじんしゅう》」

「始まりと終わりが何事においても重要である」という意味の呪文です。スタートのタイミングで唱えておくと、全体が良い方向へと導かれます。

ご利益フード

伊勢海老

1年中提供されますが、天然の旬は今です。古代から神さまへの感謝を捧げる供物《くもつ》でした。今では当たり前ですが、始まりはご先祖さまの誰かの祈りだったのです。1000年以上受け継がれたものでも、必ず「始まり」があったことを認識しましょう。

1月31日

二十四節気 **大寒**

七十二候 **水沢腹堅** から **鶏始乳** へ

新しいものは、自分で生み出す

ご利益行動

新しいものを生み出す意識をもつ

今日は「新しいものを生み出す」という意識で、仕事や勉強に向かうと、良い結果が得られる日です。全体の大きな変化が「生む」という行為を後押ししてくれるタイミングなのです。芸術作品や発明品などだけではなく、新しい手段や方法、人間関係も生むことができます。生き物には「生み出す」という能力が、もとから備わっているのです。自分に合うものがなければ、生み出せばいい。その感覚で、日々の生活から新しいこと、新しいものを創造してみてください。

暦からのメッセージ

春の準備が始まる

新しい春が生まれる準備が、いたるところで始まっています。それは生命の営みであり、新しい世界の誕生へ向かう流れなのです。水沢腹堅から鶏始乳へ。ニワトリはもとから日本にいた動物ではなく、紀元前300年ごろ、日本にもってこられた動物であるといわれています。その目的は「時計の代わり」だったと推測されています。だから古暦では「ときを生む」と考えられる存在となったのです。

今日のご縁日

勇《ゆ》施《せ》菩《ぼ》薩《さつ》さま

「お布施をする勇者」という名前の仏さまです。現代ではお布施は寄付のような意味で解釈されますが、本当は「相手を選ばない救済」のことです。仏さまは相手がどんな人でも救ってくれるのです。

今日の呪文

「ハルチ ウムチ ツヅチ」

これを3回唱えてみてください。年間を通じて、唱えるタイミングが発生する呪文です。万能型のおまじないですので、試す価値がありますよ!

ご利益フード

キウイ

今でこそ簡単に手に入りますが、かつては店先には並んでいませんでした。新しい果物として受け入れられ、日本全国に広がっていったのです。「新しいもの」は、いつのまにか「前からあるもの」に変化するのです。

コラム

なぜ、現代でも古暦に価値があるのか

本書で扱う古暦の二十四節気も七十二候も、もともとは中国大陸で生まれた「時間を区切るための決め事」が発祥です。考案者はおろか、考案された年代も特定されていません。少なくとも紀元前5世紀には、存在していたことが確認されています。

2500年以上もの長い間支持され受け継がれてきた理由は、ただ単に規則としての利用価値があったからだけではありません。「神さま」「仏さま」と密接に関係しており、「人間が感知できない領域でのタイミングを知る」という機能があったからなのです。

かつて日本人は、現代人とは比べ物にならないほど「人間以外の存在が世界を作り出し、動かしている」という事実を深く理解していました。

そのため幸せに生きるには、見えない領域の変化を認識し、行動することが欠かせなかったのです。

二十四節気と七十二候はその前提を理解していた昔の日本人に受け入れられ、その機能が認められていたため、長い年月にわたって支持されつづけました。

ところが、日本史上最大の革命だった明治維新の混乱のなかで、使用することが禁止されます。そのため、古暦の機能を発揮するためのノウハウはすべて「禁制」となり、徹底的に排除されました。

本書では断片的に残った情報をもとに、現代版の新解釈として現代人にわかりやすい言葉で古暦の智慧を復活させています。

2月

1年でもっとも寒さが厳しい
大寒《だいかん》から、立春《りっしゅん》を迎え、
暦のうえでは春が訪れます。
立春から数えて最初に吹く
南寄りの風が、春一番です。
寒さはまだまだ続きますが、
大地の潤いと目覚めを感じながら、
冬という準備の季節から春という
始動の季節へ踏み出しましょう。

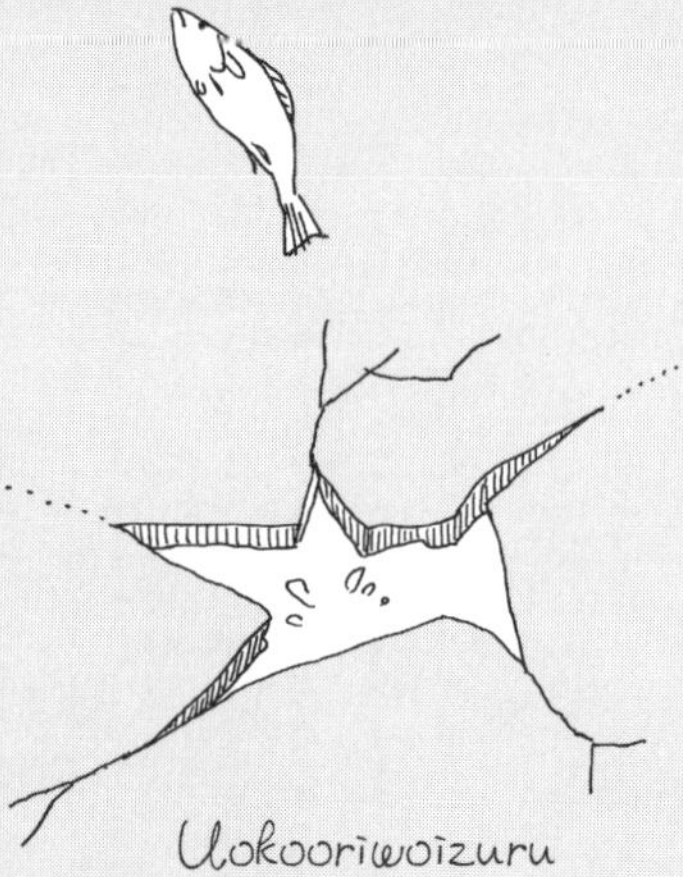

Uokooriwoizuru

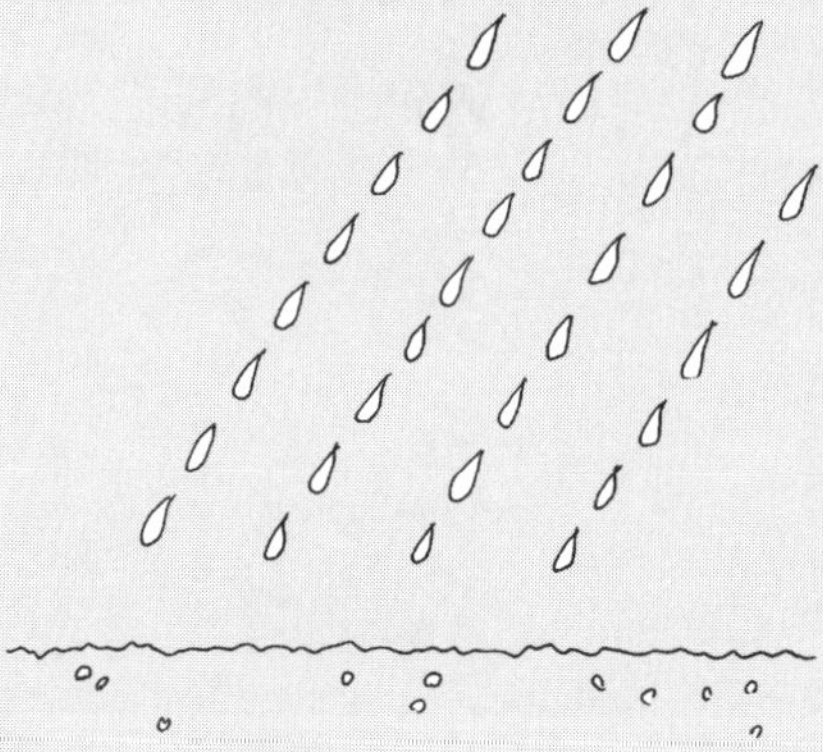

Tsuchinoshouuruoiokoru

Kasumihajimetetanabiku

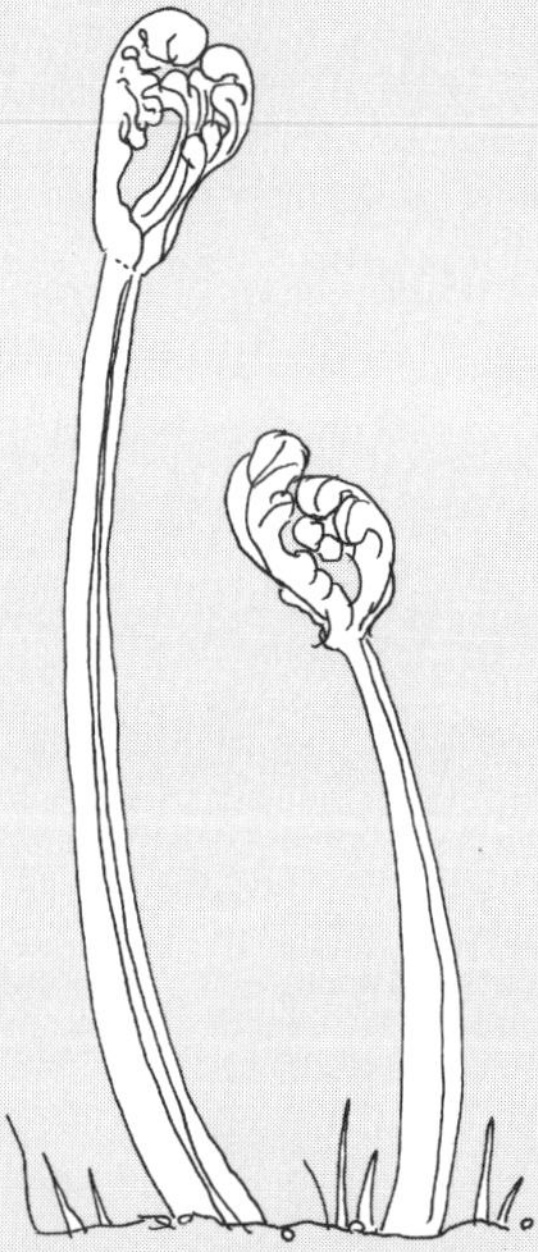

Soumokumebaeizuru

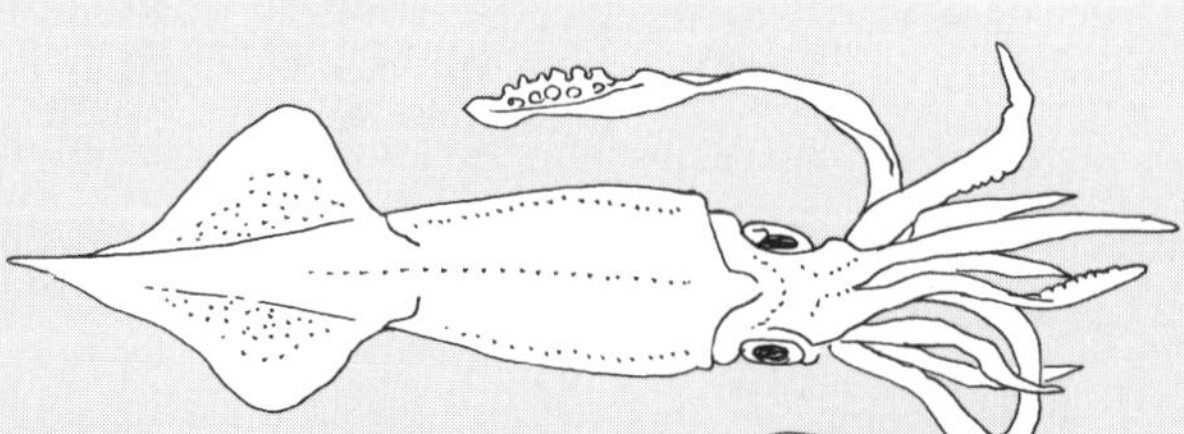

2月1日

想いがすべての結果を変える

二十四節気　大寒《だいかん》

七十二候　鶏始乳《にわとりはじめてとやにつく》

ご利益行動

もっと良くできると意識する

今日は「向上できると思えば、どこまでもうまくなれる」を合言葉にしてみましょう。仕事でも趣味でも「いつも通りのレベル」で行うのと「もっと、うまくやれる」と思いながら取り組むのとでは、不思議なことに結果が異なるのです。「もっと、うまく」を意識すると、全体がどんどん良くなっていく。今日はその「循環」を意識できると、この後の流れがスムーズになります。学校のテストは正解が一つでしたが、幸せに結びつく勉強の正解は「一つではない」のです。もっと良くするという想いに重点を置いてみてください。

暦からのメッセージ

変化が大きくなる

目に見えない領域の準備から、見える領域の準備に移行していく時期です。「新しいものが生まれる前」というのは、静かな変化が少しずつ大きくなっていき、ある一定のレベルを超えると一気に変わるものです。**今日の暦は、静かな変化が大きな変化へと変わる期間を示しています。**

今日のご縁日

定光仏《じょうこうぶつ》さま

灯火を輝かす役目がある仏さまです。月の初めにあたり、「今月も明るく過ごせるように」という願いが込められたご縁日です。今日は家でロウソクやアロマキャンドルを灯し、家内安全を祈るのも有効です。

今日の呪文

「回光返照《えこうへんじょう》」

「自分の内から発した光が反射して、自分を照らす」という意味の呪文です。自分の現状を自覚し、良い方向へ転換する智慧が得られる効果があります。

ご利益フード

白菜

冬に甘みを蓄え、加熱することで旨味が増す、冬野菜の代表選手です。寒さが本格化するこれからの時期に「どんどんうまくなる食材」なのです。

2月2日 想いが生まれ、気づきが生まれる

二十四節気 大寒

七十二候 鶏始乳

ご利益行動

常識を疑う

“Think different.” 20年以上前有名になったAppleのキャッチコピーですが、今日のタイミングで意識すべきことです。 常識は絶対的なものではありません。縛られていると「創造性」が失われていくのです。常識や慣例を疑うことから、新しいものを発想することが始まります。それには困難を伴う場合がありますが、達成すると莫大な報酬を得ることができるのです。**今日は、創造性が報酬に繋がることを、思い出してみてください。** 現代の社会で、莫大な報酬を得ている企業やサービスの起点は「創造性」であると確認すれば、それが有効な思考であることに気がつきます。

暦からのメッセージ

想いを育てる

今日の古暦は「創造性」について考えるタイミングであると伝えています。 人生を大きく変えるような気づきやアイデアは、そのベースとなる「想い」がある程度育った状態にならないと生まれません。今日のタイミングでは、まだアイデアの卵は生まれていません。その準備のための「想い」が芽生えるタイミングなのです。

今日のご縁日

菩《ぼ》提《だい》達《だる》磨《ま》さま

縁起物で人気の「達磨さん」のご縁日です。「座禅する姿が素晴らしかったから、家に置いて守ってもらいたい」という人々の願いから生まれました。願いが叶うと両目を入れるのは、違うおまじないと習合したのだと考えられています。

今日の呪文

「形《けい》直《ちょく》影《えい》瑞《ずい》」

「形が正しければ、その影も正しい」という意味の呪文です。何か新しいことを創造するタイミングで唱えておくと、目に見えることも見えないこともうまくいく効果があります。

ご利益フード

デコポン

不思議な形をした柑橘系フルーツです。あの形は、どういう意図があって創造されたものなのでしょうか？ 想像しながら楽しんでみてください。

2月3日

みんな違うから、世界は素晴らしい

二十四節気 大寒
七十二候 鶏始乳

あることを思い出してください。あなたが思うより、他人との違いは良いことなのだと確認すると、劣等感など不要だと気がつくことでしょう。

暦からのメッセージ

他者と自分は違う

人間は自分の心、自分の五感で認識したものしか確認することができません。そのためについ、「他人も一緒だろう」と考えてしまうようになるのです。今日のタイミングで、その考えが間違った思い込みであることを確認しましょう。

ご利益行動

「自分」を認識する

他人と違うから、自分なのです。今日はその「当たり前」について、しっかり認識しましょう。つい、自分がうまくいった方法が相手にも当てはまると思い込んで、押し付けていませんか？ もし「誰でも幸せになれる方法」が確立していたのなら、人類はとっくに「違う進化」を果たし、多種多様な文化、文明、言語、思想をもつことはなかったでしょう。そして、とても退屈な社会のなかで、滅亡していたと思います。**今日は自分と他人は違うという前提と、それが「利点」で**

今日のご縁日

不動明王《ふどうみょうおう》さま

大日如来《だいにちにょらい》さまの化身であり、強い力で魔を打ち払ってくれる仏さまです。毎年の節分では、お祀りする多くのお寺で、豆まきが行われます。ちなみに、お坊さんと一緒に有名人が豆まきをしてくれるのは、江戸時代のゲン担ぎがベースになっています。

今日の呪文

「福は内、外も福」

「鬼は外、福は内」でも大丈夫ですが、良い鬼も存在します。今年からは「福は内、外も福」というパターンも試してみてください。豆をまきながら、笑顔も振りまいて唱えてみてください。

ご利益フード

豆

節分そのままのご利益フードです。年の数だけといいますが、ルールではないので好きなだけ食べてください。

2月4日

二十四節気
大寒から**立春**《りっしゅん》へ

七十二候
鶏始乳から**東風解凍**《はるかぜこおりをとく》へ

1年の始まりは、今日この日から

ご利益行動

すべてが良くなるよう祝う

今日は新しい始まりをお祝いする日です。なぜなら古暦では「立春」こそが「新しい輪の始まり」だと考えていたからです。「始めよければ終わりよし」という格言もありますが、スタートで差をつけるとその後に勢いがつき、気分よく1年を過ごすことができます。私は口グセとして「全体最適」という言葉を繰り返し使います。それは健康、お金、人間関係、「そのうちのどれかが良いだけでは幸せではない」と考えるからです。**今日の祝福は、「どれか」ではなく「全部」に対して喜び、お祝いするのがおすすめです。**

暦からのメッセージ

新しい輪が始まる

さて、今日から「新しい輪」の始まりです。現代の日本では世界共通となった「西暦の年明け」をお祝いしますが、他の国では「立春」や、旧暦である新月を基礎とした「春節」を盛大にお祝いします。現代でも全人類の半分以上は、古暦の区切りから新年としてお祝いしているのです。私には、その現実に意味と意義がないとは思えません。

今日のご縁日

阿閦如来《あしゅくにょらい》さま

「揺るぎない」という意味のお名前の仏さまです。季節が大きな転換点を迎える日でも、静かに深く、瞑想と祈りを続けられています。

今日の呪文

「オン アキシュビヤ ウン」

自分の軸をしっかり保ち、落ち着いた対応ができるようになる呪文です。立春を迎えたことにより、大きな変化が周囲では始まります。だからこそ、この呪文を唱えながらどっしりと構えましょう。

ご利益フード

自分の好きなもの

今日のご利益フードは、人それぞれに異なるものです。大きな変換点には「喜ぶこと」が、幸せに生きるためのゲン担ぎとして有効なのです。今日は立春に相応しい好物を考えてみてください。

2月5日 始まりを喜ぶことに理由はいらない

二十四節気 **大寒**から**立春**へ

七十二候 **鶏始乳**から**東風解凍**へ

ご利益行動

喜ぶことを徹底する

一つの輪が新しい輪に切り替わる大切なタイミングです。**今日は徹底して、自分の楽しいこと、嬉しいことを実践しましょう。**それがなぜ、良いことが続くおまじないとなるのか……その理屈は、じつは誰にもわかりません。ご先祖さまも、昔の人がやっていたから真似していただけです。でも、それが受け継がれていたということは、受け継ぐだけの「結果」が確認できていたからなのです。立春を喜び、最高の日とする。これを「立春大吉」という言葉にして、玄関に貼るおまじないも存在します。今日は「始まりを喜ぶ」に徹してみてください。

暦からのメッセージ

新しい春を喜ぶ

まだまだ寒さは続きますが、新しい区切りである「立春」がやってきました。気候の変化は、人間が感知できない領域での切り替わりよりも、ワンテンポ遅れてやってきます。

今日は「新しい春が立ち上がり、世界を覆っていく」イメージも持ってみてください。始まりを喜べば、終わりは嬉しいものへと導かれるのです。

今日のご縁日

弥勒菩薩《みろくぼさつ》さま

56億7千万年後に世界を救うために現れる仏さまです。これは具体的な年数というよりは「遠い未来」というニュアンスで伝えられたものです。現在でも人々の幸せを祈り、思案を巡らせています。

今日の呪文

「オン マイタレイヤ ソワカ」

現在を照らし、未来を明るくしてくれるご真言です。智慧を授かる願いも込められているので、頭を使う仕事や試験の際にも唱えてみてください。

ご利益フード

豆腐

「立春大吉」と書いて玄関に貼った後、豆腐を食べる伝承があります。今日はそれを実践してみてください。「立春大福」という、お餅を食べる地方もありますよ！

2月6日

二十四節気 **立春**

七十二候 **東風解凍**

あなたのスタートは新しい物語を生む

ご利益行動

自分だけのスタートをきる

「スタートをきる」。それは自分で選択した行為のように思えますが、じつは、周囲の環境や組織の決めた日程に従っているだけの場合が多いのです。新年度や新学期はスタートだと思われていますが、じつは「組織としての区切り」というだけで「自分のスタート」となるかどうかは、自分の心構え次第です。**今年からは、この「立春の上候」という期間に、「自分だけのスタートをきる」という意識をもってみてください。**誰かの都合や組織の区切りに合わせるのではなく、自然界の大きな動きと連動するのです。今日のスタートはたくさんの支援を受けて、あなたの新しい物語となります。

暦からのメッセージ

春の息吹が近づく

暦上は春となりましたが、まだまだ寒さは続きます。そのため、まだ「目に見える領域」での変化は大きくないのです。**でも雪の下、地面の下では、確実に春の息吹が渦巻いていて、変化が刻々と続いています。**そしてそれを支援する力も、日に日に大きくなっていきます。

今日のご縁日

武《たけ》甕《みか》槌《づちの》大《おお》神《かみ》さま

国譲りの際に大活躍した強い神さまです。鹿島《かしま》神宮さまのご祭神であり、神仏習合の時代は「鹿島大明神」という御名《みな》でも、人々の祈りを受け止めてくださいました。

今日の呪文

「氷《ひょう》凌《りょう》上《じょう》走《そう》馬《ば》」

「氷の上を馬で走れるほどの技量」という意味の呪文です。さまざまなスタートの前に唱えると、実力を超えた能力や支援が受けられる効果があります。

ご利益フード

青《あお》柳《やぎ》

春先においしくなる貝です。お寿司屋さんではおなじみの食材ですね。なぜ、今日のご利益フードなのかというと……「あ」という始まりの音が頭文字で縁起の良い食材だからです。

２月７日

二十四節気　立春

七十二候　東風解凍

否定されることは、悪いことじゃない

ご利益行動

新しい意見を発信する

新しいことは、誰にとっても「怖い」と感じられます。人間は「今までにないことは、未知の危険やリスクがあるものだ」と勘違いしてしまうからです。しかし、自然界において、変わらないものなどありません。**今日は、「新しい意見はまずは受け入れられない」という大前提を意識してください。**そして、それを認めたうえで、**新しい意見を勇気をもって発信すべきタイミングです。**新しい意見を言うと、文句を言う人がいます。最初は受け入れられなくても、いつかは変わる。そう信じることが大切なのです。

暦からのメッセージ

否定を認める

「否定」は自然界において、必要な要素です。寒い冬を否定して春になり、穏やかな春を否定して夏になります。**今日の古暦は「否定を認めることが大切なタイミングであること」を伝えてくれています。**「否定されると悲しい」というのは、単に「自分の連想」が間違った感情に紐づいているからです。自然界と同じように、否定を受け入れて、周囲の変化を楽しんでみてください。

今日のご縁日

千《せん》手《じゅ》千《せん》眼《げん》観《かん》世《ぜ》音《おん》菩《ぼ》薩《さつ》さま

１０００本の手をもち、多くの人々を救済する仏さまです。１０００本の掌《てのひら》には１０００個の目がついているとされています。あらゆることを見逃さず、あらゆることから助けてくれる力をもっている仏さまなのです。

今日の呪文

「オン バザラ タラマ キリク」

ピンチでないときも、唱えておくと安心な「万能系」のご真言です。１０００の手と１０００の目に守られているイメージで唱えてみてください。

ご利益フード

ふきのとう

春の山菜です。苦味がありますが、それが滋味として楽しめます。初めて食べると苦味が勝りますが、何度か食べるうちに春には欠かせない味となります。

2月8日

二十四節気 立春

七十二候 東風解凍

過去は変えられる

ご利益行動

不要な過去を捨てる

「過去は変えられない」。誰もが聞いたことのあるセリフですが、じつはそんなことはありません。過去は二度とやってくることがない「記憶」と「記録」でしかないのですから、その解釈を変えてしまえば、自由に変えることができます。因果律ばかりに囚われていると「現在は過去で決まる」と思い込んでしまいますが、これも事実と異なります。現在は現在の状況でしかないのです。**今日は自分の幸せな未来にとって、「利用できそうな過去」と「邪魔する過去」を分別して、邪魔する過去は燃えるゴミと一緒に捨ててしまいましょう。**

暦からのメッセージ

春の記憶を呼ぶ風

今日の七十二候・東風解凍の「東風」とは、実際に体感できる風圧を伴った風のことだけではありません。遠く太平洋の向こうからやってくる、春という素晴らしい過去の思い出を呼び覚ますための使者のことなのです。これが日本にやってくると、厳しい冬の記憶が書き換わり、素晴らしい春の準備であったことを思い出させてくれると考えられていました。

今日のご縁日

八幡《はちまん》大神《おおかみ》さま

日本の戦いの神さまです。実戦力はもちろん、戦略や戦術にも素晴らしい力を与えてくれます。そのため、戦国時代以降に全国の武将の間で大人気となり、日本中で祀られる神さまです。

今日の呪文

「衝《しょう》破《は》碧《こん》瑠《る》璃《り》」

青空を突き破り、宇宙に飛び出すほどの意志を意味する呪文です。強い意志とやる気が欲しいときに唱えると、効果抜群ですので、試してみてください。

ご利益フード

鮟鱇《あんこう》

その姿からは想像できないおいしさです。そして「捨てるところがない」といわれるほど、全部の部位が楽しめてしまう魚なのです。

2月9日

二十四節気 **立春**

七十二候 **東風解凍** から **黄鴬睍睆《うぐいすなく》** へ

いい兆しがいい気分を作る

ご利益行動

偶然にいい意味をつける

偶然現れた現象を、勝手に「良い兆し」として解釈する。これは日本人が得意なルーティンだったのですが、明治以降は「非科学的」として、徹底的に排除されてしまいました。**今日は「意味づけは各個人の自由」であることを認めて、目の前に現れる偶然に「良い意味」をつけまくってください。**とくに数字は強力なおまじないとして発動します。たまたま目についた数字や道行く車のナンバー、時計の表示や住所などに、自分だけの「良い兆し」という意味づけをしてみてください。気分の良い出来事は気分よく生きる人に引き寄せられるのです。

暦からのメッセージ

変化は希望

変化の期間は、気分にも大きな影響を及ぼします。とくに現代の私たちは、選択肢が多すぎて、どの選択も「不安」や「恐れ」に紐づいていることが多くなりました。今日のタイミングで暦は、それらを打ち払い、自然界の変化を期待と希望に変えておくことが有効だと伝えています。**変化のなかに現れる兆しと良い感情を紐づける、絶妙なタイミングなのです。**

今日のご縁日

大《だい》通《つう》智《ち》勝《しょう》仏《ぶつ》さま

阿弥陀さまやお釈迦さまの「仏の世界においての父」となる仏さまです。気が遠くなるほどの説法を通じて、宇宙の秩序を生み出したとまでいわれています。

今日の呪文

「拏《だ》雲《うん》攫《かく》霧《む》龍《りゅう》」

雲を捉えて霧を摑みながら、大空を飛翔する龍神さまを意味する呪文です。そのイメージと一緒に唱えてみてください。期待を現実化させる効果のある、強力な呪文です。

ご利益フード

蕨《わらび》

春の兆しとともに、収穫される山菜です。その姿から「大地の精霊の手」だと考えられていた時代もありました。茹でて、鰹節と醤油をかけていただくと、春の香りが満喫できます。

2月10日

世界に不要なものなんて存在しない

二十四節気　立春

七十二候　東風解凍　から　黄鶯睍睆　へ

ご利益行動

必要なものしかないと考える

必要なものと、不要なもの。それは、どこで区別しているのでしょうか？ 自分にとって役に立たなければ、不要となりますし、役に立てば必要ですね。でもそれは、あなたにとって不要なだけで、他の誰かにとっては必要かもしれません。**今日のタイミングで、「世界は必要なものしか存在しない」と考えてみてください。**不要だと思っていたものは、「今の自分にとって役に立たない」だけ。地球という惑星には、完全に不要なものなど存在しないのです。その認識が芽生えると、自動的に優しい人になれます。

暦からのメッセージ

自分も変化の一部

古暦を学ぶと「自然には不要なものなどない」という摂理に気がつきます。今日は高い視点に立って、**「自分も地球の上に生じた変化の一部であり、他の存在も同様である」と考えてみましょう。**冷たい氷もそれを溶かす春の使者も、それぞれ世界にとって必要なものですが、人間は自分の都合でいつのまにか「必要」「不要」というレッテルを貼り付けています。今日はそれを剥がすチャンスです。

今日のご縁日

天照《あまてらす》大《おお》御《み》神《かみ》さま

日本の最高神であり、太陽の神さま。神仏習合の時代では10日をご縁日と定め、感謝の祈りを捧げていました。太陽の神さまが生み出したエネルギーに不要なものなど存在しないのです。

今日の呪文

「萬《ばん》家《か》太《たい》平《へい》春《しゅん》」

「太陽の光のように、すべての家に幸福が届く」という意味の呪文です。今日は「お日さま」のイメージと一緒に唱えてみてください。

ご利益フード

金目鯛

昔から「縁起物」の魚として大切に食されてきました。一番おいしくなるのは、この時期です。お刺身もよいですが、何といっても「煮つけ」がおいしい。その汁をご飯にかけるだけでも、箸が止まらなくなるおいしさです。

2月11日

二十四節気 立春

七十二候 黄鶯睍睆

楽しむことで心と体を軽くする

ご利益行動

楽しむための選択を考える

現代の社会は、今までの時代と比較して、かつてないほどの選択肢に溢れ返っています。テクノロジーの進化は、便利な状態を生み出す代償として、膨大な数の「手段」を生み出しました。その手段ばかりに気を取られていると、手段が目的に変化してしまうのです。**今日のあなたの目的は「楽しむこと」です。**手段から結果を検討するのではなく、結果から目的を検討する。今日は「楽しむための選択肢」だけを検討してみてください。

暦からのメッセージ

意図的に楽しむ

古暦では、寒いなかで咲く「梅の花」が、鶯を引き寄せるころという表現をとっています。生命の息吹が新しい局面を迎えるころは、「心と体への負荷」が高まります。私たちの心と体は、代々受け継いできた情報によって「設計図」ができているからなのです。**この期間は「意図的に楽しむ」という選択が、負荷への抵抗力となり、次のステップへ軽やかに移行するための方法となります。**

今日のご縁日

歓喜天《かんぎてん》さま

仏教を守護する仏さまで、人々に喜びを与えてくれる力があるとされます。現代において有名なのは「ガネーシャさま」としての側面です。象のような姿で人々を指導し、財福をもたらしてくれる、大人気の仏さまなのです。

今日の呪文

「オン キリ ギャク」

「喜びをもって生きる」という宣言となる呪文です。できれば午前中に唱えてみてください。「歓喜」というお名前がついた仏さまの支援を受けて、喜びを現実化しましょう。

ご利益フード

卵

自然界の旬は冬から春にかけての今です。卵の黄色は、日本人にとって「おめでたい色」そのものです。今日は味だけでなく色も楽しんでください。

2月12日

数字に意味を見出すと、未来が明るくなる

二十四節気　立春

七十二候　黄鶯睍睆

ご利益行動

数字に意味を見出す

目に見えることばかりで判断していると、幸せの難易度は高くなってしまいます。目に見えない領域というのは、神さまや仏さまの領域だけではありません。これからやってくる「未来」という時間も、今は目に見えない領域なのです。**今日のタイミングでは、これから来る本格的な変化に備えるためにも「数字」に注目して過ごしてみてください。**数字は、それそのものが強力な「呪文」です。さまざまな数値や数式は、目に見えない世界の「計測」であると同時に、その法則性により認識を変化させる「おまじない」でもあるのです。今日のタイミングでは、目の前に現れる数字に、どのような意味を見出せるかに挑戦してみてください。

暦からのメッセージ

変化に怯えない

まだ気温は低く、寒い日が続きますが、**暦はその変化に怯えないことが、良い春を迎えるための秘訣であると教えてくれます。**数字は不安を希望に変えるための「おまじない」としても、活用することができます。数字に見出す意味は、喜びや希望へと繋がるものを意識してみましょう。

今日のご縁日

加茂《かも》大明神《だいみょうじん》さま

京都を守りつづけた神さまのご縁日です。京都の上賀茂《かみがも》神社さま、下鴨《しもがも》神社さまでお祀りされる神さまです。

今日の呪文

「天《てん》何《か》言《げん》哉《や》」

あらゆる現象から「天の声」を抽出したいときに用いられた呪文です。今日は数字の意味を読み解く前に唱えてみてください。天の声は、数字として届く場合もあるのです。

ご利益フード

白魚《しらうお》

春の風物詩の美しい小魚です。漁では無数の白魚が水揚げされます。たくさんの白魚の数を確認する方法があります。それは「重さから割り出す方法」です。多少の個体差があっても1匹ずつの重さはさほど変わらないため、確認が可能なのです。欲しい数字には、工夫すればさまざまな道筋でたどり着ける良い例です。

2月13日

二十四節気　立春

七十二候　黄鶯睍睆

声に耳を澄ますと、気づきを得られる

ご利益行動

届く声を見直す

現代の社会は「声」に溢れています。テレビやラジオはもちろんのこと、SNSでも無数の声が飛び交い、私たちに届いています。その「声の氾濫」ともいうべき状況で、自分を幸せに導くヒントは、どれだけあるでしょうか？　**今日は、自分に届く声を客観的に見直してみてください。**その傾向や中身を、しっかり検討するのです。すると自分では気がつかなかった側面が確認できます。それは「陽の側面」も「陰の側面」もある、あなたが自分で把握していない「あなたの側面」なのです。

暦からのメッセージ

聞こえる声を風流に感じる

春が近づくと、さまざまな声が自然に響くようになっていきます。その多くは、繁殖期を迎えるための重要な準備である「求愛行動」が理由となっています。今日の七十二候である黄鶯睍睆の鶯も、自分の遺伝子を未来へと繋ぐために、素晴らしい声で鳴き回ります。それを人間である私たちが「風流」と感じるのは、古暦が自然への賛歌を現代まで伝えつづけたからなのです。

今日のご縁日

虚空蔵菩薩《こくうぞうぼさつ》さま

手に剣や宝珠《ほうじゅ》をもっていることが共通していますが、さまざまな姿勢やお顔立ちで受け継がれてきた智慧と財宝の仏さまです。

今日の呪文

「オンバサラ アラタナ カン オンバサラ アラタナ ウン」

一対のご真言を3回唱えてみてください。良いアイデアを授かることができます。

ご利益フード

槍烏賊《やりいか》

新鮮な烏賊は、身が透明で透き通っています。そして、「キュンキュン」と鳴くことがあります。それを昔の人は「春を呼ぶ声」だと感じたそうです。自然の恵みに感謝して、旬をおいしくいただきましょう。

2月14日

良い流れはタイミングから

二十四節気 立春

七十二候 黄鶯睍睆 から 魚上氷《うおこおりをいずる》 へ

ご利益行動

タイミングを考える

とにかく速く行動すること。これはビジネスセミナーなどで「必勝法」として教えられていることの一つです。確かに素晴らしい実績を残している人は行動が速い傾向にありますが、「いっぱい行動していると、ベストなタイミングと一致するだけ」という理由もあります。また、のべつまくなしに動きつづけると、エネルギーが拡散してしまうことにもなります。**今日は「タイミングを考えるタイミング」です。**春の目覚めに向けて、3か月くらい先までの「良いタイミング」を考えてみてください。

暦からのメッセージ

きっかけを探す

黄鶯睍睆から魚上氷へ。鶯の声に目覚めた魚たちが、氷を割って現れるという表現です。**これは、自然界の連鎖反応において「タイミング」が極めて大切であることを教えてくれています。**すぐには関連がわからないことでも、じつは繋がっていて、それぞれが「きっかけ」となって大きな変化へと進んでいくのです。古暦は脈々と受け継がれ、バージョンアップされることで、そのタイミングを教えてくれる機能をもったのです。

今日のご縁日

天児屋命《あめのこやねのみこと》さま

「春日権現《かすがごんげん》さま」というお名前でもお祀りされていた神さまです。天の岩戸の神話では、天照大御神さまがいらっしゃる岩戸の前で祝詞《のりと》を上げ、鏡を差し出す重要な役割を果たされたため、お祭りの方法を生み出した神さまとしてもお祀りされています。

今日の呪文

「一声霹靂驚天地《いっせいへきれききょうてんち》」

「タイミングを合わせると、すべてを一度に変えることができる」という意味の呪文です。自分にとって最適なタイミングを教えてくれる効果があります。

ご利益フード

蛤《はまぐり》

春先からおいしくなる貝です。なぜ、今日のご利益フードなのかというと、蛤は時速440キロを超える超高速で移動するといわれる生き物だからです。このスピードを見習って、タイミングを考えましょう。

2月15日

二十四節気 **立春**

七十二候 **黄鶯睍睆** から **魚上氷** へ

自分をほめる習慣が、幸せを導く

ご利益行動

自分を徹底的にほめる

あなたは存在しているだけで「ほめられるべき理由」があるのです。この地球に不要なものは存在しません。だから、普段あまり他人からほめられないとしても、この美しい星に生まれたことだけでも「ほめられるべきこと」なのです。**今日は「自分で自分を徹底的にほめる」という実験を行ってください。**理由は何でも大丈夫。「ご飯を残さず食べた私ステキ！」とか「しっかり歯を磨いた俺エライ！」とか、些細なことがいいんです。すごいことなんてしなくても、あなたはほめられるべき人なのですから。

暦からのメッセージ

「当たり前」に感謝

魚は寒い冬の間も、氷の下でじっと耐えて、春の訪れまで命を繋いでいました。それだけでも尊いことであり、地球の一員としてのミッションをまっとうしているのです。**今日は「当たり前がありがたいこと」であると認識する日です。**「ありがとう」は感謝を伝える言葉ですが、これは「当たり前の命なんて存在しない」という原理原則を忘れないように意味づけられた言葉なのです。

今日のご縁日

阿弥陀如来《あみだにょらい》さま

「はかり知れない光を放つ」という名の仏さまです。日本でも大人気で多くの仏像が作られ、受け継がれてきました。鎌倉の大仏さまも阿弥陀さまです。

今日の呪文

「南無阿弥陀仏《なむあみだぶつ》」

現代でももっとも有名なお経かもしれません。現代では死に際したときに唱える人が多いのですが、じつは「他力」という人間以外の力を認め、助けを求める宣言にもなっています。数え切れないほどの人々が唱え、受け継いできた強力な呪文です。

ご利益フード

河豚《ふぐ》

白身魚の王さまともいえる河豚も今が旬。山口県下関市では「ふく」と呼ばれ、「福を呼ぶ魚」だといわれています。

2月16日

二十四節気 立春

七十二候 魚上氷

目に見えなくてもご利益は巡っている

ご利益行動

見えない力を感じる

現代に生きる私たちは、つい、目に見えることを追いかけて「利益」を追求してしまいます。**今日は「ご利益」が生まれるためには、目に見えない領域での作用のほうが重要であることを認識してみましょう。**私たちが幸せに生きていくためには「人間が理解できる利益」だけでなく、「目に見えないご利益」が必要です。やることはシンプルです。「最近起きた良いことには、目に見えない領域でどのような支援や補助があったのかな?」と自問してみるだけ。今日のタイミングで、自分だけの「見えない領域への認識」を育てましょう。

暦からのメッセージ

変化はゆっくりと

冬の氷は、完全に溶けてなくなったわけではありません。そのことを忘れないようにしながらも、表面に出てきた「春の変化」を確認することを古暦は推奨しています。自然界において、すべてが一瞬で変化するという現象は、浅くて短い変化でしかありません。**本当の変化は、ゆっくり、じっくり、見えない領域から見える領域へと広がっていくものなのです。**

今日のご縁日

陀《だ》羅《ら》尼《に》菩《ぼ》薩《さつ》さま

「記憶して忘れない」という御名の仏さまです。宇宙の始まりから、すべての記憶を司るすごい仏さまです。

今日の呪文

「回《かい》天《てん》關《かん》轉《でん》地《ち》軸《じく》」

天と地をひっくり返すほどの転換を意味する呪文です。新しい発想や現状を変えたいとき、目に見えない領域の支援を得るために唱えます。逆転を願うときも効果を発揮します。

ご利益フード

飯《いい》蛸《だこ》

小さな蛸ですが、頭のような胴体のなかにお米のような形をした卵巣がびっしり入っています。だから「飯蛸」と書いて「イイダコ」という名になったのです。外から見たのではわからない魅力がある食材です。

2月17日

二十四節気 立春

七十二候 魚上氷

いつもと違う行動が、いつもと違う波を呼ぶ

ご利益行動

いつもと違うことをする

同じパターンを繰り返すと同じ結果が得られる。これは人間が作り出した決まり事ではないので「もともと、そうなっていること」、つまり、摂理の一つです。しかし、同じ結果を得ているだけでは、幸せに生きることはできません。なぜなら、私たちの地球は常に変化を続けているので、自分は変わらなくても、自分を取り巻くすべてが刻々と変わっているからです。**今日は、意図的にいつもと違う行動をしてみてください。**通勤通学の道順を変えたり、知らない店に入ったり、そのくらいの変化でよいのです。いつもと違う行動が、いつもと違う波となって、世界に広がっていくのですから。

暦からのメッセージ

始動の準備を始める

そろそろ春の動きが活発になるころです。冬が「準備」だとするなら、春は「始動」という表現となります。**今日の古暦は、準備の段階が終わりを告げ、始動の段階で出遅れないように準備することをすすめています。**素晴らしいスタートダッシュのために、今から小さな変化を起こすことに慣れていってください。

今日のご縁日

龍《りゅう》樹《じゅ》菩《ぼ》薩《さつ》さま

ゲームの主人公のような、素敵な御名の仏さまです。アジアの仏教国では、頭に蛇の姿をした「ナーガ」を乗せた仏像がお祀りされています。実在したお坊さんが菩薩さまへと転身しました。天才的に頭が良く、素晴らしい発想で、初期の仏教において大活躍されたといわれています。

今日の呪文

「色《しき》即《そく》是《ぜ》空《くう》空《くう》即《そく》是《ぜ》色《しき》」

『般若心経』の一説です。このお経は世界の理《ことわり》を示すといわれています。とくにこの一節は「変化のタイミング」で唱えてみてください。

ご利益フード

大根

今日は普段と違う食べ方を試してみてください。生で食べることが多い方は加熱して。その逆もあり。今日は「いつもと違う」が合言葉です。

2月18日

二十四節気

立春から雨《う》水《すい》へ

七十二候

魚上氷から土脉潤起《つちのしょううるおいおこる》へ

なりたい自分への道筋を思い描く

ご利益行動

進むステップを調べる

今日の切り替わりのタイミングでは、自分の「願望への道筋」を考えてみましょう。いよいよ冬の寒い時期が終わり、気候も春へと切り替わります。「人間も大自然の一部である」と認識して作成された古暦では、このタイミングでこの先の展開を考えることが、春の芽生えを支援し、摂理に沿った流れに乗れると教えてくれています。**今日は、自分の「なりたい姿」へと成長するために、どのようなステップがあるのか、調べて確認することです。**今日は確認するだけで大丈夫です。計画や日程などは、まだ先のタイミングですので、気楽に実践してみてください。

暦からのメッセージ

山から神さまがやってくる

土脉潤起は、乾いていた土が潤いを帯びてくるという表現です。土が潤うのは、山の氷や雪が溶けはじめて、人々が暮らす里までたどり着くからです。日本人は長い間、山を神さまと見て、祈りの対象としてきました。つまり、山から神さまがやってくる期間が訪れたことを意味しているのです。

今日のご縁日

天《あめ》之《の》御《み》影《かげの》神《かみ》さま

鍛冶《かじ》の神さまであり、創造のご神徳をいただける神さまです。物づくりは、物語とよく似ています。それぞれの過程でそれぞれの変化が、完成＝エンディングへと繋がるのです。今日はご縁日を意識して、道筋を検討してみてください。

今日の呪文

「竹《ちく》翠《すい》拂《ふっ》仙《せん》境《きょう》」

「青く美しい竹が、素晴らしい環境で伸びていく」という意味の呪文です。要素や要因を整理し、良い成長へと導いてくれ、物事の流れを整える効果があります。

ご利益フード

カリフラワー

あの不思議な形は「花」なのです。栄養価も高く、独特な風味が楽しい野菜です。

2月19日

良い人間関係は良い肌から

二十四節気
立春 から **雨水** へ

七十二候
魚上氷 から **土脉潤起** へ

ご利益行動

肌ケアを丁寧に

今日はあなたの肌に注目してみてください。肌は人間の部位のなかで、もっとも面積が大きく、もっとも変化するものです。**今日の切り替わりのタイミングで「潤い」を与えてケアしてあげると、人間関係が良くなります。**人と人は、さまざまな情報を交換していますが、最大の面積を誇る肌からの情報を無意識に取り入れ、さまざまな判断基準として利用しています。それは「肌がキレイかどうか？」という表層的な判断だけではありません。自分を大切に扱う人かどうか、肌へのいたわりの有無で判定しているのです。「肌ケア」に目覚めるなら、今日が最適です。

暦からのメッセージ

より具体的な行動を意識する

今日までは寒さが伴う冬の期間であり、それは「目に見えない領域」での準備期間でもありました。そのため、おすすめするご利益行動も「心」「感情」「意識」といった「内面」に向けられたものが多かったのですが、**これからは切り替わりが進み、「具体的な行動」へと変化していきます。**

今日のご縁日

七面大明神《しちめんだいみょうじん》さま

日蓮上人《にちれんしょうにん》というエライお坊さんの夢に出てきた、人々を守り、平和に導く神さまです。美しい女性の姿をしているとされ「七面天女さま」としてもお祀りされています。天女さまのお肌は、光り輝いて見えるそうです。

今日の呪文

「オン ソラソバテイエイソワカ」

日本の美を司る神さま、「弁財天さま」の呪文です。今日は「肌が美しくなる」イメージと一緒に唱えてみてください。

ご利益フード

八朔《はっさく》

夏のイメージがありますが、冬が旬です。美肌になるために必要なビタミンを豊富に含んでいます。「酸っぱさもキレイへの一歩」と考えれば、恋しく思えます。

2月20日 山を拝み、祈りの力に目覚める

二十四節気 **雨水**

七十二候 **土脉潤起**

ご利益行動

山に祈りを捧げる

山は日本人にとって祈りの対象でした。**今日は、山に祈りを捧げてみましょう。**現代では「祈ること」は「あやしいこと」と混同されていますが、日本では1600年以上もの長い間、祈ることは幸せに生きるために必要な行為そのものでした。今日は山に向かって合掌してみてください。それは私たちのご先祖さまが続けてきた行為と一致します。祈りの対象となる山は、実際に見えていなくても大丈夫です。自分のなかに受け継がれている「祈りの力」を目覚めさせるきっかけにもなります。慣れないうちは一人でこっそり実践してみてください。

暦からのメッセージ

祈りの力を実感

時計やカレンダーがなかったころの日本人は、山から神さまがやってくるタイミングを「土が湿ってくる」ことで、確認していました。そして、**そのタイミングでしっかりと祈ることで自然の力を味方につけ、幸せに生きるための力をお願いしていたのです。**この機会に土に注目して「神さまからエコヒイキされる」感覚を確認してみてください。

今日のご縁日

大《おお》山《やま》津《つ》見《みの》神《かみ》さま

大いなる山の神さまであり、強大な力をもつ神さまとして、現代でも全国でお祀りされています。もともと各地に芽生えた「山の神さまへの祈り」が朝廷の統治により集約され、現代の神社へと受け継がれていったと考えられています。

今日の呪文

「雲《うん》消《しょう》山《さん》嶽《がく》露《ろ》」

「雲が消え、山を潤す雫の一滴すら鮮明に見える」という意味の呪文です。今日の祈りの前に唱えてください。天気だけでなく、心のなかの景色も変えてくれる効果があります。

ご利益フード

牛蒡《ごぼう》

食物繊維が豊富で、真っ直ぐ土のなかで伸びる根菜です。その姿から「土の恵み、山の恵み」を象徴する野菜として、ご神饌《しんせん》に選ばれてきました。

2月21日

今いる場所が人生のすべてではない

二十四節気　雨水

七十二候　土脉潤起

ご利益行動

今いる場所を考える

種がたどり着いた場所で根を張り、枝を伸ばし、葉を茂らせる。これは多くの植物が進化の過程で得た能力です。この能力になぞらえて、「たまたまたどり着いた場所で根を伸ばすこと」が、与えられた使命であるかのように認識している人もいるのですが、それは植物の原理原則であり、動物には当てはまりません。私たち人間は、たまたまたどり着いた場所を「使命」と捉えて守り抜く必要はありません。それができないから、場所を移動できる能力を身につけたのです。自分のいる場所が自分にとって適さないのであれば、自分らしく根を伸ばせる場所まで移動すればよいのです。**今日は自分のいる場所が、自分の成長に必要な養分が取れる場所なのかを考えてみてください。**

暦からのメッセージ

適する場所か考える

植物には、育つことができる場所、できない場所が決まっています。山に生える植物は、岩から水分を得る機能をもっていても、潤沢な水や潤う土では生育できません。**今日の古暦は、今いる場所が自分に適しているかどうか考えることの大切さを教えてくれます。**

今日のご縁日

八《はち》王《おう》子《じ》権《ごん》現《げん》さま

現在では地名として受け継がれている神さまです。明治時代以前は、全国にお社があり、「牛頭天王《ごずてんのう》さま」という強大な力をもつ仏さまの「八人の王子」として大人気でした。現代では「須佐《すさ》之男命《のおのみこと》さま」をお祀りする神社へお参りしてみてください。

今日の呪文

「オン サンマヤ サトバン」

土公《どこう》さまと呼ばれ、「堅牢地神《けんろうちしん》」として土を司る「普賢菩薩さま」のご真言です。自分から伸びた根が、強力な土の力を得ることをイメージしてみてください。

ご利益フード

長葱《ながねぎ》

ネギは江戸時代に南蛮船に乗ってやってきましたが、最初は観賞用でした。育て方の工夫で「長葱」と「たまねぎ」になるよう栽培したのも、最近のことなのです。

2月22日 望みがどこから来たのか ひもといてみる

二十四節気 雨水

七十二候 土脉潤起

原動力になりますが、ときには幸せを見失う原因ともなります。今日はその発見をするのに見えない支援が集まる日です。

暦からのメッセージ 望みを混同しない

自分の望みは、自分だけのものです。しかし、現代の複雑な社会では、自分の望みが他人の望みと混同してしまっている場合もあります。**春に芽吹き育てる「自分の幸せ」を他人のものと混同していると、現実化したときの喜びが減ってしまいます。**今日の古暦は芽を育てる前に、どんな幸せを育てたいのかを確認する必要性を教えてくれているのです。

ご利益行動 望みのもとを探る

今日は「自分の望んでいることが、どこからやってきているのか?」、それを解明してみてください。「好きだから」「楽しいから」という理由が多くなると思いますが、そこで終わらせずに「どこが」「どのように」好きなのか、楽しいのかを考えるのです。理由を考えることは、その行為や活動が自分にとって必要なのかを確認するのに有効な方法です。自分では好きだと思っていたことが、じつは漠然とした「執着」であることを発見する場合もあります。執着は夢を実現する

今日のご縁日 田《た》中《なかの》大《おお》神《かみ》さま

「稲荷神《いなりしん》さま」としてお祀りされている神さまです。御名の通り、田の神さまとして五穀豊穣のご神徳はもちろんのこと、自分の理想に導いてくれます。

今日の呪文 「寒《かん》時《じ》終《しゅう》不《ふ》熱《ねつ》」

「寒いときは寒さを楽しむ」という意味の呪文です。自分のなかの執着や固執に気づかせてくれる効果があるので、今日の行動の前に唱えてみてください。冬を好きになる「副作用」もあります。

ご利益フード 油揚げ

豆腐を油で揚げると「おあげ」となります。揚げるという行為に「お」という丁寧な表現をつけたのは、稲荷大神さまへの捧げものだったからです。昔は、まず神さまにお供えして、そこからいただいたものを「最高のご利益フード」としていただいていたのです。

2月23日

曖昧でも幸せへの道は続いている

二十四節気 **雨水**

七十二候 **土脉潤起** から **霞始靆**《かすみはじめてたなびく》 へ

ご利益行動

あえて具体化しない

「具体的にしなさい」。おそらく誰もが一度は聞いたことがあるセリフでしょう。でも、何でもかんでも具体化するのは、おすすめできません。**とくに今日のタイミングでは「具体的にする必要がないことの存在」も認めることが重要です。**具体的にすると、物事がわかりやすくなる、他者と共通のイメージをもてるようになるという効果があるといわれますが、それは「幻想」です。人それぞれに経験も視点も異なるのだから、もともと「理解できない領域」のことを具体化するのは不可能なのです。仕事をしていると、具体性を求められる場合がありますが、具体化よりも前に行うべき重要なステップが省かれてしまっているのです。今日は「具体的でない状態は悪ではない」という認識を確認してください。

暦からのメッセージ

曖昧さが続く

土脉潤起から霞始靆へ。今日の古暦の移り変わりは、土から大気へと、春の変化が移行していくことを示しています。**今日の切り替わりでは、これからの期間は「霞がかかった状態」、つまり「曖昧さ」が続くことを教えてくれています。**

今日のご縁日

底《そこ》筒《つつの》男《おの》命《みこと》さま

住吉大神さまに祀られる三神さまのなかで、「深いところ」を担当されている神さまです。深いところは曖昧で、浅くなるほど具体的になっていきます。

今日の呪文

「オンアロリキャ ソワカ」

住吉大神さまとご縁の深い「聖観音《しょうかんのん》さま」のご真言です。今日は根本に届き、深いところから「あるべき姿」へと導いてくれる呪文となります。

ご利益フード

楚蟹《ずわいがに》

今日のご利益フードが楚蟹なのは、底筒男命さまの領域が「深海」であり、そこで生息しているからです。深海は人間にとって、未知なる場所です。その神秘に想いをはせながら、冬のご馳走を楽しみましょう。

2月24日

二十四節気　雨水

七十二候　土脉潤起 から 霞始靆 へ

手探りを楽しめれば、不安は喜びへと変わる

ご利益行動

未知を楽しむ

新しい職場や学校など知らない場所に移行するとき、多くの人は不安を感じたり、心配をしたりします。それは、自分にとって「未知の空間には危険が潜んでいる可能性があること」を進化の過程で学んだからです。でも、その恐怖は見える領域しか意識していないために発生しているのです。もともと、人間には理解できない領域、見えない領域が存在するという前提では、未知は当たり前なのです。**今日は未知とは「冒険」であり「楽しみ」なことだと、喜んでみてください。**慣れてくると「未知とは喜びである」という事実に気がつきますよ！

暦からのメッセージ

見えなくても大丈夫

この時期に発生する霧や霞は、人間の視野を狭くして、遠くまで見えないような状況を作り出します。それは物事が変化する際には「見えること」が「見えなくなる」という現象が発生することを教えてくれています。**一時的に先のことが見えなくなったとしても、それを恐れることはないのです。**もともと、人間の視力が把握できる情報は限られています。その事実を思い出すタイミングです。

今日のご縁日

櫛名田比売《くしなだひめ》さま

須佐之男命さまと結婚された美しい女神さまです。八岐大蛇《やまたのおろち》への「いけにえ」になる寸前で、高天原《たかまがはら》から来た須佐之男命さまに見初められ、櫛となって一緒に戦ったと神話に書かれています。そのため、美しさと勇気を与えてくれる女神さまとしてお祀りされているのです。

今日の呪文

「月下弾琵琶《げっかだんぴわ》」

「淡い月光の下で美しい音色を奏でる琵琶」という意味の呪文です。目に見える領域から離れ、普段とは違う発想が必要なときに唱えると、効果が確認できます。

ご利益フード

慈姑《くわい》

マイナーですが、「芽が出る」象徴としておせち料理にも登場します。水生植物で、収穫の際は「手探り」で収穫していました。入手方法や食べ方も手探りで調べてみてください。

2月25日

二十四節気 雨水

七十二候 霞始靆

一歩一歩進むと、壁はなくなる

ご利益行動

着実な道を探す

物事に挑戦するとき、いきなり突撃するから「壁」に突き当たるのです。一歩一歩、着実に進んでいくと、つま先が障害物を感知してくれるので、ぶつかってケガをすることはありません。ときにはスピードが必要な場合もありますが、**今日のタイミングでは「着実さ」を優先する必要があります。**大きな変化は小さな変化の連続で構成されています。それを見逃さないようにすれば、障壁ではなく道を発見することができるのです。**この期間は自分が幸せになっていく道を探ってみましょう。**それには根気が必要であることをお忘れなく。

暦からのメッセージ

予測より観測

変化には予測できるものとできないものがあります。**この期間は「予測」ではなく、「観測」が重要であると古暦は伝えています。**観測したうえで予測をしていかないと、変化そのものから遠ざかることも考えられます。全体の姿、全体の変化を拒絶して遠ざかるほど、人生ゲームの難易度は上昇するのです。それは成長を放棄するのと同じ行為だからです。

今日のご縁日

文殊《もんじゅ》菩薩《ぼさつ》さま

「三人寄れば文殊の智慧」という有名な格言がありますが、それはこの仏さまのことです。一人ひとりの智慧は浅くても、三人で協力すれば「菩薩さま級」にもなれるという意味です。文字通り「智慧」を授けてくれる仏さまですので、今日はいつもより良いアイデアが浮かびますよ。

今日の呪文

「オンアラハシャノウ」

智慧の仏さまのご真言です。午前中に3回、午後に3回唱えてください。今日でなくても、試験や頭を使う仕事の前に唱えると、効果抜群の呪文です。

ご利益フード

小松菜

ベータカロチンや鉄分、ビタミンEも豊富に含まれているので、智慧を絞って頭が疲れた後などにぴったりです。

2月26日

二十四節気　雨水

七十二候　霞始靆

本来誰もが使える未来予知に挑戦する

暦からのメッセージ

予兆は特別ではない

昔の人は、あらゆることに「予兆」を見出そうとしていました。雲の形や星の配列、花の咲き具合や昆虫の繁殖状態まで、現実との相関関係を観測し、自分たちが「幸せに生き抜くための智慧」として受け継いできたのです。**今日は、私たちのなかに受け継がれている「不思議な未来予知能力」を意識してみてください。**これは特別な人だけがもつ能力ではないことに、気がつくタイミングなのです。それは「予感」とは区別する必要があるのです。

ご利益行動

予兆を感じ取る

「予感」には根拠がなく、「予兆」には根拠がある。一見すると、もっともな意見ですが、じつは、両方とも根拠はあるのです。ただ違いを一言で説明すると、予感は自分が感知していない感覚まで使用した「未来予想」ですが、予兆は人間の認識を超えた領域からの信号を受けて発生する「未来予知」です。その区別をしっかりすると、生命が出《いず》る期間での準備が充実するという恩恵が得られます。**今日はあなたを取り巻く周囲で発生している「予兆」を確認してみてください。**

今日のご縁日

日本武尊《やまとたけるのみこと》さま

建国の英雄である神さまです。勇敢でありながら、優れた戦略で武勲《ぶくん》を重ねた神さまで、一族の裏切りに遭い人間としての生命は断たれますが、神さまとなって子孫の私たちを守ってくださっています。

今日の呪文

「冬《とう》嶺《れい》秀《しゅう》孤《こ》松《しょう》」

「寒さが厳しい冬の山のなかで、一本だけ逞しく育った松」という意味の呪文です。良い予感、良い予兆を引き寄せる効果があります。

ご利益フード

魴《ほう》鮄《ぼう》

「魴鮄」と書いたり「竹麦魚」と書いたりする、変わった魚です。「グーグー」と鳴き、その姿が「説法をするお坊さん」のようだったので、この名がついたともいわれています。入手の難易度が高いかもしれませんが、ぜひチャレンジしてみてください。

2月27日

二十四節気　**雨水**

七十二候　**霞始靆**

わからないことは、いっそのこと手放す

ご利益行動

わからないことに固執していないか考える

「わからないこと」が嫌いな人がいます。とくに学者さんや先生などは、その傾向が強いようです。でも、冷静に考えてみれば「わかった」と思っても、それが「本当のこと」なのかはわからないし、調査よりも「ひらめき」のほうが納得できることも多いのです。**今日は、自分が「わからない」と思っていることに固執していないか、確認してみましょう。**「普段、難しく考えないようにしているので……」という人は、じつはそれを演じているだけということがあるので、それを含めて点検してみてください。

暦からのメッセージ

霞が晴れる

そろそろ霞が消え、春の姿が見えるようになってくるころです。もちろんこれは、普段の生活で「気象現象として起こる霞や霧」のことを意味しているのではありません。古暦は自然現象の表現を使って、その期間の特徴や傾向を伝えようとしているのです。ロマンチックなだけでなく、実用、実践のために受け継がれたもの、それが昔の暦なのです。

今日のご縁日

摩《ま》訶《か》毘《び》盧《る》舎《しゃ》那《な》如《にょ》来《らい》さま

全宇宙を照らす強大な力をもつ仏さまです。太陽の化身でありながら、全宇宙の中心で光を放つ存在です。この国の危機に際し、朝廷が国を救うために「大仏さま」として建立したのです。

今日の呪文

「オン バザラ ダト バン」

宇宙の中心から放たれる無限のエネルギーを金剛界という領域で展開するためのご真言です。「万能で何にでも効く」呪文ですので、唱えてみてください。

ご利益フード

野沢菜

私の出身地である長野県では、今の寒い時期からお漬物として、仕込みが始まります。春が旬ですが、すぐには食べずに漬けてから食べます。この智慧がおいしい生活をもたらしてくれるのです。

2月28日

ぼんやりとはっきり、どちらも大切にする

二十四節気 **雨水**

七十二候 **霞始靆** から **草木萌動《そうもくめばえいずる》** へ

ご利益行動

抽象と具体を使い分ける

さて、自分の内側の準備を終える期間へと突入しました。今日は、ぼんやりとした「抽象」と、はっきりとした「具体」を使い分ける意識で過ごしてください。幸せに生きるうえで、「ぼんやり」も「はっきり」もどちらも大切です。今日の変化のタイミングでは、生活のなかで「ぼんやりでよいこと」「はっきりがよいこと」を確認してみてください。「歯磨きは、はっきり」「朝ご飯は、ぼんやり」「着替えは、はっきり」「通勤通学も、はっきり」。このようにゲームとしてやってみると面白いですよ。

暦からのメッセージ

見えない領域の意思

霞始靆から草木萌動へ。「ぼんやり」から「はっきり」への移行が始まりました。この期間では、さまざまなことがはっきりとしてくることになります。それは「見えない領域」の意思表示でもあるのです。地球と太陽と月、そして、それを取り巻く惑星たちの配列により「宇宙が好ましいと思う対象が、ときの流れで変わる」。このことに気がついた太古の人類が、天文学を生み、それを暦として確立させていったのです。

今日のご縁日

奥津《おきつ》彦命《ひこのみこと》さま

台所の火を守り、人々の食事を豊かなものにしてくれる神さまです。荒神《こうじん》さまとして全国でお祀りされ、竈神《かまどがみ》さまとしても信仰されています。今日は台所が縁起の良い場所となりますよ！

今日の呪文

「山《さん》高《こう》月《げつ》上《じょう》遅《ち》」

「山が高いと、お月さまが昇るのが遅く感じる」という意味の呪文です。これは視覚的な意味ではありません。時間をかけて大きな成果を得たいときに唱えてみてください。心を落ち着かせ、変化に柔軟に対応できる効果があります。

ご利益フード

ブロッコリー

鮮やかな緑が嬉しい、春の野菜です。さまざまな栄養素が含まれていることが注目され、大人気の食材です。

2月29日（うるう年のみ）

二十四節気 雨水

七十二候 霞始靆 から 草木萌動 へ

4年に1回は、ニュートラルを意識する

ご利益行動

中立を目指す

さて、この日は「うるう年」だけに発生する特別な日です。そのため特別なことを試してみるには、このタイミングしかないのです。**今日はニュートラル、つまり「中立」「中庸」「どこにも偏っていない」という状態を目指してみましょう。**これは、修行を仕事としているお坊さんでも難しいチャレンジですので、4年に一度くらいで挑戦するのがよいのです。自分の心の声、頭のなかの声に注意を向けて「中立」でいられるかどうか、試してください。4年に1回なのだから、徹底的にやってみるのも、楽しいですよ。

暦からのメッセージ

誤差を修正する

現代のカレンダーは、古暦の日付とは異なります。そもそも1日が24時間という設定は、惑星の運行上間違っているのです。そのため、日々生じる「誤差」を一気に解消するために「うるう年」は存在します。**だから今日は「誤差を修正する」絶好のタイミングです。自分の「ニュートラル」を意識するだけで、誤差は修正されます。**

今日のご縁日

月読命《つくよみのみこと》さま

三貴神として神話に登場しましたが、その後一切の記録や神話に登場しない、特別な神さまです。なぜ、神話が存在しないのか？ その回答を得ることはできません。なぜなら、それに関連する文献が何一つ残っていないからです。

今日の呪文

「阿《あ》」

始まりを意味し、高い丘から見る世界を意味する呪文です。4年に1回、呪文として唱えてみてください。自分の発声に意識を集中して「あ」と声を出すだけでオッケーです。始まりが「中立」であることを思い出す効果があるのです。

ご利益フード

小豆《あずき》

さまざまな場面でゲン担ぎとして用いられた日本人にとって、万能のパワーフードです。

コラム

ピンと来た日だけ取り組んでも、ご利益は得られる

本書は暦の力でご利益を得るための行動、そしてその日の暦が伝えるメッセージを「ご利益行動」「暦からのメッセージ」として紹介しています。先人たちが追求した「人間には感知できない領域」の智慧を現代人が実践しやすい行動へと翻訳しています。

これらは私が30年以上続けてきた暦やご利益の研究、明治維新以降の国家施策による破棄を免れた、現存する貴重な資料の数々から導き出した「幸せに生きるコツ」です。

自信をもってお届けできる内容ですが、あなたが毎日すべての行動を実践しなければならないわけではありません。

難しいことは考えず、読んでいてピンと来たり、「面白そう」と思ったりしたページだけ実践するようにしてみてください。それだけでもご利益は十分に得られるのです。

そして、「暦とは循環するもの」です。そのため、本書が真価を発揮するのは、2年目から。

来年以降、本書の内容で「去年読んだけど、やらなかった」という行動があれば、ぜひその年はその行動を「試す」感覚で、取り組んでみてほしいのです。

無理に1年で網羅していただく必要はありません。3年から5年ほどかけて、365日＋1日を読み終え、「ご利益の効果」を実感いただくことを、最初から意図しています。

もちろん、「できなかった」と自分を責めることもタブーです。そもそも「楽しいゲーム」としての「生き方」をお伝えするために生まれた本ですので、その点を忘れないようにお願いいたします。

3月

3月に迎える啓蟄《けいちつ》とは、土のなかの虫が
陽気に誘われて動き出すころのこと。
啓蟄の後に訪れる春分は、
古暦においても重要な転換点となります。
ようやく暖かくなってきたかと思いきや、
寒々とした雨が降る日も多い月です。
しかし、一雨ごとに春は近づきます。
美しい桜の開花に喜びながら、
新しい季節への準備を進めましょう。

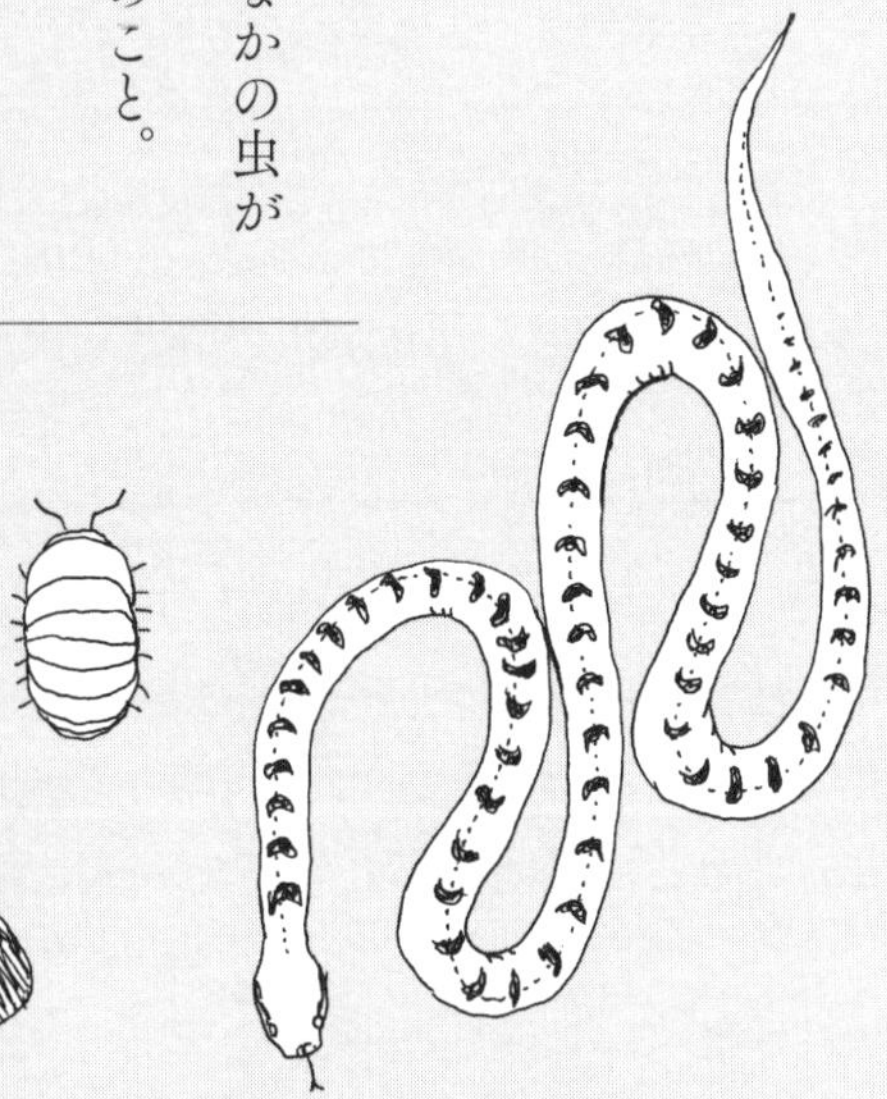

Sugomorinomushitowohiraku

Namushichoutonaru

Momohajimetesaku

Suzumehajimetesukuu

Sakurahajimetehiraku

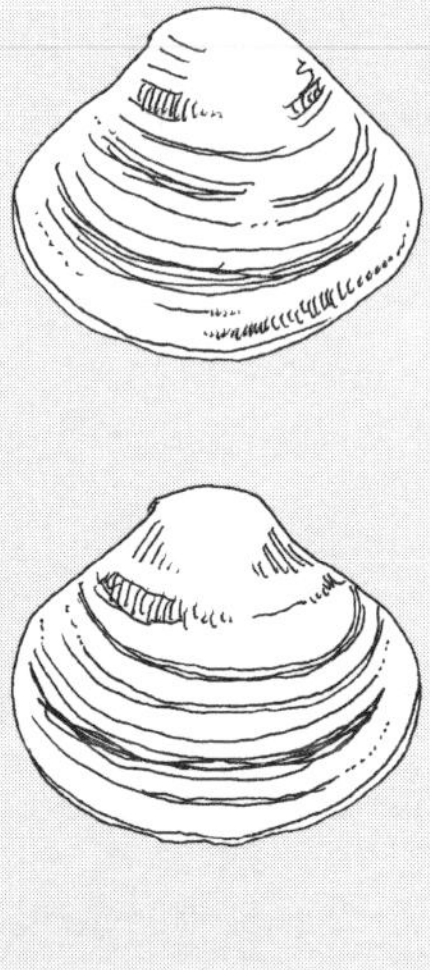

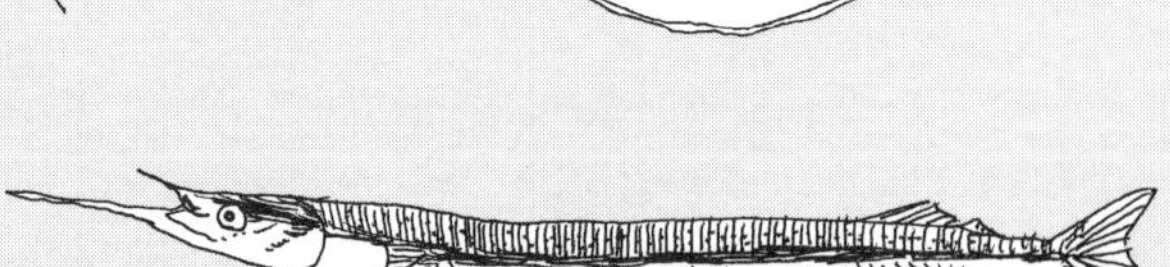

Kaminarisunawachikoewohassu

3月1日

変化は内から外に現れる

二十四節気 雨水《うすい》

七十二候 霞始靆《かすみはじめてたなびく》から草木萌動《そうもくめばえいずる》へ

ご利益行動

命の不思議を考える

生命の根幹はどこにあるのでしょうか。生命の設計図がＤＮＡだとするなら、それは内側に潜んでいるものです。「すべての変化は内側から外側へと現れていく」。これも人間が決めたルールではなく、「もともと、そうなっていること」の一つです。**今日は「命の不思議」を確認してみるタイミングです。**それは幸せに生きるためのステップとなり、私たちを人間の都合だけで生きることがない道へと導いてくれるのです。今日までの「ご利益行動」は内側に向けられたものが中心でしたが、今日からは外側に向けられたものが中心へと移行していきます。

暦からのメッセージ

芽生えの時期へ

植物の種子は、芽が出るまで成長した姿を確認することができません。でも種子の内部では、すでに「将来の姿」が描かれているのです。**今日のタイミングで古暦が切り替わり、「もやもや」が消え、「芽生え」が目に見えてくる期間へと移行します。**でもそれらの現象は、冬の時期に準備されたものであることを、忘れてはいけません。内側で準備されたもの以外に、外側に現れるものはないのです。

今日のご縁日

妙《みょう》見《けん》菩《ぼ》薩《さつ》さま

北極星を司る仏さまです。かつては船の航行で現在地を確認するために、北極星を目印にしていました。そのため、すべてを良い方向へ導いてくれる仏さまとして日本全国、とくに船の行き来が盛んな地域では篤くお祀りされていたのです。

今日の呪文

「オン ソチリシュタ ソワカ」

自分の位置を見失いそうなとき、道に迷いそうなときに唱えると、たちどころに助けてくれるご真言です。

ご利益フード

明日葉

「明日の菜」という名前に相応しい栄養価で、内側から体を整えてくれます。この野菜が出回りはじめると、いよいよ春本番が近いのです。

3月2日

二十四節気 **雨水**

七十二候 **草木萌動**

嗅ぐこと、味わうこと、触ることで春を楽しむ

ご利益行動

嗅ぐ、味わう、触る

さて、今日のチャレンジは春の変化を「視覚と聴覚以外から確認する」です。方法はいたって簡単！　嗅覚、味覚、触覚を使用するのです。嗅覚は香りや匂い、味覚は旬の食べ物、触覚は春の草花に触れることで発動します。視覚と聴覚優先の時代が長く続いたために、現代ではせっかくの楽しみが限定的になっています。五感をフル活用して春を楽しむ。それは、幸せに直結する大切な行為です。つまりそれだけ、生き物にとって春は素晴らしいということです。

暦からのメッセージ

春という過程を楽しむ

気温の上昇とともに、外の世界の変化が加速度的に進んでいく期間です。ただし、それはまだ「芽生え」の段階であることを認識しなくてはなりません。せっかちな人は「いま、ここ」の喜びや楽しみを無視して、結果や収穫のことばかりに囚われてしまいます。それでは世界を楽しむ期間は短くなってしまうでしょう。**結果や収穫も「大きな輪」から見ると「過程」に過ぎないのです。**「春という過程」を存分に楽しむ人が、この先の「喜び」という収穫を得る人となります。

今日のご縁日

日《にち》月《がつ》燈《とう》明《みょう》仏《ぶつ》さま

宇宙では太陽と月、地上では灯明、つまり夜を照らす光と影の象徴となる仏さまです。大きな炎のように強いエネルギーで、人々を救うと考えられています。

今日の呪文

「吉《きつ》日《じつ》良《りょう》辰《しん》」

「良い日を心より喜べば、より良い日になる」という意味の呪文です。あなたが全身で春の到来を喜んでいるイメージと一緒に唱えてみてください。良い連鎖反応を生む効果もあるので、調子が良いときに唱えるのも有効な呪文です。

ご利益フード

鯛

日本人のご利益フードとしては、一番人気かもしれません。今日の「味覚で感じる春の喜び」として、一番相応しいのです。

3月3日 数字に込められた祈りに触れる

二十四節気　雨水

七十二候　草木萌動

ご利益行動

昔の人の祈りを想像する

3と3が重なる今日は、桃の節句として全国でお祭りが開催されます。これは「陰陽五行《いんようごぎょう》」という思想から生まれた「祈り」です。もちろん、昔の日付と現代のカレンダーの日付では、該当する日が異なるのですが、重要なのは「世界中のカレンダーに3と3が印刷されている」という事実です。数字は強力な「呪術」なのです。**今日は昔の人が何を願い、ひな祭りを祝ったのか、その「祈り」を想像してみてください。**それにより、大昔に発生した祈りに触れることができます。

暦からのメッセージ

上巳《じょうし》の節句

今日は、現代のカレンダーで3という「陽の数字」が重なる日となるので、「節会」という昔の暦を当てはめて「上巳の節句」となります。これが、もともと別の行事として昔の日本の貴族の間で流行した「桃祭り」と一緒になったのです。日本では、最初は別々だったお祭りが、時期や内容が近いと一緒に合わせて執り行われるようになることが少なくありません。これは、もともと別々だった神さまと仏さまを一緒にお祀りするようになったという経緯が大きく影響しています。

今日のご縁日

気長足姫尊《おきながたらしひめのみこと》さま

別の御名《みな》は「神功《じんぐう》皇后さま」。八幡神となる応神《おうじん》天皇を身ごもったまま軍船を指揮し勝利。素晴らしい功績で日本を導き、全国の神社でお祀りされています。女の子の幸せを祈るひな祭りにぴったりなご縁日です。

今日の呪文

「聖《しょう》母《も》感《かん》謝《しゃ》」

神功皇后は「聖母」とも呼ばれていました。それは無償の愛で人民を包み、導く神さまに相応しい御名でした。昼間に3回唱えてみてください。

ご利益フード

蕪《かぶ》

今年も白く愛らしい野菜の季節がやってきました。「蕪」は「株」と同じ発音のため、株式の数字に追われる仕事をする方にもゲン担ぎとして愛される野菜です。歯ごたえと甘みを楽しむには、浅漬けをおすすめします。

3月4日

二十四節気 雨水

七十二候 草木萌動

思うままの妄想が、芽吹きを呼び寄せる

ご利益行動

自由に妄想する

「妄想」という言葉に良い印象を持たない人もいるかと思います。「妄想は現実にならないからダメ」と考えている人もいるでしょう。でも、どんな夢もどんな希望も、最初は妄想から始まるのです。人類が空を飛べるようになり、宇宙へ行けるようになったのも、最初は誰かの妄想からスタートしたといえますよね。**今日は芽が出る、実現するという将来的な展望は度外視して、自分の「妄想をする時間」を確保してください。**あなただけの願望なのですから、良いも悪いもありません。自由に、自分のなりたい姿とやりたいことを想像するという行為を実践してみてください。

暦からのメッセージ

芽吹きを意識する

今日の暦は、「芽吹く」という現象は意図的に行えると伝えています。自分の現実が変化していくのは、常に過去から現在への流れのなかだけです。未来は存在していないから未来なのです。それが変化することはあり得ません。そうすると、未来を変えるためには、現在が過去になる前に、そのための「変化」を起こす必要があるとわかるのです。

今日のご縁日

伊《い》奢《ざ》沙《さ》別命《わけのみこと》さま

海を司る神さまで、人間の衣・食・住すべてにおいて豊かなご神徳を与えてくれる神さまです。とくに「豊作・豊漁」を助けてくれるといわれていますので、今日の妄想タイムでは「豊かな収穫」をイメージしてみてください。

今日の呪文

「麦《ばく》穂《すい》両《りょう》岐《き》」

「麦の穂が二つに分かれて増えていくように、喜びも増えていく」という意味の呪文です。楽しい妄想が増えていくイメージと一緒に唱えてみてください。嬉しいことが増えていく効果もあります。

ご利益フード

細魚《さより》

細い魚と書いて「さより」と読みます。もちろんその姿形から、その名前がついたのです。海で泳ぐ姿は半透明で、近未来的な姿です。

3月5日

心配りは自分から

二十四節気
雨水 から 啓蟄《けいちつ》 へ

七十二候
草木萌動 から 蟄虫啓戸《すごもりのむしとをひらく》 へ

ご利益行動

相手より先に心配りをする

今日からは「コミュニケーション」に**重点を置く期間が始まります。まずは「心配り」から。**日本人は、思いやりをもって他人を大切に扱うことを「心という目に見えないものを配る＝心配り」という表現を使って言い表しました。そのうえで「心配りされる人は、心配りを先にする人である」と、定義づけたのです。自然界の「先に行動した者が優位に立つ」という摂理を伝えています。心配りされる人は幸せな人です。先に心を配ることで、その状態を目指しましょう。

暦からのメッセージ

虫たちの行動

生き物の動きが活発になる変化が始まりました。**古暦では蟄虫啓戸、すなわち「虫たちが、自分たちの家のドアを開けはじめるころ」と表現しています。**ここにはさまざまな意味（暗喩）が込められています。古暦はすべて暗喩を使用して、一つの表現で幅広い内容を伝えようとしているのです。今日からの切り替え期間を活用できれば、この後やってくる夏が、すごく楽しいものになりますよ！

今日のご縁日

大己貴命《おおなむちのみこと》さま

この国の基礎を作ったといわれる神さまです。大国主命《おおくにぬしのみこと》さまという御名のほうが有名ですね。人々を限りない優しさで救ってくれるとされ、お参りすれば心配事も吹き飛びます。

今日の呪文

「一《いっ》花《か》開《かい》天《てん》下《か》春《しゅん》」

「一輪の花が世界中の春を連れてくる」という意味の呪文です。今日は春への切り替わりを祝福する気持ちで、唱えてみてください。これから来る季節を祝福することで、全体が良くなる効果が発揮されるのです。

ご利益フード

浅利《あさり》

煮て良し、焼いて良しですが、やっぱりお吸い物は和食の基本。豊かな栄養価と素晴らしい風味のお出汁は、思いやり溢れる一品となります。春の海の味覚を楽しみましょう。

3月6日
世界を知ることは、可能性を知ること

二十四節気
雨水から啓蟄へ

七十二候
草木萌動から蟄虫啓戸へ

ご利益行動
知らない情報を集める

今日は「情報を集める」ことを意識してみましょう。**知識が増えるだけでなく、自分の可能性に気づかせてくれる結果へと繋がります。**現代の「超情報化社会」は、人類が初めて経験する状態です。そのなかで、今いる場所とは違う場所の情報は、新しい可能性の扉を開きます。季節が「静」から「動」へと移行するタイミングで、知らない世界の情報を得ておけば、自分の深いところの変化とシンクロできるのです。異国の情報でもよいですし、違う社会や職業の情報なども有効です。検索というテクノロジーが与えてくれる恩恵を、存分に利用しましょう。

暦からのメッセージ
情報は素材になる

春に開く扉は、完全に開け放たれたわけではありません。この期間は、まだ虫という小さな存在が先行して扉を開いただけなのです。**この段階で情報を仕入れておくと、この後の行動を選択するための「素材」として活用することが可能となります。**現代でもっとも有効な武器の一つは、情報です。気を紛らわすために使っていた時間を、有効な情報を楽しむ時間へと切り替えてみてください。

今日のご縁日
二《に》万《まん》燈《とう》明《みょう》仏《ぶつ》さま

世界を明るく照らす仏さまで、世界の可能性を教えてくれます。二万という御名は「無限の行いで無限の良いことがもたらされる」という意味となっており、御名がすでに良い縁起を生むコトダマになっているのです。

今日の呪文
「神《しん》情《じょう》朗《ろう》達《たつ》」

「素晴らしいメッセージが、素晴らしいタイミングで届く」という意味の呪文です。自分にとって必要な情報を集めたいときに、絶大な効果を発揮します。

ご利益フード
ゴマ豆腐

もともと高野山の聖地で愛されていた食べ物です。お坊さんの修行を支えるエネルギーと風味豊かなおいしさで、大人気なのがよくわかります。今ではスーパーでもさまざまな種類が扱われていますので、ぜひ選んでみましょう。

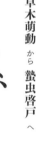

3月7日

二十四節気 啓蟄

七十二候 蟄虫啓戸

換気で良いツキを喚起する

ご利益行動

家中の窓を開け放つ

今日はシンプルで、簡単な行動です。**家中の窓、職場の窓、学校の窓を開け放つだけでよいのです。**もし、挑める場合は「同時に家中の窓が開いている」という状態も試してみてください。この場合は、家族や仲間の協力が必要となります。昔から「換気」は「喚起」となり、「歓喜」に繋がるといわれていました。空気の流れだけでなく、目に見えない領域、人間が感知できない「流れ」も、窓という外界への出入り口を活用することにより、新鮮なものへ変換できると考えられていたのです。花粉症の方は、換気中のマスクと換気後のお掃除をお忘れなく。

暦からのメッセージ

大気の変化

古暦が教えてくれる変化でよく登場するのが、「大気の変化」です。**昔の日本人は「酸素」や「窒素」などの名前は知らなくても、その変化が与える影響については、現代の私たちよりも深く理解していました。**そして風や雲、雨も、大きな流れのなかで発生するものだと理解していたのです。人類は大気を傷つけましたが、それは次の変化への兆しであり、大きな流れの一環であると考えています。

今日のご縁日

天穂日命《あめのほひのみこと》さま

天照大御神《あまてらすおおみかみ》さまの「勾玉《まがたま》」から生まれた神さまです。高天原《たかまがはら》からの使者として日本にやってきたのですが、あまりの居心地の良さにそのまま住んでしまい、大国主命《おおくにぬしのみこと》さまとともに国譲り後の平和に尽力された神さまです。

今日の呪文

「ホヒ ホウサイ」

「ホヒ」とは「稲霊」「炎日」とも書かれる、古代の呪文の発音です。「ホウサイ」はそれを祀り、感謝するという意味。今日の換気のタイミングで、窓を開けたときに唱えてみてください。

ご利益フード

春菊

そろそろ旬も終わりのころですが、ここからまた風味が増す食材です。そろそろ暖かくなってきましたが、シーズン最終の鍋で使ってみてください。もちろん食べるときは換気を忘れずに。

3月8日

二十四節気 啓蟄

七十二候 蟄虫啓戸

美しいと感じる景色が、原動力となる

ご利益行動

美しいと思う景色を想う

人それぞれ「美しい」と感じる景色は異なります。感動を伴うほどの印象を与えてくれる景色は、勝手に目の前に現れることはありません。そこに至る道筋、そこに至る過程が伴うからこそ、自分の深いところまで揺さぶられるのです。**今日は「自分が美しいと思う景色」について考えてみてください。**世界の絶景でも、仕事で活躍する場面でも、試験に合格した瞬間でもオッケーです。それを思い浮かべるとき、自分のなかに「美しい」という感情が湧いてくる状態まで、思い浮かべてください。そのワークは、それを現実化する「原動力」となります。

暦からのメッセージ

想像して創造する

扉を開くと、新しい景色が広がります。新しい景色が自分にとって嬉しいものかは、部屋のなかにいる間は想像するしかありません。じつは「扉が開く前の外の世界」は、すでに決まっている世界ではないのです。あなたが扉を開けるまで、外の世界は確定していないとしたら……。**今日は、扉を開けた先の世界を「想像」して「創造」するタイミングです。**自分にとって美しい世界を描いてください。

今日のご縁日

級《し》長《な》津《つ》彦命《ひこのみこと》さま

風を司る神さまです。霧を吹き払い、美しい景色を明確にしたという神話が残っています。風は目に見えませんが、吹くと目に見える景色が変わるのです。

今日の呪文

「美《び》意《い》延《えん》年《ねん》」

「美しいものを美しいと感じることで、幸せが続く」という意味の呪文です。美しいと思う基準は人それぞれですが、この呪文は「自分にとっての美」に気づかせてくれる効果もあります。今日のワークの前に、唱えてみてください。

ご利益フード

菜の花

春に訪れる美しい花畑。鮮やかな黄色は、春の風物詩です。来年の再会を思いながら、おひたしでおいしくいただきましょう。

3月9日

二十四節気 啓蟄

七十二候 蟄虫啓戸

新しい扉が、新しい世界を開く

ご利益行動

新しい扉を開ける

新しい環境に行くと、初めて見る扉に遭遇します。新しい職場、新しい学校、新しいクラス、新しい乗り物、そこには常に「新しい扉」があるのです。そしてそれは、今までの自分が知らなかった「新しい世界」へと繋がっています。**今日は積極的に「新しい扉を開けること」を意識してみてください。**これは、実際の扉でなくてもよいのです。新しい分野への扉、新しい興味への扉、新しい知識への扉など、自分が知らない世界は、新しい世界なのです。ちなみに、本も扉のような役割を果たします。開くことにより、新しい世界へと繋がっていくのですから。

暦からのメッセージ

自然界の新しい扉

自然界では、毎年「新しい扉」が開かれます。前と同じ扉は一つとして現れないのです。それを古暦では「秩序」という表現で伝えています。私たちも、暦を活用して意図的に「秩序」を真似していけば、大きな流れへと同調していくのです。この期間は新しい扉を探すことに、時間を投資してみてください。それは良い流れに乗る手段の一つとなります。

今日のご縁日

高《たか》龗《おかみの》神《かみ》さま

美しい水を司る神さまです。「おかみ」という発音は、古代の日本において「龗」だったという説もあります。そのため、龗神さまの信仰と結びつき、多くのお社でお祀りされていた時代もありました。

今日の呪文

「飛《ひ》龍《りょう》乗《じょう》雲《うん》」

「龍に乗り、自由に空を飛ぶように、すべてがうまくいく」という意味の呪文です。今日は龍に乗って空を楽しんでいるイメージと一緒に唱えてみてください。爽快感を覚えたら、それは新しい扉が開かれたサインです。

ご利益フード

牡《か》蠣《き》

そろそろ春の旬は終了です。今日はできれば殻付きのものを選んで、それを開けるイメージで楽しんでください。

3月10日

二十四節気　啓蟄

七十二候　蟄虫啓戸 から 桃始笑《ももはじめてさく》 へ

春を喜ぶ人は、夏も楽しめる人

ご利益行動

自分を喜ばせる

今日の行動は「喜ぶ」という一点に集約できます。難しいチャレンジかもしれませんが、**朝から晩まで喜ぶことを意識して過ごしてください。**他人のことは意識しなくていいです。「自分で自分を喜ばせること」に徹してください。できれば、「春に関連することで喜ぶ」という意識も追加します。春の空、草花、旬、夜を喜ぶ。それだけで、この後の夏が喜ばしいものへと変化しはじめるのです。最初は演技でいいんです。喜んだフリをしていると、喜んだことになり、そのうちだんだん嬉しくなってくる。ゲームのつもりで楽しんでみてください。

暦からのメッセージ

扉から虫が飛び立つ

蟄虫啓戸から桃始笑へ。今日の切り替わりのポイントでは、「開かれた扉から出たたくさんの虫たちが、咲きはじめた花へと飛び立ちはじめる」という表現となっています。その様子は「世界が喜んでいる」ように捉えることができるのです。地球は「動くもの」を好ましいと思う傾向があります。だから、複雑な動きを楽しむかのような世界ができ上がっていったのです。

今日のご縁日

四至神《みやのめぐりのかみ》さま

お伊勢さまで、聖域を守護する神さまです。社殿をもたない神さまなので、ご境内のなかでつい見過ごしてしまう方も多いです。

今日の呪文

「壽《じゅ》者《しゃ》福《ふく》之《し》首《しゅ》」

「喜びを分かち合える人が、福をもたらす人である」という意味の呪文です。今日は「自分が喜ぶことが、他人を喜ばせることに繋がる」という意識をもって、唱えてみてください。「喜びの循環」を確立できれば、それが幸せの軸となります。

ご利益フード

三つ葉

お吸い物や焼き物の付け合わせという印象が強いですが、それはさまざまな食材の味を引き立てるという三つ葉の特徴を活かしているからです。他の春の恵みと合わせて、味覚から春を喜びましょう。

3月11日

まず笑うから、楽しく過ごせる

二十四節気 **啓蟄**

七十二候 **蟄虫啓戸** から **桃始笑** へ

ご利益行動

できるだけ多く笑う

今日は「笑う」という選択を、**どれだけ多く選べるかに挑戦してください。**笑えない状況にいる方も、今日だけは努力して笑ってください。心から笑えなくてもいいんです。鏡を見ながら、口角をもち上げるだけでもオッケーです。忘れてはいけない原理原則の一つに**「楽しいから笑うのではなく、笑うから楽しくなる」**というものがあります。せっかく「楽しみたい」と心が信号を出しても、感情が邪魔をして表情を変えさせてしまうのです。今日はできるだけ長く、できるだけ多く笑顔の実演をしてみてください。

暦からのメッセージ

笑うと果実が実る

蟄虫啓戸から桃始笑へ。可憐な桃の花が咲く姿が「笑う」という表現になったのは、花が咲くのは「楽しい」「嬉しい」という結果へ向かうための大きな変化だからです。果実は、花が咲かなければ実ることはけっしてありません。それは人間が生み出したテクノロジーではなく、人間以外が決めた「段取り」なのです。**今日笑っておくと、この先に「おいしい果実」が待っていますよ。**

今日のご縁日

大《だい》黒《こく》天《てん》さま

日本の神さまとしては「大国主命《おおくにぬしのみこと》さま」ですが、それは「習合」という独自の信仰のうえで、一つの神さまへと人間側が集約した結果となります。「大黒天さま」という御名となると、それはインドからやってきた「福の神さま」の性質が強くなります。

今日の呪文

「あっはっはっは、いっひっひっ、うっふっふっ、えっへっへっ、おっほっほ」

「笑いのあ行」という立派な呪文です。これを唱えるときは、周囲の人がいないことを確認して、笑い声のように唱えてください。

ご利益フード

数の子

おせち料理に欠かせないため、冬のイメージが強いのですが、じつはこの時期から旬が始まります。

3月12日

笑いは本能に宿った生存戦略

二十四節気　啓蟄

七十二候　桃始笑

ご利益行動

他人を笑わせる

「笑い」に関する行動が続く期間です。**今日は「他の人を笑わせる」ことに挑んでみましょう。**もちろん、笑わせるために無茶をする必要はありません。「自分には人を笑わせるスキルがない」と思い込んでいる人が、あまりにも多いのです。そういう人こそ、じつは「笑いの達人」に化ける可能性があります。なぜなら「笑いは意外性からやってくる」からです。私は神社の歴史やナーバスな裏側の歴史をお伝えするとき、あえてまったく関連のない話を唐突に入れます。それにより、聞いている皆さまの脳が混乱し、笑っちゃうのです。人それぞれ、得意な笑わせ方がありますので、ぜひ自分流のワザを発見してみてください。

暦からのメッセージ

本能と笑い

赤ちゃんの笑顔ほど、素敵なものはありません。でも赤ちゃんは、何が面白くて笑うのでしょうか？　答えは……別に何も面白くなくても笑っているのだそうです。新しい世界が広がっていく喜びが、湧き上がって笑っているのです。それは、もともと人間のなかに備わっている本能に近いところで発生しています。

今日のご縁日

玉《たま》依《より》姫命《ひめのみこと》さま

玉のように美しい女神さまで、事代主《ことしろぬしの》神《かみ》さまの妃神《きさきかみ》さまです。事代主神さま＝恵比須さまと習合しています。笑顔の夫婦神さまですね。

今日の呪文

「笑《しょう》門《もん》来《らい》福《ふく》」

「笑いが絶えない家庭は、幸運である」という意味の呪文です。お正月に唱えて新春を喜ぶ呪文ですが、本来唱えるタイミングは春です。「新春」とは文字通り「新しい春」のことですので、今日のタイミングがよいのです。

ご利益フード

蛤《はまぐり》

貝の口を開けた姿が、笑っているように見えるため、笑顔のゲン担ぎとして喜ばれた食材です。もちろん、そのおいしさで笑顔になれる効果もあります。

3月13日

二十四節気　啓蟄

七十二候　桃始笑

ときに笑いには、努力が必要になる

ご利益行動

笑いの訓練を始める

笑うのも笑わせるのも、「訓練」によって上達する「スキル」です。だから、お笑い芸人の方々は、日々の訓練と試行錯誤ができる人ほど、面白い人となっていくのです。生まれながらに「上手に笑わせることができる人」はいません。センスや感覚や間合いなどのテクニックも、試行錯誤の結果、自分に合ったものが発見できるのです。もちろん、あなたがお笑い芸人になる必要はありません。でも、幸せに生きるためには、必須のスキルであることはご理解ください。**今日のタイミングで笑うこと、笑わせることの訓練が開始できれば、それを支援する力がやってきます。**

暦からのメッセージ

花の努力を想像する

花は咲くのに努力していない。それは人間が勝手に決めたことです。花が咲くという現実の裏側には、膨大なステップと試行錯誤が繰り返されてきたのです。植物も他の生物と同じように、種の保存を目的とした戦略を展開しています。そこに至る道のりは平坦なものではなかったでしょう。今日は、花を咲かせるための植物の努力を想像してみてください。

今日のご縁日

市杵島姫命《いちきしまひめのみこと》さま

宗像三女神《むなかたさんじょしん》さまの一柱で、美貌と財宝をもたらしてくれる女神さまです。そのご神徳から「弁財天さま」との習合となり、全国の神社の池にはお社が建てられました。「笑顔は母性からもたらされる」という原則を教えてくれます。

今日の呪文

「年豊人樂《ねんほうじんがく》」

「豊かさを率直に楽しむ人」という意味の呪文です。今日は鏡の前で、歯が見えるほどの笑顔を作って唱えてみてください。

ご利益フード

卵

今日はちょっと変化球。目玉焼きを二つ焼いて並べて平皿に盛り、その下に曲がったウインナーを配置します。これで、お皿のうえに笑顔が咲きました。

3月14日

自分の行動が、自分の感情を作る

二十四節気　**啓蟄**

七十二候　**桃始笑**

ご利益
行動

感情よりも行動を優先する

楽しいとき、嬉しいときに笑わなければ、それらの良い感情は一瞬にして消え去ってしまいます。そして、多くの人の幸せには、楽しい、嬉しいという感情が必要不可欠なのです。それをしっかり、自分の深いところまで認識させるには、自分で検証し、自分で確認するより他に方法はありません。**行動が先で感情が後であることを生活のなかで意識して、確認してみてください。**たとえば、憂鬱を感じたときは、すかさず天井を見上げつづけてみる。そして感情の変化が確認できると、新しい発見となることでしょう。

暦からの
メッセージ

すべての命に感情がある

人間だけに感情があり、他の生き物にはない。昔の日本人は、そのようには考えませんでした。**すべての命には感情が存在し、それらが世界を成立させていると考えていたのです。**それは、自分たちが大きな存在により「生かされている」という事実を受け入れていたからでした。

今日の
ご縁日

伊《い》波《わ》比《い》主神《ぬしのかみ》さま

経《ふ》津《つ》主神《ぬしのかみ》さまの別の御名です。読み方の通り「いわい」という儀式全般を司る神さまです。「お祝い」はもともと「斎《いわい》」という儀式全般を表しており、先人たちの願いからめでたいことを喜ぶ機会に使用されるようになりました。

今日の
呪文

「献《けん》壽《じゅ》更《こう》称《しょう》觴《しょう》」

「盃を挙げて喜ぶ人には、さらなる幸福が舞い込む」という意味の呪文です。今日は「お祝いする気持ち」と一緒に唱えてみてください。お祝いの対象は具体的でなくても構いません。

ご利益
フード

白《しら》子《す》

この時期までは禁漁の期間で獲ることができない食材です。命に感謝を捧げながら、小さな魚の全部を生きる糧としていただきましょう。

3月15日

二十四節気 **啓蟄**

七十二候 **桃始笑** から **菜虫化蝶**《なむしちょうとなる》 へ

定期的な振り返りが、近道を教えてくれる

ご利益行動

5W1Hで振り返る

今日は「振り返ること」が大切なテーマとなります。冬から春へと移行する過程は「前進」ばかりに意識が向いてしまうので、後ろを確認する必要があります。**1月1日から今日までの期間を自分なりに振り返ってください。**「5W1H」の手法を使うのが便利です。「誰が・いつ・どこで・何を・どうやって」、これらに分けて現在に至る出来事を整理して把握するのです。気がつかなかった「近道」を発見できるでしょう。経験からより良い方法を見出し改善していくのは、日本人の得意技です。

暦からのメッセージ

変化は神さま、仏さまの設計

サナギが蝶となるころを示すのが、今日の古暦である菜虫化蝶です。**昔の日本人は、この人間には真似できない劇的な変化は、「神さま」や「仏さま」が意図して設計したことだと理解していました。**だから、自然界の変化をつぶさに観察し、その転換点ではお祭りを行って感謝の祈りを捧げていたのです。

今日のご縁日

妙見菩薩《みょうけんぼさつ》さま

日本のある時代、ある場所では「北辰《ほったつ》」という「星読み」の信仰が強い支持を得て、伝えられていました。そこでの中心的な仏さまが、妙見菩薩さまです。今日は「北極星」について調べてみてください。新しい知識と気づきを得られます。

今日の呪文

「オン ソヂリシュタ ソワカ」

北極星の力をお借りして、近道へと導かれる呪文です。夜に唱えておくと、翌日目覚めた後から効果が確認できるようになります。

ご利益フード

分葱《わけぎ》

主役というより脇役になることが多い食材ですが、この時期は甘みが増しておいしくなります。シンプルにお味噌汁でいただいた後、普段の葱《ねぎ》との違いを振り返ってみるのも楽しいです。

3月16日

今いる属性を知ると、心地よくいられる

二十四節気 啓蟄

七十二候 桃始笑 から 菜虫化蝶 へ

ご利益行動

属性を把握する

あなたは現在、どこにいるのでしょう？　もちろん、自分が今いる「場所」は、住所で確認することができます。でも、場所以外の「現在地」を把握しているでしょうか？　自分が世界のなかで、どのような「属性」にいるのか？　自分がいる組織は？　自分がいる環境は？　それらの質問に即答できる人は、あまりいません。**今日は、自分の「属性」を知るための質問と回答を考えてみてください。**そして、回答はできるだけ「数値」で確認することに挑戦してみてください。人数や売上高、GDP、密度、生産性など、世界のなかで自分の現在地を確認するための数値から、自分がどのような属性なのかを把握しておきましょう。

暦からのメッセージ

変わらないものはない

同じ場所にいたとしても、そこは昨日とすべてが同じではないのです。地球は「変わらないものがない惑星」です。すべては常に変化しています。古暦はそれを忘れる危険性を指摘しています。**変わらないように見えるだけで、あなたも含めたすべては常に変化を続けていることを、今日は思い出してください。**

今日のご縁日

今《いま》木《きの》皇《すめ》大《おお》神《かみ》さま

百済《くだら》からやってきたとされる神さまです。「今木《いまき》」という御名は「新しく来た」という意味にも通じます。自分の現在地を知るご神徳をいただきましょう。

今日の呪文

「好《こう》学《がく》不《ふ》倦《けん》」

「良い学びは、飽きることなく続けられる」という意味の呪文です。唱えると自分の好きなことを続けられる効果があります。また、集中したいときにやる気を呼び戻す効果も期待できます。

ご利益フード

独活《うど》

この時期に採れるものは「春独活」という属性となり、秋から冬に採れるものは「秋独活」という属性になります。属性とは味覚も食べ方も異なります。属性とは「もともと同じもの」であっても、特徴や特色により異なるのです。

3月17日

楽しい感情だけでは、幸せにはなれない

二十四節気 啓蟄

七十二候 菜虫化蝶

ご利益行動

感情を点検する

陽の感情は幸せに生きるうえで大切な要素ですが、すべてではありません。「陽の感情」、つまり、「嬉しい、楽しいという状態」だけが「幸せな状態」であると混同している人は意外と多いのですが、それはまったくの誤解です。「喜」は「怒」と一対で、「哀」は「楽」と一対です。それらは表面上はごまかせても、それぞれ片方だけが存在することはできないのです。**ぜひ、今日のタイミングでは、「陽の感情」を優先しすぎていないか、点検してみてください。**

暦からのメッセージ

苦難を乗り越え成長する

芋虫から蝶へと変化する。それは喜びや楽しみだけでは成立しない変化です。空を自由に飛べるようになるまでは、多くの天敵から逃げ延び、さまざまな障害に打ち勝ち、生き残らなければなりません。そして、蝶となってからも危険はなくなるわけではないのです。それを受け入れたうえで、また自らと同じ体験をする子孫を残す。これは、誰かが決めた規則や法則ではありません。これも摂理なのです。

今日のご縁日

清《せい》瀧《りゅう》権《ごん》現《げん》さま

御名の通り滝に宿る神さまです。「水の神さま」としても全国各地でお祀りされています。「龍神さま」としても、信仰されている時代がありました。雄大な滝の姿に、強大な力をもつ神さまを見出したのです。

今日の呪文

「人《じん》中《ちゅう》之《し》龍《りゅう》」

人間がもともともっている、素晴らしい力を意味する呪文です。困難を感じたときや、もう一頑張り欲しいときに唱えてみてください。あなたのなかの、あなた以外の力が目覚める効果があります。

ご利益フード

水菜

清流で育つことから、その名がついたともいわれています。「京菜」とも呼ばれ、その名の通り「京野菜」として人気となりました。

3月18日

二十四節気 啓蟄

七十二候 菜虫化蝶

現状と向き合える人は本当にすごい人

ご利益行動

向き合う自分をほめる

「自分の現状と正面から向き合う」。多くの人にとって勇気が必要となる行為です。でも、それに挑み、しっかりと現状を把握することの効果は絶大です。自分のことなので、ついごまかしたり、都合の良いように解釈したりしたくなりますが、その衝動を抑えて、逃げることなく自分と自分の周囲を確認する。それは賞賛に値する行為であると、認識しましょう。**今日は「現状を把握した自分はエライ！」と自分でほめてください。**

暦からのメッセージ

当然のことをほめる

サナギ蝶へと羽化し、飛べるようになったとき、蝶はどのような気持ちなのでしょうか？　それは蝶にインタビューしてもわかりません。でも飛んでいる蝶を観察してみると、少なくとも「飛ぶことを求めていたことは間違いない」と理解できるでしょう。それが人間だったら「誇らしい」と思うでしょう。自然界に生きる生き物は、何か別の存在に「ほめられたい」と願っているのかもしれません。

今日のご縁日

鬼子母神《きしもじんさま》

もともとはインドで「1万人の子ども」をもつ鬼だったのですが、お釈迦さまに救われ、すべての母と子を守る神さまへと転身されたといわれています。無償の愛でいかなる状況からも救ってくれる力をもっています。

今日の呪文

「オン ドドマリ ギャキテイ ソワカ」

勇気がモリモリ湧いてくるご真言です。ご縁日のときはもちろん、普段から元気が欲しいなと思ったときに3回唱えると、すぐに効き目が現れる呪文です。

ご利益フード

甘夏

名前には「夏」の一文字が入っていますが、春の果物です。夏が近づくにつれて甘くなるので、この名がついたといわれています。今日は「甘」という文字を自分に取り込んで、ゲン担ぎとしましょう。

3月19日

成長と衰退は、区別がつかない

二十四節気　啓蟄

七十二候　菜虫化蝶

ご利益行動

成長と衰退を考える

人間は日々、成長している。これは幻想です。成長と衰退は、日々ゆっくりと推移する変化なので、見分けがつきづらいのです。若いうちは「成長」、年を取れば「衰退」。これは勝手な思い込みに過ぎません。人間は若くても衰退するし、年を取っていても成長する、自然界では珍しい生き物なのです。それは「体の成長」だけが、人間にとっての成長ではないからです。**成長か衰退か？　それがはっきりわかるのは「幸せに生きた」という結果が教えてくれます。**いくら自分で「成長した」と思っても、結果が伴わなければ、それは「衰退」だったと判断されるのです。

暦からのメッセージ

一部の結果が現れる

芋虫はサナギとなり、蝶へと変化する。これは自然界における「原因と結果」であり、「成長の暗喩」として古暦では受け継がれました。この期間は冬の間の準備が、少しずつ結果として現れます。その結果が自分の望むものでなかったとしても、ご安心ください。**この期間は、ごく一部分の結果が現れているだけなのです。**

今日のご縁日

田《た》心《ごり》姫《ひめ》さま

宗像三女神さまの一柱となる女神さまです。未来の象徴として、万物を導いてくれるといわれています。多紀理毘《たぎりひ》売命《めのみこと》という御名もあり、霧のようにすべてを包みこむ包容力を象徴する神さまでもあります。

今日の呪文

「春《しゅん》風《ぷう》駘《たい》蕩《とう》」

「春の穏やかな風が、幸せな世界を連れてくる」という意味の呪文です。生き物を慈しみ、育てる女神さまのイメージと一緒に唱えてみてください。

ご利益フード

鹿《ひ》尾《じ》菜《き》

鹿の尾の菜と書いて、ひじきと読みます。カルシウム、鉄分、食物繊維が豊富。食材として真っ黒なのは珍しく、髪の毛にも良いというゲン担ぎも発動します。

3月20日

外からの情報は、他人の環境である

二十四節気　**啓蟄**から**春分**《しゅんぶん》へ

七十二候　**菜虫化蝶**から**雀始巣**《すずめはじめてすくう》へ

ご利益行動

メディアの情報は他人の環境であると意識する

テレビは、人類の文化に多大なる影響を与えた「発明」です。マスメディアとしては筆頭であり、世界中の人々がテレビを視聴し、そこから得られる情報を取り込んでいます。**今日は、その現状での気づきを増やしてみてください。テレビをはじめ、ネットや他のメディアから得られる外の情報は「他人の環境」であることを確認しましょう。**たとえば、「万人に有効なノウハウ」として発信されているものも、「他人の環境において効果が確認できただけの現象」であることを理解してみてください。すると情報に踊らされることがなくなります。

暦からのメッセージ

虫の領域から動物の領域へ

虫は鳥の食料です。古暦は雀始巣を迎え、虫から鳥への次元へ移行したことを告げています。食物連鎖は自然界の摂理として、人間の社会が成り立つ前から存在しています。**今日の暦の切り替わりでは、「虫の領域」から、より体が大きく、より行動範囲が広い「動物の領域」へと全体の軸が移動したのです。**

今日のご縁日

月光菩薩《がっこうぼさつ》さま

その御名の通り、月の力を司る仏さまです。月は原始時代から人類にとって「祈りと感謝の対象」でした。夜に身を守るためには、月の明かりしかなかったからです。

今日の呪文

「オン センダラ ハラバヤ ソワカ」

今日のご真言は、日が暮れて夜になってから唱えてください。お月さまが出ている方向へ向かって唱えていただければ効果が倍増します。とくに夜間に仕事をする人におすすめです。

ご利益フード

クレソン

澄んだ水場であっという間に繁殖する力強い野菜です。肉料理の付け合わせとして利用されるのは、動物性脂肪の消化を助ける効果があるからです。

3月21日

思うことがすべての状況を作り出す

二十四節気
啓蟄 から 春分 へ

七十二候
菜虫化蝶 から 雀始巣 へ

ご利益行動

心が状況を生み出すと理解する

「思考が現実化する」。この格言は、自己啓発が好きな人は必ず聞いたことがある、世界中で「真理」として伝えられている言葉です。でも実際に、この言葉を受け入れて生きている人は少ないように思います。この思考とは、人間の脳を使ったものだけを意味する言葉ではありません。魂を含む、「自分のすべて」の範囲を意味しています。**今日のタイミングでは「自分の心が自分の周囲の状況を生み出している」という仮説を検証してみてください。**現実はあなたのすべてが形となって出現したものですが、そのプロセスでは心が起点となっているのです。

暦からのメッセージ

春分の変化を感じる

「春分」は古暦においても、重要な転換点となる日です。人類が社会性をもつ前から、この日の重要性に気づいていた可能性がさまざまな研究からも推測できるくらいです。日本では神道と仏教を習い合い、ともに祈り、ともに拝む「神仏習合」という時代が長かったので、現代でも「お彼岸」として受け継がれています。

今日のご縁日

大《だい》日《にち》如《にょ》来《らい》さま

すべての始まりであり、終わりであるとされる仏さまです。曼荼羅という仏教での宇宙を概念化した図式では、中央や最上位に位置します。宇宙そのものであるという信仰も存在します。お彼岸のご縁日として相応しいのです。

今日の呪文

「ナウマク サンマンダ ボダナン アビラウンケン」

偉大で美しい大日如来さまを賞賛するご真言です。より良い方向へ導かれる効果があります。少し長いのですが、一息で読めるまで繰り返し唱えてみてください。

ご利益フード

キャベツ

今の時期に獲れる春キャベツと冬キャベツは別の品種です。どちらも共通しているのは、太陽の光をたっぷり浴びて、丸く大きく育ったものがおいしい、という点です。

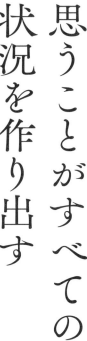

3月22日

二十四節気 春分

七十二候 雀始巣

模様替えは、心のなかまで変える

ご利益行動

レイアウトがいつから変わっていないかを考える

1日のなかで、自分が一番長くいる空間を「自分の空間」として定義してください。そのうえで、**今日確認いただきたいのはどのくらい前から、その空間のレイアウトが変わっていないか、です。**もし、いつから変えてないか思い出せないような場合は……すぐにレイアウトを変更してください。この場合の「模様」とは、「模様替え」といいます。日本語では「模様替え」とは、目に見えない領域の「パターン」を意味しています。机のなかだけでもオッケーです。世界のすべては常に変化しているのに、あなたの空間が変化しないのは、不自然なのですから。

暦からのメッセージ

空間の状態を確認する

自分のいる場所は、できるだけ「自分好み」であることが理想です。でも、ずっと同じ状態なのはおすすめできません。**今日の古暦・雀始巣では「巣」という表現で、自分の空間で同じ状態が続いていないかどうかを確認するよう、促しています。**

今日のご縁日

佐《さ》田《た》彦《ひこ》大《おお》神《かみ》さま

稲荷三神さまの一柱となる神さまです。「神聖な稲を植える田んぼ」という意味をもつ御名となっており、良い稲が育つための空間を整備する力をもっていると考えられます。ぜひ、今日のタイミングで、ご縁を意識してみてください。

今日の呪文

「前《ぜん》程《てい》萬《ばん》里《り》」

「目の前に果てが見えないほどの空間が広がっている」という意味の呪文です。自分の意識を拡張することで、目の前の空間を把握する能力も向上する効果があります。模様替えを検討する前にも、唱えてみてください。

ご利益フード

キウイ

国産ものは春が旬となります。太陽と土の恵みをおいしくいただきましょう。

3月23日

二十四節気　春分

七十二候　雀始巣

見えるところを片付けて、見えない領域まで整える

ご利益行動

捨てて、良くない流れを断つ

「断捨離」。すっかり定着した言葉です。自分が使用していないものや、気分が良くならないものを捨てて、離れて、断ち切るという手段は、状況を変化させるために極めて有効です。**でも、「モノを捨てて、最小限にする」ことよりも重要なのは、「同じパターンを繰り返さない」ことなのです。**使用しないものを捨てても、適当なものを買ってきたらパターンは繰り返します。「捨てて、離れる」のは簡単なのですが、良くない流れを「断つ」ステップが難しいのです。今日は「不要なものが出ない、捨てない生活」をパターン化してみてください。

暦からのメッセージ

見えるところから片付ける

自分のいる空間を整備する期間が続きます。見える領域と見えない領域は「表と裏」なのです。裏が散らかっていれば、表もすぐに散らかります。裏が整っていれば、表は散らかっても、すぐ片付きます。**順番は人それぞれ異なりますが、「表から整えた方がラク」**です。片付けが習慣になれば、裏側は必ず整っていきます。

今日のご縁日

中《なか》筒《つつの》男《おの》命《みこと》さま

住吉三神さまの一柱となる神さまです。海の中間の流れを司る神さまです。空間を司る神さまとしてもご神徳があり、天と地の中間である私たちのいる世界への影響力をもっているのです。

今日の呪文

「四《し》海《かい》昇《しょう》平《へい》一《いち》事《じ》無《む》」

波もなく、穏やかな海を賞賛する意味をもつ呪文です。平穏無事を祈るときに用いられた呪文ですが、自分の空間を快適なものにする効果もあります。今日唱えると、必要なものとそうでないものがしっかり確認できます。

ご利益フード

蛸

海流が激しく、海の荒波に揉まれたものがおいしくなるそうです。生きる活力の違いが食材としての違いになるのかもしれません。

3月24日

二十四節気 春分

七十二候 雀始巣

今いる空間が好きか確認する

ご利益行動

好みに合わせて家中を点検する

今日は「居心地」について、考えてみましょう。自分の暮らしている空間、つまり「住まい」がどれだけ自分の好みにあっているか、確認してみるのです。メモ帳とペンを出して、玄関、廊下、トイレ、部屋、お風呂、台所などブロックごとに確認します。まず、現状に即したエリアを行間を空けて書き出します。そして、順番に点検していくのです。そのうえで「いつから、そこにあるのか覚えていない」ようなものがあれば、それは手放すチャンスです。

暦からのメッセージ

住まいに合わせて進化する

動物の巣は、種の数だけバリエーションが存在します。それは人間が決めたことではなく「もともと、そうなっている」ことです。**そこから考えられる摂理は「生き物は、自分の住みたい空間のために進化する」というものです。**水のなかが好きなら水のなか、木の上が好きなら木の上、土のなかなら土のなか。つまり「住まいの好み」は進化を促し、成し遂げてしまうパワーをもっているのです。

今日のご縁日

八《や》島《しま》士《じ》奴《ぬ》美《みの》神《かみ》さま

須佐之男命さまの御子神さまで「多くの島々を領有する主」という御名をもつ神さまです。空間を整備し、美しい状態へと浄化する強いご神徳がある神さまです。

今日の呪文

「芳《ほう》樹《じゅ》発《はつ》春《しゅん》暉《き》」

「春を告げる樹木の香りが、美しい光を導く」という意味の呪文です。その場の氣を整え、良い空間へと変換させる効果があります。

ご利益フード

たまねぎ

地面の下でしっかりと育ち、甘みと栄養分をたっぷりと蓄える野菜です。たまねぎにとっては、太陽が降り注ぐ地上より、地中のほうが快適な空間なのです。

3月25日

二十四節気 春分

七十二候 雀始巣 から 桜始開《さくらはじめてひらく》へ

幸せになるのに、他人からの許可は一切いらない

ご利益行動

過去の自分を思いきり認める

受験に合格することを「桜咲く」と表現することがあります。これは受験の結果が試験する側から認められることで、「花が開く喜び」と同じ体験となるからです。でも、現実には「桜は認められなくても咲く」のです。**今日は、過去に「他人に認められなかったこと」について、思いきり自分で認めてみてください。**あなたの行動や選択は、他人からの評価で決まるのではありません。そろそろ「自分が幸せになることを認める訓練」を開始しましょう。

暦からのメッセージ

動きを意識する

昼と夜の長さが等しくなる「春分」から、少しずつ昼が長くなっていきます。人類は長い長い観測によって、その宇宙の変化を発見しました。そして「昼が長くなると、すべての生き物の動きが活発になっていく」という変化も確認したのです。**これからの期間は「動き」を意識していきましょう。**それが、もともとの法則に沿った「幸せのリズム」だからです。

今日のご縁日

文殊師利菩薩《もんじゅしりぼさつ》さま

右手に剣、左手にお経をもつ姿で描かれる仏さまです。全宇宙の知識と智慧と情報を得ているといわれ、その力で、良い成果へと導いてくれるのです。

今日の呪文

「オンアラハシャナ」

3回1セットの呪文です。今日のタイミングで唱えて、良い感じがしたら日常でも唱えてみてください。試験や頭を使う仕事の前に唱えるのがおすすめです。

ご利益フード

ブロッコリー

あの不思議な形は、じつは「花のつぼみ」が集まったもので「花野菜」の一種なのです。全体に紫がかっているものが、日光と寒さをバランスよく吸収しおいしくなったものだそうです。こういうトリビアも智慧の一種ですよ。

3月26日

二十四節気 **春分**

七十二候 **雀始巣** から **桜始開** へ

幸せに生きた人には、計画があった

ご利益行動

幸せに生きるために計画を立てる

「計画」をもっていますか? **今日の変化のタイミングでは計画について真剣に考えてみましょう。** 計画を作るヒマなんてない人は、そもそも計画がないから、ヒマがないのです。私が30年以上研究してきた「ご利益の研究」は幸せに生きて、幸せに死んだ人の事例研究が軸です。「幸せそうな人生」をまっとうした人には、漏れなく計画がありました。だから今日は、計画と現実との違いを楽しむためにも「計画は必須である」とお伝えいたします。

暦からのメッセージ

何事にも計画が潜んでいる

桜は計画などなくても咲きます。しかし、日本で咲き誇る桜を楽しめる公園や名所は、すべて「人間の計画」に沿って植樹され、管理されています。**天然の桜の名所さえも、古木を活かすための「保全計画」のうえで成り立っているのです。** 今日の古暦は「計画」がもつ不思議な力を伝えてくれます。

今日のご縁日

天明玉命《あめのあかるたまのみこと》さま

玉造部《たまつくりべ》という一族の祖神さまとしてもお祀りされています。文字通り「明るい玉」を生み出す神さまであり、天の岩戸神話では「八尺瓊勾玉《やさかにのまがたま》」を作り出したと伝えられています。八尺瓊勾玉は高天原から日本に贈られ、「三種の神器」として受け継がれています。

今日の呪文

「ひかりたま あかるたま ににぎたま」

こちらの呪文は1セット3回以上、連続で唱えるタイプです。今日のタイミングで唱えると「明るい計画」へと導かれる効果となります。

ご利益フード

百合根《ゆりね》

お正月のイメージが強い食材ですが、じつは旬は3月ごろまで続きます。収穫後、適切に保存すると甘みが増していく野菜です。

3月27日

二十四節気 春分

七十二候 桜始開

嬉しい、楽しい感情まで スケジュールに入れる

ご利益行動

感情もスケジュールに記入する

「スケジュール」は不思議な「おまじない」です。空白が続くと、それを嫌って予定が入るようになっているのです。**今日からは、自分のスケジュールを入れるときには予定と合わせて「感情」も記載するようにしてみましょう。**仕事や学校は、自分の好みでスケジュールを組ませてくれません。だからといって、全部言いなりになっていると「面白くない」のです。今日からは「嬉しいスケジュール」には（喜）や「楽しいスケジュール」には（楽）と追記してみてください。

暦からのメッセージ

桜は自然を言語化するために重要な植物

日本人にとって桜の花は、国を象徴する存在です。でもそれは、はるか昔からある共通のイメージではありません。なぜなら桜が全国に広がったのは、江戸時代以降だからです。でも、遥か前に成立した古暦でも「桜は特別」です。それは、暦という自然の法則を言語化するうえで、重要な意味をもっているからです。

今日のご縁日

盧《る》遮《しゃ》那《な》仏《ぶつ》さま

全宇宙を照らす、光の仏さまです。その光に照らされると「あるべき姿」が浮かび上がるといわれています。人間の「あるべき姿」とは生命を慈しみ、楽しむ姿であり、それを照らす光を求め、大仏さまは建立されたのです。

今日の呪文

「光《こう》明《みょう》遍《へん》照《じょう》」

盧《る》遮《しゃ》那《な》仏《ぶつ》さまの別の御名ですが、呪文そのものとしての効果があります。「何となく不安を感じるなぁ……」というときは抜群の効果を確認できますので、お試しください。

ご利益フード

オレンジ

輸入品のイメージが強いのですが、ちゃんと国産のものがあり、その旬は今ごろなのです。豊かな甘みは太陽からのご褒美です。今日の呪文を唱えてから食べてみてください。

3月28日

喜びの優先度を上げる人が、幸せの達人

二十四節気 春分

七十二候 桜始開

ご利益行動

わざとでも喜ぶ

3月17日に「喜びと楽しみという感情だけが幸せに有効というわけではない」とお伝えしました。**でも今の「春分直後」に関しては、喜びを最優先にしてください。**私がお伝えしている「ご利益論」の一つに「運は上がったり下がったりする」という理屈があります。四季を通じて変化を繰り返す日本では、その期間、その暦に応じて「幸せに直結する感情」が変化します。今日のこの時期は「喜び」が有効なのです。だから、日本人はわざわざ時間とお金を使って「お花見」という行事を発明し、受け継いできたのです。今の期間は演じてでも喜んでください！それが全体を向上させる「不思議な力」となるのです。

暦からのメッセージ

開花を祝って幸せに過ごす

間もなく「新しい年度への切り替わり」が完了します。**桜が咲くこの時期に年度が変わるのは、「桜のころに祝う」ことが「1年を幸せに過ごす」ことに有効だと気がついた先人たちによって定例化されたからです。**「幸せに生きる」ために、その智慧を活用してください。

今日のご縁日

八千矛神《やちほこのかみ》さま

無数の矛をもち、その矛先で、この国の形を描いたといわれる神さまです。現代では、大国主命さまの別の御名として祀られています。沼河比売《ぬまかわひめ》さまという女神さまへ求婚の歌を捧げたロマンチックな神話も伝えられています。

今日の呪文

「栄《えい》光《こう》満《まん》喜《き》氣《き》臨《りん》」

「喜びが光となり、幸せをもたらす」という意味の呪文です。「嬉しい感じ」を演じながら、唱えてみてください。口調や発音を自分なりに工夫して何度も唱えてみると、だんだん本当に嬉しくなってきますよ！

ご利益フード

小豆《あずき》

甘いものが当たり前でなかった時代は、小豆の甘さは幸せを呼ぶ貴重なものだったのです。今日は「大福」で楽しんでみてください。

3月29日

二十四節気 春分

七十二候 桜始開

言葉は感情に効く処方箋になる

ご利益行動

喜びに効く言葉をたくさん使う

この期間は徹底的に「喜ぶ」という行為を選択してください。**短時間でできる方法は、「良い感情に効く言葉をたくさん見る・つぶやく方法」です。**言葉を見たり、つぶやいたりするのに、それほど時間は必要ありません。メモかスマホを利用して、自分の「喜びの感情に効く言葉」をすぐに確認できる状態にしてください。本書で紹介している「今日の呪文」のなかで、気に入ったものをそのまま引用してもオッケーです。言葉は繰り返し使用すればするほど「強力な力」を発揮します。可能であれば小声でもいいので声に出すと、より良い効果を発揮します。

暦からのメッセージ

桜は幸せに有効

桜を見ると、美しいと感じる。これは誰かに教育されたからそう思うわけではありません。この「桜を見ると自動的に美しいと思う機能」は、私たちのご先祖さまから代々受け継いできたものです。それが受け継がれた理由は「幸せに有効」だからです。

今日のご縁日

薬《やく》王《おう》菩《ぼ》薩《さつ》さま

心と体を癒やしてくれる仏さまです。激動の3月も終わりに近づいてきました。ここらで、心と体のケアを行うことで、ご縁日を感じてみてください。

今日の呪文

「オンバイセイジャ アランジャヤ ソワカ」

お風呂の後や寝る前などリラックスタイムに唱えてください。マッサージやエステなど、自分の心と体を癒やす行為の前にも有効です。人を癒やす仕事をしている方は、スマホにメモをして毎回唱えると、商売繁盛の強力なおまじないともなります。

ご利益フード

若布《わかめ》

これから旬に向かう、日本人には定番の海藻です。ミネラルが豊富で、たくさん採れて、長期保存もできる日本人の健康な生活を支えてくれる食材です。

3月30日

恐れを受け入れるだけで、心は強くなる

二十四節気　春分

七十二候　桜始開 から 雷乃発声《かみなりすなわちこえをはっす》 へ

ご利益行動

恐れを受け入れ活用する

今日からは「恐れ」という本来はネガティブである感情との付き合い方を知り、活用する期間が始まります。あなたが「怖いと思うもの」は、何でしょう？「考えるだけでも怖くなるからイヤです」という方もいるかもしれませんが、怖いものや恐れと向き合う行為は「勇気」として賞賛されます。**この機会に恐れを否定して排除するだけでなく、受け入れて活用することを取り入れてください。**それは、この先「心が強い」という賞賛へと発展します。

暦からのメッセージ

神さまを畏れる期間へ

桜始開から雷乃発声へ。美しい桜を喜ぶ期間が過ぎ去ります。そして「かみがおなりになるとき」として、変化を促す神さまが雲の向こう側にやってくる時期となるのです。もともと日本人は「神を畏れる」という感情を受け入れ、その神さまが怒らないように、豪壮な社殿を建て、日々の食事を用意し、お祭りを執り行い、感謝を忘れていない状態を全力で維持したのです。今日の古暦は、それがこの国では極めて重要であることを、思い出させてくれます。

今日のご縁日

大吉備津彦命《おおきびつひこのみこと》さま

「四道将軍《しどうしょうぐん》」として山陽道の平定を命じられ、見事にその地を治めた神さまとして祀られています。現在でも「備前」「備中」「備後」という地名が残り、それぞれのお社に鎮座されています。それは、その力が絶大だったことの名残なのです。

今日の呪文

「萬物熾盛而大《ばんぶつしせいじだい》」

「すべてのものが一斉に光り輝く」という意味の呪文です。今日のタイミングでは「雷光」のイメージと一緒に唱えてみてください。恐れが消え、勇気が湧いてくる効果があります。

ご利益フード

韮《にら》

お坊さんのルールで修行中は禁止されている場合もあるほど、活力を与えてくれる効果があります。これからの変化の期間を韮で乗り切りましょう。

3月31日

二十四節気 春分

七十二候 桜始開 から 雷乃発声 へ

具体的に考えると、不安がなくなる

ご利益行動

不安の種を具体化する

抽象的であることは悪いことではありません。**でも今日の転換点では、できるだけ「具体化」することが、不安という面倒な感情を消すことに役立ちます。**具体化は「5W1H」で整理すると簡単です。「いつ・どこで・誰が・何を・なぜ・どのように」と分解して確認するのです。自分が見落としていることを見つけることはもちろん、「何が不安の種なのか」をはっきり確認できる方法です。

暦からのメッセージ

雷は怒りのメッセージではない

桜始開から雷乃発声へ。「雷」は「稲妻」とも表現されます。現代でも大きな音と閃光は恐れの対象です。「天の怒り」のように感じられるからです。でもそれは、古暦を受け継がなくなった結果の誤解です。**日本人は本来、「かみなり」を恐れの対象であると同時に、大切なお米が稲穂をつけるための「神さまの号令」だと捉えていました。**だから「稲妻」と表現し「稲魂《いなたま》」「稲交接《いなつるび》」とも呼んだのです。

今日のご縁日

建《たけ》御《み》雷《かづち》之《の》男《おの》神《かみ》さま

日本を代表する「雷」を司る神さまです。雷は「かみなり」と読み、「神なり」に通じます。太古から天にとどろく雷鳴を、神さまからのメッセージだと受け止めたのです。その解釈を受け継ぐことで、先人たちの祈りに触れられます。

今日の呪文

「発《はっ》祥《しゅう》至《ち》福《ふく》」

「行動を開始して、幸せに至る」という意味の呪文です。さまざまな具体化を検討する前に唱えると、良い結果へと導かれる効果があります。

ご利益フード

玄米

お米は日本人にとって基本のパワーフードです。今日は稲に実った状態に近い玄米を選んでください。「稲妻」とは「稲を目覚めさせる合図」という意味もあるのです。

コラム

神さま、仏さまとご縁を繋ぐ

本書では、毎日ご縁のある神さま、仏さまを「今日のご縁日」として紹介しています。「ご縁日」とは、神話や伝承のなかで、大きな出来事があった日を示す単語です。

この本でお伝えしているのは、神さま、仏さまを区別せずに祈りを捧げていた「神仏習合」の時代のアプローチを基本に、私が30年以上の研究と実践から紐づけた「ご縁を繋ぐタイミング」です。

毎日、神さまと仏さまの「御名」をお伝えしていますが、そのなかであなたが「ご縁を繋ぎたい」「ご縁を感じたい」と思ったときに初めて、ご縁は成立します。

なぜ「ご縁を繋ぎたい」と思わなければならないかというと、神さま、仏さまと人間にも「相性」があるからです。

現代の世のなかでも「8万社以上の神社」と「7万寺以上のお寺」が存在します。これは人それぞれに「合う、合わない」という結果から生まれた「現実」なのです。

さて、御名を読んで、良い感じがしたら、次の具体的方法を試してみてください。

「ご縁を感じたい」ときは、御名を読み上げた後、自分のなかに起こる変化を感じてみてください。それが心地よいものだったら、ご縁を繋ぐワークへと進むことをおすすめします。

「ご縁を繋ぎたい」ときは、その御名を声に出して何度も読み上げます。ネットでその神さまがご祭神となっている神社を調べたり、仏さまなら仏像の画像を検索したりしてみてください。そして、その神さま、仏さまと糸で繋がれたイメージを思い描いてみましょう。

4月

清々しい空気とともに
優しい風が吹き抜ける
爽やかな4月がやってきました。
節目である春分《しゅんぶん》から、
生命がいきいきと輝く清明《せいめい》、そして
作物にとっての恵みの雨となる穀雨《こくう》へ。
新しい年度の希望を感じながら、
日々を大切に慈しみましょう。

Nijihajimetearawaru

Tsubamekitaru

Kougankaeru

Ashihajimeteshouzu

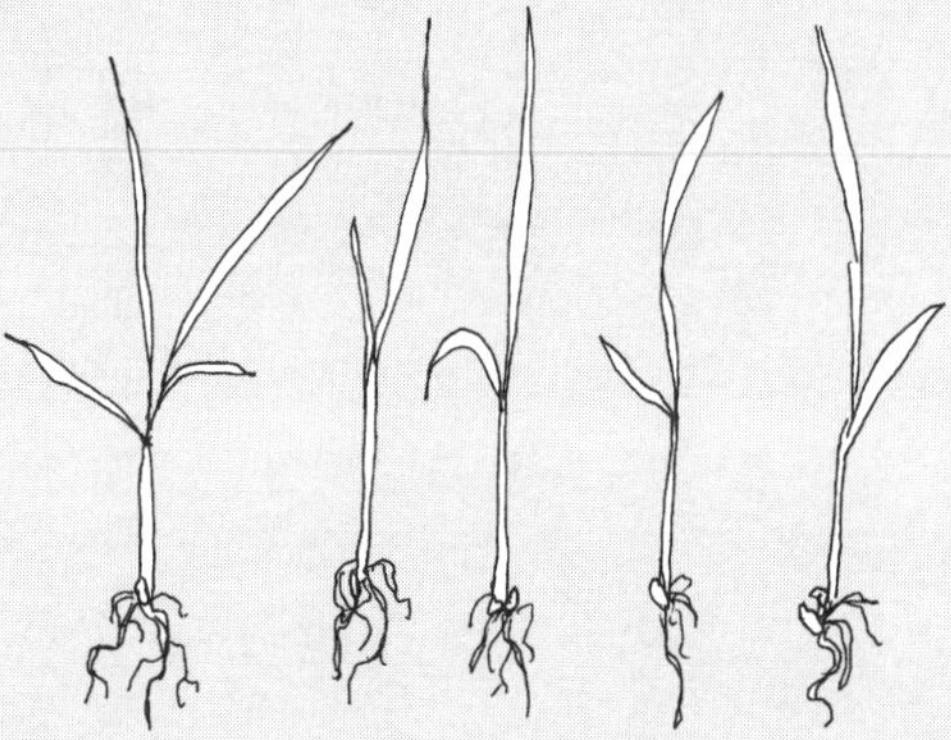

Shimoyamitenaeizuru

Botanhanasaku

4月1日

二十四節気 春分《しゅんぶん》

七十二候 雷乃発声《かみなりすなわちこえをはっす》

大きな声は手軽に発動するおまじない

ご利益行動

少し大きな声を出す

今日から新しい環境や新しい年度が始まる人が多いですね。**今日は「声の大きさ」に注意してみましょう。**学校では「大きな声を出さないように」と言われますが、それは「常に」というわけではありません。新しい場所ではつい遠慮して、小声になってしまう人が多いのですが、声の大きさは印象に直結します。自分の印象を最初から「大人しい」にしてしまうのは、もったいないです。**今日は周囲の人の声の大きさに注意して、意図的に「それよりも少し大きいくらいの声」を出してみてください。**自分の名前や相手の名前を言うとき限定で大丈夫です。そんな簡単なことで、この先ずっと有利に働く「おまじない」が発動します。

暦からのメッセージ

大きな声が収穫に繋がる

この国では、「自然界に溢れる音」を「神さまの声」として捉えていました。そのなかでも雷は特別。その考え方から今日の七十二候・雷乃発声は生まれています。**今日は「声の大きさ」に着目し、周囲よりも大きな声を出してみることで、この先の「収穫」がより良いものとなると伝えてくれているのです。**

今日のご縁日

建《たけ》速《はや》須《す》佐《さ》之《の》男《おの》命《みこと》さま

荒ぶる神として高天原《たかまがはら》から追放されたのち、地上で英雄として人々を救い、導いた神さまです。「三貴神」として極めて強い力をもつのですが、どこか人間的で神話でも大人気の神さまです。4月という「変化のスタート」にご縁を感じてください。

今日の呪文

「萬《ばん》物《ぶつ》殷《いん》富《ふ》」

「すべてに豊かさをもたらす」という意味の呪文です。今日は大きな声で、堂々と唱えてみてください。影響力がどんどん強くなる効果があります。

ご利益フード

苺

本格的な春の訪れを告げる愛らしい果物です。「今年もありがとう」とつぶやいてから甘酸っぱいおいしさを楽しみましょう。

4月2日

二十四節気 **春分**

七十二候 **雷乃発声**

あなたの選択は、あなただけのもの

ご利益行動

自分の選択は他人の正解ではないと知る

あなたが何かを選択するとき、その選択は「他人にとっての正解」でない場合があります。とくに「思いやり」や「優しさ」をもって選んだ選択肢でも、他人にとっては正解とはならない場合もあるのです。**「気持ちは嬉しいけど、私にとってそれは正解ではない」。そのような状況は当たり前に発生することを認識してください。**また、「相手の選択が自分の正解とは限らない」ということも、確認してください。心優しい人は「他人の選択」を全面的に受け入れて、辛い思いをするケースが多くなってしまいますから。

暦からのメッセージ

雷と神さま

落雷により、山火事や人身事故が発生することがあります。神社のご神木は、地域の人々を守るために、高く太く伸び、身代わりとなって落雷を浴びるときもあります。雷が落ちたご神木は、そのまま「感謝のシンボル」として崇拝の対象となりました。そこには「神さまが降りてきた」という感覚があるのです。

今日のご縁日

建《たけ》御《み》名《な》方神《かたのかみ》さま

全国で祀られる「お諏訪《すわ》さま」のご祭神です。国譲りの神話では力比べで負けたとされていますが、それよりも遥かに古い時代から多くの人々を救い、多くの人からの感謝を集めた神さまです。近くの神社でお祀りされていないか、この機会に確認してみましょう。

今日の呪文

「佳《か》氣《き》晩《ばん》来《らい》濃《のう》」

「良い運氣が夜の間に満ちる」という意味の呪文です。翌日からすべてが良くなる効果がありますので、夜が来る前に唱えておいてください。

ご利益フード

目《め》張《ばる》

これからがおいしい時期です。「雷さまに驚いて、目を見開いたままになった」という伝承もある魚です。煮つけは、丸ごと全部いただける調理法ですね。

4月3日

二十四節気　春分

七十二候　雷乃発声

怒りは大事な想いのすぐそばにあるもの

ご利益行動

怒りの原理を観察する

人が怒るには、どういう条件が必要でしょうか？　自分の予想や望みと反するとき、怒りは湧いてきます。自分が傷つけられることを防ぐために、怒りという感情で防衛するからです。でも、「怒りの強さ」は、その都度異なります。その違いは「想いの重要度」に比例します。**重要な想いであればあるほど、「防衛しなくては」という本能が働き、「強い怒り」となるのです。その原理を今日は観察を通じて確認してみてください。**過去やこれから発生する怒りについて、その強さが「自分の想いの重要度」と関連しているかを確認するのです。

暦からのメッセージ

雷さまはいつでも真剣

「雷」を怒りの声だと捉えるのは、とてもシンプルな考えです。確かに「雷さま」を絵や彫刻で見てみると、多くの場合、怒っているような表情やしぐさをしていますね。**でも、あれは「真剣なだけ」なのです。**雷さまの仕事は「稲に号令をかける」という重要なものです。だから、真剣な表情で仕事をしてくださっているお姿が、絵師や仏師により表現されていることをご理解ください。

今日のご縁日

撞《つき》賢《さか》木《き》厳《いつ》之《の》御《み》魂《たま》天《あま》疎《さかる》向《むかい》津《つ》媛命《ひめのみこと》さま

びっくりするくらい長い御名《みな》の神さまですが、じつは「天照大御神《あまてらすおおみかみ》さま」の「荒魂《あらみたま》」の御名です。祝詞によって、この長い御名が奏上されることもあります。今日は天照さまの強いご神徳をいただきましょう。

今日の呪文

「光《こう》輝《き》盛《じょう》気《き》象《しょう》幽《ゆう》」

「光り輝く不思議な力が降り注ぎ、生命が育っていく」という意味の呪文。良い方向へと導かれる効果があるので、物事を始める前に有効な呪文です。

ご利益フード

蜂蜜

蜂蜜は太陽の恵みが凝縮されたパワーフードです。太陽のエネルギーを受けて咲いた花々からの蜜を蜂たちが凝縮した栄養の塊なのです。

4月4日

二十四節気 春分

七十二候 雷乃発声

本当に強い人は怒りを受け入れる人

ご利益行動

怒ってもいいと割り切る

怒りは、その弊害により「不要な感情」と決めつけられる場合があります。でも怒りという感情も、人間が発明したものではなく「もともと、そうなっていること」、つまり摂理です。ですから、完全に否定することはできません。**今日は「怒っても、オッケー」「怒りもまた、人の魅力」と割り切ってみてください。**なかなか難しいチャレンジですが、今日のタイミングなら、良い成果が得られます。

暦からのメッセージ

自然界にはすべてに存在理由がある

自然界において、不要なものなど存在しない。それが人間にとって「脅威」となるような存在だったとしても、そこには人間が理解できない「存在理由」がある。日本人が自然を信仰するうえで、発見した「心構え」の一つです。雷という脅威も、その存在から「神さまの意図」を見出す。その感覚を大切にして、「幸せに生きる知恵」となる暦は受け継がれてきたのです。

今日のご縁日

伊《い》奢《ざ》沙《さ》別命《わけのみこと》さま

別の御名を「気比大神《けひのおおかみ》さま」とも称されます。「ケヒ」という発音は「食物」を指しているため、今日のご縁から「おいしい食事」のご神徳をいただきましょう。

今日の呪文

「春《しゅん》色《しょく》麗《れい》日《じつ》花《か》流《りゅう》」

「すべてが美しく光り輝く春」という意味の呪文です。感情の波を鎮め、穏やかさを取り戻したいときにも、効果抜群です。穏やかな春の陽をイメージしながら唱えてみてください。

ご利益フード

たらの芽

「山菜の王さま」です。天ぷらにすると風味豊かで、春のご馳走ともなります。でもその収穫には忍耐が必要です。とげがびっしり生えた幹から採取する必要があるからです。

4月5日

希望は自分で見出すもの

二十四節気　春分から清明《せいめい》へ

七十二候　雷乃発声から玄鳥至《つばめきたる》へ

ご利益行動

明るいニュースを取りにいく

「希望」は誰かが与えてくれるのではなく、自分で見出すものです。自ら意図的に選択しない限りは、希望が育つことはありません。**今日からは、自分にとって「明るいニュース」を自分から取りにいくという規則を守ってみてください。**

ニュースから得られることは、自分の希望となるものでしょうか？　物事の側面をいろいろな方向から検討してみましょう。そして、どこまでが「客観的事実」で、どこからが「個人の感想」なのかを見極める能力を育てましょう。多くのニュースには、「個人の感想」が入り交じっています。そのまま受け入れることがないように、注意しましょう。

暦からのメッセージ

恐れから希望へ

今日の切り替わりのタイミングでは「恐れ」から「希望」へと、大きく変化します。雷乃発声から玄鳥至へ。自然のサイクルのなかで「春雷」がやみ、新しい年度の「希望」がやってきたのです。古暦におけるツバメは、季節の変化とともにやってくる「希望のシンボル」なのです。

今日のご縁日

天之御中主神《あめのみなかぬしのかみ》さま

日本の神話の冒頭に登場する神さまで「造化三神《ぞうかさんじん》」の一柱となる神さまです。宇宙の始まりと同時に生まれたとされ、文字通り「中心」にいらっしゃいます。今日のご縁日で、自分の軸を意識してみてください。

今日の呪文

「元柱固具《がんちゅうこしん》」

朝唱えてみてください。自分のなかの「軸」をしっかりと安定させ、他からのエネルギーに惑わされることがなくなる効果があります。

ご利益フード

蛍烏賊《ほたるいか》

春の到来を知らせてくれる風物詩となる食材です。美しく青く光るため、漁の様子はネオンの海で行われているかのように見えます。明るいニュースと一緒に、旬の味覚を楽しみましょう。

4月6日

二十四節気 春分から清明へ

七十二候 雷乃発声から玄鳥至へ

みんな初めは新人だったと思い返す

ご利益行動

新人時代を思って より良い対応をする

今日は自分の過去を振り返って、新人時代を思い出してみてください。出会った人、学んだこと、そのときの気持ちなど、自分が観客になったつもりで、昔の場面を確認するのです。今新人の立場の方は、必ずその立場からは追い出され、後から来る新人の対応をすることになりますし、今は新人でない方は、自分の過去の状態を思い出すことによって、「より良い対応」「より良い手助け」ができるようになるのです。

暦からのメッセージ

同じことの繰り返しは 存在しない

時間は、大きな輪が回転しているように、同じ季節に同じ状況を繰り返しながら流れていきます。でも「まったく同じ時間」は、絶対に存在しません。**今日の暦の変化は「今年新しくやってきたツバメは去年のツバメとは違うという事実を忘れないように」とのメッセージが込められています。**完全に同じことの繰り返しは、この宇宙では存在しないのです。

今日のご縁日

如意輪観音《にょいりんかんのん》さま

如意とは「宝珠《チンターマニ》」という玉、輪とは「法輪《チャクラ》」という輪っかのことです。すべてのものは玉と輪の法則に沿っているという真理を具現化されています。時間も空間もその法則のうえに成り立っているという仮説を確認してください。

今日の呪文

「オン ハンドマ シンダマニ ジンバラ ウン」

時の輪を超え、智慧と財と幸福をもたらしてくれる呪文です。プレゼンや試験など、自分が試されるときに唱えてみてください。

ご利益フード

パイナップル

天然の旬はまだですが、現代は世界中からおいしいものが届く時代です。芯を取り、皮をむいてカットすると、今日のテーマである「輪」そのものです。今日は形優先のゲン担ぎです。

4月7日

二十四節気 清明

七十二候 玄鳥至

ときに思いやりは、規制になってしまう

ご利益行動

幸せの形を押し付けない

他人には、あなたとは違う「好み」があり、あなたとは違う「幸せの形」を望んでいます。もちろん、多くの部分で同じ形になることもありますが、それでも「完全に一緒」はあり得ないのです。それは、たとえDNAの配列が似ている双子でも同じです。**あなたが善かれと思って自分の幸せの形を押し付けても、それは相手にとっては「違うもの」なのです。今日は、それを認めてみてください。**すると今まで重要だと考えていた思いやりや優しさが、ただの「規制」となっていた可能性に気がつくでしょう。

暦からのメッセージ

自由の本質を問う

ツバメは空を飛び回り、パートナーを見つけ、巣を作り、卵を産み、子を育て、また旅立っていきます。その姿から「自由の象徴」としても、扱われていたのです。自由は希望であり、新しい世界への入り口ともなります。**今日の七十二候・玄鳥至には、その自由の本質を問う暗喩が込められています。**自分の自由も、他人とは違うという事実を認めてください。

今日のご縁日

千《せん》手《じゅ》千《せん》眼《げん》観《かん》世《ぜ》音《おん》菩《ぼ》薩《さつ》さま

どんな状態の人も救ってくれる万能の観音さまです。今日のご縁日を意識することにより、人それぞれに悩みや苦しみが違うことを思い出してみてください。

今日の呪文

「オン バザラタラマ キリク」

人それぞれに幸せの形が違っても、1000の手と1000の目で導いてくれるご真言です。今日のタイミングだと午前中に3回、午後に4回、寝る前に3回唱えると1000回分の効果が発揮されます。

ご利益フード

筍《たけのこ》

一見同じ形に見えますが、すべて形が異なります。違いを認めながら、おいしくいただきましょう。

4月8日

二十四節気　清明

七十二候　玄鳥至

「いつもとは違う」が新しさを連れてくる

ご利益行動

違う道を選んでみる

今日のチャレンジも簡単です。**通勤、通学、散歩、どれでもいいので「違う道」を選んでみてください。**ちゃんと時間も考えて、今の自分にとって適切な「違う道」を選んでみてください。新しい発見や気づきが得られるタイミングです。とくに歩く用事がない人は家のなかでいいので、いつもと「違う道」を歩いてみてください。トイレ、台所、リビング、寝室……それぞれの移動の際に、わざわざ寄り道をしてみるのです。普段見慣れた部屋のなかでも、気づかなかった変化が起きていることに気がつくでしょう。「いつもと違う移動」は、「いつもと違う思考」を生むのです。

暦からのメッセージ

新しい朝を楽しむ

立春という分岐点から、ゆっくりと昼の時間が長くなる世界へと変化しています。**古暦は、今の時期を「清らかな光が明るく照らす＝清明」と表現しています。**この「清らかな光」は「朝」を意味しているとの解釈があります。新しい生活の新しい朝を、存分に楽しみましょう。この朝は、この全宇宙において再び来ることはないのですから。

今日のご縁日

猿《さる》田《た》彦《ひこ》大《おお》神《かみ》さま

素晴らしい力で、神さまも人間も導く神さまです。人間のアイデアやひらめきも「お導き」によるものであることから、クリエイティブな仕事の方は、とくにご縁をいただくことをおすすめします。

今日の呪文

「八《はち》隅《ぐう》八《はっ》気《き》」

こちらは4回1セットで唱える呪文です。朝・昼・晩・寝る前と4×4の16回、今日のタイミングで唱えると、すべての道を照らす灯明となります。

ご利益フード

お茶

今日のご利益フードは、いつもと少し毛色が違います。普段飲んでいるお茶とは違うお茶を飲んでみましょう。世のなかにはさまざまなお茶が存在します。ぜひ新しい発見をして、新しい味を試してみてください。

4月9日 上を向くだけで、もう今日は大丈夫

二十四節気 清明

七十二候 玄鳥至

ご利益行動

今すぐに上を向いてみる

今の期間は周囲の変化が慌ただしくて、落ち着かなかったり、落ち込んだりする人もいるでしょう。**そんなとき、人類共通のすぐに気分を回復する方法があります。それは「上を向く」という行動です。**簡単すぎて「そんなのウソでしょ」と思う方が多いのですが、紛れもなく超有効な方法です。試しに、上を向いてみてください。できるだけ顔を真上に向けて、30秒くらい上を向くのです。すると、人間の体にもともとある機能が勝手に働いて、気分が切り替わるようになっています。簡単なので、試してみましょう。

暦からのメッセージ

昔の人を見習って空を見上げる

人間の体にはもともと備わった機能があり、そのなかには活用すると、とても便利な機能が数多くあります。**昔の日本人は、「自分の気分を切り替えるために、空高く舞い踊るツバメの様子を見て楽しんだ」という記録があるのです。**目線を上に向けると、それだけで気分も上を向きます。それは医学や生態学でいわれる前から発見されていたことなのです。

今日のご縁日

弥《み》都《づ》波《は》能《の》売《めの》神《かみさま》

美しい水の神さまです。人間の体は60%以上が水分。水の神さまとのご縁は、体の浄化へと繋がります。

今日の呪文

「祥《しょう》煙《えん》繞《にょう》佳《か》氣《き》稠《じゅう》」

「美しい煙が立ち上り、良い氣が満ちてくる」という意味の呪文です。今日は天に昇っていく煙をイメージしながら、唱えてみてください。この呪文には、良い気分が良い現実を招く効果があるのです。

ご利益フード

水

今日も昨日に引き続き、少し変わったチャレンジです。いつもと違う水を探してきて、飲んでみてください。「水なんてどれも同じ味」と思っている方こそ、違いに気づくトレーニングになります。常温で飲むと、味の違いがわかりやすくなります。

4月10日

二十四節気　清明

七十二候　玄鳥至　から　鴻雁北《こうがんかえる》　へ

貢献は人生ゲームの一大イベント

ご利益行動

貢献できることを考える

「自分はどんな『貢献』ができているのだろう？」「ボランティアや世のなかのためになる仕事はしていないから、貢献できていないのでは？」。そんな疑問は不要です。あなたは存在しているだけで、全世界に、いいえ、全宇宙に貢献しています。**今日は「人生はゲーム」だと考えてみてください。そして、そのゲームには主人公としてレベルアップしていくために「貢献できることを増やす」というイベントが用意されているのです。**今日のタイミングで自分の今までと、これからの成長を確認するために「貢献できること」を考えてみてください。その内容は、社会全体とか、地球規模のことではなく「身近なこと限定」でお願いします。

暦からのメッセージ

自然に起きる交換

ツバメがやってきて、それが生活のなかの風景として取り込まれると、そこから出ていくものが発生します。それは「雁《かり》」という渡り鳥です。玄鳥至から鴻雁北へ。この表現は単純に鳥の習性を伝えようとしたのではなく、この期間に見える領域でも見えない領域でも「交換」が行われることを示しています。

今日のご縁日

恵比須天《えびすてん》さま

七福神さまの一柱となる神さまで、もともとはインドの神さまでしたが、日本の神さまの「事代主神《ことしろぬしのかみ》さま」「少名《すくな》比古那神《びこなのかみ》さま」「火々出見命《ほほでみのみこと》さま」と習合している、大人気の福の神さまです。より貢献できる力を授けてくださるよう、お願いしてみてください。

今日の呪文

「壽萬年祚百世《じゅばんねんそひゃくぜ》」

「良い貢献は、遥か未来まで続く幸せをもたらす」という意味の呪文です。小さな貢献を積み重ねることは、自分が生きている間だけでなく、それを超えて、子々孫々まで大きな幸せをもたらしてくれるのです。

ご利益フード

鯛

恵比須天さまのご縁日は、鯛がご利益フードとなります。今日のタイミングなら今年の春をより良くする効果も発揮されます。

4月11日

二十四節気 清明

七十二候 玄鳥至 から 鴻雁北 へ

今困っている人を助ける。それは自分のためにもなる

ご利益行動

「自分のための慈善」を始める

「慈善」。ボランティアや福祉関連で時折、目にする単語です。見返りを求めない活動を連想される方が多いです。でも本来大切なのは、「見返りを求めるかどうか」ではありません。「今困っている人を助けること」。これが慈善であり、そこには見返りについての意味は一切含まれないのです。**今日は慈善とは「情けは人のためならず」そのものであることを確認してください。**「情けで人を助けると、回り回って自分に良いことが返ってくる」という意味です。ぜひ、「自分のための慈善」を開始してみてください。

暦からのメッセージ

渡り鳥と変化の重要性

渡り鳥が季節により入れ替わるのは、素晴らしい大自然の仕組みです。なぜなら、鳥が遥か彼方の世界へと旅をするため、植物の種が広がり、多様性に満ちた森が誕生したからです。それだけでなく、鳥は自分たちが自主的に入れ替わることにより、同じ場所のパターンが固定化されることを防いでくれています。**変化のない生き物は、環境の変化に適応できず、滅びてしまう。これも「摂理」です。**

今日のご縁日

誉田別命《ほんだわけのみこと》さま

八幡さまのご祭神として、日本中でお祀りされている神さまです。勝負ごとにおいて「自分の力ではどうにもならない条件」を整えてくれるご神徳があり、戦国時代の武将たちが競うように自分の領地の神社でお祀りしました。

今日の呪文

「樽《そん》前《ぜん》栄《えい》日《じつ》麗《れい》新《しん》晴《せい》」

「宴に美しい光が降り注ぎ、すべての人が喜び幸せになる」という意味の呪文です。お花見などの宴会の前に唱えておくと、全部うまくいくようになります。神さまが宴を楽しんでいる様子をイメージしながら唱えてみましょう。

ご利益フード

団子

大きな神社やお寺の周辺で名物として受け継がれるパワーフードです。昔の日本人にとってはお参りという特別な日に力をいただける団子が人気だったのです。

4月12日

二十四節気 **清明**

七十二候 **鴻雁北**

私もあなたも大きな循環のなかに生きている

ご利益行動

循環は成長ではないと知る

植物の成長は、ときにみんな同じように見えます。同じ種類の木は、同じ花を咲かせ、同じ実ができ、同じ種が採れます。でも、二つとして「まったく同じ木」は存在しないのです。動物も一緒です。人間の目には違いがわかりませんが、すべての個体は異なるのです。そしてそれは、大きな「輪」を巡り、循環しています。でも、前と同じ輪の位置は存在しません。なぜなら、輪はじつは横から見ると「螺旋状」となっているからです。あなたも生き物として、螺旋状に違う輪のなかを進んでいます。ただし、そのことを「成長」と呼ぶのではないことを、今日のタイミングで理解しておきましょう。

暦からのメッセージ

誰もが大きな循環の一部

ツバメが来て、雁が去っていく。その様子を日本人は「自然界の循環」だと捉えました。だから、古暦の表現として「鴻雁北」を用いたのです。**この期間は、自分も「大きな循環」を構成している一員であることを学ぶチャンスが多く出現します。**そこには「幸せに生きるヒント」が隠されているのです。

今日のご縁日

賀茂《かも》建《たけ》角《つの》身《みの》命《みこと》さま

より良い道を教えてくれる神さまです。現代でも、じつはよく目にする神さまです。別の御名は「八《や》咫《た》烏《がらす》鴨《かも》武《たけ》角《つの》身《みの》命《みこと》さま」。そう、日本サッカー協会のエンブレムとなっているシンボルこそ、今日のご縁日の神さまなのです。

今日の呪文

「六根清浄《ろっこんしょうじょう》」

陰陽師や修験道者の皆さまが現代でも唱える呪文です。「六根（眼、耳、鼻、舌、身、意）を清める」という意味で、いつのまにかやってきた良くないものを消し去る呪文となっています。

ご利益フード

アスパラガス

春においしくなる野菜です。栽培方法には特徴があります。親となる個体を育てて、その翌年ごろから根から生えてくるものを収穫します。その循環で、アスパラガスはよりおいしくなっていくのです。

4月13日

恩返しの優先度が行動の優先度を決める

二十四節気 清明

七十二候 鴻雁北

ご利益行動

恩返しの順番を考える

「ご恩」も循環するものの一つです。ご恩の輪は人間が集団で生きはじめたころから、止まることなく回りつづけています。**今日は「恩返しの順番」について考えてみてください。**誰に、何のご恩を、どういう優先度で、返していくのか？ノートやスマホのメモ機能で書き出してみてください。そうすると「やるべきこと」の順番が見えてきます。その順番は「自然界の循環」に沿っているので、何かと支援が集まりやすくなります。

暦からのメッセージ

渡り鳥は神さまが与えた仕組み

毎年やってきては去っていく渡り鳥は、日本人にとって素晴らしい「ときを告げる使者」でした。時計がなかった時代は、太陽と月と星々の推移を観察することでしか、自然界の流れと自分たちの生活を予測することができなかったのです。でも、大陸間を渡る鳥たちは、極めて正確な「タイミング」を人間に教えてくれたのです。これはまさに神さまがこの星に与えた仕組みなのです。

今日のご縁日

春《はる》若《わか》年《とし》神《のかみ》さま

「四大神《しのおおかみ》さま」という季節を司る神さまの一柱です。御名の通り「春の神さま」です。このタイミングでご縁を感じると、これからやってくる春が、より素晴らしいものへと変化します。

今日の呪文

「白《はく》手《しゅ》起《き》家《け》」

「何もないところから、新しいものを生み出す」という意味の呪文です。「ご恩」を循環させることは、無から有を生むという行為を伴います。

ご利益フード

毛《け》蟹《がに》

今の時期においしくなるご馳走です。なかなかに高価ですが、その身と濃厚なみそのおいしさは、自分へのご褒美となります。普段、黙々と働いてくれている自分の体にご恩を返すつもりで、おいしくいただきましょう。

4月14日

二十四節気 **清明**

七十二候 **鴻雁北**

後悔した自分を許すと、前に進む力が手に入る

ご利益行動

過去を許す理由を考える

「昔のことを引きずる」。後悔を意味する表現としてよく使われます。でも、実際に「引きずっている」のは、自分の記憶と感情だけなのです。そうはいっても、「吹っ切るのが難しい過去」は誰にでも存在します。「あのときの自分を許せない」という感覚は多くの人がもつものです。だからこそ、**今日は「許す理由」を考えましょう。自分を許すことで、何を得られるのか、考えてみてください。**多くの場合それは、「前進できるようになる」という結論に至るようです。

暦からのメッセージ

今いる場所は最適なのか

渡り鳥がいつまでもその場に留まると、結果的に「淘汰」されることになります。冬の間は活動を休止していた天敵となる動物が活動を始めるからです。さらには、天敵から生き延びても、自分の身体的特徴に適さない気温や湿度の環境で暮らすことになるのです。**この期間は「自分が、自分にとって、最適な環境にいるかどうか」をチェックする絶好の機会となります。**

今日のご縁日

普《ふ》賢《げん》菩《ぼ》薩《さつ》さま

冠に5体の仏さまをつけ、白い象に乗ったお姿をしている仏さまです。無限の「慈悲」を人々に与えてくれるとされ、優しさで包み込んでくれます。

今日の呪文

「オン バザラ ユセイ ソワカ」

今日は朝から唱えてみてください。とくに元気が欲しいときなどは、連続で唱えても効果を実感できます。「延命」の効果もあるとされるご真言です。

ご利益フード

韮《にら》

春から夏のスタミナ野菜です。とくに町の中華料理店では「ニラレバ」といえばスタミナメニューの代名詞です。本書では基本的に料理の指定はありませんが、今日はニラレバを「元気メニュー」として献立の候補に入れてみてください。

4月15日

二十四節気 清明

七十二候 鴻雁北 から 虹始見《にじはじめてあらわる》 へ

今日からは成果に目を向ける

ご利益行動

結果の確認をクセづける

日々、いろいろなタスクや用事が、私たちの前に現れます。一つ片付けると次、そしてまた片付けると次へ……それは季節の流れと同じように、停止することなく脈々と続いていく流れのようです。**今日からは次のことへ行く前に、前のタスクや用事の「成果」をしっかり確認するクセをつけることを始めてください。**「結果を確認せずに、その場を去ってはならない」。これは原理原則です。結果を曖昧にしたままだと、自分が同じことを繰り返していることに、気がつかないままとなってしまいます。これもまた、文字化することをおすすめします。メモやスマホを使って、自分の成果を記録するクセを身につけてみてください。

暦からのメッセージ

虹は不安定の象徴

鴻雁北から虹始見へ。渡り鳥が去り、空には虹が浮かぶころとなったのです。もちろんこれは、渡り鳥の習性や気象の変化を伝えようとした表現ではありません。**古来日本では、虹を吉兆＝良いことの兆候だとは考えていませんでした。**むしろ、虹は不安定な天候を象徴するシンボルだったのです。

今日のご縁日

経津主神《ふつぬしのかみ》さま

武神さまとして、力の強い神さまのイメージがありますが、別の御名は「伊《い》波《わ》比《い》主神《ぬしのかみ》さま」であり、儀式を司る神さまでもあります。

今日の呪文

「桜花微笑春《おうかびしょうしゅん》」

「桜の花がほほ笑むように咲き誇る」という意味の呪文です。今日のタイミングで唱えておくと、これ以降は美しい風景を楽しむ機会に恵まれていきます。満開の桜の前で唱えるのも有効です。可能な地域の方はお試しください。

ご利益フード

牡蠣《かき》

そろそろシーズン終了です。現代の牡蠣は、長年の養殖技術向上の成果そのものです。多くの方々の試行錯誤が、おいしい牡蠣を食べられる状況を生み出したのです。今日はその成果に感謝しながら、過ぎゆく旬を楽しみましょう。

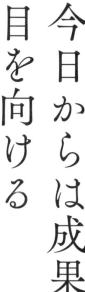

4月16日

二十四節気 **清明**

七十二候 **鴻雁北** から **虹始見** へ

完全な成功も完全な失敗も、幻想に過ぎない

ご利益行動

成功と失敗の本質を知る

成功のなかにも失敗は含まれ、失敗のなかにも成功は含まれます。これは、どのような場合も適用されることです。失敗のない成功はあり得ないのです。だからこそ世界は多様性に富み、楽しいものとなっています。**今日は「完全な成功」も「完全な失敗」も幻想であり、あり得ないのだという事実に目を向けてください。**完璧を目指すことは、時間の浪費に繋がります。また、失敗から学ぶ機会も見逃してしまいます。すべての結果は「成功と失敗の両面をもつもの」だという理解があれば、足踏みすることなく前に進めるのです。

暦からのメッセージ

不完全を認める

虹は「不完全な天候がもたらした痕跡」であると、日本人は解釈していました。そのため、その美しさよりも、その天候をもたらした「不安定さ」を恐れることもありました。**これから始まる新しい古暦の期間は「不完全」であることを認めながら、慎重に物事を進めることの重要性を示しています。**大きな波の動きに同調しながら、見えない領域からの支援を活用しましょう。

今日のご縁日

今《いま》木《きの》皇《すめ》大《おお》神《かみさま》

生き物に活力を与え、成長を促してくれる神さまです。「元気」という言葉は、この神さまのご神徳そのものとして使われることもあります。もともとは「源氣」という漢字が使われていました。

今日の呪文

「源《げん》氣《き》新《しん》生《せい》」

朝・昼・晩と唱えてみてください。もともと人の「元気」は、大きな「みなもと」から湧いてきて、私たちを動かす原動力だと考えられていました（源氣）。今日の呪文はその思想に触れ、元気を分けていただく効果があります。

ご利益フード

草《こ》蘇《ご》鉄《み》

日本中で採れる春の山菜です。独特のぬめりには豊かな栄養と、腸内を整える作用があります。

4月17日

二十四節気 **清明**

七十二候 **虹始見**

批判と賞賛は、同じところからやってくる

ご利益行動

批判の根源を考える

どんなに立派な人も「批判」を受けます。むしろ成功してから、批判が大きくなることも珍しくありません。**今日は他の誰かに向けられた批判を、「自分ならどのように受け止めるか」シミュレーションしてみましょう。そして、両方の立場から「批判する理由」と「反応する理由」を考えてみてください。**すると、それらの行為は、すべて「承認欲求」からやってくることに気がつくでしょう。自分も他人も「承認されたい」という願いをもっていることに、今日から注意しましょう。

暦からのメッセージ

自然現象は自由に解釈する

今日の七十二候は虹始見。世界の神話をひもといてみても、日本と同じように「虹を警戒する傾向」が確認できます。先人たちが虹を目撃した後に、望まない変化が起きたからかもしれません。**しかし、むやみに恐れる必要はありません。自然現象に対する解釈は自由なのです。**現代では「吉兆」となっているのですから、それを喜びながら、先人たちが残した暗喩としての「虹が始まる期間」の意味を理解すればよいのです。

今日のご縁日

清瀧《せいりゅう》権現《ごんげん》さま

毎月17日は「清瀧さま」のご縁日です。山から雪解け水が里に届くころ、龍神さまの息吹も強くなるため、4月はとくにご縁を意識していただきたいタイミングです。

今日の呪文

「江《こう》山《ざん》景《けい》物《ぶつ》新《しん》」

「山も川も海も、日々新しく生まれ変わっている」という意味の呪文です。新しい考え方を検討するときに唱えておくと、貴重な気づきが与えられます。

ご利益フード

白《しら》魚《うお》

美しい春の旬も、そろそろ過ぎ去るころです。群れで暮らす習性がある生物にとって、リーダーは「自然界の変化そのもの」ともいえます。なぜなら、微妙な海水温の変化や潮流の変化を感じることで、群れ全体が次のステージへと導びかれるからです。

4月18日

二十四節気 **清明**

七十二候 **虹始見**

体験は誰にも奪えず、失われない

ご利益行動

自分に体験をプレゼントする

今日は「自分にご褒美をする」タイミングです。新しい環境が始まり、それに適応してきた自分をほめてあげてください。もちろん言葉や想いだけでなく、自分がしっかり喜ぶような「プレゼント」が必要です。趣味や娯楽で好きな時間を過ごす、好きなものをおいしく食べる、好きな人と一緒にいる、それらはすべて「プレゼント」として成立します。もちろん買い物でもよいのですが、買った物は、いつか失われます。体験はアイテムと異なり、自分のなかで失われない点で、優れているのです。

暦からのメッセージ

虹を変化のきっかけにする

「虹を見る」体験から、その後の変化を確認する。それを繰り返していくうちに、虹が「変化のきっかけ」となっていきます。**それが、良いものとなるかそうでないものとなるかは、自分がつけた「意味」によって変わります。**古暦で伝える意味と、現代で各自がつける意味は同じでなくてもよいのです。でも、そこにある示唆は受け止める必要があります。

今日のご縁日

白《しら》山《やま》比《ひ》咩《めの》神《かみ》さま

別の御名は「菊理媛命《くくりひめのみこと》さま」です。物事を一つにくくり、まとめる力がある女神さまです。「目に見えない良縁」を結んでくれるというご神徳もあります。

今日の呪文

「来《らい》萬《ばん》福《ぷく》」

「すごい幸運がやってくる」という意味の呪文です。欲しいものを思い浮かべながら唱えると、なぜか手に入るという効果もありますよ。自分にご褒美をあげるタイミングで唱えると効果が増します。

ご利益フード

自分の好きなもの

ご褒美のタイミングの定番です。今日は「いつもよりも豪華」という条件をつけて考えてみてください。贅沢は適切なタイミングで行うからこそ、喜びに直結するのです。

4月19日

二十四節気 **清明**

七十二候 **虹始見**

自画自賛こそ、自信の根拠

ご利益行動

とことん自分をほめちぎる

「自信をもて」と言われても、自信は手でもてません。でも自信には、さまざまな効果効能があるので、ないよりはあったほうがうまくいくことが多いのも事実。**今日は「自画自賛」から自信が生まれることを確認しましょう。**自画自賛とは「自分で自分をほめちぎること」です。朝起きられた、立ち上がれた、この本を手に取り、このページを開くことができた。それら、すべては「絶賛されるべき行動」です。あなた以外の圧倒的大多数の生き物は、そんなことはできないのだから、思いっきり胸を張りましょう。自信には「他人の根拠」ではなく「自画自賛」が必要なのです。

暦からのメッセージ

「当たり前」は奇跡

日本は「人間が平和に暮らすための条件が整った国」ではありません。昔から災害が頻発する国でした。**そのなかでご先祖さまが、自然に感謝し、生き延びてきたことは、それだけで「素晴らしい事実」なのです。**今日の私たちが「当たり前」だと思っている奇跡を、古暦は暗喩を言語化することで伝えてくれています。

今日のご縁日

七《しち》面《めん》天《てん》女《にょ》さま

修験道を信仰する人々の間で、美しい池に浮かびながら、多くの人々の病気を癒やしたとされる女神さまです。今日のタイミングでご縁を感じることで、自分も健康へと導かれるタイミングとなります。

今日の呪文

「萬《ばん》里《り》春《しゅん》萬《ばん》家《け》春《しゅん》」

春が自然にも人にも行き渡った状態を意味する呪文です。新しい命の季節を祝福するとともに、すべてにおいての始まりを助けてくれる効果があります。

ご利益フード

自分をすごいと思える食べ物

さて、難しいご案内となりました。今日は味や旬ではなく、それを食べて「自分はすごいかも」と思えるものを選んでください。珍しい、高価、調理に時間がかかるなど、何でも構いません。

4月20日

二十四節気　**清明**から**穀雨《こくう》**へ

七十二候　**虹始見**から**葭始生《あしはじめてしょうず》**へ

目的までの道のりが、やる気を呼び覚ます

ご利益行動

道しるべをはっきりさせる

大きな変化や大きな結果も、そこに至るまでは小さな変化の連続で成り立っています。そして、遠くの目的地に至るのと同じように「マイルストーン」、つまり短い距離での「道しるべ」が重要です。**今日は自分の大きな目的や目標への「道しるべ」をはっきりさせましょう。**なぜかというと、道しるべはいつのまにか、ボンヤリしてくるものだからです。それはあなたに問題があるのではなく、ただ単に自然現象なのです。道を見失う前に

取り組んでおきましょう。意欲、モチベーションが湧き上がる効果があります。

暦からのメッセージ

先が見えづらい期間へ

今日からまた新しい変化が始まります。**「よく見えている」と思っていた「この先の展開」が、見えにくくなる期間へと突入するのです。**虹始見から葭始生へ。空に浮かぶ虹もボンヤリしていますが、さらに視界を遮る「葭」という背の高い草が伸びはじめるからです。自然界が仕掛ける「トラップ」を事前に知り活用する。それが本来の古暦の使い方です。

今日のご縁日

猿田彦大神《さるたひこおおかみ》さま

「道しるべ」といえば「猿田彦さま」です。今日のタイミングでも、「ご縁を感じて導きをいただく」という感覚をもってみてください。

今日の呪文

「吐普加美依身多女《とおかみえみため》」

神社でのお参りの際に唱える「祝《ほふり》」の一つです。3回1セットで唱えてみてください。現代でもお祭りやご祈祷の際に唱えられることもある強力なコトダマです。

ご利益フード

空豆

大きくて、風味のある豆です。『ジャックと豆の木』で登場する「タネ」は、だいたい空豆の形をしています。分かれ道に落としておくと、目印となって後から来る人が迷わなくて済みます。それだけ存在感があるということです。

4月

4月21日

今日の小さな結果が、いつかの喜びになる

二十四節気

清明 から **穀雨** へ

七十二候

虹始見 から **葭始生** へ

ご利益行動

大きな望みへの小さな過程を確認する

いろいろなことが見えにくくなる期間へ移行しました。**今日は、自分の「望む結果」に向けての「過程」を確認しておきましょう。**そのうえで「道しるべ」となる目印を書き出してください。たとえば「幸せなお金持ちになる」という漠然とした「望む結果」でも、「いつまでに、どのくらいのお金があれば、自分にとって幸せな金持ちとなっていくのか」と道筋を確認していくのです。それにより「大きな望み」は「小さな結果」の連続であり、積み重ねであることを認識してください。

暦からのメッセージ

先が見えづらくなる時期

葭は成長が早いイネ科の植物です。芽生えたと思ったら、すぐに人の背丈ほどにまで伸びるのです。そのため日本の神話でも、「天からこの島を覗いたら葭の原っぱの国だった」と表現されているほどです。今日はその起点となる日ですので、「先が見えづらくなる」という解釈から始まります。

今日のご縁日

和《わ》久《く》産《む》巣《す》日《びの》神《かみ》さま

目に見えない領域でさまざまなモノとコトを結びつける力のある神さまです。あらゆることの因果関係を意味する神さまという解釈もあります。今日ご縁を意識すると、より良いご縁が展開していくことになります。

今日の呪文

「敬《けい》業《ぎょう》楽《がく》群《ぐん》」

「仕事を愛する人は皆の協力が集まる」という意味の呪文です。さまざまな人々の応援が得られる効果があります。

ご利益フード

玄米

「米」という漢字は収穫までに、「八十八の過程」があるという意味を伝えているといいます。まさに「結果の積み重ね」から生まれた作物なのです。今日はその過程に感謝しながら、おいしくいただきましょう。

4月22日

二十四節気　**穀雨**

七十二候　**葭始生**

ありがとうを言いつづける人は、大きな成果を得る

ご利益行動

2分間ありがとうを言う

「大きな仕事」や「大きな変化」は、いきなりやってくるのではありません。そこに至るまでの「過程」と複雑な「要因」が現実を紡《つむ》ぎ出したうえで、やってくるのです。**今日は2分間だけ「ありがとう」を連呼してください。**時計を見ても、スマホのタイマー機能を使ってもいいので、1日24時間、1440分のうち2分間だけ「ありがとう」を口に出して言うのです。これは、素晴らしい実績を残した大実業家が教えてくれたメソッドです。お金も時間もかからないので、試してみる感覚で、今日から始めてください。

暦からのメッセージ

自然への感謝を忘れない

人間も自然界の一部分であり、大きな存在のなかに含まれる、小さな存在である。そのことを、昔の日本人は心の底から認識していました。だから、自然のすべてに祈り、拝み、感謝を捧げたのです。葭という草は繁殖力が強く、またすぐに大きくなることから、さまざまな道具の素材として活用されていました。それもまた、感謝の対象だったことを忘れてはならないのです。

今日のご縁日

施《せ》無《む》畏《い》菩《ぼ》薩《さつ》さま

何事にも動じない強い心を与えてくれる仏さまです。「恐れるものがない」というのは「無敵」という表現に繋がります。敵がいないから、恐れがなくなるのです。

今日の呪文

「好《こう》学《がく》不《ふ》倦《けん》」

「良い学びは飽きることなく続けられる」という意味の呪文です。勉強や仕事で、集中力が必要なときに唱えると、良い効果が得られます。学びへの理解が深まる効果もあります。

ご利益フード

木耳《きくらげ》

文字通り、動物の耳のような不思議な形をしています。色も真っ黒です。でも、栄養価が高く、独特の食感がさまざまな料理においしさを生み出す食材です。今日は「最初に食べた人の勇気」に感謝しながら、楽しんでみてください。

4月23日

二十四節気 **穀雨**

七十二候 **葭始生**

私の命は、無数の命に支えられている

ご利益行動

無数の命に感謝を捧げる

普通に暮らしているだけで、私たちは「無数の命」をいただいています。食べ物に限らず、体のなかの微生物や自分たちを構成してる細胞も「命」として認識すると、「無数」という表現となるのです。**今日のタイミングでは、それらの命が支えてくれている事実を認めることにより、いかに自分や周囲の人は「貴重な存在」であるかを認めてみてください。**人間が無数の命の上に立って自分の命を維持しているという現実は、「もともと、そうなっていること」です。私たちが選択したのではないのですから、昔の日本人にとって、神さまと仏さまが決めたことだったのです。そこから「祈る」という行為が生まれました。

暦からのメッセージ

食物連鎖という摂理

「食物連鎖」も大きな「輪」として考えることができます。本当に小さな微生物から出発し、食べられるたびに、大きな生物に取り込まれていく。そして、その大きな生物も、いつかは微生物に分解される立場になるのです。今日の古暦では、その摂理を意識することの大切さを指摘しています。

今日のご縁日

釈迦如来《しゃかにょらい》さま

仏教の開祖である「仏陀《ぶっだ》さま」が如来としてのお姿を示す仏さまです。人間として初めて「悟り」の境地に至ったと伝えられています。「輪廻転生」という概念も仏教を通じ世界中に広まったのです。

今日の呪文

「ノウマク サマンダ ボダナン バク」

命の素晴らしさを肯定し、迷いを消し去るご真言です。すべての人がかけがえのない命を授かっています。その前提を思い出して唱えてみてください。

ご利益フード

鮪《まぐろ》

あの大きな体は、大きな海を泳ぎ回り、無数の命を得ることから成立します。それを人間が捕らえ、その命をいただくことで、エネルギーを得ているのです。背景にある無数の命に感謝しながらいただきましょう。

4月24日

見えない領域からの贈り物は今日も届いている

二十四節気　穀雨

七十二候　葭始生

ご利益行動

気づきは贈り物と意識する

新しいアイデア、新しい気づきは、どうやって生まれるのでしょう？　脳の仕組みなら研究されていますが、それはあくまでも「そうなっていること」をデータや言語で確認しただけです。じつのところ、人間が「今までにない発想」を得られる理由は「そうなっているから」としかいえないのです。**今日は気づきとは、「見えない領域からの贈り物」である可能性に意識を向けてください。**自分の気づきは、幸せのための道具としてプレゼントされたものかもしれないのです。

暦からのメッセージ

名前に対する感覚を知る

「葭」という植物の名前は昔の名前です。現代では「ヨシ」と呼ばれています。**その理由としては「アシ」は「悪し」に通じるから、ゲンを担いで「良し」へと変更したからといわれています。**それは、この植物がたくさん生えていて、活用もできたから実体と名前が合わず、「合わないのは良くない」と考えた人がいたからです。本当は「アシ」でもいいのに「名前が大切」だから「ヨシ」にしたのです。

今日のご縁日

建速須佐之男命《さま》

絶大なる力と優しさを兼ね備えた、日本中で大人気の神さまです。神話のなかでは「暴れん坊」として描かれることもありましたが、痛みを知り人々を救うという強力なご神徳で、全国で人々の信仰の対象となりました。

今日の呪文

「嘉《か》福《ふく》成《じょう》基《き》」

「幸せは生活の基本である」という意味の呪文です。これを唱えておくと、日常の生活のなかで喜べる気づきが増えます。見えない領域からの贈り物を受け取れる状態になったことを意味します。

ご利益フード

レタス

子どものころ苦手だった人は、食べられるようになったことを賞賛してください。好きだった人は、こんな素敵な野菜を好きな自分を賞賛しましょう。

4月25日

秋までは実践を意識する

二十四節気 **穀雨**

七十二候 **葭始生** から **霜止出苗《しもやみてなえいずる》** へ

ご利益行動

準備から実践へと切り替える

今日の変化のタイミングでは「準備」から「実践」へと意識を切り替えることが大切です。**昨日まではまだ「準備」に軸があったのですが、今日からは「実践モード」に移行しました。もろちん、日々は準備と実践の繰り返しですし、これから準備がいらなくなるわけではありません。大切なのは「どちらが主で、どちらが従か」の意識なのです。ここから秋の収穫を迎えるまでは「実践が主軸で、準備がそれに従う」ことで、さまざまな恩恵を得られる期間となります。

暦からのメッセージ

準備の後は成長と収穫へ

葭始生から霜止出苗へ。古暦の表現では「葭」の芽生えが完了し、成長を妨げる「霜」も、その気配は消え去りました。**その自然界の変化と同調し、このタイミングで基軸となる「準備」が完了していれば、この後の「成長」と「収穫」が素晴らしいものとなるのです。**でも、どんなに素晴らしい準備ができていても、その後の実践が伴わなければ意味がないこともお忘れなく。

今日のご縁日

天照《あまてらす》大《おお》御《み》神《かみ》さま

太陽神であり、この国の神話では「最高の神さま」として祀られる神さまです。すべての命を育む、強大なエネルギーへの感謝を捧げましょう。万物の活動のなかに、自分の活動も含まれている感覚をもってみてください。

今日の呪文

「日《ひ》出《しゅつ》乾《かん》坤《こん》輝《き》」

「明るい太陽がすべてを照らす」という意味の呪文です。準備から実践へと移行する際に唱えると、障害が取り除かれ、邪魔するものが消えていく効果があります。お日さまの力を与えていただくイメージで唱えてみてください。

ご利益フード

山芋

ネバネバに含まれる酵素や栄養素は、胃腸の働きを助け、これから来る実践に必要なエネルギーを生み出してくれます。

4月26日

二十四節気 **穀雨**

七十二候 **葭始生** から **霜止出苗** へ

自然界を重視して、すべてが良い状態を目指す

ご利益行動

全体最適を目指す

私は「全体最適」という言葉をよく人に伝えています。それは、「どこか」や「誰か」や「何か」だけでなく、「それらすべての状態が良い」という感覚のことを意味しています。人それぞれ「幸せの形」は異なりますが、部分的には最高でも、部分的に最低と思える箇所があると「幸せを維持すること」が難しいのです。そして、すべてが良い状態を目指すと、不思議なことに世界が味方してくれるようになります。**これは、自然界には全体最適を目指して、自動的にバランスをとる機能があるからです。あなたもその機能を利用するタイミングが来ています。**

暦からのメッセージ

日本人にとってのお米

気候の障害が取り除かれていくと、日本人の「実業」は本格化します。それは、お米という経済の基準としても扱われていた食料を生産するための仕事です。**日本人にとってお米は、食料というカテゴリーではなく、「神さまから与えられた仕事そのもの」でした。**そのため、古暦では「霜止出苗＝苗を出す」という表現を採用しました。これは「新たな局面が来た」と解釈できるのです。

今日のご縁日

大《だい》日《にち》如《にょ》来《らい》さま

宇宙の中心となる仏さまです。過去・現在・未来という「三世《さんぜ》」においても、その絶大な力で、生命の在り方を教えてくれるといわれています。ご縁を感じると私たちも「大いなる力の一部」であることが認識できるかもしれません。

今日の呪文

「オン バザラ ダト バン」

何度かご紹介するご真言です。「金剛界」という「実在の宇宙」に向けられた呪文です。今日は全体最適に有効な日なので、「全部が良くなる」祈りを込めて、唱えてみてください。

ご利益フード

白米

玄米でもよいのですが、輝きも大切な日なのであえて「白米」を選択しました。その輝きと美しさを観賞してから、食べてみてください。

4月27日

二十四節気　穀雨

七十二候　霜止出苗

仲間が増えると、喜びが何倍にもなる

ご利益行動

自分の仲間を考える

あなたの「仲間」は何人いるでしょう？この場合の「仲間」とは、同じ目的をもち、それが達成したときに一緒に喜び合える人たちのことです。人間にとって仲間が必要なのは、自分一人の力では足りないからではありません。目的を達成したとき「喜びが増幅するから」なのです。**今日は、自分が目的を遂げたとき、一緒に喜び合える人は誰なのかを考えておきましょう。**そんな人、いない？　大丈夫、これから見つけていけばよいのです。今日がそのタイミングだと、古暦は教えてくれています。

暦からのメッセージ

稲も人も仲間がいる

稲作において苗を一本だけ植えることはありません。限られた面積に、たくさんの苗を植えていきます。それにより暴風雨にも耐え、虫や病気にも強い「田んぼ」となるのです。そして人間にも、その効果が確認できます。**一人でいるより、多くの仲間と一緒にいたほうが「成長」できるのです。**ぜひ、この期間に「仲間」という存在が自分の幸せに必要な要素であることを確認してみてください。

今日のご縁日

天《あめの》目《ま》一箇《ひとつの》神《かみ》さま

製鉄、鍛冶の神さまとして有名ですが、別々の集団を結びつける「友好」をもたらすご神徳がある神さまです。鍛冶や製鉄は分業が必須で、集団で働くため、ご神徳となったと考えられています。

今日の呪文

「換《かい》年《ねん》加《か》壽《じゅ》算《さん》」

「年をとるごとに、喜びも増えていく」という意味の呪文です。今日のタイミングでは、素敵な仲間が増えていくイメージと一緒に唱えてみてください。

ご利益フード

白《しら》子《す》

たくさんの仲間と泳ぐ魚です。漁のときは、仲間もろとも水揚げされます。でも資源を保護し、節度を守ることで、その仲間が増え、また春になるとやってくるのです。その大自然の「仕組み」に想いをはせてみてください。

4月28日 思いやりは、自分のためになる

二十四節気 穀雨

七十二候 霜止出苗

ご利益行動

自分のために相手を思う

人が人を大切に思うとき、発生するのが「思いやり」です。相手の状況や気持ちを予測して、喜んでもらえるような行動をとる。**今日はそれを実践しながら、それがどのくらい「自分のためになる」のかを確認してください。**自分のために他人を思いやるのは「意地汚い」と思っている人もいるようですが、そもそも自分が予測した行動が相手にとって喜ばれることになるかどうかは、やってみないとわかりません。今日は「思いやり」を存分に実践してみてください。

暦からのメッセージ

日本の自然を敬う

ときに厳しく、災害などでは大きな被害すらもたらす「日本の気候」ですが、昔の日本人は「恨む」という選択肢を否定していました。**なぜなら、そもそも自分たちは「自然により生かされている存在」なのだから、それに反抗して攻撃するのは「逆恨み」でしかないと考えたからです。**古暦の流れを知ると、過去の人々の自然への敬愛の深さに、驚くことになります。

今日のご縁日

不《ふ》動《どう》明《みょう》王《おう》さま

今日のご縁日では「思いやり」を連想しながら、ご縁を思ってみてください。不動明王さまの険しい表情は、じつは人間という弱い存在を思いやりで救おうとしている表情なのです。「見た目と想いは違う」と理解する絶好の機会です。

今日の呪文

「ノウマク サンマンダ バザラダン カン」

迷いや悩みを打ち砕き、前に進む力を得ることができるご真言です。朝・昼・晩に力強く唱えてみてください。

ご利益フード

若《わか》布《め》

おいしくて、食べやすくて、ミネラルも豊富。日本人にとって若布は、遥か古代から受け継がれてきた優良食品です。一度天日に干すことで、太陽のエネルギーも入ります。

4月29日

自分自身にも、思いやりを発揮する

二十四節気　穀雨

七十二候　霜止出苗

ご利益行動

自分を思いやる

現代は、「自分に厳しい人」が多いように思えます。それでいて肝心なときに逃げ出したり、目を逸らしたりする人が多いため、「物事には適切なタイミングがあることを忘れてしまっているのではないか」と疑りたくなります。**今日は自分を思いやることに挑戦してみてください。**責任ある行動は大切ですが、世界は「自力」と「他力」から成り立っています。自分を責めているときこそ、優しさをもって自分で自分をフォローする。今日から実践できる「自分操縦術」となるのです。

暦からのメッセージ

タイミングが環境を作る

人間には「稲作に適した気候」を生み出すことはできませんが、「稲作に適した環境」を作り出すことは可能です。でもそれは「自然のタイミング」が合わなければ、成し遂げることができません。いくら田んぼを整備しても、霜がやってくるタイミング次第では無駄となるのです。その「大事なタイミング」を言語化したのが、古暦なのです。

今日のご縁日

天太玉命《あめのふとだまのみこと》さま

天の岩戸に太陽神がお隠れになった際に「太占《ふとまに》」という方法を使って儀式を行った神さまです。これが人間界に伝わり、神社のご祭祀の原型ともなりました。

今日の呪文

「歓笑尽娯《かんしょうじんご》」

「笑いと楽しみに満ちた状態」という意味の呪文です。気分を軽くし、笑顔を取り戻したいとき、自分を思いやるときに唱えると効果抜群です。不思議な他力が笑顔を運んでくる効果もあります。

ご利益フード

グリンピース

今が旬の鮮やかな姿が嬉しい食材です。あまり知られていませんが、じつは「熟す前のえんどう豆」から取り出した種の部分なのです。「おいしいものを食べさせたい」という思いやりによって発見された食材なのでしょう。

4月30日 私は暮らしを楽しむ。今日はそう宣言する

二十四節気 **穀雨**

七十二候 **霜止出苗** から **牡丹華《ぼたんはなさく》** へ

ご利益行動

「楽しむことを優先する」と宣言する

今日からは「楽しむことが重要となる期間」に突入します。その冒頭で「宣言する」という「おまじない」を実践しましょう。**今日のタイミングで「楽しむことを優先する」と声に出して宣言してください。**理想としては、家族や親しい人に「おまじないを実践してみたい」と協力を依頼して、お互いに宣言し合えれば、素晴らしい効果が期待できるでしょう。今日の宣言は、今までのパターンを破壊し、新しい世界の構築へと繋がります。

暦からのメッセージ

全体が楽しむ期間へ

霜止出苗から牡丹華へ。霜は去り、春の雨が恵みをもたらし、いよいよ気持ちの良い期間が到来します。緑の葉が森を覆い、生き物たちが躍動するタイミングがやってきました。牡丹の花は美しいだけでなく、その色、香り、姿から楽しい感情を象徴しています。古暦は「全体が楽しむ期間」だと教えてくれているのです。

今日のご縁日

天宇受賣命《あめのうずめのみこと》さま

天の岩戸神話の際に踊りを奉納し、そこにいた神々が絶賛した神さまです。そのため芸能の神さまとしてのご神徳が強く、また「猿田彦大神さま」との夫婦神さまであるため「芸の道を導く」というご由緒で大人気となったのです。

今日の呪文

「富貴安樂《ふうきあんらく》」

「豊かで美しい状態を楽しむ」という意味の呪文です。楽しいことを想像しながら、唱えてみてください。「制限」を外す効果もあります。

ご利益フード

自分が楽しめるもの

4月の締めくくりも、古暦の示唆優先のおすすめフードです。今日は環境も、一緒に食べる相手も「楽しい」と思えるものを選んでください。食事は人生の質に直結する大切な行為。しっかり楽しんで新しい月に向かいましょう。

5月

新緑が眩しい5月は、
行楽にもぴったりの季節。
立夏《りっか》を迎え、暦のうえでは
夏が始まります。
草木やさまざまな生き物の
活動的な気配を感じる
小満《しょうまん》へと移り変わり、
生命力が溢れる季節でもあります。

Takenokoshouzu

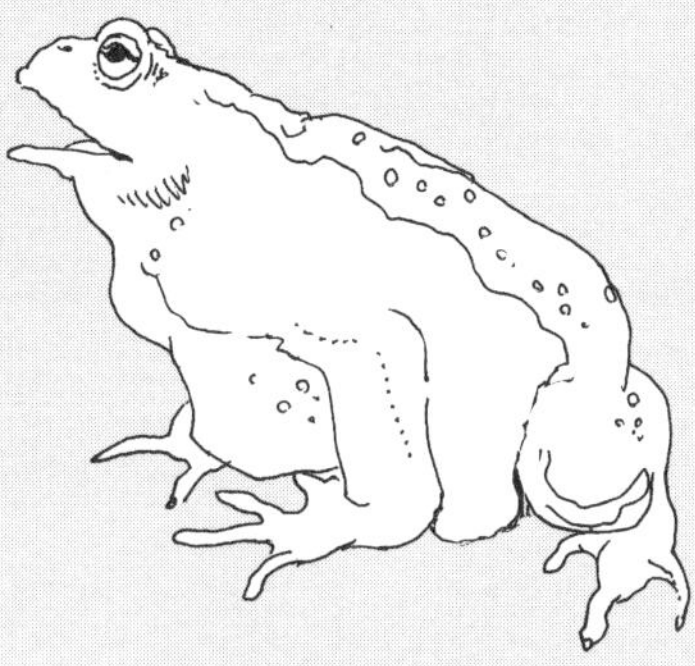

Kawazuhajimetenaku

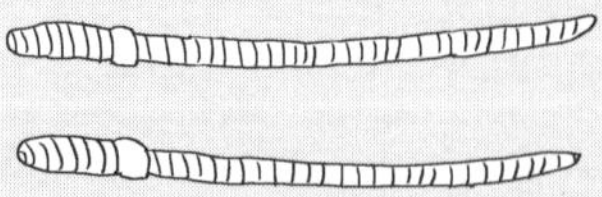

Mimizuizuru

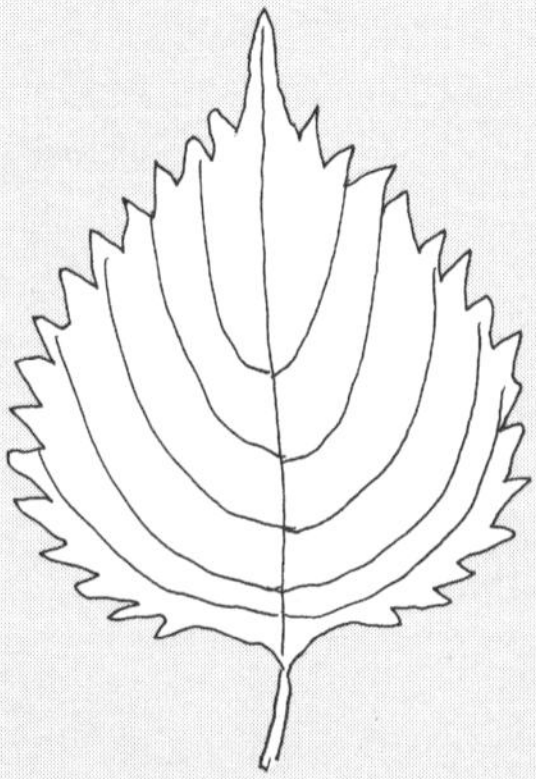

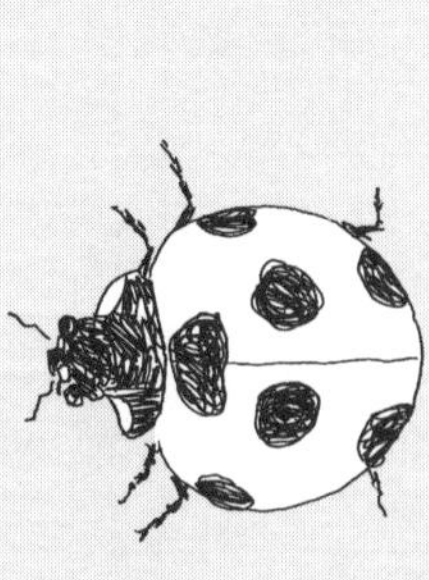

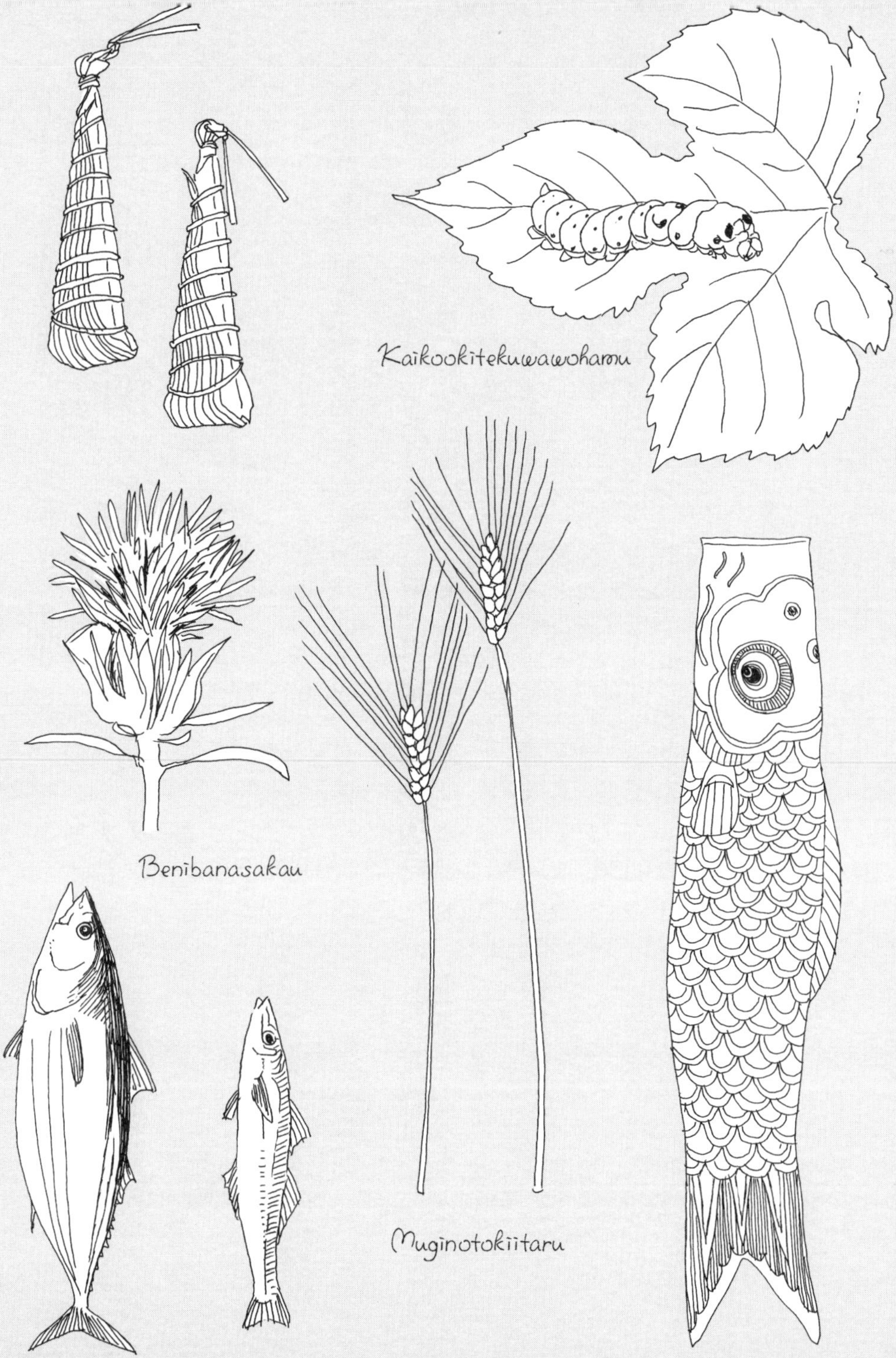
Kaikookitekuwawoharau
Benibanasakau
Muginotokiitaru

5月1日

二十四節気　**穀雨《こくう》**

七十二候　**霜止出苗《しもやみてなえいずる》**から**牡丹華《ぼたんはなさく》**へ

芸術に宿る不思議な力に思いをはせる

ご利益行動

芸術の価値を考える

今日は「芸術」について考えてみましょう。絵具でキャンバスに描かれた、原価数万円の絵画が、なぜ何十億円もの価格で取引されているのでしょうか？　大金持ちの投資や税金対策としても、高額すぎる場合があります。**これは正解のない問いなのですが、自分なりの「検討」と「答え」をもつことが、今日は重要なのです。**美術館に行くことはもちろん、歴史や文化について調べるのも有効な行動です。ちなみに私の回答は「その価格に見合うだけの、不思議な力がある」というものです。ぜひご自身の視点から、検討してみてください。

暦からのメッセージ

美や風情を意識する

今日の切り替わりのポイントから「美」や「風情」といった人間独自の活動に軸が移行していきます。理屈や理論では説明できない、芸術から生まれる感動。そこには、原始の時代から人間の遺伝子のなかに組み込まれてきた、人間ではないものに対する「憧れ」と「恐れ」が含まれているのです。そこに触れることで「目に見えない領域」へアプローチするための試行錯誤の結果が確認できます。

今日のご縁日

弁財天《べんざいてん》さま

日本での芸術の神さまといえば、弁財天さまです。美しさの象徴でもあり、芸術、音楽、舞楽を愛し、支援してくれる神さまとして全国でお祀りされています。今日お参りできれば、芸術をもっと身近に感じられるでしょう。

今日の呪文

「美意延年《びいえんねん》」

「心を正しくし、美しさを追求する人は長生きというご褒美が与えられる」という意味の呪文です。文字そのものに「コトダマの力」が込められているので、文字を確認しながら、しっかりと読み上げてみてください。

ご利益フード

アスパラガス

真っ直ぐ伸びる生命力に溢れた野菜です。そしてその畑も、青々とした緑の葉と茎が空へと伸びる美しい光景なのです。

5月2日

二十四節気 **穀雨**

七十二候 **牡丹華**

芸術品を鑑賞すると、眠れる力が目覚め出す

行動を楽しんでみましょう。

暦からのメッセージ

花の美しさを受け止める

美しく咲く花々は、人の心にさまざまな作用をもたらします。**今日の古暦は、地球というアーティストが生み出した花を美しいと素直に受け止める重要性を伝えています。**「忙しい」という字は「心を亡くす」という状態を示しています。このタイミングで連休期間となるのは、昔から「上手に生きるための工夫」が受け継がれた結果と捉えられるのです。

ご利益行動

自分の感覚で芸術と向き合う

芸術が好きな人も、そうでない人も、**今日は「芸術鑑賞」をしてみてください。**とくに現在の期間では「視覚を使用した鑑賞」が有効です。対象はお好きなもので大丈夫ですが、映画や演劇のような「動的」なものでなく、絵画や写真などの「静的」なものがよいでしょう。また、鑑賞の際、歴史的背景や作者のデータなどは意図的に排除してみてください。知識や情報が感覚を邪魔する可能性があるからです。今日は、自分の感覚で鑑賞という

今日のご縁日

事代主神《ことしろぬしのかみ》さま

大国主神《おおくにぬしのかみ》さまの御子神さまで、国造りの大事業を行ったと伝えられています。インドから来た財運の神さまである「恵比寿《えびす》さま」と習合して七福神としても大人気。芸術と宝は結びついているので、今日のお参りにぴったりです。

今日の呪文

「永受嘉福《えいじゅかふく》」

見えない領域からの豊かなエネルギーを現実化するための呪文です。自分がいる位置で「西」を確認して、その方位に向かって唱えてみてください。朝・昼・晩と唱えられれば完璧です。

ご利益フード

苺

赤く、可憐な果物も今月までが旬です。その姿を愛でながら、食べてみてください。

5月3日

二十四節気　穀雨

七十二候　牡丹華

新しい創造性を模索する

ご利益行動

思うように描いてみる

今日は「作り出すこと」「生み出すこと」について、意識を向けてみましょう。創造力は芸術家だけがもち合わせた能力ではありません。日常や自分のいる空間は、すべてあなたが創造したものなのです。今日のワークは、「作り出す」感覚を養うために取り組みます。白い紙と色鉛筆を用意してください。「ノールール」で、色鉛筆を使用して色を塗っていきます。うまい・ヘタは関係なく、描いたものを保管する必要もありません。道具が面倒ならスマホやパソコンのペイントアプリでも同じことができます。

暦からのメッセージ

創造性は人間だけに宿る力

人間には神さまに近い能力がある。そのような考えは、世界中で受け継がれています。その根拠の一つとして、「創造性」があるのです。他の動物には、自分の生存に関連しない能力が突出して与えられることがありません。地球上において「存在していなかった芸術」を生み出す力。それは人類の進化に直結する能力でした。今日はそれを蘇らせるタイミングなのです。

今日のご縁日

虚空蔵菩薩《こくうぞうぼさつ》さま

無限の智慧を使って、芸術や創造の法力を与えてくださる神さまです。「求聞《ぐもん》持法《じほう》の仏さま」とも呼ばれ、あなたの声を聴き、それに応えてくれる仏さまとして崇拝されています。

今日の呪文

「オン バザラ アラタンノウ オンタラク ソワカ」

新しいものに取り組むとき、新しいものを作り出したいときに唱えると、絶大な効果を発揮する呪文です。仕事の前や創造の前に唱えてみてください。

ご利益フード

鰹《かつお》

古代から日本で愛されてきた魚です。そのおいしさと豊かさを、少しでも長く保存するために「鰹節」という保存食が創造されたのです。昔の人たちの智慧に感謝しながら、旬の鰹を楽しみましょう。

5月4日

美しい言葉が、美しい現実を呼ぶ

二十四節気　**穀雨**

七十二候　**牡丹華**

ご利益行動

美しい言葉を作る

「良い言葉」が「美しい言葉」とは限りません。美的感覚と良識は関連していないからです。**今日は「形容詞としての美しい言葉」を発するタイミングです。**例文としては「光が溢れ出す新緑」「鮮やかな群青の空」「麗《うるわ》しい牡丹の大輪」など、色の表現と自然界の美を組み合わせると良いものができ上がります。数よりも質を目指して、「自分なりの美しい言葉が創造できた」と思えるまでやってみてください。この作り出した言葉が、新しい現実を作り出してくれるのです。

暦からのメッセージ

厳しい寒さを乗り越えたことを賞賛する

初夏の花が、人にとって過ごしやすい期間を祝福してくれています。今日の七十二候・牡丹華の「牡丹」には、「美しく大きなご褒美」という暗喩が込められています。**今年も人間にとっての試練となる「厳しい寒さ」を乗り越えた賞賛です。**しっかり受け取っておきましょう。それが次の試練である「暑さ」を乗り越えるために必要なのですから。

今日のご縁日

木《この》花《はな》之《の》佐《さ》久《く》夜《や》毘《び》売《め》さま

「美しい花」という名をもつ女神さまです。その美しさは神仏をも魅了し、穏やかにするといわれています。その美しさが噴火によって失われないよう祈ったことから、「富士山の神さま」となりました。

今日の呪文

「天《てん》地《ち》之《の》平《へい》」

天と地のバランスが崩れることなく、穏やかで美しい世界が続くことを願う呪文です。富士山や富士山の写真を眺めながら唱えてみてください。

ご利益フード

雲《う》丹《に》

その「甘み」と「旨味」で、大人気の高級食材です。きれいな黄色い身は、とげとげの殻に覆われています。雲丹のおいしさを発見した人に感謝しながら、殻の見た目とのギャップを確認しておいしくいただきましょう。

5月5日

二十四節気
穀雨 から 立夏《りっか》 へ

七十二候
牡丹華 から 蛙始鳴《かわずはじめてなく》 へ

今のあなたは初めての積み重ね

ご利益行動

初めてをたくさん思い出す

今日は「人生の初めて」を思い出してみましょう。子どものころにさかのぼって、できるだけ具体的に、「自分にとって初めてだったこと」を確認してみてください。なかなか思い出せなければ、アルバムや動画なども使ってみましょう。20個くらいの「初めて」が確認できれば成功です。生きることは初めての積み重ねです。あなたが、今日行う「当たり前」も、すべて初めてのときが存在したのです。これからの「初めて」も「無数の初めて」の一つに過ぎないことを確認しておきましょう。

暦からのメッセージ

すべての生き物が初めてを経験している

自然界もすべてが「初めて」で構成されています。すべてはこの地球上で初めて発生することなのです。**すべての生き物が「初めての世界」を体験しているなかで、人間だけが、表面上だけを確認して「同じ」だと誤解しています。**今日は、それに気づくタイミングでもあるのです。

今日のご縁日

毘盧舎那仏《びるしゃなぶつ》さま

宇宙の始まりであり、すべての中心であるとされる仏さまです。私たちの世界も始まりと終わりが存在します。そのことを思い出してお参りしてください。宇宙の始まりに比べたら、私たちの「初めて」がいかに簡単なことかわかります。

今日の呪文

「ナウマク サマンダボダナン アビラウンケン」

初めてを祝福する呪文です。また勇気が湧いてくる効果もありますので、1日の始まりである朝に唱えてみてください。

ご利益フード

明日葉

生命力が強く、食べるために摘んでも、明日には葉が伸びているという野菜です。ビタミンやミネラルも豊富なので食べたことがないなら、「初めて」食べてみてください。

5月6日

知らないことに喜びは溢れている

二十四節気 **穀雨**から**立夏**へ

七十二候 **牡丹華**から**蛙始鳴**へ

ご利益行動

楽しい初めてを思い出す

「初めての経験」のなかで、楽しかったことを抽出してみましょう。……できましたか？　それらが「初めて」ではなくなると、消えてしまう感覚があります。それが「未知への喜び」です。その代わりに体験や思い込みから生まれた「不安」や「心配」の感情が入り込むのです。今日は、**初めてを楽しむ感覚を取り戻しましょう。子どものころの経験で生まれた「ワクワク」を自分が意図的に生み出すことに取り組むのです。**「知らないこと」は本来、喜びなのです。でも、経験が恐怖へと変換されてしまいがち……。それを確認してみてください。

暦からのメッセージ

自然の摂理を意識する

古暦では多くの表現が「自然側の立場」から書かれています。今日の七十二候・蛙始鳴も「カエルが初めて鳴く」という表現であり、「人がカエルの声を初めて聞く時期」という表現ではないのです。これは、ときの流れは人間にコントロールできず、変化とは「摂理」であるという古暦の考え方に由来しています。今日の行動でも、それを意識してみてください。

今日のご縁日

所造天下《あめのしたつくらしし》大神《おおかみ》さま

大国主神さまの別の御名《みな》です。同じ神さまとしてお祀りされていても、名前が違うことによって違う「ご縁」が発生するのです。たくさんの「初めて」に挑戦して国造りを成し遂げた神さまです。

今日の呪文

「天壌無窮《てんじょうむきゅう》」

「天地が豊かにずっと続くように」という祈りが込められた呪文です。今日のタイミングで唱えると「初めて」に踏み出す背中を押してくれます。

ご利益フード

馬鈴薯《ばれいしょ》(じゃがいも)

そろそろ「新じゃが」が出回る時期です。土の下で栄養と力を蓄えたじゃがいもを「初めての食べ方」で食べてみてください。

5月7日

二十四節気 立夏

七十二候 蛙始鳴

自分の声から未知の領域を探す

ご利益行動

自分の声をよく観察する

今日は「自分の声の高さ」を、いろいろと変えてみましょう。音楽をやっている方にはおなじみのトレーニングですが、自分の「音域をチェックする」という行為です。楽器や難しい道具は一切必要ありません。スマホで「音域チェック」と検索して、出てくる動画を観ながら取り組んでみてください。今日の行動で必要なのは、「自分の声なのに、自分では使用しない音が出せる」という事実です。ピアノや楽器の音に合わせて声を出してみると、意外な自分の声に驚くことがあります。日常では使用していない機能が、人間にはたくさんあるのです。

暦からのメッセージ

先に生まれた人から学ぶ

動物は自分の鳴き声を、本能だけで発しているのでしょうか？　なかなか難しい疑問ですが、先に生まれた個体が発する「良い鳴き声」を真似して、自分でも同じような声を出せるようになる生き物がいます。**「先に生まれた個体」は略すと「先生」となり「真似する」は「まなぶ」という言葉に通じます。**自覚している能力だけで幸せになるのが難しいのは、人間だけではないのです。

今日のご縁日

一言《ひとこと》主神《ぬしのかみ》さま

日本の言葉に宿る「不思議な力」を司る神さまです。日本語の発音が他の言語にないのは、発声による祈りや不思議な力が発動することを優先して開発されたからです。ぜひ「声のもつ力」を確認してみてください。

今日の呪文

「五《ご》福《ふく》壽《じゅ》齢《れい》高《こう》」

五福とは長寿・富裕・健康・道徳・天命の五つの「良いこと」を意味しています。この文字列が呪文として成立し、読む人に五福を与えてくれるのです。今日は声の高さを変えて何度も読んでみましょう。

ご利益フード

水雲《もずく》

新鮮なものは酢の物でも違いがわかります。トロミと旨味があり、喉越しも楽しい食材です。沖縄では天ぷらで食べられています。

5月8日

言葉は誰のためにあるものか考えてみる

二十四節気 **立夏**

七十二候 **蛙始鳴**

ご利益行動

人のための発言を心がける

今日は「発言の原動力」について、考えるタイミングです。「自分のために発言することが苦手」という人が多くいらっしゃいます。ご安心ください。**今日は「人のためだけの発言」を心がけてみてください。**自分の主張や意見が「人のためだけとなる内容」を選択してみるのです。それは慈善活動や善良な人間を目指せという指示ではなく、むしろ逆です。自分のために、人のためだけの発言をしてみましょう。

暦からのメッセージ

鳴き声のもつ力

今日の古暦で示している「カエルの鳴き声」をじっくり聴いてみると、まるで会話のように聞こえることがあります。交互に発言を繰り返しながら、討論しているようにも感じられるのです。もちろん、彼らにとっては「言語」ではなく「信号」という要素のほうが強いはずなので、言葉を交わしているわけではないのですが……もしかしたら、自分という存在を主張するという点では「言語」よりも「鳴き声」のほうが強い力をもっているのかもしれません。

今日のご縁日

釈《しゃ》迦《か》如《にょ》来《らい》さま

仏教の開祖であり、人類で最初に「悟り」を開いて仏さまとなった存在です。「他人にはわからない」と自分の得た悟りを伝えていなかったのですが、周囲の発言と要望を受け、仏教は始まりました。今日は発言の重要性を認めて、ご縁を感じてみてください。

今日の呪文

「ナウマク サマンダ ボダナン バク」

仏教が世界に与えた影響を思いながら、唱えてみてください。

ご利益フード

キャベツ

おいしくて栄養価の高い、万能野菜です。油との相性も良いので、体力をつけたいときにも有効です。しっかり食べて、元気よく発言しましょう。

5月9日

怒りに反射しない練習をする

二十四節気 **立夏**

七十二候 **蛙始鳴**

ご利益行動

反撃の前に6秒カウント

ノーガードで批難や中傷を浴びてしまったときなどは、すぐに怒りから「反撃」という条件反射が発動してしまいます。でも、敵は準備を整えてから攻撃してくるケースが多いので、無防備な反撃は返り討ちに遭う可能性が高いのです。そんなとき、とても有効なのが「6秒カウント」というテクニックです。攻撃を受けてから「6秒間は黙る」という選択をとります。形勢が逆転するだけでなく「戦わずして勝つ」という戦略上最善の結果が得られる場合があるのです。今日は、その訓練をしてみましょう。現状や相手の状況を確認してから、会話の途中で、「いち、にい、さん」とカウントします。できれば家族に協力してもらい、訓練してみましょう。

暦からのメッセージ

自然界の沈黙

動物たちの鳴き声が止む瞬間があります。たくさんの声が聞こえていたのに、ピタッと声が止み、静寂が訪れるのです。**自然界の沈黙には、多くの意味が込められています。**沈黙が訪れる理由について、今日のタイミングで考えてみましょう。

今日のご縁日

不《ふ》動《どう》明《みょう》王《おう》さま

仏像や仏画として伝わるそのお姿は「怒り」そのものを表現しています。でもそれは怒りを肯定しているのではなく、その表情により無限の慈悲を表し、人々を守っているのです。表面だけではわからない摂理があると、知ってください。

今日の呪文

「ノウマク サンマンダ バザラダン カン」

他人からの怒りに触れたとき、また、自分のなかに怒りが芽生えたとき、6秒カウントした後に、ゆっくりと唱えてみてください。

ご利益フード

蜂蜜

天然の甘みとして、古代から人間が好んだ食べ物です。今日は紅茶やお湯に溶かして、蜂蜜の鎮静効果について考えながら楽しんでみてください。

5月10日

人は想像の翼で、空も飛べる

二十四節気 立夏

七十二候 蛙始鳴 から 蚯蚓出《みみずいずる》 へ

ご利益行動

空を飛ぶイメトレをする

「空を飛ぶ夢」を見たことがありますか？　かなり昔から人類共通で見る夢として認識されています。そして、それが示す心理的状況や意味などについても、多くの議論が交わされてきました。**今日は「寝ているときの夢」ではなく、起きている時間の「イメトレ」として、空を飛ぶ自分を思い描いてみてください。**「良い気分」を感じられるように、重力や風力などの現実的要因を消して、自由に空を飛べる状況にしてください。飛ぶ場所、姿勢、理由も自由に設定して大丈夫です。可能であれば、自然と笑みがこぼれるくらいまで、イメージを続けてみてください。

暦からのメッセージ

選択の自由を意識する

今日からの変化のタイミングでは、自分の自由に対する認識とその重要性を確認しましょう。現代は「自由」についての解釈が多様化しすぎていて、人権や国家の在り方まで定義が複雑になってしまっています。今日から意識すべきは「選択の自由」です。あなたには選択する自由があると思い出すタイミングが来ています。ここで自覚しておけば、この先の夏が楽しくなります。

今日のご縁日

鳥《とり》之《の》石《いわ》楠《くす》船《ふね》神《かみ》さま

日本の神さまは、高天原《たかまがはら》という別次元からやってきたと神話に記録されています。今日のご縁日は、高天原における神さまの乗り物を司る神さまです。その乗り物とは、現代では「宇宙船」と呼ばれる存在ですね。空を飛ぶイメージには、さまざまな意味があることをこのご縁から確認しましょう。

今日の呪文

「歓《かん》天《てん》喜《き》地《ち》」

「天に喜び、地を喜ぶと、人も喜べるようになる」という意味です。良いことや良い結果だけが、喜びの対象ではないのです。食事の前に唱えてみてください。

ご利益フード

鴨《かも》

大空を飛び、国境を越えてやってくる渡り鳥です。長距離を飛んで旅するエネルギーを取り込みましょう。

5月11日

二十四節気 **立夏**

七十二候 **蛙始鳴** から **蚯蚓出** へ

この世界に創造された多様性の神秘に触れる

魚の生態に想いをはせる

ご利益行動

地球上の生き物は、もともと海のなかで誕生し、進化を重ねて陸へ上がってきたというのが現在の通説です。**今日は海の魚の姿形や生態について、確認してみてください。**ネット検索をうまく利用しながら、さまざまな魚を確認してみましょう。あまりにも不思議な存在がいることも確認できるでしょう。これだけたくさんの種類や不思議な生態が確認できるのに、生存のために進化して、海から出て陸にくる必要があったのでしょうか？今日は、生命の神秘とそこで確認できる

「創造する存在」について考えてみてください。

姿に惑わされない

暦からのメッセージ

蛙始鳴から蚯蚓出へ。「蚯蚓」は「ミミズ」のことです。現代ではあまり好かれている印象がない生き物ですが、畑のなかで養分を育み、硬い土を柔らかくしてくれる存在です。また、ミミズの姿が地上に現れると「大雨が降る前兆」だと考えられていたため、雨の神さまの使いとして祀られていた時代もあります。姿だけで存在の良し悪しを判断するのは、本質を見誤る可能性があるのです。

今日のご縁日

大綿津見神《おおわたつみのかみ》さま

海を司り、魚という存在を生み出し、育んでいる神さまです。竜宮城の主であるともいわれています。今日は「魚」にご縁を求めてみてください。海のどこかにあるという、「輝ける宮殿」と「色とりどりの魚」をイメージできれば成功です。

今日の呪文

「亀寿鶴齢《きじゅかくれい》」

水に棲《す》む縁起の良い生き物は「亀」、空を舞う縁起の良い生き物は「鶴」です。どちらも「長寿の象徴」として伝えられていますが、今日のタイミングでは「良いツキ」をもたらす存在となります。

ご利益フード

目張《めばる》

煮つけでおいしい、初夏の魚です。大きな目が特徴で、春の喜びと一緒にやってくる縁起の良い魚なのです。海の生命力をおいしくいただきましょう。

5月12日

些細な違いは土から感じ取る

二十四節気 立夏

七十二候 蚯蚓出

ご利益行動

土を意識して見る

今日は、土に注目してみてください。

普段暮らしているとなかなか気がつかないのですが、地面の土は季節の変化を先取りして刻々と変化しています。都会でも、公園や歩道などで土を確認することができます。普段は「確認する理由」がないので、視界に入っていても認識されていないだけなのです。見ていることと認識していることは違うのですね。アスファルトと地面の境界線を意識するのも有効です。

暦からのメッセージ

土の変化は季節を先回りしている

日本人の生活から土の存在が薄れたのは、それほど昔の話ではありません。ほんの１５０年ほど前の写真などでは、地面といえば土しかなく、身近な存在として認識されていたのです。**そのため、土の変化を読み取ることが、季節の変化を先回りすることに直結していました。**それは現代では占いと呼ばれる未来予想にも利用されています。今日の古暦・蚯蚓出も、そこから生まれた表現なのです。

今日のご縁日

大山津見神《おおやまつみのかみ》さま

山を司っていることから、土を管理し統括する神さまです。「山が美しい姿を保ち、土砂が崩れるのを防ぐ」という祈りが捧げられてきました。今日は「土」のイメージでご縁を感じてみてください。

今日の呪文

「六根清浄《ろっこんしょうじょう》」

「六根」とは「眼・耳・鼻・舌・心・意」という人間に備わった機能を表しています。それを放置しておくと「執着」という汚れが溜まり、機能が衰えるので修行の前や祈りの前に唱える呪文となりました。昔から無数の修験者たちが山で唱えてきました。

ご利益フード

牛蒡《ごぼう》

香りの良い「新牛蒡」と呼ばれるのが、今ごろの牛蒡です。食物繊維もミネラルも豊富。力強い土の力を、いただきましょう。

5月13日

排泄という循環を思い、時間の感覚を取り戻す

二十四節気　立夏

七十二候　蚯蚓出

ご利益行動

トイレの時間を記録する

いつトイレに行って、どのくらいそこで過ごしているのか、把握している人がどれだけいるでしょうか？　**今日、この項目を確認した時点から、明日の同じ時刻まで、トイレに行った時刻とトイレから出た時刻を記録してみてください。**これは自分の時間への認識を深めるために必要なチャレンジなのです。今日の記録により、自分がどれだけ「時間管理」が曖昧であるかを自覚することができます。可能であれば3日ほど続けて記録してみると、より良い成果となります。

暦からのメッセージ

土からときを思う

昔の人が土を観測して記録するのは「時間を確認する」という意図がありました。**それも現在ではなく「未来」の時間を予測するのです。**人間にとっての「時間」は現在のような「等間隔の周期」ではなかったのです。毎年変化する気候や地球全体の環境に即して、その都度、必要なタイミングを予測し、微調整を繰り返しながら「行動を選択する基準」、それが「ときの概念」です。そのためには、大地そのものである土からの情報が必須なのです。

今日のご縁日

弥《み》都《づ》波《は》能《の》売《め》神《のかみ》さま

美しい水の神さまであり、日本の水源を守る神さまです。現代のように水洗トイレが普及する前から、水の神さまは厠《かわや》、つまり「トイレの神さま」としても祈りの対象でした。

今日の呪文

「不《ふ》朽《きゅう》之《の》芳《ほう》」

地球が始まったときから繰り返されてきた「終わりと再生のループ」に感謝を捧げる呪文です。今日はトイレで唱えてみてください。食事と排泄には、無数の生命が関わり、それらに感謝を捧げることで味方がどんどん増えていくのです。

ご利益フード

筍《たけのこ》

そろそろ旬が去ろうとしている食材です。まだ今シーズンで楽しんでいない方は、今日のタイミングでおいしくいただきましょう。

5月14日

釣りは、太古から続く人と地球の智慧比べ

二十四節気　立夏

七十二候　蚯蚓出

ご利益行動

釣りに思いを巡らせる

釣りをしたことがありますか？　もともと釣りは「生き抜くための行動」そのものでした。**今日は、釣りをする人もしない人も、その歴史や技法について確認してみてください。**大自然のなかで子孫を残し、地球との「智慧比べ」をしてきた先人たちの偉大さを学ぶことができます。また、現代での環境の変化や海洋資源などの観点も仕入れておくと、新しい気づきへと導かれることになります。もちろん、釣果としての「おいしい魚」のことも思ってみてください。

暦からのメッセージ

仕事が活性化する

今日からは**「仕事が活性化する要素」が揃っていく期間となります。**環境が整うだけでなく、条件も揃う機会なのです。蚯蚓出の「ミミズが出てくる」という表現は、「さまざまな準備が整ってきた」という暗喩です。土の状態も整い、釣りの餌も手に入れた後は、それを活用した選択が必要となります。これは「農業」や「釣り人」だけに向けたメッセージではありません。「すべての流れ、すべてのタイミングにおいて、その条件が整った」と教えてくれているのです。

今日のご縁日

恵《え》比《び》須《す》天《てん》さま

釣りといえば釣り竿をもち、大きな鯛を抱えて笑っているお姿が特徴的な恵比須天さまです。人間が自然からの恵みを得るためには、努力と創意工夫が必要なのです。今日はそのことを意識して、お参りしてみてください。

今日の呪文

「千《せん》客《きゃく》万《ばん》来《らい》」

歴史の長いお店や料亭などで掲げられている「コトダマ」です。この言葉が呪文として恵比須天さまの彫刻と一緒に全国に普及した時期がありました。恵比須天さまのイメージを思いながら、3回以上唱えてみてください。商売繁盛の効果があります。

ご利益フード

桜鯛

恵比須天さまといえば鯛です。今の時期は春の鯛が楽しめます。美しい桜色は、産卵期に現れる変化です。「おめでたい」氣運を味でも確認しましょう。

5月15日

二十四節気 立夏

七十二候 蚯蚓出 から 竹笋生《たけのこしょうず》 へ

若さとは年齢ではなく、想いや姿勢のこと

ご利益行動

自分より若い人に経験を分け与える

「若い」とは、年齢のことだけを指しません。若さとは「自分は若い」と自覚し、真面目に学ぶ姿勢があれば逆転することも可能な基準です。**今日のタイミングでは「自分より経験が浅い人」に対して、ノウハウや経験を分けてあげてください。**追い越される心配など無用です。なぜなら教えるという行為そのものが、自分の成長にも繋がるからです。そして「助けたという事実」は永遠に残ります。それが「使命を繋ぐ」という行為ともなるのです。

暦からのメッセージ

若さ、伸びを念頭に置く

地面の変化を示す表現が続きます。今日からは蚯蚓出から竹笋生へ、「筍」が主役となる期間へと移行します。これは、「ミミズ」が柔らかくした地面から、準備していた若い命が芽生えるという現象を暦へ当てはめて表現しているためです。**この期間でのキーワードは「若さ」や「伸びる」です。**この「連想のバリエーション」こそ、古暦を読み解き、伝えることの行為であり、奥義でもあるのです。

今日のご縁日

勢至菩薩《せいしぼさつ》さま

人間のさまざまな悩みを解決に導く力をもつ仏さまです。とくに年齢に伴う悩みを智慧と光で解消へと導くための祈りが捧げられてきました。今日は年齢を健やかに重ねることに感謝してみてください。

今日の呪文

「オン サンザンザンサク ソワカ」

朝・昼・晩と唱えてみてください。人間の生涯も「1日と同じ」です。この世に目覚め、昼に働き、夜に眠りにつく。このループが宇宙の法則に即していると確認してこの呪文を唱えると、年を重ねるのが楽しみになっていきます。

ご利益フード

水雲《もずく》

沖縄の名産品です。夏になると枯れるため、今が旬。もずく酢が主流ですが、天ぷらもおすすめです。

5月16日

二十四節気 立夏

七十二候 蚯蚓出 から 竹笋生 へ

硬さから成長は生まれない

ご利益行動

自分の体で硬いところを意識する

ストレッチは健康にとてもいいものです。これは、普段動かさない部分が硬くなり、全身に悪影響が出る前にケアできるためです。この摂理は、人間の体だけでなく、自然界や地球全体の変化としても同じことがいえるのです。**今日はまず、自分の体で「硬い」と思われるところを確認し、それを柔らかくする行動を選択しましょう。**もちろんストレッチに限らず、マッサージやヨガなどでもオッケーです。一度に多くの箇所を変えようとしても、それは法則に即さないので現実化しません。今日は硬い箇所だけを確認してみてください。

暦からのメッセージ

成長に良い環境とは

「硬い土の状態」では、筍が出てくるのは難しくなります。しかも、無理をすると変な形で地上に出ることがあるのです。「柔らかさ」は将来の良い形のために必要な条件なのです。**今日は「成長に良い環境は柔らかい」という感覚を確認しておきましょう。**もちろん、これは土だけでなく、考え方や体の使い方などの「人間の成長」についても、同じなのです。

今日のご縁日

天《あめ》之《の》手《た》力《ぢから》男《お》神《かみ》さま

力持ちの神さまで、天の岩戸に天照大御神さまがお隠れになった際に、入口の岩をこじ開けて投げ飛ばしました。今日のご縁では力強い筍の生命力を連想してみてください。

今日の呪文

「光《こう》風《ふう》動《どう》春《しゅん》」

「光と風が春を動かす力となる」という意味の呪文です。これは自然現象のことだけではなく、人間の行動原理も意味しています。良い環境が季節を変えるほどの力を与えてくれるのです。

ご利益フード

障《あ》泥《おり》烏《い》賊《か》

烏賊の全身が柔らかいのは、海の荒波に適応するために硬い体が必要なかったからかもしれません。新鮮だと驚くほどの甘みが楽しめます。

5月17日

二十四節気 立夏

七十二候 竹笋生

失敗は幸せな人生のための必須要素

ご利益行動

苦い体験を思い出す

失敗は、誰もができればしたくないものです。「大嫌いな負の感情」である怒りや悲しみが湧いてきます。ただ、失敗は「幸せに生きて、幸せに死ぬことに有効」なので、逃げつづけることはおすすめできません。**今日は、できるだけ「失敗の実害」が出ない方法を試すタイミングです。過去に体験した「苦い体験」を思い出す時間を取りましょう。**15分程度できれば理想的です。「負の感情」が湧いてきても否定せず、受け止めてみましょう。あまり長い時間やると害があるので、時間を決めて取り組んでください。

暦からのメッセージ

陰陽混ざった世界を理解する

今日のタイミングでは「陰」の側面をあえて意識します。これは「陰陽」という人間が作り出したのではない、「もともと、そうなっていること」において、「季節の変化が連動している」という思考から発生しています。**今日の古暦は全体が「陽」へ移行する流れのなかで「陰」の必要性を認めるタイミングであることを示しています。**「すべてが陽」「すべてが陰」という世界は存在しないのです。

今日のご縁日

地蔵《じぞう》菩薩《ぼさつ》さま

日本で一番多くの仏像が存在する仏さまです。「苦しみから救ってくれる」という信仰が多くの人々に受け入れられ、実際に「救われた人」が存在したから、こんなにも多くの場所でお祀りされたのです。

今日の呪文

「オン カカカ ビサンマエイ ソワカ」

朝・昼・晩、食後30分以内に唱えてみてください。お薬を飲むタイミングと一緒なのですが、まさに治す効果が期待でき、治った後はそこが強くなるのです。

ご利益フード

独活《うど》

独特の風味と苦味が「おいしい」と感じる不思議な野菜です。酢味噌あえなどの一品を食卓に加えると、季節感がグッと増します。

5月18日

二十四節気 立夏

七十二候 竹笋生

あなたの自由の敵はあなたかもしれない

ご利益行動

白い紙で自由を体感する

「白い紙」を用意して、それを「好きなように」してください。絵を描いたり、色を塗ったりしてもいいですし、文字を書いてもいいです。折りたたむ、ぐしゃぐしゃにするなどもありです。水に浸す、火で燃やすというのもいいですね。それを行う順番も、自由に選んでみてください。そうすると、たった一枚の紙でも、あなたの選択肢は無数に存在するのです。**今日は「一枚の白い紙」の前で、それに対して自分が何をやれるのか、そのバリエーションを検討し、実行するのです。**「自由とは選択肢の数ではない」という真実を知りましょう。

暦からのメッセージ

お金で自由は買える？

「お金があれば自由になれる」。この感覚は、多くの人がもつ「幻想」です。正確には「お金があれば選択肢が買える」という表現となります。お金を得ると自分で選択できることが増えるので、表面だけ見ると自由に見えるのですが、実際は「お金で買える選択肢」だけが範囲なのです。今日の古暦は貨幣経済が発達する前から認識されていたものです。

今日のご縁日

虚空《こくう》蔵《ぞう》菩《ぼ》薩《さつ》さま

白い紙は「虚空」という意味ももちます。今日お伝えしたワークは「求聞持法」という修行とも同じ意味をもちます。私たちは自由な空間のなかで、自由ではない心と体を使って生きています。そのことにご縁を感じてみてください。

今日の呪文

「オン バザラ アラタンノウ オンタラク ソワカ」

白い紙を前にして、唱えてみてください。仕事や勉強の前に唱えてみましょう。より良い気づきが得られます。

ご利益フード

豆腐

白い豆腐は、いろいろな調理法にも対応し、さまざまなおいしさを与えてくれます。健康食として海外でも人気なのは、「自由度が高い食材である」という理由もあります。今日は珍しい食べ方を探して、楽しんでみてください。

5月19日

二十四節気 立夏

七十二候 竹笋生

高いところからの視点が新しい気づきを生む

ご利益行動

場所ではなく高さを変える

視点を変えることの有効性は、多くの人が伝えています。いつも同じ位置、同じ角度、同じ高さでは、世界が変化していることに気がつかないからです。**今日のタイミングでは「場所」を変えずに「高さ」を変更してみてください。**物理的に「高い場所へ登る」というのも有効ですし、イメージとして「高い視点をもつ」ということも有効です。「物理的な地面からの距離」ではなく「イメージとして俯瞰する」ことが大切です。たとえば「地位が高い」や「プライドが高い」といった視点の高さをもってみるのです。

暦からのメッセージ

高い視点をもつ

筍の成長は、植物としては「異常なほど速い」のです。食べられる時期は短く、あっという間に硬い芯ができ、食用でなくなります。**今日の暦は「成長の速さ」と「上へ伸びる」という竹の特性を捉えて、高い視点をもつことの重要性を伝えてくれています。**「食べられる若い芽」の時期が過ぎ、立派な竹が育ち、梯子《はしご》の原材料となって、人が高い視点を得るための道具となります。

今日のご縁日

天《あめ》棚《たな》機《ばた》姫《ひめの》神《かみ》さま

高天原で「神さまの衣服」を織る神さまです。夜空に広がる天の川も、この神さまが織った「布」だとされていました。宇宙に神さまがいるという感覚は、人類が文明をもつ前からありました。

今日の呪文

「高《こう》山《ざん》景《けい》行《ぎょう》」

「高く、尊い道を進む」という呪文です。人の協力や支援が欲しいときに唱えるのも有効です。「高く美しい山を目指す人には多くの協力者や支援者が現れる」という法則を表す言葉なのです。

ご利益フード

蕗《ふき》

繊維質の多い野菜ですが、柔らかく煮込むと、独特の風味と食感が楽しめます。ピリ辛に煮つけてもおいしいですよ。

5月20日

二十四節気　立夏

七十二候　竹笋生

ときを超え、種族を超え、守りたくなる存在を知る

ご利益行動

赤ちゃんの笑顔を真似する

「赤ちゃんの笑顔は反射神経の反応に過ぎない」という学説があります。ここではそれが正しいか正しくないかの議論はしません。大切なのは「それを見た周囲の人の反応」です。あの笑顔は、「多くの人を笑顔にする力」があります。自分の子どもでなくても、その力は絶大です。**今日はその力の存在を認め、真似してみてください。**鏡を用意し、挑戦するのです。この無敵のパワーは、訓練すればするほど、力が増大します。もちろん、それを身につけるのに、実年齢は関係ありません。周囲に人がいないことを確認してから、取り組んでください。

暦からのメッセージ

幼子を保護する性質

生き物に「もともと備わっている反応」の一つに、生まれてから成長の時間が充分でない幼体の生き物に対し、「母性本能が湧く」という現象があります。もちろん食物連鎖で捕食されてしまう場合もあるのですが、多くの生き物が「種族を超えて」幼体を保護するという衝動があるそうです。今日の暦では「その性質を活用する」ということを示唆しています。

今日のご縁日

市《いち》杵《き》嶋《しま》姫《ひめの》神《かみ》さま

ほほ笑みは世界を魅了し、神々の賞賛を集めるほどの力をもっています。外面だけでなく、内面の美しさをも整えてくれるご神徳です。ぜひ「笑顔」のワークの前にイメージしてみてください。

今日の呪文

「春《しゅん》来《らい》喜《き》氣《き》迎《げい》」

今年も美しい春がやってきたことに対する感謝を夏が来る前に捧げましょう。3月下旬から今日までの「嬉しかったこと」「楽しかったこと」を思い浮かべながら唱えます。すると、来年の春も同じように喜びが巡ってきます。

ご利益フード

莢《さや》豌《えん》豆《どう》

和歌山県が名産地です。色が濃く、豆の粒が大きいものがおいしいといわれています。

5月21日

二十四節気

立夏から**小満《しょうまん》**へ

七十二候

竹笋生から**蚕起食桑《かいこおきてくわをはむ》**へ

引き出しのなかは、心のなかを映し出す

ご利益行動

引き出しのなかを点検する

今日は「引き出しの中身」を点検してみてください。今日から「中身が外身となって表れてくる期間」が始まるからです。引き出しのなかがどんな状態であるかは、「自分の心の状態」を示している場合が多いのです。整理されているのか、散らかっているのか、ただ単に道具が入れられているだけなのか。このタイミングでしっかり確認しましょう。もちろん整理するのも有効ですが、現在の状況をしっかり確認することのほうが優先です。

暦からのメッセージ

自然の変化から人間が生み出す生産性へ

今回の暦の切り替わりでは「自然の変化による恩恵」から「人間が生み出す生産性」へとシフトします。竹笋生から蚕起食桑へ。「自然と伸びる筍」から人間の産業である「養蚕」へ移行する表現がとられています。「蚕」は「天の虫」と書きます。これは衣服という特別なモノを作り出すために、神さまから与えられた特別な虫だと考えていたからです。

今日のご縁日

阿弥陀如来《あみだにょらい》さま

今日のご縁は「はかり知れない光」という御名との繋がりとなります。その光は外側だけでなく、内側をも照らし、導いてくれるのです。心の引き出しは閉じていても光が届きます。内面まで届く光をイメージしてみてください。

今日の呪文

「オーン アミターバ フリーヒ」

無限の光を称える呪文です。天気が良ければ陽光が降り注ぐ場所で、室内や夜ならライトや蛍光灯など強い光のもとで唱えてみてください。光を喜べる人は、春に喜ばれる人なのです。

ご利益フード

マンゴー

そろそろ国内産が出回るころとなりました。化粧箱に入って売られるほどの「高級フルーツ」ではありますが、ご褒美としての果物を楽しみましょう。

5月22日

収納上手になると、富が舞い込む

二十四節気　立夏から小満へ

七十二候　竹笋生から蚕起食桑へ

ご利益行動

収納上手への一歩を踏み出す

今日は「収納」について、**見直してみましょう。** 収納上手になれば「整った空間」が広がります。ただの空間ではなく、「自分が整えた空間」には、自分が望むものがやってくる傾向があるのです。その不思議な力を体感するためにも収納がうまくなる必要があるのです。とくに「自分の望むものを手に入れるためのお金」をその空間に呼び込むというイメージが有効です。今日は「片付いてすっきり」という気分も楽しんでください。

暦からのメッセージ

収納は法則レベルで必要な智慧

養蚕の生産性が上がるために必要なのは「整理整頓」です。雑然とした環境では「お蚕さん」はきれいな糸を吐かなくなり、またそれを集めるステップも複雑となるので、結果的に生産性が上がらないのです。これは、人間が作り出した「規則」ではなく、もともとそうなっている「法則」です。**今日の古暦からのメッセージには「整理整頓は収入に直結する」という示唆が含まれています。**

今日のご縁日

聖《しょう》観《かん》音《のん》菩《ぼ》薩《さつ》さま

私たちが生きる世界、つまり「現世」での支援をしてくれる仏さまです。そのため、さまざまなお姿で現れることが多く、仏教美術を代表する美しい仏像にも「観音さま」が多くいらっしゃいます。

今日の呪文

「オン アロリキャ ソワカ」

今日は「整った美しさ」をイメージしながら、唱えてみてください。部屋を片付けて、すっきりした後に唱えると効果倍増です。これ以降は、散らかる前に片付けるようになる効果も期待できます。

ご利益フード

鰆《さわら》

魚へんに春と書きますが、この時期は産卵期のため、卵や白子も楽しめる旬となります。ゲン担ぎとしては「出世魚」という効力もあります。

5月23日

二十四節気 小満

七十二候 蚕起食桑

豊かさは無限と認める

ご利益行動

無限の宇宙を感じる

今日は「宇宙の広さ」について、確認してみましょう。宇宙の広さは地球を中心に考えて半径150億光年（1光年＝約10兆キロ）という説があるそうです。でもよく考えてみると、「その範囲の外」も存在するはずですよね。「人間が宇宙だと思っている範囲」はその広さだとしても、その外側には「宇宙ではない領域」もあり、そしてまたその外側にも……と考えれば「無限」という理解が正しいのではないかと思います。私たちが求めている「豊かさ」も、その範囲のなかで発生するのだから「無限」なのです。**今日は「幸せに生きるために、豊かさを奪い合う必要がない」という真実を確認してみてください。**

暦からのメッセージ

無限を思う

私たちのご先祖さまは「宇宙は無限である」という感覚を身につけていたようです。**今日のタイミングでも、豊かさや富は無限であると認識し、「奪い合うことでは幸せになれない」という原則を教えてくれているのです。**これはきれいごとではなく、智慧なのです。

今日のご縁日

天《あめ》之《の》常《とこ》立《たちの》神《かみ》さま

宇宙が誕生したのと同時に現れた神さまの御名です。「別《こと》天《あま》津《つ》神《かみ》」という表現で伝えられています。これは、「私たちの次元とは別の次元にいらっしゃる神さま」という意味です。宇宙の無限をイメージして、ご縁を繋いでください。

今日の呪文

「禍《か》福《ふく》如《にょ》糾《きゅう》纆《ぼく》」

すべては表裏一体であり、一つの側面だけを捉えて右往左往することがないようにしてくれる呪文です。迷ったときや決められないときに唱えておくと「自分にとっての最適」へと導かれる効果があります。

ご利益フード

メロン

ご褒美フルーツの代名詞ともなる、おいしくて嬉しい果物です。厚い果肉に内包された種は惑星のような構図になっています。

5月24日

二十四節気 小満

七十二候 蚕起食桑

お金を稼ぐことを、自分に許可する

ご利益行動

お金を稼ぐことを認められていると宣言する

今日の行動は「必要ない」と思う人も多いかもしれません。「念のため」という感覚でもいいので行ってみてください。**立ち上がり、堂々とした姿勢をとってから「私はお金を稼ぐことを認められている」と言うのです。**これは必ず誰もいない状況で行う必要があります。この行動が「他人の許可」ではなく「自分が自分に許可」する行為だからです。1年間で自由に使えるお金が800万円を超えていない場合は、試してみる価値があります。深いところで許可が下りると、収入が変わるのです。

暦からのメッセージ

収入から目を背けない

収入はそのまま「豊かさ」とはなりません。収入が多い人でも豊かではない人が存在するからです。**でも、現代において「豊かさに繋がる選択肢」は、収入によって変わることが事実です。**これをごまかしたり、認めなかったりすると自分の「なりたい姿」と「やりたいこと」を無視した生き方となる場合があります。

今日のご縁日

豊《とよ》宇《う》気《け》毘《び》売《めの》神《かみ》さま

古代発音で「ウケ」とは「食料」を意味していました。人間の力だけでは豊かな食料は現実化できないので、神さまにお願いしたのです。今日のタイミングでは、豊かな稲穂をイメージして、ご縁を繋いでみてください。

今日の呪文

「春《しゅん》秋《じゅう》富《ふく》」

「春と秋が富む状態」を祈る呪文です。四季のなかで「豊かさ」という結果に直結するのは「春と秋」なのです。

ご利益フード

お米

日本人にとってお米は「経済の基準そのもの」として扱われていました。天から与えられた「聖なる食物」でもあると考えられるのです。今日はおかずは食べず、まず一口そのままの米を味わってください。

5月25日

二十四節気　小満

七十二候　蚕起食桑

可能性のために新しい収入源を考える

ご利益行動

収入源を見つめ直す

今日は「新しい収入源」について検討してみましょう。本書はあなたが「幸せに生きて、幸せに死ぬこと」に役立つために生まれました。だから、堂々と「収入を増やす」ために有効なタイミングについて、お伝えしています。お金や収入には、善悪も清濁《せいだく》もありません。ただ「選択肢を増やす」という利用方法が存在しているだけです。**今日は、それを増やす前段階として「収入を伴う活動」について検討しましょう。**自分の「現段階の可能性と向き合う行為」となるまで続けてみてください。

暦からのメッセージ

好みは生産性に直結する

養蚕の生産性が整理された清潔な環境で上がるのは、それが蚕にとって「気分の良い環境だから」ではないでしょうか。雑然とした環境が好みなら、養蚕は違った形式で受け継がれたことでしょう。**今日のメッセージは「好みは生産性に直結する」という原理です。**これも人間が決めたのではなく「もともと、そうなっていること」。その有効なタイミングを自然界の流れから抽出して表現したのです。

今日のご縁日

天《あめの》八《や》意《ごころ》思《おもい》兼《かね》さま

知識と智慧の神さまで、八百万の神々のなかでも一番「頭がいい」といわれています。人間にもその智慧を分け与えてくれ、この神さまからの支援で多くの産業が成り立っていると考えられたのです。

今日の呪文

「福《ふく》生《せい》於《し》清《せい》約《やく》」

「人間の幸せは、結果としての豊かさをむさぼるだけではあり得ない」という真理を意味する呪文です。結果を得るための手段や段階があるからこそ、結果に喜びが伴うのです。仕事や勉強の前と後に唱えると有効です。

ご利益フード

空豆

大きくて、独特の風味がある豆です。「智慧がつく」といわれ、大人気となった時代もあります。今日は生のものを茹でて楽しんでみてください。

5月26日

適正な罪悪感を選択する

二十四節気　**小満**

七十二候　**蚕起食桑**　から　**紅花栄《べにばなさかう》**　へ

ご利益行動

罪悪感はないか考える

「あれは良くないかも」「やってみたいけど、悪いかな」。こうした迷いは、「罪悪感」が発生源となっていることも多いのです。**今日のタイミングでは自分のなかにある「罪悪感」を考えてみましょう。**「モラル」という必要な感覚は残しつつ、「自分が勝手に決めつけている罪悪感」について、確認してみるのです。たとえば「贅沢」という基準。中途半端に「贅沢は敵」と思っている場合、せっかくの喜びを見送ったり、周囲の人の喜びにブレーキをかけるような発言をしたりすることがあります。ここで見直しておくと、例年より楽しい夏がやってきますよ。

暦からのメッセージ

生物と豊かさの歴史

人間は遥か昔から、他の生物を利用することによって、さまざまな製品を製造し、豊かさを追求してきました。それは、ときには「残酷な行為」かのように評価されることもありますが、脈々と受け継ぎ、改善していくことで「共存」とも呼べる状態となるのです。自然界には、そのような関係へと進化する生物がたくさんいます。そして、そこには「罪悪感」ではなく「感謝」があるのです。

今日のご縁日

不空成就如来《ふくうじょうじゅにょらい》さま

「自分で勝手に生み出した制約」から自由にしてくれる仏さまです。成し遂げるための力を授けてくれると伝えられています。左手で衣を掴み、右手は胸の高さで手のひらを外に向けた、施無《せむ》畏印《いいん》を結ぶ仏さまです。

今日の呪文

「オン アボキャ シッデイ アク」

ずばり「罪悪感を覚えたときに、唱えることをおすすめする呪文」です。他にも「固執」や「執着」があると自覚したときに、唱えてみてください。

ご利益フード

毛蟹《けがに》

初夏のご馳走です。北から漁の知らせが届くと、今年も夏が近いことを実感します。身をほじりながら、脈々と続く生命の営みに想いをはせましょう。とはいえ、「おいしく食べること優先」で構いません。

5月27日

二十四節気　**小満**

七十二候　**蚕起食桑** から **紅花栄** へ

仕事は楽しくてもいいと自分に認めてあげる

ご利益行動

仕事の楽しさを見つける

子どものころ、「遊んでいると疲れないのに、宿題となると急に疲れた」という経験をしませんでしたか？　体の使い方としては、遊びのほうが宿題よりも遥かにハードなのに、なぜか「宿題は疲れる」のです。大人になると、これが「宿題」ではなく「仕事」へと変わります。**今日は「疲れを癒やす」のではなく、そもそも「なぜ、疲れるのか？」に着目しましょう。**「遊び」で疲れない人が「仕事」や「宿題」で疲れるのなら、それは「認識」によって改善されるチャンスです。「仕事は楽しくないから、お金がもらえる」と教えてもらったなら、それは「間違い」なのです。

暦からのメッセージ

生産性から喜びへ

「生産性」の追求から「仕事の喜び」へと着眼点を変えるタイミングです。多くの現代人は「仕事は困難で、時間的・身体的代償を支払うもの」だと信じ込まされています。でも、それはそう思い込んできた他人の価値観に影響されてしまっただけです。今日からは心と体の両面から、「楽しみながら、全体が幸せへと向かう道」へ修正する期間が始まります。

今日のご縁日

薬師瑠璃光如来《やくしるりこうにょらい》さま

今日は「健康」をもたらしてくれる仏さまとのご縁をイメージしてください。数え切れないほどの人々が、自分と大切な人の健康をお祈りした仏さまです。疲れは病にも繋がりますので、しっかりと「他力」をお願いしてみてください。

今日の呪文

「オン ビセイゼイ ビセイゼイ ビセイジャサンボリギャテイ ソワカ」

治癒の効果がある呪文です。少し長いのでゆっくり唱えてください。寝る前のタイミングで唱えると、安らかな回復をもたらしてくれます。

ご利益フード

大蒜《にんにく》

パワーフードの代名詞です。その風味は食欲を増進し、「生命力」を強化します。適切な量を楽しむのが「健康」に直結します。

5月28日

二十四節気 **小満**

七十二候 **紅花栄**

活力や光の源となる油に感謝

ご利益行動

油の質と量を見直す

今日は「油」について確認してみましょう。人間は約60兆個の細胞で構成されているといわれていますが、その細胞を区切り整理する「細胞膜」の材料は油なのです。さらに細胞が栄養を吸収するためにも油が大切な役割を果たしています。**今日のタイミングでは、普段体に取り入れている油の「質」と「量」を考えてみてください。**「植物性」「動物性」という大きな区分があり、普段何気なく食べている料理も、気がつかないだけで油がしっかり使用されています。その種類もさまざまあるので、確認してみることをおすすめいたします。

暦からのメッセージ

油は縁起物

人類は油を活用しながら生きてきました。そして、体を構成する要素としても、なくてはならない存在なのです。とくに日本では狩猟から農耕へと社会の在り方を選択して、社会を進化させてきたので、植物系の油は古くから発見され使用されていたのです。今日の七十二候・紅花栄の紅花から取れる油は、夜を照らす明かりとしても使用されていたため、「光」をもたらす縁起物でもありました。

今日のご縁日

燃《ねん》燈《とう》仏《ぶつ》さま

「灯火を輝かすもの」という意味の御名です。お釈迦さまが修行をしていた際に登場し、将来を予言したといわれる仏さまです。肩に炎が灯るお姿が伝えられています。

今日の呪文

「ナーマク サーマンダ ボダナンバク」

釈迦如来さまのご真言です。朝起きたときに唱えることができれば、1日を円滑なものにしてくれます。仕事の前に唱えるのもおすすめです。

ご利益フード

菜種油

日本の調理で6割も使用されているのが、植物の油菜から採取された「菜種油」です。おすすめは旬の野菜炒めです。バランスよく油を楽しみましょう。

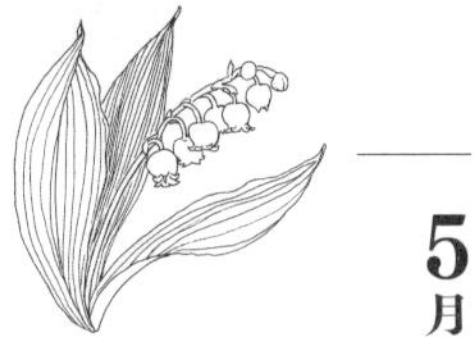

5月29日

二十四節気 **小満**

七十二候 **紅花栄**

普段見落としている色を感じ取る

ご利益行動

赤とオレンジを意識する

今日は「赤色」と「オレンジ色」を意識して過ごしてみてください。ラッキーカラーは毎年変化する要素から判断するので、本書では扱っていません。では、今日はなぜ色を意識するのか。それは、自分がどれだけ「周囲の景色や周囲の色を認識していないのか」を確認できるタイミングだからです。私たちの視覚は、認識したい情報だけを脳に伝えています。たとえば、オフィスや教室に来た人に「乗ってきたエレベーターの床の色」や「階段の手すりの色」などを急に質問してみてください。よほど特徴的でない限り、答えられる人は少ないのです。

暦からのメッセージ

いま、ここを意識する色

今日の七十二候・紅花栄の「紅花」はシルクロードを経由して、日本にやってきた植物です。その美しい色彩は多くの人々に愛され、貴重な染物の「染料」として栽培が広がっていきました。多くの神社やお寺でも装飾品として奉納され、鮮やかな赤とオレンジが参拝者の印象に残りました。お参りの際には「いま、ここ」を意識することが重要なので、人々が注目する色彩が選ばれたのです。

今日のご縁日

阿《あ》須《す》波《はの》神《かみ》さま

平安時代、「御巫《みかんなぎ》」と称される女性の神職が、平安京の宮中でお祀りしていた五柱の神さまの一柱です。今日の「赤色」と「オレンジ色」のイメージと一緒にご縁を感じてみてください。美しい神さまのイメージは良いツキが巡ってくるおまじないになります。

今日の呪文

「彰《しょう》嘉《か》瑞《ずい》」

「良いことの兆し」を招く呪文です。とくに「表情を柔らかいものとする効果」があります。自分の顔を鏡に映しながら3回以上唱えてみてください。

ご利益フード

オレンジ

今日の古暦のイメージをそのままいただきましょう。色を楽しみながら食べることをお忘れなく。

5月30日

二十四節気 **小満**

七十二候 **紅花栄**

色に意味をつけているのは、あなた自身

ご利益行動

赤色の効果を知る

「情熱の赤」という言葉が示す通り、赤色には行動を促し、見る人のエネルギーを活性化させるという効果があるようです。でも、これらは昔の研究結果が「そういう傾向がある」と伝えているだけで、自分にとって、どのような意味となるのかが規定されているのではありません。**今日は自分にとって赤がどのような「効果」や「意味づけ」がなされているのかを確認してみてください。**子どものころの印象まで、さかのぼって確認してみると楽しいですよ。

暦からのメッセージ

色の認識を塗り替える

紅花栄の期間は、「紅花」という暗喩を使用して、自分の色彩に対する認識を確認するタイミングでもあります。色に対する認識は、自分の経験が蓄積することで具体化していきますが、他人からの影響も大きく受ける分野なのです。他人の連想や印象がいつのまにか自分に根付いていることもあり、それは悪いことではないのですが、「自分に都合がいい認識」へと変えることも可能なのです。

今日のご縁日

大《おお》山《やま》咋《くいの》神《かみ》さま

日本のすべての山を管理される神さまです。人間が山で活動する許可を出してくれる神さまであり、「山王《さんのう》」という御名でもお祀りされています。

今日の呪文

「麗《れい》日《じつ》發《はっ》光《こう》華《か》」

美しい光、美しい色をもたらす呪文です。朝7時、昼12時、夜19時など区切りの良い時間に合わせて唱えると、さらに効果が増します。万華鏡のイメージと一緒に唱えるのもおすすめです。

ご利益フード

黍《きび》魚《な》子《ご》

鹿児島県の郷土料理に欠かせない魚です。手開きの刺身を円形の花びら状に並べると、美しい色彩も楽しめます。

5月31日

芳醇なときが、豊潤な状況をもたらす

二十四節気 **小満**

七十二候 **紅花栄**から**麦秋至**《むぎのときいたる》へ

ご利益行動

バラの香りを楽しみ、豊かさへのスイッチを入れる

「芳醇」とは「良い香りが楽しめる状態」で「豊潤」とは「豊かで潤いのある状態」のことです。読み方が一緒なので、混同される場合も多いのですが、今日は「香りを楽しむ」という行動を意識してみてください。この時期、おすすめの芳醇は、「バラ」です。**今日の切り替わりのタイミングで「バラの香り」を楽しんでおくと、豊かさへと導かれるスイッチが入ります。**もちろん好みがありますので、他の香りでもよいですが、可能な限り「天然の香り」がおすすめです。

暦からのメッセージ

色彩からの移行

紅花栄から麦秋至へ。**今日は、視覚で確認する色彩から、触覚と嗅覚への移行を伝えてくれています。**視覚は五感のなかでも、短時間で得られる情報量が多い反面、惑わすのが簡単でもあります。だから、手品師は視覚という機能を徹底的に研究して、その欠陥を突くことで魔術と錯覚させることに成功したのです。

今日のご縁日

香上仏《こうじょうぶつ》さま

『阿弥陀経』というお経に登場する仏さまで、御名の通り「香りをもたらす仏さま」です。今日のご縁では、良い香りのイメージと実際に「お香」や「アロマ」などを楽しみながら、ご縁を感じてみてください。

今日の呪文

「オン アミリタ テイセイ カラ ウン」

阿弥陀如来さまのご真言です。日が暮れてから、部屋の明かりを消してロウソクやアロマキャンドルの光を見つめながら唱えてみてください。

ご利益フード

甘夏

酸っぱいイメージが強い果物ですが、5月の下旬ごろのものは甘みが増し、香り豊かになっています。芳醇な夏をイメージして楽しんでみてください。

コラム

唱えるだけで不思議な力をいただく呪文

毎日紹介している「今日の呪文」には3種類の言葉があります。

仏さまとのご縁を感じていただきたい日は、「ご真言」「マントラ」、そして神さまとのご縁を感じていただきたい日は、漢字で構成された「呪文」をお伝えしています。発音や発声が難しいものもありますが、何度か声に出して読み返していると、自分なりの節で読めるようになります。

「呪文」は、もともとは中国大陸から来た「漢文」から、コトダマとして「縁起の良いもの」を抽出した文字列が基礎となっています。そのため、ほとんどが音読みの発声です。

この呪文は「習字の手本」として受け継がれたため、明治政府の検閲をくぐり抜け、現代まで受け継ぐことができたのです。

自分が良いと思うものは、その日限定でなく、ずっと唱えてみることも有効です。

本書でお伝えしている「呪文」は、人間には生み出すことができない不思議な力を見えない領域から与えていただくための「道具」なのです。これは言葉に宿る不思議な力であるコトダマを信じる思想に基づいています。

かの弘法大師・空海は、中国で伝授された「ご真言」という呪文の発音の精度を上げるために、日本語に「ん」という発音を追加するよう朝廷に進言した、といわれています。それほど、重要視されていた事項なのです。

もし「呪文」に効果や影響がないとしたら、こんなにも長く、こんなにも多くの人々に受け継がれ、守られてきた現実はあり得ないのです。

6月

長雨で気分が沈みがちになるときこそ、
暦の力を借りて乗り切りましょう。
古来日本人は、この季節の雨を
感謝の気持ちをもって
受け入れていました。
植物の種を蒔く芒種《ぼうしゅ》から、
1年でもっとも日が長い夏至《げし》へと、
夏の盛りも近づいてきます。

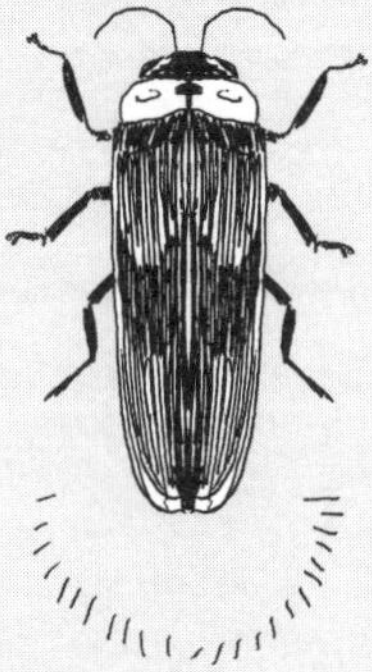

Kusaretarukusahotarutonaru

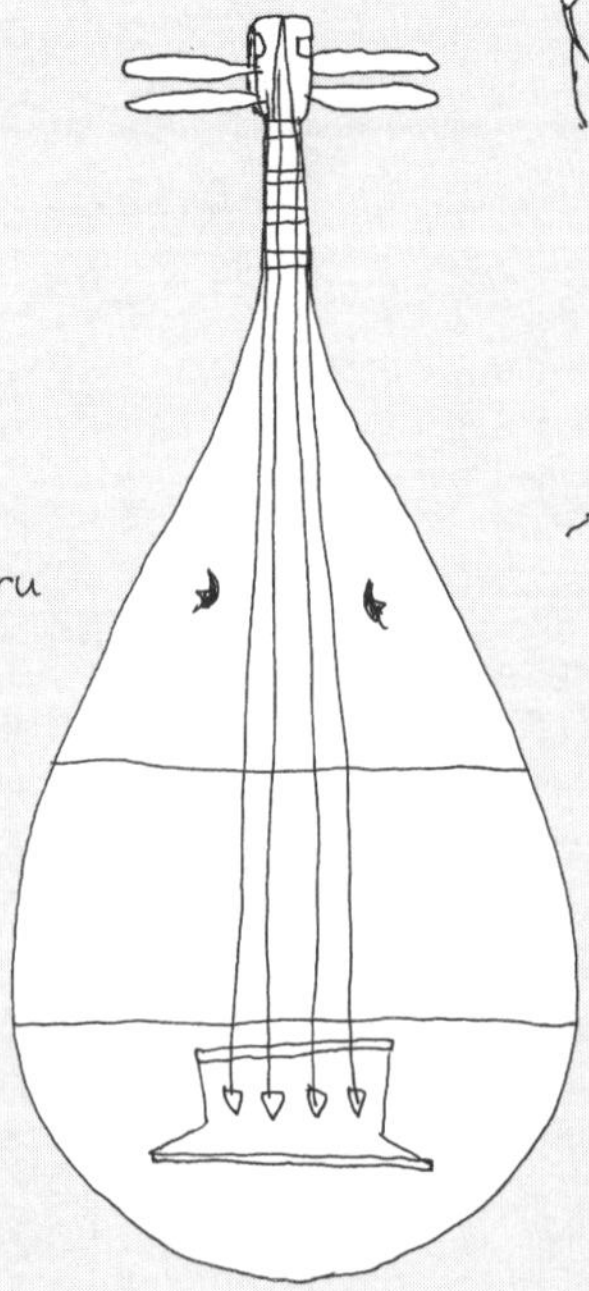

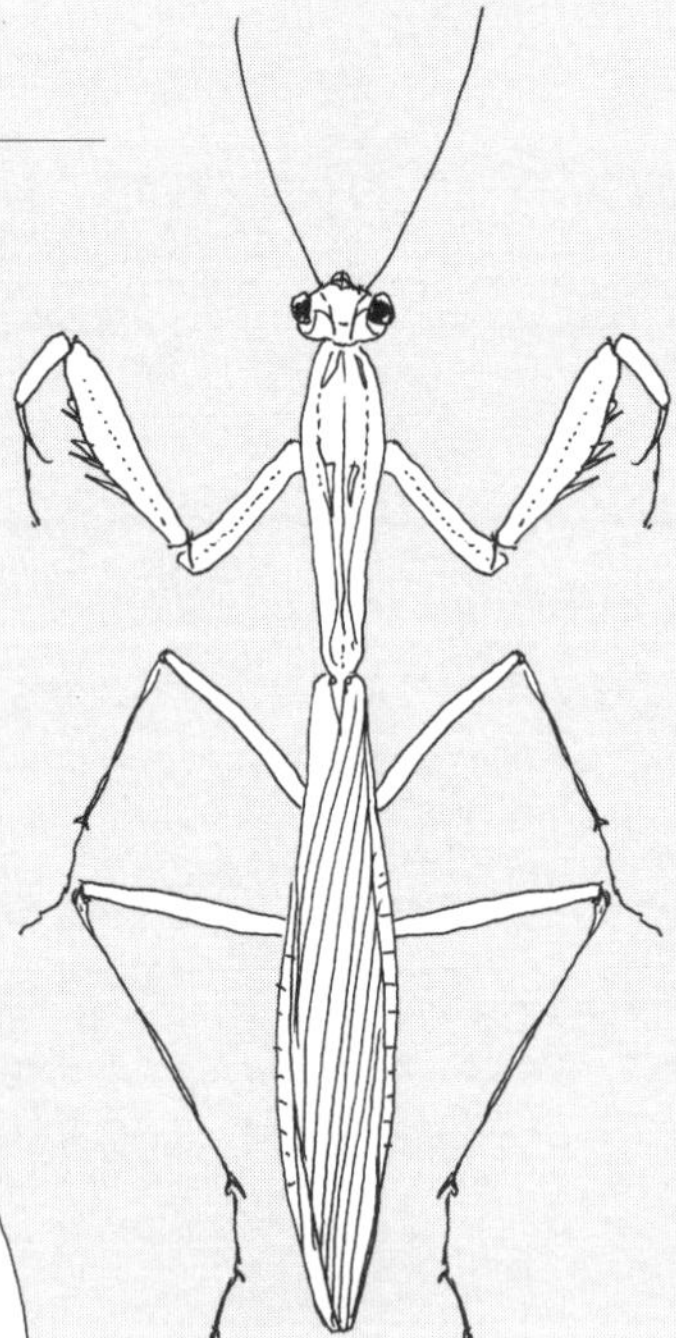

Kamakirishouzu

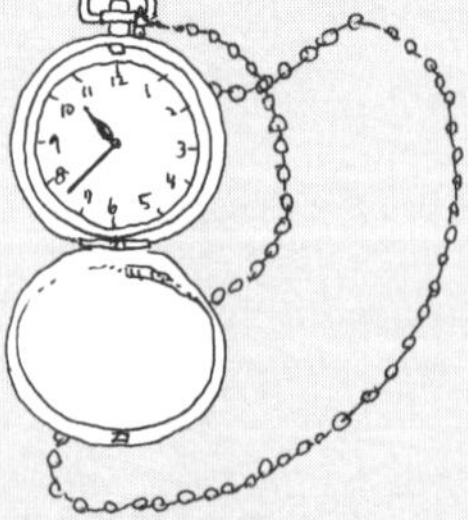

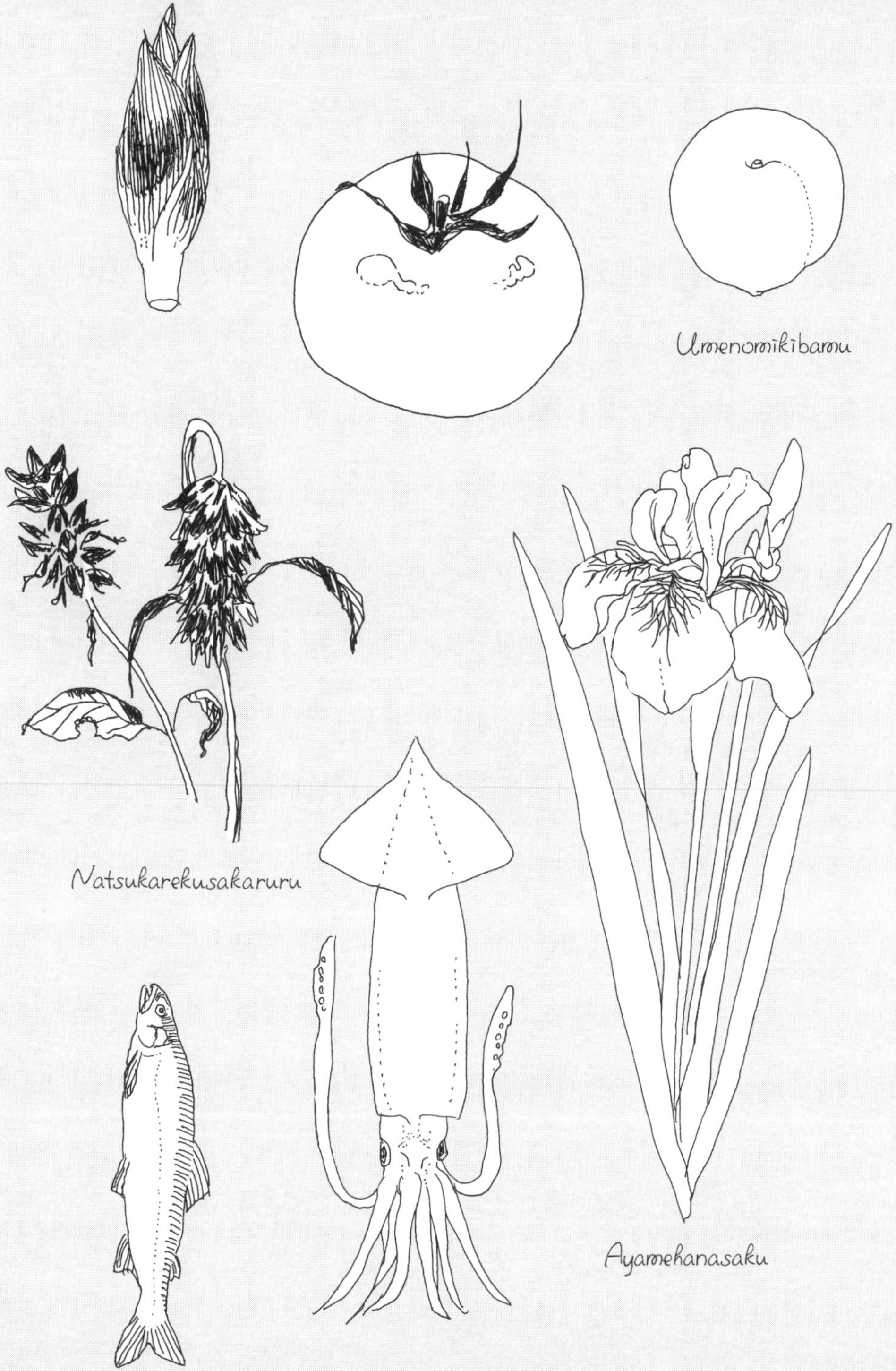
Umenomikibamu
Natsukarekusakaruru
Ayamehanasaku

6月1日

豊かさに基準はない。自分が自由に決めるもの

二十四節気　小満《しょうまん》

七十二候　紅花栄《べにばなさかう》から麦秋至《むぎのときいたる》へ

ご利益行動

豊かさを自由に決める

今日は「豊かさ」について考えてみます。**「他人の価値観」に惑わされないように注意しながら、自分にとっての豊かな状況、時間、気分に向き合うタイミングなのです。**メモ帳とペンやスマホを使って「自分にとっての豊かさ」を文字化してみてください。ここで重要なのは、お金という基準を排除すること。現代では、豊かさの前に「経済的」という枕詞がつきまといます。それが自分にとって相応しいのかも、考える必要があります。もちろん「現状」とか「実現の可能性」などの要素も不要です。自由に制限なく豊かさを検討し、文字にしてみてください。

暦からのメッセージ

豊かさにも源がある

現代で豊かさの定義が難しいのは、「その基準がたくさんありすぎる」からです。私たちの先輩たちが豊かさを追求しつづけた結果、現代の私たちはさまざまな恩恵をいただくことができました。当たり前に暮らしている家や町も、すべては「過去に存在した、豊かさの追求の結果」なのです。**今日のタイミングでは、それらと「自分の豊かさ」が調和するのかを検討するのに絶好のタイミングです。**

今日のご縁日

高《たか》御《み》産《む》巣《す》日《ひの》神《かみ》さま

日本の神話では宇宙が誕生したときと同時に現れたとされる、「造化三神《ぞうかさんじん》」と呼ばれる神さまのうちの一柱です。今日のご縁では「宇宙が誕生したとき」のイメージを確認してみてください。

今日の呪文

「佳《か》氣《き》満《みつ》高《こう》堂《どう》」

「素晴らしい氣が家のなかに満ちて、外まで溢れている」という意味の呪文です。今日は家の中心で唱えてみてください。「宇宙が誕生したときの大爆発」をイメージしてください。

ご利益フード

トマト

赤く美しい姿のなかに、瑞々しいおいしさが詰まった定番野菜です。現代ではさまざまな品種があるので、今日はぜひ、今まで食べたことのない品種を選んでみてください。

6月2日

二十四節気 小満

七十二候 麦秋至

豊かさには限りがない

ご利益行動

豊かさは無限と認める

今日のワークは簡単です。**「私は豊かさが無限であることを、認めます」と口に出して宣言するだけです。**せっかくの効果を高めたいなら、立ち上がって、背筋を伸ばし胸を張って、笑顔で宣言しましょう。イメージとしてはオペラ歌手のような姿が望ましいです。リハーサルも含め、自分が納得いくまで、何度も繰り返し宣言してください。家族やパートナーの方の理解が得られれば、一緒にやるのも効果的です。しっかりやればやるほど、この後に影響が出ます。言葉の不思議な力を実感しましょう。

暦からのメッセージ

お祭りは宣言のタイミング

古暦では「宣言」するタイミングも伝えています。これは、「無数の試行錯誤」の結果導き出された情報です。**そしてそれこそが、現代にも受け継がれる「お祭り」の日程なのです。**そもそも神社で行われる「祭事」の中心となるのは、人間の宣言ともいえる「祝詞の奏上」です。つい、派手な祭事やお神輿に注目してしまいますが、じつはお祭りでは「言葉」と「聴覚」が重要なのです。

今日のご縁日

大《だい》日《にち》如《にょ》来《らい》さま

「曼荼羅《まんだら》」と呼ばれる「宇宙の理《ことわり》」を表す図式において、中央となる仏さまです。無限の光を放ち、あらゆるものを創造する存在です。大銀河のイメージで、光の渦の中心を意識してご縁を感じてみてください。

今日の呪文

「ナウマク サンマンダ ボダナン アビラウンケン」

新しい「想像」と「創造」をもたらしてくれる呪文です。今日のタイミングでは、やはり「大宇宙」のイメージと一緒に唱えるのがおすすめです。

ご利益フード

パプリカ

赤やオレンジ、黄色のものもある見た目も味も豊かな野菜です。サラダでも炒め物でも、その存在感は失われることがありません。ぜひ2色以上を組み合わせて、楽しんでみてください。

6月3日

ご利益は学びで増加していく

二十四節気 **小満**

七十二候 **麦秋至**

ご利益行動

金が特別な理由を考える

今日は「金」に注目してください。「カネ」じゃなくて「キン」です。遥か紀元前から、人類共通で特別な存在だったマテリアルです。そもそも「カネ」の起源は「金」との交換券でした。それが「経済という幻想」を確立するために、交換できない「ただの紙」にさまざまな意味を勝手に付け加えていったのです。**今日は、ネットや書籍を利用して「金がなぜ、人類にとって特別なのか?」という質問に、自分なりの回答を見出してください。**検索結果や他人の意見を鵜呑みにするのではなく、想像力を働かせて自分の定義を確立しましょう。

暦からのメッセージ

歴史は気づきを与える

「金」は特別な存在です。人類の歴史をひもといても、紀元前から現代に至るまで常に価値が認められ、支配者が独占する現象が確認できるのです。**今日は金を思うことによって、多くの「気づき」が得られる効果が期待できます。**「受験のための歴史」も価値がありますが「ご利益のための歴史」は、自分の深いところへ届き、良い変化をもたらすという効果があるのです。

今日のご縁日

持金剛仏《じこんごうぶつ》さま

御名《みな》に「金」という文字が入る、万能の仏さまです。今日は「ゴールドが頭の上から降り注ぐ」イメージで、ご縁を感じてみてください。五つの仏さまの力を併せもつ仏さまですので、明確な願いでなくても導いてくださいます。

今日の呪文

「オンマニペメフーム」

観音さまのご真言です。「蓮の花と金」のイメージと一緒に唱えてみてください。臨時収入や嬉しいご褒美も期待できる呪文となります。

ご利益フード

雲丹《うに》

金色の海のご馳走です。和風でも洋風でもいろいろな食べ方が楽しめる食材で、麺類との相性もバッチリで海の豊かな風味が楽しめます。パスタ以外でも試してみる価値ありです。

6月4日

経済という幻想に振り回されない

二十四節気　小満

七十二候　麦秋至

ご利益行動

経済と市場の意味を知る

今日は、自分にとっての「経済」と「市場」の定義を確認してみましょう。**今日のタイミングでやっておけば、この先の「収入」に影響があります。**これは現状がお金持ちの人でも、そうでない人でも、有効なワークとなります。経済とはもともと存在していたものではなく、人間が作り出した制度です。この幻想ともいうべき制度と向き合うことで、現状を改善するスイッチが入るのです。

暦からのメッセージ

古暦は先人が豊かさを目指し、活用したもの

古暦には現代の「貨幣経済」での、取引に良いタイミングや貯蓄に良いタイミングなどは、記載されていません。なぜなら、人々が経済という幻想に支配される前に作り出されたものだからです。だからといって活用できないわけではありません。**「実り」や「収穫」といった豊かさを目指すために作られているのですから、それを現代の経済に翻訳すればよいのです。**今日の七十二候・麦秋至は黄金色の麦がシンボルです。

今日のご縁日

宇迦之御魂神《うかのみたまのかみ》さま

日本の豊かさを支える神さまです。「夏の稲穂」をイメージして、ご縁を感じてみてください。風になびく青々とした稲は、これから来る豊かさの象徴です。

今日の呪文

「大吉祥《だいきっしょう》」

「とてつもなく良いこと」という意味の呪文です。朝から夜寝る前まで、スマホの待ち受け画面にして、何度でも唱えてみてください。嬉しいことが起きた直後に唱えると、さらに嬉しいことが起こる効果も期待できます。

ご利益フード

さくらんぼ

そろそろ収穫の時期を迎える初夏の果物です。赤く可愛らしい果実は、多くの人に愛されています。他のフルーツに比べておいしい期間が短いので、高く感じますが「今」を意識するにはうってつけの果物なのです。

6月5日

二十四節気
小満 から **芒種《ぼうしゅ》** へ

七十二候
麦秋至 から **蟷螂生《かまきりしょうず》** へ

効率化に潜む感情の罠に気づく

ご利益行動

楽しさを優先した効率化

今日は「効率化」について真剣に考えるタイミングです。今まで「効率なんて考えたくない」と思っていた方には、より効果的なアクションとなります。時間は、感情によって流れるスピードが変わることをご存じでしょうか？　楽しい時間と苦しい時間では流れるスピードが違います。**今日は「嬉しい」「楽しい」といったポジティブな感情を優先した効率化に挑んでください。**感情を優先した効率化は、本来普遍であり、平等であるはずの「時間」を増やしてくれるのです。

暦からのメッセージ

新しい生産の期間へ

麦秋至から蟷螂生へ。**豊かさへの準備期間が去り、「新しい生産」へと移行する期間が始まりました。**「カマキリが生まれる」という暗喩は「生産性」や「群」といった領域へのアプローチを伝えています。検索で確認していただければわかりますが、カマキリの卵は泡状の保護膜に包まれ、時期が来ると「小さなカマキリの赤ちゃん」が一斉に出てくるのです。その自然の姿から「メッセージ」をくみ取り、長い年月をかけて解釈と連想を重ねた結果なのです。

今日のご縁日

弥《み》都《づ》波《は》能《の》売《め》神《かみ》さま

日本の水を司る神さまです。今日は「美しく流れる水の映像」をもって、ご縁を感じてみてください。

今日の呪文

「人《じん》生《せい》貴《き》適《てき》意《い》」

「人が生きるうえで適したことを優先すると、すべてがうまく流れる」という意味の呪文です。水の流れのイメージと一緒に唱えてみてください。物事の停滞を解消する効果もあり、良い流れを大切にしたいときにもおすすめです。

ご利益フード

鮎

今や日本を代表する川魚です。おいしくなる条件として、きれいな水と美しい藻が必須です。香ばしい塩焼きは初夏のご馳走です。姿も美しく、絵画のモチーフとしてもよく登場しますね。

6月6日

二十四節気 **小満** から **芒種** へ

七十二候 **麦秋至** から **螳螂生** へ

すべては良縁。これで人間関係は大丈夫

ご利益行動

群れで暮らすことの意味と意義を考える

私たちは「群れ」で生活する種族です。孤独を愛する人も、それは変えられない前提なのです。**今日は、その意味と意義を考えてみてください。**人を悩ませる課題の一つが「人間関係」です。その悩みの多くが、自分を取り巻く環境を部分的に捉えてしまうことが原因です。好き・嫌いを判断する前に、人類全体・社会全体から、自分と相手との「繋がり」に意味と意義を見出しておけば、合わない人との距離感や付き合い方が簡単になります。そのうえで「全体から見れば、すべては良縁」と認識できれば「人間関係の達人」へと進化できます。

暦からのメッセージ

集団生活は前提

古暦は、「集団で暮らすための智慧」を伝える存在です。**今日の暦は「集団で暮らす」とは「選択」ではなく、「前提」であると教えてくれます。**人間が原始時代から群れで暮らしているのは、そこに意味と意義を見出したからではなく、「もともと、そうなっていること」です。それが理解できれば「人間関係の課題」はかなりの部分が、解消されます。

今日のご縁日

八《や》島《しま》牟《む》遅《ぢ》能《の》神《かみ》さま

「多くの島の多くの素晴らしい人々」という意味の御名《みな》の神さまです。日本という島国は無数の島で構成されていることを太古の人々も理解していたのです。今日は日本という「島の群れ」をイメージして、ご縁を感じてみてください。

今日の呪文

「無《む》量《りょう》壽《じゅ》」

「計測することができないほどの多くの幸運が押し寄せてくる」という意味の呪文です。今日は「群れ」のイメージと一緒に唱えてみてください。その際は「美しい渡り鳥の映像」がイメージの助けとなります。

ご利益フード

枝豆

一枝に、たわわに実る野菜です。一つのさやに2粒か3粒の豆が収まる姿は、夫婦円満や家運隆昌のゲン担ぎともなります。

6月7日

二十四節気 芒種

七十二候 蟷螂生

幸せな人は情報や感情も複利で増えると知っている

ご利益行動

複利について学ぶ

「複利」という単語をご存じですか？今日は複利を学びましょう。とはいっても時間をかけたり、教室に通ったりする必要はありません。隙間時間での検索や、関連する本を読んでみるだけでよいのです。お金の用語として使用される場合は、「利子にも利子がつく」という意味がすぐに確認できると思います。でも、それだけではないのです。「増えた分も含めて、さらに増えていく」という状態は、加速度的な「増殖」を現実化します。それは金融のことだけでなく「情報」や「感情」についても、同じ現象が発生するのです。「幸せな成長」を願う人は、知っておくべき事柄です。

暦からのメッセージ

世界の変化は驚くほど速い

今日は難しいメッセージです。「成長する裏技」をお伝えします。複利の反対は単利。単利は複利と違い、元になるところしか、成長せず変化のスピードが緩やかです。**幸せに生きるためには、世界の変化に適応する必要がありますが、現代の変化のスピードは「複利の状態」でないとついていけないほど速いのです。**

今日のご縁日

無《む》量精《りょうしょう》進《じん》仏《ぶつ》さま

無限の功徳を表す御名の仏さまです。物事に限りがあるのは、人間の認識に限りがあるからです。人の想像力も含め、もともと「無限」なのが宇宙なのです。拡大しつづける宇宙をイメージして、ご縁を結びましょう。

今日の呪文

「スカーヴァティーヴィユーハ」

「極楽の荘厳」という意味であり「幸福とは美しい風景である」という意味をもつ呪文です。『阿弥陀経』というお経の原題でもあります。自分が美しいと思う景色のイメージで唱えてみてください。

ご利益フード

パイナップル

1年中店頭にあるイメージがありますが、国内産はこれから旬を迎えます。消化を助ける効果も高いので、食欲がないときにもおすすめです。

6月8日

二十四節気 **芒種**

七十二候 **蟷螂生**

この世界に同じものは二つとない

ご利益行動

同じものを作る

今日のワークは「同じものを作る」という挑戦です。一番簡単なのは「粘土」などの形が変えられるものを用意して、「☆」や「♡」の形を最初に作り、それとまったく同じ形のものをもう一つ作る方法です。「簡単すぎる」と思われた方は、右手だけで作った形を左手だけで作ってみてください。さらに難易度を上げて、目をつぶって作ってみたり、二人以上で挑めるなら、他人が作ったものと同じものを作るゲームも楽しいです。そして、「同じ形であっても同じものは二つとないこと」を確認してみてください。

暦からのメッセージ

すべては異なる存在

機械で大量生産されたものは、一見すると「まったく同じ存在」のように思えるのですが、実際には「それぞれがこの大宇宙のなかで、たった一つの存在」です。目に見える形、構成する物質が同じだったとしても、それらは「異なる存在」です。この概念がもとになって「つくも神さま」という物質に宿る神さまが生まれました。あらゆるものは異なる存在であり、異なる魂があると考えたのです。

今日のご縁日

宇《う》賀《が》神《じん》さま

何もないところから、素晴らしいものを生む神さまです。生産力を向上させる力をもち、能力を向上させ、財をもたらす神さまとしてお祀りされています。宝石やアクセサリーのビジョンでご縁を繋いでください。

今日の呪文

「富《ふ》則《そく》多《た》事《じ》」

「多くの素晴らしいものを生み出すには、多くの要因が存在する」という意味の呪文です。仕事や創作活動の前に唱えると、いつもの倍くらいのスピードで進行することができる効果があります。

ご利益フード

梅

今日は梅干し、梅漬け、梅酒などお好きなものでオッケーです。実にも「不思議な力」が宿っていると考えられ、保存が利くのは「天神さまの力」だと認識されていた時代もあったのです。

6月9日

二十四節気 芒種

七十二候 蟷螂生

「苦手」も立派な感情だと胸を張る

ご利益行動

自分の苦手を分析する

今日は自分が「苦手」と感じている存在について、分析してみましょう。「苦手な人」は除いて考えてみてください。まずは「視覚においての苦手」を確認していきましょう。色がイヤなのか、形がイヤなのか……そのうえで「音」や「匂い」「味」についても範囲を広げて分析するのです。**そこで注意が必要なのは「イヤ」という感情を否定する必要はないということ。**「イヤはダメ」ではないのです。今日のタイミングで分析しておくと、自分の傾向がわかるだけでなく、これから来る夏に向けての良い準備となります。

暦からのメッセージ

好みが違うから面白い

他人にとって「イヤ」でも、自分にとって「好き」だったり、その逆もあったりします。体験や他人からの影響で発生する感情だと思われていますが、そもそも「好みが違う」というのは、人間が作り出したルールではないのです。同時に生まれた無数のカマキリにも別々の好みが備わっています。**幸せに生きるというゲームにおいて、その要素があるからこそ、楽しさと面白さが増していきます。**ぜひ、今日は意識してみてください。

今日のご縁日

不《ふ》空《くう》羂《けん》索《じゃく》観《かん》音《のん》さま

ありとあらゆる人を救う仏さまです。「羂索」とは、さまざまな生き物を捕らえるための縄のこと。このアイテムで人々の苦手なことも捕らえて消してくれるといわれています。苦手なことを告白するイメージでご縁を繋いでください。

今日の呪文

「オン アモキャ ビジャヤ ウン ハッタ」

今日のタイミングでは、自分のなかにある「良くない虫」や「乱暴な獣」が仏さまの縄で捕らえられて、外に出ていくイメージで唱えてみてください。夜寝る前に唱えましょう。

ご利益フード

ルッコラ

もともとは地中海沿岸で生まれたハーブです。独特な辛味と苦味が人気で、サラダに加えると、いつもの風味に奥行きが出て、食が進みます。

6月10日

蛍、ロウソク。日本人が重宝した光を思う

二十四節気　**芒種**

七十二候　**蟷螂生**から**腐草為螢**《くされたるくさほたるとなる》へ

ご利益行動

光をただ見つめる

今日は一人きりで実践してみてください。照明を消した部屋で、ロウソクの明かりを見つめるのです。音楽は必要ありません。テレビの音や雑音が聞こえてもオッケーです。ただ15分間見つめてみてください。いろいろな考えやイメージが浮かんでくると思いますが、それらをメモしたり、覚えておく必要もありません。準備としてはロウソクと安全に火を見つめられる場所と15分間を教えてくれるタイマーだけ。火の扱いだけ注意してください。

暦からのメッセージ

光を意識する

蟷螂生から腐草為螢へ。今日から「腐った草から蛍が発生する」という期間へ移行します。もちろん、昔も今もそのような現象はありません。これは「暗喩」となっていて、その表現からさまざまな解釈が導かれるようになっているのです。今日は「光についての意識をもつ」という解釈をお伝えしています。ロウソクの炎は、長い間暗闇を照らす貴重な光でした。今日のタイミングでは、その存在をしっかり確認しておいてください。

今日のご縁日

火之迦具土神《ひのかぐつちのかみ》さま

日本の「炎」を司る神さまです。全国に「火伏せの神さま」として祀られていますが「炎そのもの」が神さまとして信仰されていた時代も長くあったのです。炎を見つめながら、ご縁を結ぶイメージを浮かべてみてください。

今日の呪文

「冲静得自然《ちゅうぜいえじぜん》」

「静かに落ち着くことによって人間以外の力を認識し、恩恵が得られる」という意味の呪文です。ロウソクの炎を見つめながら唱えてください。数に制限はありませんが、静かに唱えることがポイントです。

ご利益フード

目張《めばる》

春の訪れとともに旬を迎えた魚たちも、そろそろ店頭から姿を消すころとなりました。おいしい煮つけをいただきながら、海のなかに届く光を思ってみてください。

6月11日

二十四節気 **芒種**

七十二候 **蟷螂生** から **腐草為螢** へ

腐敗と再生。ご先祖さまが観察したサイクルを知る

「腐敗」という現象を学び、それが再生へのプロセスであることを認識してください。いつものように検索か関連本の確認で大丈夫です。

ご利益行動

腐敗は再生の過程

「腐ったもの」の多くは、人間にとって不快に感じられます。発酵食品はその例外であって、腐敗は不快であり、害をなすものが多いのです。これは腐敗は再生の過程であるため、人間が対応できない「不安定な要素」が多すぎるからなのです。無数の目に見えない「菌類」によって「腐敗」という現象が発生しますが、それらは人類史にとって何度も「危機的状況」へと陥れた「脅威」でもあるのです。そして、生き物はその過程によって「再生」へと導かれていきます。**今日は**

暦からのメッセージ

夏を生き抜くための知恵

「腐った草から蛍が生まれる」。昔の人は、本当にそんな風に考えていたのでしょうか？　答えはノーです。では、なぜ暦というタイミングを知らせる智慧の表現に使ったのか？　**それは、この期間に「腐敗」と「再生」についての認識を深めることが、この後の夏を生き抜くための智慧だったからです。**

今日のご縁日

大《たい》威《い》徳《とく》明《みょう》王《おう》さま

五大明王と呼ばれる仏さまのなかで、西の方角を守るといわれている仏さまです。炎をまとい、水牛に乗るお姿は大迫力。別の御名は「降《こう》閻《えん》魔《ま》尊《そん》」とも伝えられ、悪い鬼や悪い龍を圧倒するほどの力をもっておられます。

今日の呪文

「オン シュチリ キャラロハ ウンケン ソワカ」

魔を払い、勝利を引き寄せる呪文です。流れを断ち切り、別の良い流れに切り替える効果もありますので、「変えたい」と思ったときに唱えると効果絶大です。

ご利益フード

チーズ

発酵の結果、世界中の人々に支持される食べ物が生まれました。先人たちの智慧に感謝しながら、いろいろな種類を試してみましょう。

6月12日

二十四節気 芒種

七十二候 腐草為螢

同じ一瞬は一度たりとも訪れない

ご利益行動

繰り返しに意図を見出す

繰り返しの作業は単調になりがちで飽きることも多いのですが、今日はその意図を確認してみてください。毎日同じような生活を繰り返している気がしている方は、今日のタイミングで、それがどのような意図でやってくる感覚なのかを考えてみる必要があります。たとえば、歯磨きには「虫歯を予防する」、通勤通学の電車や道も「目的地に行く」という意図があります。意図を見出していくと「続けるべきこと」と「変えるべきこと」がわかるようになります。「そもそもなぜ、それを繰り返しているのか?」と自分に問いかけてみてください。

暦からのメッセージ

繰り返しは存在しない

自然界は「同じことを繰り返している」ように見えますが、そんなことはありません。すべての現象は、前の現象と異なるのです。人間が勝手に決めた「年・月・日」も完全なループではなく、同じ年、同じ月、同じ日は繰り返しません。今日のタイミングで、その理解を深めてください。「輪廻転生」という仏教の概念さえも、繰り返しではないのです。

今日のご縁日

那《な》羅《ら》延《えん》天《てん》さま

仏教と人々を守る「護法善神《ごほうぜんじん》」として、さまざまな力を発揮される仏さまです。「迦楼羅《がるだ》」と呼ばれる大きな鳥に乗り、空の上から見守ってくれています。大空を飛ぶ大きな鳥をイメージして、ご縁を繋いでください。

今日の呪文

「オーンアミターバフリーヒ」

阿弥陀如来さまのご真言です。無限の光と無限の力を意味しています。良くないループから抜け出したいときにも効果がある呪文です。

ご利益フード

胡瓜《きゅうり》

95%以上が水分なので、栄養がないともいわれますが、野菜が与えてくれるのは栄養だけではありません。食感や香り、そしてその季節感は、測定できる栄養よりも健康にとって有益な場合があるのです。

6月13日

二十四節気　**芒種**

七十二候　**腐草為螢**

水の癒やしを求める

ご利益行動

水に感謝を捧げる

今日は「水」に感謝してみてください。コップに水を入れて、それに向かって「いつも本当にありがとうございます」と言ってから、飲み干してください。一息に飲む必要はありません。しっかりと水のおいしさを楽しみながら、感謝するのです。ペットボトルは水が視覚としてはっきり確認できないので、おすすめしません。今日は五感を使って「水に癒やされる」タイミングなのです。そして感謝の言葉を捧げることによって、その効果は倍増します。もちろん暗示効果もありますが、人間の体の60%は水なので、それ以外の効果も期待できるのです。

暦からのメッセージ

雨にも感謝

そろそろ雨の気配が強まる時期です。**古暦では雨に備えると同時に、雨に感謝することの重要性を伝えています。**人間は水を飲まないと5日間程度で死に至ります。昔は水道が整備されていなかったので、「梅雨」の存在を感謝の祈りをもって受け入れていたのです。今日のタイミングは、その感覚を取り戻すことが、これから来る「雨の期間」を快く過ごすための準備となります。

今日のご縁日

淤《お》加《か》美《みの》神《かみ》さま

古来、美しい水が流れる川は「龍神さま」として祀られてきました。龍という御名よりも前の発音が「おかみ」という説もあります。美しい水の流れのイメージと一緒に、ご縁を感じてみてください。

今日の呪文

「瑞《ずい》氣《き》集《しゅう》門《もん》」

良い氣が集まってくる呪文です。今日はトイレ以外の台所の流しやお風呂、洗面台などの「水回り」で唱えてみてください。良い氣が水の流れとともに、集まってきます。

ご利益フード

クレソン

美しい川に群生する野菜です。すっきりとした辛味は、お肉料理との相性がバツグン。動物性脂肪の消化を助け、血液の酸化防止の作用まであります。美しい小川や湧き水で育つイメージと一緒にお楽しみください。

6月14日
神さまが与えてくれた腐敗という摂理

二十四節気 **芒種**

七十二候 **腐草為螢**

ご利益行動

発酵食品の不思議を知る

人類にとって「腐敗」はときに悩みの種になりますが、例外があります。それは「発酵」という技術と、そこから生まれる食べ物や飲み物です。**人類は他の動物が利用することができなかった腐敗を利用して、生きるために必要な食料と栄養素の確保に成功しました。今日はその不思議を思ってみましょう。**チーズやヨーグルトの他にも、日本には納豆という唯一無二の発酵食品があります。さらにはお酒です。これは「神さまが人間に与えた神秘」として、人類が受け継いできた「供物《くもつ》」です。それらの誕生から現代に至るまでの変遷を確認しましょう。

暦からのメッセージ

腐敗からの再生

古暦は「腐敗からの再生」に意識を向けるように伝えています。一つの命が終わったとしても、無数の微生物によって分解され、時間の流れによって別の存在に再生される「摂理」を意識する必要性を教えてくれているのです。それを理解することは「無意味な存在などない」という事実を認識することに繋がり、「幸せに生きる智慧」へと、繋がっていくのです。

今日のご縁日

丹《に》生《う》都《つ》比《ひ》売《めの》大《おお》神《かみ》さま

水を司る神さまで、なおかつ「防腐」、つまり物が腐敗するのを止める力がある神さまです。今日の暦とは真逆と思われるかもしれませんが、防腐は腐敗する仕組みを理解しているから可能となるのです。そのため「丹《に》」という赤い防腐剤の効果をもつ塗料の意味も込められた御名となっています。

今日の呪文

「君《くん》子《し》防《ぼう》未《み》然《ぜん》」

今日の呪文は準備の段階で唱えておくと、腐ることなく、成果へと結びつくという効果があります。良い仕事ができる人は、事前にいろいろなイメージができる人です。

ご利益フード

納豆

日本を代表する発酵食品です。生卵を混ぜると、旨味が強調されます。

6月15日

二十四節気 **芒種**

七十二候 **腐草為螢**から**梅子黄**《うめのみきばむ》へ

元気を忘れがちな時期こそ「演じる」

ご利益行動

元気ハツラツを演じる

「ハツラツ」は漢字で書くと「溌溂」となります。普段使用する文字ではないですが、これは「魚が飛び跳ねる様子」という意味をもっています。つまり元気ハツラツとは、「いつもより元気に見える」という意味です。**今日は「いつもより元気」を演じてください。**難しいのは、元気に見えるのが通常の人。いつもの120%くらいを目指して元気を表現してみてください。重要なポイントは「声」と「表情」です。お手本は千葉県にある「一番有名なテーマパークで働く方々」です。

暦からのメッセージ

元気、健康に意識を向ける

腐草為螢から梅子黄へ。腐敗から生まれた蛍の光が、黄色い梅の実に変化しました。もちろんこれは暗喩で、「再生」を意識するタイミングが切り替わったことを意味しています。**今日からは「元気」や「健康」へと注意を向ける期間が始まります。**湿度が上がり、不快指数が上がる時期だからこそ、そこに意識をもっていくことが有効なのです。この後の夏が「不快」から「快」へと変化しますよ。

今日のご縁日

天《あめの》羽《は》槌《づち》雄《お》神《かみ》さま

織物の神さまとして、全国で祀られています。「天の羽」のように軽やかで、光り輝く「織物」を生む力があり、天の岩戸神話では、天照大御神《あまてらすおおみかみ》さまが喜ばれる「文布《あや》」を作ってプレゼントしたと伝えられています。

今日の呪文

「楽《らく》哉《かな》新《しん》相《そう》日《じつ》」

「喜びが元気を呼び、元気が喜びを生む」という意味の呪文です。できれば朝のうちに唱えて、元気が出てきたらさらに唱えてみてください。明るい場所で唱えるのがおすすめ。くれぐれも寝る前に唱えないようご注意を。

ご利益フード

大蒜《にんにく》

滋養強壮はもちろん、新陳代謝の促進、免疫力向上などに効果があります。食べすぎは匂い以外の良くない効果もあるので、要注意です。

6月16日

二十四節気 **芒種**

七十二候 **腐草為螢** から **梅子黄** へ

水回りは、健康に直結する暮らしの要

ご利益行動

水回りから健康状態を知る

今日は自分が暮らしている家や部屋の「水回り」の状態を確認しましょう。具体的には「トイレ」「洗面台」「浴室」「台所」の清潔さや雰囲気を確認していくのです。水回りを清潔に保ち、良い雰囲気を維持するには、なかなかの苦労が必要です。でも今日だけは、そこから目を逸らさずに、改善策に取り組んでください。なぜならそれは「自分の健康状態」とリンクしているからです。水回りが気分のよい状態の人は健康で、そうでない人は健康を損なうという意味です。

暦からのメッセージ

掃除で微生物の対策を

地球上には、人類の脅威となるものがたくさんありますが、そのなかでも強力なのは「微生物」です。まったく目に見えず、普段意識することは難しいのですが、それらが牙をむくと伝染病も含め、多くの人の健康を脅かす存在となります。**今日のメッセージは、本格的な梅雨を迎える前にそれらに対して注意を払い、対策をしておくことの重要性を伝えています。**こまめに掃除すれば、それらは増殖しないようになっているのですから。

今日のご縁日

荼枳尼天《だきにてん》さま

もともとは「魔女」だったという不思議なご由緒をもつ仏さまです。「稲荷《いなり》信仰」と結びつき、全国のお稲荷さまでお祀りされています。美しい場所を好み、清潔な環境を保つ人にご褒美を与えてくれる仏さまです。

今日の呪文

「オン キリカク ソワカ」

お掃除が終わって、清潔で整った場になったら唱えてみてください。掃除後の空間で唱えると、その場がさらに清潔になりますよ。

ご利益フード

枇杷《びわ》

誰もが知っている果物ですが、店頭にある印象が薄いのは「6月しか旬ではない」からです。傷みやすいため、1年のうちでも目にする期間が短いのです。そのため高価ですが、水回り掃除のご褒美として楽しんでみてください。

6月17日

二十四節気 芒種

七十二候 梅子黄

「嫌い」はただの思い込み

ご利益行動

食わず嫌いを考える

今日は「食わず嫌い」を確認しましょう。子どものころの経験や自分が受け入れた情報から発生した苦手なものについて、具体的に考えてみてください。食べ物だけに限定せず、仕事や趣味においても「自分の苦手」にチャレンジする価値があるかどうか、検討するのです。「子どものころに食べられなかったものが、大人になって恐る恐る試したら大好物となった」。そのような例はいくらでもあります。今日のタイミングでの検討と挑戦は、「克服」だけでなく「良好」へと変化する可能性が大きいのです。

暦からのメッセージ

苦手は思い込み

「思い込み」は可能性を狭めることがあります。世界に存在するものは、それぞれに意味と役割があり、それらを思い込みだけで無視してしまうと、せっかく与えられているチャンスに鈍感になってしまうのです。今日はそれを修正するチャンスです。**多様性に満ちた地球上では「苦手」だという判断が「思い込み」である可能性があります。今日は勇気をもって、それを確認する機会なのです。**

今日のご縁日

伊舎那天《いざなてん》さま

三つの目をもち、左手に杯《さかずき》を掲げ、大きな牛に乗って現れる仏さまです。お姿からは想像がつかないほど優しく、人々が誤った道に進むのを防いでくれます。今日のご縁では、自分の可能性を広げてくれ、大きな道に導いていただけるイメージをもってみてください。

今日の呪文

「人《じん》事《じ》蓋《がい》棺《かん》定《じょう》」

今日の呪文は「正しい道の選択に迷ったとき」に唱えると、効果を発揮します。「良い道を歩みたい」という望みとともに唱えてみてください。

ご利益フード

苦手だと思い込んでいる食材

今日のワークと合わせています。今日は苦手だと思っている味に挑戦してみましょう。失敗も想定して、それを食べられる人も用意するのがベストです。

6月18日

二十四節気 芒種

七十二候 梅子黄

自分の想像から脱して食事を楽しむ

ご利益行動

他人に決めてもらったものを食べる

食事の内容を考えるのは、食の楽しみを知る人には、楽しみな時間となります。**でも今日は、自分の思考や願望とは違う食事をしてみてください。**具体的な方法としては、自分の希望や好みをまったく伝えずに、他人に食事の内容を決めてもらい、それをしっかりと守るだけです。この行動は「自分の想定していない食事をとる」という、日常では得られない貴重な経験と気づきを与えてくれます。日々、食事が提供されメニューの選択肢が少ない人は、食事ではなく、飲み物や食後の行動など、いつもは自分で選択しているものを他人に選択してもらってください。

暦からのメッセージ

自分の好みに感謝する

今日の古暦は、自分の好みについて考える大切さを伝えています。好みには経験や記憶が影響しますが、それだけでは決まりません。世界が多様性に満ちているのは、生き物の好みが多様だからです。好みは「自分の意思」以外にも影響されているのです。今日は「自分の好み」に感謝するタイミングです。

今日のご縁日

大気都比売神《おほげつひめのかみ》さま

日本の「食」を司る神さまで「おいしい食物を創造する力」があります。お料理をされる方、おいしいものが大好きな方は、ぜひご縁を結んでみてください。

今日の呪文

「幸慶《こうけい》」

文字通り、幸せを喜ぶための呪文です。今日は、食事を楽しむ前と楽しんだ後に「こうけい、いただきます」「こうけい、いただきました」と声に出して唱えてみてください。

ご利益フード

他人に決めてもらったメニュー

いつも食事の内容を他人に決めてもらっている方は、今日以降は自分の意向で食事を選ぶように意識を変えましょう。食に対する意欲はモチベーションに直結します。他人に委ねていては、もったいないのです。

6月19日

二十四節気　芒種

七十二候　梅子黄

色には自分の好みがはっきりと表れる

ご利益行動

全体の色を確認する

今日は「色」をチェックしてみましょう。まずは、自分が暮らす部屋からスタートです。インテリアや小物、壁、床、天井も含めて、全体にどういう色が多く、どういう色が少ないのか、自分が選んだもの、もともと配置されているものを整理して、確認してみましょう。次に、仕事や学校の「自分の居場所」を確認します。「自分が1日で長く過ごす場所の色」を確認してみるのです。最後に「鞄の中身」「収納の中身」の色を確認します。一通り確認できたら、どのような系統の色が多く、自分がなぜ、それを選んでいるのか考えてみてください。色は自分の「内側」の好みが「外側」に表れているのです。それを把握しておきましょう。

暦からのメッセージ

色の好みとは何かを知る

「自分の好み」について検討する期間です。子どものころは「感覚的」に好きな色を選別しています。成長するにつれ、「色の選択肢」が増え、自分の体験や記憶と結びつき、自分の周囲の色を選んでいくのです。でも、そもそも色を生み出したのは人間ではありません。古暦はその点に気がつくよう、促しています。

今日のご縁日

建《たけ》比《ひ》良《ら》鳥命《とりのみこと》さま

「境界」を超える鳥の力をもつ神さまです。異世界へも飛べる翼は美しい色彩で光輝いています。熱帯の美しい鳥「ケツァール」のイメージも確認してみてください。神さまが創造した美が、ご縁を結ぶ力となります。

今日の呪文

「瑞《ずい》色《しょく》鮮《せん》」

美しい色が嬉しい出来事を呼び、それがまた色として広がっていく呪文です。鮮やかな色をイメージしながら唱えてみてください。美しい鳥たちの画像を見ながら唱えてもいいでしょう。

ご利益フード

メロン

初夏を彩るご馳走フルーツです。姿も中身も美しいので、贈り物の定番となりました。いろいろな種類があり、果肉の色も選べるので、美しいと思ったものを選んでみてください。

6月20日

二十四節気 芒種

七十二候 梅子黄

「いつかやってみたい」が幸せに繋がる扉

ご利益行動
未体験を書き出す

誰でも「未体験なこと」が必ずあります。**今日は「興味はあるけど、まだやっていないこと」を棚卸ししてみましょう。**メモ帳とペンを用意しましょう。15分で10個くらいは書き出したいところです。**注意点としては「行きたい場所」を挙げていくのはなしです。**それでは「旅行」になってしまうので、今回は除外なのです。リストが書けたら、保管しておいてください。そこに書かれた「あなたの未体験」も、最初はすべて「人類が未体験」の状態から始まっていることも認識しておきましょう。

暦からのメッセージ
したいことと調和

「幸せに生きる」ための要素として「自分のしたいことをする」という項目があります。自分の願望に沿った状態を「幸せ」と定義して、私たちはそれを目指しているのです。ただし、それには「調和」が必要です。全体の調和がとれ、バランスがとれていないと、したいことをして瞬間的には幸せを感じたとしても、その状態を維持していくことができません。

今日のご縁日
帝釈天《たいしゃくてん》さま

強くて優しい仏教を守る仏さまです。武力の頂点を極め「帝王」にまで上り詰めた後、仏教の教えに導かれ、人々を守る存在へと出世しました。未体験への恐れや無用な心配などを吹き飛ばしてくれます。

今日の呪文
「オン インドラヤ ソワカ」

勇気を奮い立たせてくれる呪文です。勝負の前や試験の前などに唱えると、恐れや緊張を吹き払い、結果に違いを生みます。勝負が幸せへと繋がらないときは、勝負そのものを見送る効果があります。

ご利益フード
伊勢海老

その姿と味覚で「海老の帝王」とも称される食材です。メニューに加わるだけで、全体が華やぎ豪華な雰囲気となるほどインパクトがあります。

6月21日 始まるためには、終わらせる

二十四節気 芒種から夏至《げし》へ

七十二候 梅子黄から乃東枯《なつかれくさかるる》へ

ご利益行動

終わらせることを検討する

「継続は力なり」という教えを知っている人は多いでしょう。これは継続することによって、創意工夫が生まれたり、技術が向上したりすることだと理解している方も多いと思います。**しかし、大切なのは「継続という行為そのもの」より「継続できて、自分の幸せに結びつくこと」を発見することのほうなのです。**その巡り合いのことを日本語では「ご縁」といいます。**今日からの期間は「新しい良いご縁」を結ぶために「継続していること」「続いていること」のなかで、終わらせることを検討してください。**

暦からのメッセージ

始まりのための終わり

新しい生命が息吹くためには、古い生命が終わりを迎える必要があります。それは、地球上で繰り返されてきた「ループ」のように理解されますが、終わりを迎えた生命も新しい生命も、前と同じではありません。生命の環は、循環ではなく、「螺旋状」に伸びているのです。**今日からの期間は「始まりのための終わり」を意識する必要があります。**それは違う段階へ向かうために必要なことなのです。

今日のご縁日

弥勒菩薩《みろくぼさつ》さま

「世界の終わりに現れ、新しい世界を救う」といわれている仏さまです。ブッダが地上を去られてから、遥か未来、56億7千万年後に出現します。今も私たちの幸せを守り、再生する際に次元が上昇する支援をしてくださっているのです。

今日の呪文

「オン マイタレイヤ ソワカ」

今日は「螺旋状」のものや絵をイメージしながら、唱えてみてください。生物のDNAが「螺旋状」であることも思い出して唱えてみてください。

ご利益フード

馬鈴薯《ばれいしょ》(じゃがいも)

春から初夏にかけての収穫が終わりを迎えます。土のなかから掘り出せる期間は過ぎ、10月以降まで土のなかで育つ期間となるのです。二度と同じものはない、今年の新じゃがの味を覚えておきましょう。

6月22日

惰性という大敵と向き合う智慧

二十四節気　芒種から夏至へ

七十二候　梅子黄から乃東枯へ

ご利益行動

継続する目的を整理する

メモ帳かスマホに「今続けていること」をリストアップします。仕事や勉強はもちろんのこと、趣味やトレーニングなども含めます。そして、それぞれの項目について、どのくらいの期間続けているのかを記入します。**そこまで準備できたら、上から順番に「継続していることの目的」を記入してください。**たとえば仕事だったら「生活するため」、ランニングだったら「健康のため」、その程度の表現で大丈夫です。1項目5~10分くらいの時間制限で整理しましょう。

暦からのメッセージ

摂理を伝えるコトダマ

「終わらせて、次の新しいものを迎える」。これは、簡単そうに見えて難易度が高い行為なのです。とくに「いつも通りにやっておけば、楽でいい」という惰性の状態にあると、自分だけの意志で、それを変更するのは難しくなります。そのために古暦に織り込まれ、それを検討する期間が受け継がれることになったのです。梅子黄から乃東枯へ。「なつくさが、かれる」という表現は自然現象を描写したのではなく、摂理を伝えるためのコトダマなのです。

今日のご縁日

文《もん》殊《じゅ》菩《ぼ》薩《さつ》さま

智慧と知識を司る仏さまです。その知識は「母親の無償の愛」にも匹敵するといわれ、すべての生命を見返りなく慈しむものだといわれています。

今日の呪文

「オンアラハシャノウ」

今日のワークをやる人は、開始前と終わった後に、はっきりと唱えてください。やらない人は、文字を書いたり、パソコンで入力したりする前後に唱えるのが有効です。未来からの導きが得られるという効果があります。

ご利益フード

空豆

豊かな形と色から「智慧の種」として喜ばれた野菜です。鮮度により味がまったく変わる野菜としても有名です。もし機会があれば「収穫3日以内」のものを食べてみてください。驚くほど色が鮮やかで、甘みが濃いのです。

6月23日

大切なのは続けることよりも終えた後

二十四節気 **夏至**

七十二候 **乃東枯**

ご利益行動

終わらせた後を考える

昨日の「継続する目的を整理する」が終わっていない方は、今日もそれに挑んでください。**そのうえで、今日からの追加行動として、それぞれに「今、終わらせた場合の結果」について、検討してみてください。**作成したリストを確認しながら、記載していきます。「仕事を終わらせると、生活に困る」とか「ランニングをやめると、太りはじめる」といったシンプルな表現での検討が望ましいです。このリストは正解や精度を求めるものではないので、作成を楽しんでみてください。

暦からのメッセージ

継続の後に残る根

「草」は枯れると、その活動を終えたように見えますが、目に見えない土のなかでは「根」が伸び、活動が続いている場合があります。**人間の活動も同じで「継続」を停止すると、「終了」したかのように見えるのですが、一度現実に行動したことは、終わらせたように思っても「根」が残り、また「同じような行動」が復活してくることもあるのです。**今日の古暦では、それを把握することの必要性が伝えられています。

今日のご縁日

金剛薩埵《こんごうさった》さま

宇宙の本当の姿を学び、ダイヤモンドのように美しい光に包まれた仏さまです。今日は「継続すること」と「終わらせること」を検討しながら、イメージを思い描いてみてください。

今日の呪文

「オンバサラ サトバ アク」

今日のワークを行うタイミングで、始める前と終えた後に唱えるのが有効です。今日のワーク以外にもいろいろな検討を良い結果へと導いてくれます。

ご利益フード

大葉

普段はお刺身のツマや和食の彩りとして利用されることの多い脇役の葉っぱですが、これから旬を迎えるとおいしさが増していきます。

6月24日

二十四節気　夏至

七十二候　乃東枯

この星は「終わる」おかげでここまで来れた

ご利益行動

終わるものを確認する

昨日まで続いた「継続していることリスト」は書けましたか？　もしまだでしたら、引き続き取り組んでみてください。**今日は、新たに「リスト化」した項目から、「自分の選択ではない原因」で終わる可能性があるものに印をつける作業をしてみてください。**たとえば「組織での仕事」や地域や時間限定のものなどは、それに該当します。さらにはペットなども、自分の希望や意思とは関係なく、終わる（お別れする）可能性があります。どんなことでも「終わり」は来るのですが、今日は自分の意思で「終わらせる」ことができないものを確認してみてください。

暦からのメッセージ

終わると終わらせるの違い

「終わるから始まる」というのは、本当のことです。すべてのものに「終わり」がなければ、この地球上は、これほどまでに多様な生命が溢れることはなかったでしょう。**そして「終わり」には、自分の意思とは関係なく「終わること」と自分の意思で「終わらせること」、この二つのタイプがあるのです。**

今日のご縁日

常《じょう》不《ふ》軽《きょう》菩《ぼ》薩《さつ》さま

いろいろな困難や迫害を受けても、一言も不平不満を口にすることなく、ただひたすら「みんなの幸せ」を祈りつづけた仏さまです。宮沢賢治もこの菩薩さまを崇敬し、『雨ニモマケズ』を世に出したといわれています。

今日の呪文

「仁《じん》者《じゃ》壽《じゅ》」

「智慧や知識を得る人は喜びを得る人」という意味の呪文です。読書や勉強の前に唱えると、その内容への理解が深まるとともに、習得が速くなる効果があります。もちろん仕事や授業の前に唱えるのも有効です。

ご利益フード

烏《い》賊《か》

アオリイカ、コウイカ、スルメイカなどの「おなじみの食材」としての烏賊は、今が旬です。甘みも増し、型も大きくなる季節なのです。

6月25日

二十四節気　夏至

七十二候　乃東枯

すべての魂は終わりがあるから始まる

ご利益行動

終わらせることを選ぶ

今日は継続していることから、「終わらせる」ことを選んでみましょう。自動的に「終わる」のではなく「自分の意思で終わらせることができること」を選んで、そのなかから選択します。これはワークであり訓練ですので、今すぐにそれを終わらせる選択をしなくても大丈夫です。ただし、今日の選択は「おまじない」ともなりますので、ここで選んだことは「収束」に向かうことだけは、忘れないでください。後ほど修正もできますので、まずは「向き合う時間」を作り出してください。

暦からのメッセージ

終わりが始まりである

私たちは大前提として「終わる」ことが最初から決まっています。だからといって「無」となるわけではないのです。**自分では「終わり」だと理解していることも、じつは「始まり」であることを今日の古暦は教えてくれています。**草が枯れて終わったかのように見えても、それは次の新しい息吹が始まる「期待」へと結びついていきます。すべての魂は形を変えながら、引き継がれていくのです。

今日のご縁日

如意輪観音《にょいりんかんのん》さま

「宇宙の環」を司る仏さまです。大きな流れの循環は「死と再生」を繰り返しているだけでなく、すべての次元が螺旋状に続いていくものであり、私たちも地球もその流れのなかにあるという思想の象徴です。今日は広大な宇宙の星々をイメージしながら、ご縁を繋いでください。

今日の呪文

「オン バラダハンドメイウン」

循環しながら上昇していく光をイメージしながら、唱えてみてください。今日の呪文は夜寝る前も効果的です。寝ている間に自分の深いところが、大きな世界へと繋がり、良い道へと導かれる効果があるからです。

ご利益フード

茗荷《みょうが》

旬は初夏と初秋です。じつは「日本だけで食べられている野菜」なのです。

6月26日

想像の翼を広げると、良い方向に導かれる

二十四節気　夏至

七十二候　乃東枯 から 菖蒲華《あやめはなさく》 へ

ご利益行動

新しい自分を想像する

「今までとはまったく違う自分の姿」を想像することはありますか？　得意な人もいるかもしれませんが、今日迎える変化のタイミングでは、その想像があなたを「良い方向」へ導くのです。自分が「古くなる」のではなく「新しくなる」ことをイメージしてみてください。現代では「老化」という側面だけに囚われて、「想像の翼」が自由に動かなくなっている方が多くいます。老化していく肉体ではなく、自分が知らない自分の新しい姿をイメージするのです。表情、髪型、姿勢、着ている服、履いている靴など、「鏡に映る自分の範囲」で考えてみてください。

暦からのメッセージ

新しいものが見える

今日の切り替わりでは「終わったもの」ではなく「新しいもの」が目に見える次元へと出現するタイミングを示唆しています。地球が誕生してから、ずっと繰り返されてきたループですが、同じものが再び出現することはありません。今年の花は、去年と同じ形でも違う花なのです。その摂理を理解することにより、人の営みも「次元が変わる」という現象が起きます。

今日のご縁日

和久産巣日神《わくむすひのかみ》さま

食べ物の神さまを生み、日本人に五穀を与えた神さまです。神話では水を生む神さまと一緒に誕生し、日本社会を農耕による集団生活へと生まれ変わらせた象徴となっています。日本の豊かな農作物をイメージしながら、ご縁を結んでみてください。

今日の呪文

「天壌無窮《てんじょうむきゅう》」

「天と地は、終わりと始まりを繰り返しながら、すべての生命を育む」という意味の呪文です。新しい自分の姿をイメージしながら、唱えてみてください。

ご利益フード

夏みかん

名前に反して、夏が来る前に旬が終わる果物なのです。今年のものはそろそろ終了です。酸味と甘みのバランスが嬉しいフルーツですが、しっかり熟成させると、さらにおいしくなります。

6月27日

二十四節気　夏至

七十二候　乃東枯 から 菖蒲華 へ

「なりたい自分」から奥底に眠る想いに気づく

ご利益行動

「なりたい」を深掘りする

「自分が古くなる」のではなく、「日々が新しくなっていく」。日常生活のなかではなかなか得難い感覚ですが、そこに「幸せに生きるための鍵」があるなら、目指してみる価値はあります。**今日は「なりたい姿」を想像したうえで、それについての「なぜ」を考えましょう。**「カッコイイと思われたい」「モテたい」などの、わかりやすい理由から始めて、「なぜ、その姿だとカッコイイと思われるのか?」「なぜ、モテるようになると思うのか?」と、深掘りしてみてください。他人から自分を見るつもりで考えてみるのです。

暦からのメッセージ

死と再生の時期

乃東枯から菖蒲華へ。「草が枯れる」から「菖蒲の花が咲く」わけではありません。**古暦が伝えるのは「見える領域の変化と見えない領域の変化は連動している」という事実。この時期は、「終わりと始まり」、つまり「死と再生」が自然界で展開する時期であることを教えてくれています。**湿度が高まり、気温も上がっていく今ごろは「命が終わった生物」を分解する「微生物」が活発になるのです。

今日のご縁日

巡《めぐり》金《こん》神《じん》さま

良い方位や良くない方位を推定する際に、根拠となる神さまです。この神さまの移動により、毎年の方位の捉え方が変わってきます。今日のご縁を繋ぐ想像により、新しいひらめきや発想を得る力が強くなります。

今日の呪文

「本《ほん》立《りつ》而《じ》道《どう》生《しょう》」

「物事の根本が定まれば、自動的に道が生まれ導かれる」という意味の呪文です。今日は外にいるとき、交差点や道の分岐点で唱えてみてください。良い勘が働くようになる効果も期待できます。

ご利益フード

マンゴー

国産の旬はこれからです。黄金の果肉は、太陽の恵みそのものです。完熟のタイミングを見極めることができれば、芳醇な香りも楽しめます。

6月28日

二十四節気 夏至

七十二候 菖蒲華

言葉にすると、願いが叶う

ご利益行動

キャッチコピーを考える

「なりたい姿」を想像する期間です。今日は変化球を使ってアプローチしてみましょう。**自分のなりたい姿に「キャッチコピー」をつけてみてください。**メモ帳やスマホを使用していろいろと検討してみるのです。コツとしては「○○の××」や「●●な▲▲」という表現を意識すること。私の場合だと「ご利益1万倍の専門家」「無敵の現代版御師」とか「グレートな経営者」「幸せな神社マニア」などが思い浮かびます。善し悪しなどの自己評価はせずに、自由に書き出してみてください。「10個くらい書けたら、3個選ぶ」を繰り返すと、いつのまにか素晴らしいキャッチコピーが完成します。

暦からのメッセージ

言語化する力を磨く

今日は「新しい始まり」のために「言語化する力」を磨くのに適しています。言葉の力を実感し、自分の意図する内容へ利用できるようになってくると、「世界が変わる」と言っても過言ではありません。そもそも、言葉で受け継がれてきた古暦も「キャッチコピー集」であり「コトダマ集」でもあるのです。

今日のご縁日

事《こと》代《しろ》主《ぬしの》神《かみ》さま

言葉を自由自在に使う能力がある神さまで、他の宇宙から来たメッセージを翻訳することができる「託宣《たくせん》の神さま」でもあります。ご縁を繋いで、素晴らしいキャッチコピーを生む能力を授かりましょう。

今日の呪文

「五《ご》福《ふく》壽《じゅ》齢《れい》高《こう》」

五福は「長寿」「富裕」「健康」「道徳」「天命」の意味。あらゆる面においてバランスよく成長するのが、「幸せ」な状態だと定義しています。「全部良くなる」という感覚をもって唱えてみてください。

ご利益フード

梶《かじ》木《き》鮪《まぐろ》

名には「鮪」とありますが、分類上は異なる魚です。長く突き出した槍のような顎をもち、大きく美しい魚体は大物釣りの憧れでもあります。

6月29日

二十四節気　夏至

七十二候　菖蒲華

人はなりたい姿を自由に描ける唯一の生き物

ご利益行動

妄想を具体化する

今日はこの期間で想像を具体化してきた「なりたい姿」になったときの「良いこと」「嬉しいこと」「楽しいこと」について考えます。自分が「なりたい」と思っている姿になると、何が良いと思っているのかを想像するのです。たとえば「お金持ちの姿」になりたい人は、どんな良いことがあると自分が思っているのか、その姿の自分は、何を喜び、何を楽しんでいるのか。それらを丁寧に想像してみるのです。もしその作業のなかで、本当に「嬉しい」「楽しい」という気持ちが湧いたのなら……それは現実化される日が来るでしょう。

暦からのメッセージ

植物の神秘に迫る

多種多様な花の形。なぜ、そんなにも多くの違う姿が存在しているのでしょうか？　進化論や生物学では「進化」の結果として研究されていますが、そもそも自分の姿を確認できないはずの植物が、さまざまな色や形へと変化できたのは、なぜなのでしょう。それについて人間は「結論」を出すことができません。なぜなら、どんな回答も正しいと立証することができないからです。

今日のご縁日

准《じゅん》胝《でい》観《かん》音《のん》さま

「六観音」の一尊として、なりたい姿のイメージを与えてくれる仏さまです。七《しち》倶胝仏母《くていぶつも》さまという御名でも呼ばれ、文字通り「母のような慈愛」に満ちた仏さまなのです。

今日の呪文

「オン シャレイ シュレイ ジュンテイ ソワカ」

命を生み、命を育む奇跡を賞賛するご真言です。イメージワークをする前に唱えて、そのスキルが向上する効果を確認してください。

ご利益フード

キャベツ

1年中店頭に並ぶ「定番野菜」ですが、冬と春が旬なのです。高地で栽培されるものは夏でもおいしいですが、全般に甘みが増す時期は、6月ごろまでです。しっかり今年のおいしさを確認しておきましょう。

6月30日

自分にとっての幸せと他人にとっての幸せは違う

二十四節気 夏至

七十二候 菖蒲華

ご利益行動

なりたい姿と幸せの関係性を考える

今日は「なりたい姿」と「自分の幸せ」の関係性について、考えてみるタイミングです。人それぞれ、いえ、すべての生き物それぞれに「幸せの形」は異なります。自分が「幸せ」と認識することが他人と同じであるとは限らないのです。**この期間で「自分のなりたい姿」について考えて、それが「自分にとって幸せへと繋がることなのか?」と自問するタイミングが来ました。**「なりたい姿」には「他人の幸せ」が混ざってしまっている可能性があります。その内容が「自分にとっても幸せに感じられること」なのかを確認しないと、せっかく「なりたい姿」になれても意味がないのです。

暦からのメッセージ

生存の合理性を疑う

現在確認されている地球上の生き物が、「合理的に生存だけを目指して進化した」という仮説は、まったくもって成り立ちません。なぜなら、多くの生き物が「生存」という目的に対して明らかに「不適切」な進化を遂げているからです。これは今日のタイミングで検討すべきテーマです。

今日のご縁日

祓戸《はらえどの》大《おお》神《かみ》さま

「罪と穢れ」を異次元に運び、消滅させる力をもつ神さまです。「夏越《なごし》の祓《はらえ》」となる今日のタイミングで、しっかりご縁を結んでみてください。この半年間のお祓いだけでなく、通年のお祓いのためにも重要な神さまのチームが味方になってくれます。

今日の呪文

「祓《はら》閉《へ》給《たま》比《ひ》清《きよ》米《め》給《たま》閉《へ》」

神社でのお祓いの際に唱える「祓詞《はらえことば》」の一節です。できれば神社で神職に取り持っていただけるお祓いを受けるのがおすすめですが、今日のタイミングでご参拝できない方は「自祓」という方法として唱えてみてください。

ご利益フード

オクラ

これから旬が始まります。ネバネバした食感は好みが分かれるところですが、あのネバネバがお腹に優しく、古い蓄積物を取り除いてくれるのです。

7月

前半は梅雨が続き、
後半に向かうにつれ、いよいよ夏が
始まります。夏至《げし》から小暑《しょうしょ》、
そして大暑《たいしょ》へと暑さが増しますが、
暑いからこその恩恵もあります。
その一方で、つい心身のケアを
忘れてしまいがちに。
自分自身をいたわることを
忘れないようにしましょう。

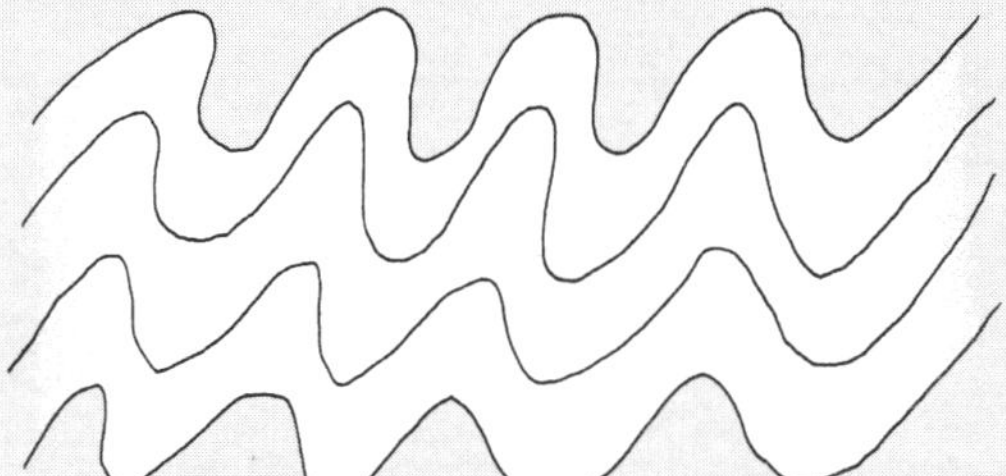

Atsukazeitaru

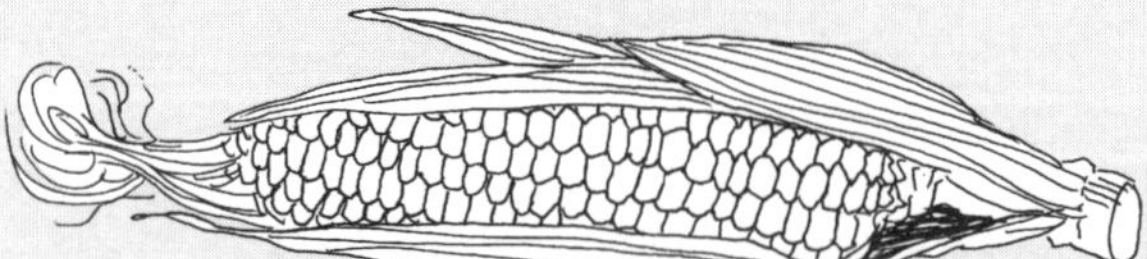

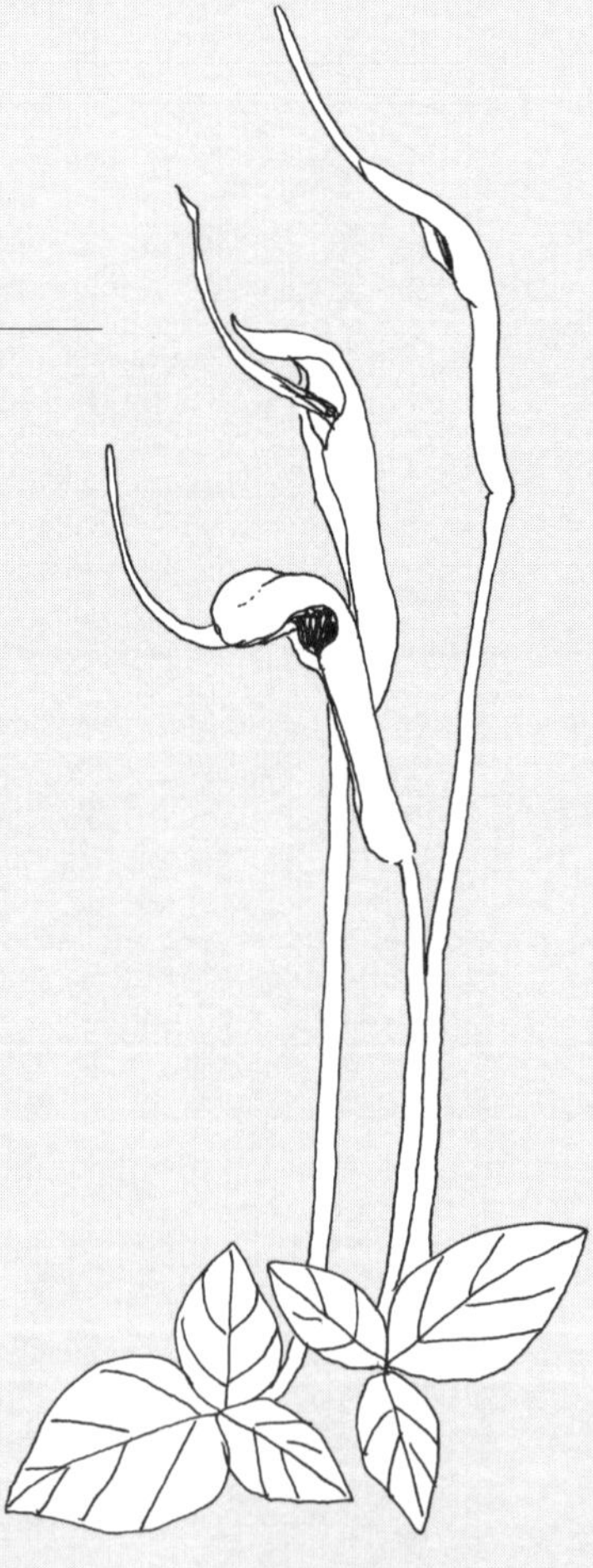

Hangeshouzu

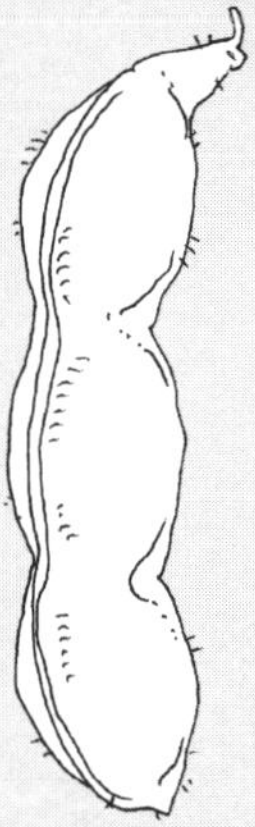

Hasuhajimetehiraku

Takasunawachiwazawonarau

Tsuchiuruoutemushiatsushi

Kirihajimetehanawomusubu

7月1日

二十四節気 **夏至《げし》**

七十二候 **菖蒲華《あやめはなさく》** から **半夏生《はんげしょうず》** へ

1年の後半は、気分を良くしてからスタート！

ご利益行動

過ごしやすい環境を考える

月が替わり、古暦も切り替わりました。これから暑さが増していきますが、そのなかでも猛暑や酷暑となる前から「気分よく過ごす」ことを意識することで、だんだんと「楽しみ」が増えていきます。**月初なので、つい「先のこと」へと意識が向かいがちですが「いま、ここ」に意識をおいて、自分の心と体にとって「過ごしやすい環境」を考えてみてください。**今日から新たな気分を外の世界に求める期間が始まります。「内側と外側のバランス」を整えることにより、「見えない領域からの支援」、つまり「ご利益」が加速度的に大きくなっていきます。

暦からのメッセージ

変化への対応と受け入れ

七十二候では「半夏生＝初夏の花が盛りを終え、夏の気配が濃くなる」という表現をとっています。**これは、常に変化している季節を認識しながら、少しずつ「変化への対応」と「受け入れ」を促すことを意味しています。**暑くても、寒くても、楽しむ。これが四季の変化が激しい日本に生まれた私たちが、幸せに生きるための智慧です。

今日のご縁日

妙《みょう》見《けん》菩《ぼ》薩《さつ》さま

現代で失われつつある「北辰《ほくしん》信仰」の軸となる仏さまです。妙見さまをお祀りする寺社さまへのお参りをするのに縁起が良い日となるのはもちろんのこと、夜空に浮かぶ「北極星」を見つけてお参りするとご縁日の効力が得られます。

今日の呪文

「オン ソチリシュタ ソワカ」

夜になり、空に星が浮かぶ時間帯となったら、唱えてみましょう。自分の道標となる気づきが得られるご真言です。唱えた後に良い気分になる準備もしておくと、効果倍増です。

ご利益フード

青唐辛子

ホットな夏を味覚でも先取りしましょう。気分優先ですので、辛いものが苦手な方は辛味がなく甘みがおいしい「万《まん》願《が》寺《んじ》とうがらし」でもオッケーです。

7月2日

二十四節気　夏至

七十二候　菖蒲華 から 半夏生 へ

幸せへの道にも期限を決める必要がある

ご利益行動

自己肯定感を高める

まず「期限があるもの」と「それらの期限」を確認します。漠然とタスクをこなすだけでなく、自分が幸せに向かうためのステップを考えたとき「何を」「いつまでに」終わらせて、「何を」「いつから始めるのか」を検討してください。そのうえで仕事や周囲の状況から「必須となる期限」と「自分としての期限」を設定すると、自然界の摂理と合致して、物事がスムーズに流れはじめます。最初のうちは守れないときにガッカリしますが「自分の期限」をしっかり決めることによって、それを守れたときの自己肯定感が大きく増幅します。

暦からのメッセージ

緑の葉に意味を見出す

「半夏生」とは植物の名前です。毎年この時期になると、緑の葉が白色へと変化します。その変化を見た先人たちは「神さまからのメッセージ」と捉え、その解釈を検討してきたのです。その結果、緑から白への変化に「収穫のための準備期限がやってきた」という意味が見出されました。植物の変化に神さまや仏さまの存在を見出すのが、日本人の得意技だったのです。

今日のご縁日

不動《ふどう》明王《みょうおう》さま

五大明王と呼ばれる強力な力をもった仏さまの中心となるのが、お不動さまです。東・降三世《ごうざんぜ》明王《みょうおう》さま、南・軍荼《ぐんだ》利明王《りみょうおう》さま、西・大威徳《だいいとく》明王《みょうおう》さま、北・金剛夜叉《こんごうやしゃ》明王《みょうおう》さまの軸として中央に座していらっしゃいます。悩みや苦しみを焼き払う炎を自在に操り、悪しきものを遠ざける仏さまのご縁を感じましょう。

今日の呪文

「ノウマク サンマンダ バザラダン カン」

不動明王さまから悩みや苦しみを焼き払う炎が出ている姿をイメージして、唱えてみてください。いつでも何回でも唱えて大丈夫です。

ご利益フード

鮍《かわはぎ》

味は滋味を湛えていて、新鮮なものは「肝」も絶品です。

7月3日

二十四節気 夏至

七十二候 半夏生

自分だけの人間関係を整理する

ご利益行動

登場人物相関図を作る

あなたの人生の「登場人物相関図」を作ってみましょう。小説や映画などに登場する、誰と誰がどういう関係となるのかを示す図です。取り組んでみると面白くてやめられなくなるワークです。まずは両親の名前から始めて、配偶者（恋人）、子ども、兄弟や親戚の「血縁パート」を書きます。そのうえで、上司、部下、取引先の「仕事パート」を書き、最後にそれ以外の「友だちパート」を仕上げます。名前がわからない人や思い出せない人は、自分流の表現であだ名や仮名をつけて書いてみましょう。

暦からのメッセージ

人間関係の変化に備える

変化に備えるための準備期間です。**今日はとくに「人間関係」の変化に備える日となります。**現代に生きる私たちはあらゆることのベースに人間関係がありまず。「お金」は人が作り出し、人が運んでくるものです。「仕事」は、最初から最後まで一人で完結するものはありません。「健康」は、心と体の調和において、他人との関わりが必要なことは医学的に確認されています。つまり、人間関係を整えることが優先なのです。

今日のご縁日

多《た》宝《ほう》如《にょ》来《らい》さま

東の方角にある宝浄という世界にいる仏さまです。「肯定の仏さま」で、正しい回答や意見へと導いてくれると伝えられています。

今日の呪文

「オン バザラ アラタンノウ サンバンバ タラク」

午前中に東側を向いて、唱えてみてください。正しい回答や意見へと導いてくれるご真言です。

ご利益フード

杏《あんず》

宝珠という宝物の形をした7月が旬の果物です。できれば加工品でなく生の果実が望ましいですが、出回る期間が短く、地域によっては手に入りづらいので、ドライフルーツやケーキなどで食べるのもおすすめです。

7月4日

二十四節気 夏至

七十二候 半夏生

変化を文字化して、自分を把握する

ご利益行動

変化するものを書き出す

自分が「変化する」と思っているものを書き出してみてください。箇条書きがよいです。たとえば、仕事の内容、所属する組織、パートナー（恋人）、友人、住む場所、収入、趣味など、思いつくままに自由に書いてみてください。一通り書いたらいったん別のことをして、時間を空けてください。2時間以上経ってから、ふたたびメモを読み返してみて修正や追加をします。できれば3回程度繰り返して、自分がこの先「変わると思っていること」がどういう内容なのかを、しっかり確認してみてください。

暦からのメッセージ

変わるものを整理する

今日は「変化」に備えるために「変わるもの」「変わらないもの」を整理するのに適した1日となります。最先端の量子力学でも、すべてのものが変化しているのがこの世界だと証明されつつあります。私たちの社会では「変わるもの」と「変わらないもの」が存在します。これらは整理しておかないと、せっかくの努力や行動が、望む結果に結びつかないという結果となります。

今日のご縁日

天津日高日子《あまつひこひこ》番能芸命《ほのぎのみこと》さま

「天孫」として、天照大御神《あまてらすおおみかみ》さまから指名を受けて、この国に降り立った神さまです。多くの新しい智慧と文明をもたらし、より豊かな国へと導いてくれたといわれています。変化を感じながら、ご縁を繋いでみてください。

今日の呪文

「横身當宇宙《おうしんとううちゅう》」

「すべての宇宙において、あなたはかけがえのない、たった一つだけの存在である」という意味の呪文です。それはどんなに大きな変化が来ても、変わることのない真実です。この呪文は自分に自信をつける効果もあります。

ご利益フード

鯵《あじ》

1年中見かける魚ですが、7月までが旬です。お刺身はもちろん、寿司やフライもおいしい、変幻自在な食材です。

7月5日

二十四節気　**夏至**

七十二候　**半夏生**

これから来る夏に宣言をして備える

ご利益行動

暑さを楽しむことを宣言する

「私は、暑い夏を気持ちよく楽しみます」。今日は、このセリフを宣言します。まだ本格的な暑さがやってくる前に宣言すべき内容なのです。**夏が好きかどうか、あなたの「現状の好み」がどうであれ、今日のタイミングで言い切る必要があるのです。**本心や今の気持ちをいったん横に置いて、「試してみる」感覚で実践してみてください。もし協力者を見つけられるなら、お互いに、その宣言を認め合ってください。一人が宣言したら「拍手と祝福」、次の人も同じように。それは強力な「おまじない」となります。

暦からのメッセージ

受け入れ準備を意識する

変化に準備する期間も、そろそろ終盤です。古暦は同じような内容を繰り返しているように見えますが、それはすべてが「波動」、つまり、時間の経過によって上下に変化する波の動きであるという概念を伝えようとしています。そのため、一定の周期で同じような示唆が繰り返されます。今日のメッセージは「受け入れの準備」に意識を向けるというものです。

今日のご縁日

火《ほ》折尊《おりのみこと》さま

天孫の御子神さまであり、山を開拓したことから「山幸彦《やまさちひこ》」という御名《みな》でも伝えられています。海を開拓した兄を制し、この国の初代天皇の祖父として記録が残っています。山と海、二つの環境から祝福された神さまなのです。

今日の呪文

「白《はく》雲《う》抱《ほう》幽《ゆう》石《ごく》」

これから本格的な夏を迎え、白い入道雲が暑さとともにやってくるイメージで唱えてみてください。夕立にも風情を楽しめるようになる呪文です。

ご利益フード

玉蜀黍《とうもろこし》

夏野菜の代表格ですが、収穫時期が短いので他の野菜に比べ旬が短いのです。全国どこでもおいしい玉蜀黍がいただけるのは、本当にありがたいことですね。私のおすすめは「大蒜《にんにく》酢醬油」。ぜひお試しください。

7月6日 自分の、自分による、自分のための計画

二十四節気 夏至

七十二候 半夏生

ご利益行動

自分本位に計画を立てる

計画は思い描くだけでは機能しない「おまじない」です。だから学校でも会社でもしっかり文字化するように指導されてきました。でも、その方法で「実現しなかった経験」があるから、どんどんやらなくなっていくのです。さらには他人から与えられた計画は「命令」なので、反発、反抗の気持ちが育っていきます。それが続くと「計画なんて無駄」と思ってしまいます。**この機会に、「自分の、自分による、自分のための計画」に取り組んでみてください。**それは願いを明確化するだけでなく、その願いに必要な「力」を引き寄せる誘引剤となります。

暦からのメッセージ

3か月分の予測をする

日本人は長い間、「動物や植物に現れた季節の変化が人間へと移行してくる」と考えていました。そのため、自然界の変化をつぶさに観察し、これからやってくる未来への予測を立てたのです。**半夏生が終わる本日のタイミングでは、予測が大切なテーマとなります。**今回は8月、9月、10月の3か月の予測を立てるタイミングです。良い予測があってこそ、良い計画が描けるのです。

今日のご縁日

建《たけ》御《み》名《な》方《かた》富命《とみのみこと》さま

信濃国一宮・諏訪大社さまが総本社となり、祀られている神さまの縁日を感じましょう。日本全国で支持される大人気の神さまであり、今でも多くの地域で鎮守さまや大きな神社の末社さまとして祀られています。

今日の呪文

「囘《かい》天《てん》闕《かん》轉《でん》地《ち》軸《じく》」

「世界を変えるための軸」という意味の呪文です。計画を立てる前と後に唱えてください。計画が「変化の軸」として機能するようになります。

ご利益フード

魳《かます》

夏に旬となるのは「青魳」、冬に旬となるのは「赤魳」です。淡白な白身に特有の旨味があるので、シンプルな塩焼きがおすすめです。

7月7日

二十四節気 **夏至** から **小暑**《しょうしょ》 へ

七十二候 **半夏生** から **温風至**《あつかぜいたる》 へ

心と体を真に休ませる。それが本当の自愛

ご利益行動

心静かに体を静止させる

「自愛」の期間に入りました。意識的に休息をとることが、他の期間に比べて求められます。「目に見えない領域」もこれから活性化へ向かう期間ですので、心と体の両面で「自分に優しく」することを意識してみましょう。とはいえ、「寝たいだけ寝る」とか「好きなだけ食べる」というのは、自愛とはなりません。休息とは稼働によって蓄積した疲労と消耗を解消すること。寝るとか食べるなどは、体にとっては稼働です。**この期間の有効な活用法は、心静かに、体を静止させる**時間を意図的に作り出すことを心がけることです。

暦からのメッセージ

氣力と体力を回復させる

半夏生から温風至へ。夏の変化に対する準備の期間が過ぎ、暑さや激しい気候の変化への「対応力」を養うための期間へ移行しました。**最初に行うべきことは、冬から春にかけて消耗した「氣力」と「体力」を回復させるという選択です。**この期間に吹く風は「熱風」ではなく「温風」です。それを感じながら、しっかりと暑さに対応していく力を意識的に蓄えておく必要があるのです。

今日のご縁日

天《あめ》棚《たな》機《ばた》姫《ひめの》神《かみ》さま

織物の女神さまですが、中国の古典である「織姫伝説」と習合してお祀りされました。そのためお祀りしている神社では、毎年「七夕」のお祭りが執り行われることが多いのです。今日ご縁を結ぶと、良い夏がやってきます。

今日の呪文

「善《ぜん》因《いん》招《しょう》善《ぜん》果《か》」

「人のためを思って行うことが、自分にとって良い結果となる」という意味の呪文です。銀河に浮かぶ天の川をイメージして唱えてみてください。自然と良いことを選択するようになる効果があります。

ご利益フード

枝豆

風味も栄養価も夏のご褒美に相応しい野菜です。さやごと強火で醤油と鷹の爪で炒ると香ばしさが増して、手が止まらないご馳走となりますよ。

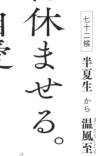

7月8日

二十四節気 **夏至**から**小暑**へ

七十二候 **半夏生**から**温風至**へ

胃腸をいたわると、感情もケアされる

ご利益行動

胃と腸をいたわる

暑さや寒さにとくに敏感な内臓は、胃と腸です。**今日は胃や腸を優しく休ませる行動を選択してみてください。**とくに胃は「感情」の影響をもろに受ける臓器だといわれています。プレッシャーがかかる場面で胃が痛む経験をされた方も多いでしょう。その現象も、人間が選択して決めたことではなく「もともと、そうなっていること」の一つ。胃と腸をいたわることは、自分の感情を正常に戻すことにも効果があります。そしてこの夏は、「暑いときに冷たいものを食べるのは、短期的なクールダウンとなっても胃腸には負担となる」ことを忘れずにいてください。

暦からのメッセージ

内臓への慈しみ

今日とくに意識したいのが「内部」への慈しみです。体の内側、つまり「内臓」を優しくいたわるのに適したタイミングとなります。皮膚や筋肉は神経が通っているので痛みや疲労を感知しやすいのですが、内臓は感知しづらい構造になっています。だからこそ、忘れずにケアしてあげましょう。

今日のご縁日

薬師如来《やくしにょらい》さま

医王善逝《いおうぜんせい》とも称する「医療」と「健康」を与えてくださる仏さまです。内臓をいたわるタイミングで、しっかりご縁を繋いでみてください。

今日の呪文

「オン コロコロ センダリ マトウギ ソワカ」

体を正常な状態に戻し、さらに活力を与えてくれるご真言です。食後や寝る前に、内臓への感謝を込めて唱えてみてください。

ご利益フード

南瓜《かぼちゃ》

冬至のイメージがありますが、じつは収穫の旬は7月から。ビタミンはもちろん、食物繊維も豊富で、胃腸をいたわる食材としてもぴったりです。夏の南瓜は鮮度が良いので、新鮮さを楽しむ調理方法を選んでください。

7月9日

二十四節気　小暑

七十二候　温風至

自然への文句は、神さまへの文句と同じ

ご利益行動

天候への愚痴を言わない

地域によっては、まだ梅雨空が続いているところもありますが、**今日は「天気、天候への愚痴を言わないこと」を実践してみましょう。**つい口から出てしまうのが、天気に対する不平不満です。これは、他の不平不満が言えないから、代替え行為として憂さ晴らししている、という理由もあります。チャレンジとして、徹底的に気温や天候などに対する不満や愚痴を排除してみましょう。もし不満が口から出てしまったら、「ありがとう」とすぐに言うことです。心のなかで言えばオッケーです。

暦からのメッセージ

日本人特有の自然観

日本人は古代から「人間も自然の一部」であることを認識していました。地震や台風など自然災害が発生するこの島国では、絶大な自然の力を抑え込んだり、征服したりするよりも、それを受け入れ、その恩恵を引き出すほうが、生きるための智慧として適切だったのです。だから、**自然界の現象ごとに「神さまと仏さま」を見出した結果、現代でも神社は全国に8万社以上、お寺は7万寺以上、存在しているのです。**

今日のご縁日

金《こん》剛《ごう》夜《や》叉《しゃ》明《みょう》王《おう》さま

もともとは「最強の魔神」として君臨していましたが、大日如来《だいにちにょらい》さまと出会い、世界の北側を守る仏さまとなりました。

今日の呪文

「オン バサラ ヤクシャ ウン」

「障壁や問題を消し去り、勝利をもたらす」という呪文です。北の方角を向いて唱えてみてください。この夏、雷の音が聞こえたら唱えるのも有効です。

ご利益フード

さくらんぼ

見た目も可愛い果物です。甘さと酸っぱさのバランスも、今日の暦と相性バッチリ。おいしい実をつけるには、雨も風も寒さも暑さも必要です。とくに寒暖差がある地域で、さくらんぼはおいしくなります。

7月10日

二十四節気　小暑

七十二候　温風至

些細な変化に気づける人になるきっかけの1日

暦からのメッセージ

変化への気づきと生きやすさは比例する

多くの人が見過ごしている変化に気がつき、その変化を楽しめれば「生きやすさ」のレベルが激変します。**今日のタイミングでは、そのことをしっかり認識し、いかにして変化に気がつくことができるのかを検証してみてください。**世界の変化を現実として認識できるだけで、それは「成長」したことになるのです。

ご利益行動

変化を観測する

「変化」に注目する。これは簡単なようでいて、難易度が高いワークです。身近な人の変化にも気がつかない人が多いのが現状なのですから、急にできるようにはなりません。**そこで、今日のおすすめ行動は「写真」を活用する変化認識トレーニングです。**今日は身の回りの植物の写真をスマホで撮影しておきましょう。そして10日後のスケジュールに「写真を確認する」と書き込みます。10日前の写真には、私たちが忘れている「自然の変化」がはっきり映し出されています。

今日のご縁日

天目《あめのま》一箇神《ひとつのかみ》さま

「製鉄と鍛冶」の神さまですが、集中力も象徴します。今日のご縁では、人間の域を超えた集中力が、素晴らしい刀を作り出す姿をイメージして、ご縁を繋いでみてください。

今日の呪文

「萬《ばん》法《ぽう》一《いち》如《にょ》」

「すべてのものは、すべて同じところから派生した」という真理を意味する呪文です。集中力が欲しいときに唱えると、即効性があります。

ご利益フード

太《た》刀《ち》魚《うお》

その名の通り、「太刀《たち》」のような形の魚です。銀の鱗が美しく、泳ぐ姿も「龍」のようであるため「海の神さまのお使い」としてお祀りされていた魚です。塩焼きや素揚げなど、もともとのおいしさを味わう調理方法がおすすめです。

7月11日

二十四節気　**小暑**

七十二候　**温風至**

暑いからこそ、楽しめることがある

ご利益行動

暑さの恩恵を確認する

今日は「暑い」ことでもたらされる「恩恵」について、確認してみてください。
暑さは不快の原因となり、また熱中症などの「生命の危機」へも繋がる「イヤな状態」です。しかし、この世界にとって「暑い時期」があるからこそ得られる「良いこと」があります。このワークで注意が必要なのは「地球温暖化」などの地球規模の変化や大きなテーマで捉えないようにすることです。たとえば「果物が甘くなる」「プールが嬉しい」「夏休みが来る」などの身近で、多くの人にとっての「嬉しい」ことに繋がる内容で考えてみてください。

暦からのメッセージ

自然界の変化と気候

古暦が作られたころと現代では、確かに気候が異なるケースがあります。ただ古暦では、その時期の「気温」や「気候」を伝えているわけではないので、その変化を考慮する必要はないのです。それは、今日のタイミングで有効なワークでも確認できる事実です。「気温」や「気候」だけを伝える情報が「変化する自然界」で受け継がれることはないのです。

今日のご縁日

愛《あい》染《ぜん》明《みょう》王《おう》さま

怒った顔をした怖い仏さまのように見えますが、大きな愛をもって世のなかを救う仏さまとして、全国でお祀りされています。人間関係を良くする力をもちます。今まで気がつかなかった「ご恩」を感じながらご縁を繋いでください。

今日の呪文

「ウン タキ ウン ジャク」

いろいろな恩恵を授かれる呪文です。とくに誰かと「仲直りしたい」や「関係を良くしたい」場合に効果があります。

ご利益フード

胡瓜《きゅうり》

水だけで、失なわれた水分を補おうとすると、内臓への負担が多くかかります。そこで、昔から好まれた水分補給が「胡瓜の丸かじり」です。味噌をつけると塩分の補給ともなり、熱中症対策にど真ん中ストライクです。

7月12日

今年半分の棚卸しが、夏から秋の暮らしを支える

二十四節気　小暑

七十二候　温風至　から　蓮始開《はすはじめてひらく》　へ

ご利益行動

数値で振り返る

7月も中旬となりました。1月1日から今日までの「振り返り」をする期間が始まります。**今日は「棚卸し」、つまり、数値として「去年から引き継がれていたもの」「今年になって入ってきたもの」「今年になって出ていったもの」を確認するのです。**「お金の数値」を軸とすると、具体性と精度が上がります。具体的には、メインの銀行の通帳を用意して、1月1日の預金残高、今日までに「増えた分」の金額と内容、今日までに「出た分」の金額と内容を確認するのです。

暦からのメッセージ

夏と秋に備える

これから来る夏をより楽しく、より健やかに過ごすために振り返りが必要です。冬と春に「入ってきたもの」「出ていったもの」を確認することで、ここからの夏と秋の内容が決まります。現在の自分には「何が入ってきて」「何が出ていったのか」を確認しておかないと、自分の「武器」や「強み」を知らないまま、いつもと同じ夏を過ごし、いつもと同じ収穫しか得られなくなってしまうのです。

今日のご縁日

多《た》比《ひ》理《り》岐《き》志《し》麻《ま》流《る》美《みの》神《かみ》さま

美しい海と砂浜を司る神さまです。あるべき姿、あるべき場所へ導いてくれます。ビーチや海の景色をイメージして、ご縁を感じてみてください。

今日の呪文

「神《じん》光《こう》照《しょう》天《てん》地《ち》」

「神さまの光が空と大地を照らし、豊かな世界が広がる」という意味の呪文です。美しい景色には、不思議な力が宿っているのです。こちらも、美しい景色をイメージしながら唱えてみてください。

ご利益フード

蜆《しじみ》

海と砂浜が育む、初夏の味覚です。夏と冬に旬となり、おいしい時期がやってきます。蜆に含まれる「オルニチン」という成分は肝臓をいたわる作用があります。

7月13日

二十四節気 小暑

七十二候 温風至 から 蓮始開 へ

成長を考えると、気分よく暮らせる

ご利益行動

成長できる領域を選ぶ

今年の冬と春を振り返る期間です。昨日、お金についての振り返りができた方は、次のステップである「成長できる領域」について考えましょう。「お金を得ること」と「成長」には、強い関係性があります。それは、この先の「選択肢を増やす」ことに大きく関連するのです。**今日は、現在の選択肢を確認し、そのうえで「この領域は現状で成長できる」と思える分野を確認してみてください。**それは「仕事」や「勉強」に限定されるものではありません。「趣味」や「嗜好」のジャンルでもよいのです。

暦からのメッセージ

見えない成長を受け止める

温風至から蓮始開へ。夏を過ごす準備のため、自愛の期間からこの夏を「より気分よく」過ごすための創意工夫の期間に入りました。**そのアプローチの一つが「成長」というキーワード。**蓮の花はこの時期が来る前、冬の間は目に見えない水のなかで根を広げ、さらに春の季節に水中から「葉」を広げて、大輪の花を咲かせたのです。それは、水面下の成長と水面上の成長を省略できない結果なのです。

今日のご縁日

倭《やまとの》大《おお》国《くに》魂《たまの》神《かみ》さま

産業の発展や人々の健やかな成長を、実現してくれる神さまです。古くは宮中でお祀りされていたと伝えられています。後に「大国主命《おおくにぬしのみこと》さま」と同じ神さまとしても祀られるようになりました。

今日の呪文

「歩《ほ》歩《ほ》起《き》清《せい》風《ふう》」

「一歩一歩前に進むことに成長が伴い、追い風が吹いてくる」という意味の呪文です。自分の成長をイメージしながら、唱えると、多くの協力が得られる効果があります。寝る前に唱えるのも有効です。

ご利益フード

万《まん》願《がん》寺《じ》とうがらし

辛くないとうがらしですが、たまに辛いものがあるので注意しましょう。形はとうがらしなのに、甘いという体験を楽しんでください。

7月14日

誰もが必ずもっているご先祖さまとの繫がり

二十四節気 **小暑**

七十二候 **蓮始開**

ご利益行動

自分のルーツを調べてみる

この本を読む人全員に、共通の事実があります。それは、全員ご先祖さまがいること。しかし現代では、自分のご先祖さまを知っている人が少なくなっています。**おじいさん、おばあさんの「名前」と「生まれた場所」はご存じですか？父方母方両方です。知らない方は調べてみてください。**知っている方、わかった方は「ひいおじいさん、ひいおばあさん」の名前と出生地はいかがでしょうか？親族への聞き込みや戸籍などで調べられます。難易度が高いですが、やるだけの価値があることです。自分のルーツを知ると、不思議な支援が増加します。

暦からのメッセージ

自分にとっての根を知る

つい「美しい花」に目を奪われてしまうのですが、「根」を観察することも大切です。**今日は、「自分にとっての根」を確認する行為が有効です。**わからなかったとしても、それは有効です。自分がいつか「ご先祖」になったとき、子孫が無関心だったら……。今日は、そんな想像もしてみてください。

今日のご縁日

阿《あ》弥《み》陀《だ》如《にょ》来《らい》さま

はかり知れない力をもち、過去・現在・未来のすべてが集約した存在だといわれる仏さまです。今日は「自分のご先祖さま」を想像しながら、ご縁を繋いでみてください。

今日の呪文

「オン アミリタ テイセイ カラ ウン」

強い力で救ってくれる呪文です。今日のタイミングでは、「時空を超えた存在」についての、漠然としたイメージと一緒に唱えてみてください。

ご利益フード

茄子《なす》

夏野菜でも「主役級」の存在です。これから旬が始まり、いよいよ天然のおいしさが楽しめる時期となります。自分の好みを発見するためにも、いろいろなメニューに挑んでみてください。

7月15日

二十四節気 **小暑**

七十二候 **蓮始開**

たとえ成果は消えても喜びは消えない

ご利益行動

うまくいったことを思い出す

「仕事や勉強で得られたこと」。それは時間が経つにつれ、どんどん記憶から消えていきます。「喜び」や「達成感」は残っても、その具体的な内容は、忘れてしまいがちです。**今日は「うまくいったこと」を思い出すチャンスです。**そのときの喜びや達成感を思い出してください。そのとき得られた「報酬」や「名誉」などを手がかりにすると、より具体的に喜ぶことができます。それは「成功体験の復習」となるのです。予習と復習が有効なのは勉強だけではないことを知りましょう。

暦からのメッセージ

植物にとっての成果を考える

「蓮の花」は成果そのものではありません。植物にとっての「成果」といえるのは、花が咲き、受粉がうまくいった後にできる「種」であり、それが別の場所で芽吹くことだからです。でも、花を観賞するという目的をもった人間にとっては「成果」なのです。そして、それは「喜び」と「達成感」が伴うからこそ意欲が湧いてくるのです。

今日のご縁日

妙《みょう》吉《きっ》祥《しょう》菩《ぼ》薩《さつ》さま

今日は、知識や教養を司る「文殊《もんじゅ》菩薩《ぼさつ》」さまの別の御名で、ご縁が繋がるイメージをもってみてください。「学ぶ」という行為そのものが「幸せを呼ぶ」という現象を意味しています。

今日の呪文

「オン アラハシャノウ」

勉強や読書の前に唱えると「幸せを呼ぶ」効果が倍増する呪文です。また、自然と必要になる知識や、役に立つ本などに気がつくようになる効果もあるので、調べものをするときにも唱えてみてください。

ご利益フード

ピーマン

しっかりとした野菜の旨味と豊かな栄養が嬉しい暑い時期にぴったりな夏野菜です。芯の種を守るような形状は、自然界の美です。

7月16日

妄想は本来自由なもの。制限なく楽しむ

二十四節気 小暑

七十二候 蓮始開

ご利益行動

予算を多めに妄想をする

夏に向かう外の世界に気を取られる日々ですが、今日は「内側」、とくに「想像の世界」での活躍が期待できる日です。うまく行うコツとしては、設定する「予算」の桁を普段よりも2桁ほど増やしてから行うこと。**「お金がかからない妄想」も楽しいですが、今日のタイミングでは「意識的にお金をかける妄想」をしてみましょう。**15分から30分、時間を決めて、自分一人で行うことも前提条件となります。妄想の内容は、あなただけの秘密です。

暦からのメッセージ

制限なく妄想する

現代に生きる私たちは、知らず知らずのうちに「勝手な制限」を設定してしまっています。**今日のタイミングでは、それを解除するトレーニングが有効です。**社会で生きるために必要な「規制」は確かにありますが、それで自分の幸せを規制する必要はありません。でも、注意していないと、ついつい制限する規制へと変化している可能性があるのです。「規制のない妄想」は心身の健康にも役立ちますので、今日のタイミングで試してみてください。

今日のご縁日

比《ひ》佐《さ》津《つ》媛《ひめ》さま

人間の姿を借りて、遠征に出た天皇に必要な情報を与え、導いたという神話が受け継がれている女神さまです。また、太古の女王として『魏《ぎ》志《し》倭人伝《わじんでん》』に登場する「卑弥呼さま」の御名という説もありますが、それらは記録がないほど昔のことなので、そのご縁を結ぶためには「想像力」で補う必要があります。

今日の呪文

「百《ひゃっ》花《か》開《かい》誰《すい》為《し》」

「自然界の美しい花々は誰のために咲くのか?」という質問が、そのまま呪文となっています。見えない領域からの支援で想像力が増す効果があります。

ご利益フード

鱚《きす》

1年中出回りますが、一番おいしいのは今ごろのものです。江戸湾(東京湾)で良いものが取れるため、「江戸前」を代表する魚です。

7月17日

二十四節気 **小暑**

七十二候 **蓮始開** から **鷹乃学習《たかすなわちわざをならう》** へ

誇れることを考えてご利益を生む

ご利益行動

自分が上手にできることと向き合う

「自分ができること」を確認するタイミングです。**メモ帳かスマホを用意して、自分ができることを書き出してください。**「できるけど、やったことがないこと」は除外です。必ず今までの経験から考える必要があります。「歯を磨ける」といった「誰にでも簡単にできること」も除外です。自分の基準で、他人よりも「うまくできること」「速くできること」「正確にできること」を選別していきます。思いつかない人は、時間をかけてじっくり思い出してください。誰でも必ずありますので。

暦からのメッセージ

学びを大切にする期間へ

蓮始開から鷹乃学習へ。美しい花が初夏を告げる期間から「鷹が学ぶ」期間へと移行します。これも「暗喩」です。鷹は日本人にとって特別な鳥。その姿は美しく、「神さまの使者」としても尊ばれていました。それは、人間から学んだのではなく「神さまから学んだ」と解釈したのです。**この期間は「学び」を軸に展開することが有効となります。**「全体の波」へと同調するチャンスとなるのです。

今日のご縁日

千《せん》手《じゅ》千《せん》眼《げん》観《かん》世《ぜ》音《おん》菩《ぼ》薩《さつ》さま

1000の手をもち「万能」を意味する仏さまです。今日のご縁では観音さまのお姿として仏像や仏画に登場する道具をイメージしながら、ご縁を結んでみてください。さまざまなスキルを認識するうえで、有効となります。

今日の呪文

「オン バザラ タラマ キリク」

「道具」をイメージしながら唱えてみてください。自分が使用している道具のイメージと、観音さまがもつ道具のイメージを重ねながら唱えると、スキル向上の効果が増幅します。

ご利益フード

柚子《ゆず》

爽やかな香りと酸味が嬉しい果実です。初々しい香りを楽しんでみてください。皮も刻んでお吸い物に入れると、一椀のなかに初夏の香りが広がります。

7月18日

なりたい姿が毎日を吉日へ導く道標になる

二十四節気 **小暑**

七十二候 **蓮始開** から **鷹乃学習** へ

ご利益行動

なりたい姿を描く

自分の「なりたい姿」を考えていますか？ まだ考えたことがないなら、今日考えてみましょう。「幸せに生きる手段」の一つに「なりたい姿」と「やりたいこと」を整理する方法があります。この二つが、交ざり合っていると、自分の幸せが複雑になってしまうのです。「なりたい姿」と「やりたいこと」は、順番を入れ替えながら、あなたの毎日を幸せに導いてくれる「道標」になるのです。具体化することにより、現状が刻々と変化していきます。そして「自分にとって必要なもの」が現れはじめるのです。

暦からのメッセージ

学習の目的を明確にする

「学習」は学校を卒業してからが本番です。もちろん授業を通じても知識や情報を身につけることはできますが、学校は「実践と体験」の要素が圧倒的に少ないのです。「勉強と学習の違い」も、その点にあります。勉強は「知識とその応用」が試されますが、学習は「結果がすべて」なのです。**今日のタイミングでは「学習の原動力」となる「目的」を明確にすることが有効です。**「なりたい姿」は「学習の目的」となるのです。

今日のご縁日

定光如来《じょうこうにょらい》さま

「未来を予言する力」をもつ仏さまです。「前世」や「来世」も見通せる能力があると伝えられています。自分のなりたい姿が予言として感じられるよう、ご縁を繋いでください。

今日の呪文

「千《せん》里《り》萬《ばん》里《り》一条《いちじょう》鐵《てつ》」

「過去も現在も未来も、一筋の鉄線のように繋がっている」という意味の呪文です。唱えることで自分のなりたい姿への強固な道が繋がる効果があります。

ご利益フード

栄螺《さざえ》

美しい渦巻きの形状は、渦潮を連想させます。貝殻のまま、焼いて醤油を垂らすと「壺焼き」という逸品の完成です。磯の香りが強いので、好みが分かれる食材ですが、複雑な旨味と食感は、夏の到来を味覚から伝えてくれます。

7月19日

二十四節気 **小暑**

七十二候 **鷹乃学習**

好きなことが、一番自分に合っていること

これからは「スキルアップ」という意図を生活のなかで選択する要素として取り込んでください。

ご利益行動

スキルアップを意図する

「スキル」とは「人よりもうまくできる能力」です。それは常に向上する可能性があります。**今日からは、人よりもうまくできることが、さらにうまくできるようになると「意図」してください。**もちろんそれは仕事や勉強のことでなくてもよいのです。趣味や好きなことでも、「自分を幸せにして」なおかつ「人よりもうまい」のであれば、それは「スキル」として向上を意図する価値があります。日々の生活のほとんどは「自分の選択」により、その使い方が決定されています。

暦からのメッセージ

学習の好みを確認する

「学習」は、他人に強制されるものではありません。他人からの指示や強制を受ける場合がありますが、それも結局は「自分の選択」によって、もたらされています。**今日は「自分の学習」が自分の「好み」かどうかを確認するタイミングなのです。**「好きこそものの上手なれ」ということわざもあります。「理想的な学習」には「好き」という要素が重要です。

今日のご縁日

天之《あめの》都《つ》度《ど》閇《へ》知《ち》泥《ねの》神《かみ》さま

天上界の「水路」を司る神さまで、人間界においても「水道」を創造し、きれいな水を集落まで届け、多くの生命を育ててくれる女神さまです。今日は水路や水道のイメージでご縁を繋いでみてください。

今日の呪文

「水《すい》急《きゅう》不《ぶ》流《るい》月《げつ》」

「水の流れに映る月は、流されることなく美しい」という意味の呪文です。こちらも「水路」や「水道」のイメージを描きながら、唱えてみてください。

ご利益フード

泥《ど》鰌《じょう》

現代では一般的な食材ではないのですが、江戸時代に大流行となり、今でも名店が受け継がれています。美しい水路に生息し、暮らしの近くにあった食材だったのです。

7月20日 計測することで、達人への道が開かれる

二十四節気 **小暑**

七十二候 **鷹乃学習**

ご利益行動

スキルの変化を計測する

「スキル」が上がったとき、ゲームのように、表示やアラームで教えてくれればよいのですが、現実世界ではそのような機能はありません。そのため「昔の結果」と「今の結果」を比較する必要があります。「昔よりもうまくなっている」という結果が確認できればスキルアップですし、「前と同じ」か「前より下手」だとスキルダウンです。**今日は自分が認定した「自分だけのスキルの計測方法」について確認しておきましょう。**できるだけ「数値化」できるものが望ましいです。「報酬」と「時間」という項目は多くの場合、計測に適したものとなりますので、使用してみてください。

暦からのメッセージ

客観的に評価する

「学習」は学校の「勉強」とは異なり、点数でわかるものではないため、「向上している」のか「降下している」のか把握しづらいという弱点があります。今日の古暦は、自分で自分を評価できることの重要性を伝えています。**「客観的」に自分の過去のスキルと現在のスキルを比較できるようになれば「達人への道」は開かれたも同然です。**

今日のご縁日

摩利支天《まりしてん》さま

仏教を守る仏さまですが、人間の喜びや苦しみを深く理解し、救済してくださる仏さまです。とくに太陽の動きを司るという力も伝えられていたため、時間の管理や有効活用にも力をいただけるのです。

今日の呪文

「オン アニチ マリシエイ ソワカ」

具体的なスケジュールを決める前に唱えておくと、すべての調整がうまくいく効果があります。

ご利益フード

昆布

収穫の旬は7月からです。出汁の素として重宝されていますが、食材としてもいろいろなものとの相性が良いので、いろいろなおいしさを試してみましょう。

7月21日

二十四節気　小暑

七十二候　鷹乃学習

今日は自分で自分の姿勢をほめる

ご利益行動

ご褒美を準備する

私たちの「やる気」は、どうやったら湧いてくるのでしょうか？　多くの人に有効なのは「ご褒美」の設定です。「将来の成果」だけを追い求めても、途中でガス欠となってしまいます。失敗や障壁はゲームを面白くするための「イベント」です。でも感情がそれを受け入れないので、放棄と挫折という選択をしてしまうのです。**それを予防する手段が「ご褒美」です。「求めている結果」ではなく、それに向けた行動を選択した自分への「報酬」を検討してください。**できればそれは「自分のスキル」に関連したものが望ましいです。

暦からのメッセージ

人間以外も味わう挫折

自然界には「挫折」という結果が存在します。今日はそれが発生するタイミングです。日に日に暑さが増す時期には、動物でも植物でも挫折してしまう個体が発生するのです。この場合の挫折とは、「死」です。その観察から、この期間に作物や家畜に「ご褒美」を与えることが有効だと発見したのです。そして、与えたものを遥かに上回る恩恵が戻ってくることを、先人たちは学んだのです。

今日のご縁日

天津日子根命《あまつひこねのみこと》さま

太陽神である「天照大御神さま」の御子神さまであり、人間界における「太陽」と「風」と「土」を司る神さまです。そして、その三要素が活性化すると「ご褒美」となるおいしい野菜や果物がいただけるのです。

今日の呪文

「上《じょう》是《ぜ》天《てん》下《げ》是《ぜ》地《ち》」

自然のすべては、人間が作り出したものでなく「もともと、そうなっていたこと」です。自然を強く感じる場所で唱えてみてください。

ご利益フード

鰻《うなぎ》

味も価格も、ご褒美に相応しい食材です。江戸時代でも「土用の丑の日」には、多くの人がゲン担ぎのために求めました。もともとはマーケティングのためのキャッチコピーでしたが、多くの人の支持で「不思議な力」が生まれたのです。

7月22日

焦点を絞ることで、力は増幅する

二十四節気　小暑

七十二候　鷹乃学習

ご利益行動

レーザー効果を活用する

「レーザー」をご存じでしょうか？　普段、私たちの暮らしを明るくしてくれる照明を一点に集中させることにより、「とんでもない力」を発揮させる装置です。**今日は、自分の学習にも「レーザー効果」を導入してみましょう。**今こそ「集中力」について活用すべきタイミングなのです。でも今日の「集中力」は「限られた時間に一つのことしかやらない」という選択ではなく「多くの項目」から「焦点」を絞る行動を意味します。今日は一握りの行動に焦点を絞りましょう。

暦からのメッセージ

選択肢が増えた原因を考える

集中力は意識してしまうと、難易度が上がる。これは人間の特性のようです。自然界の生物の多くが「生きて、子孫を絶やさないことに自動的に集中する」ように設計されているのですが、人間はその枠組みを超えて「子孫」だけでなく「思想」や「文化」も絶やさないことを目指したため、選択肢が多くなってしまいました。**今日のタイミングでは「焦点」を意識することで「意図的に選択肢を狭める」ことが有効となります。**

今日のご縁日

天照大御神《さま》

ご存じ、日本の最高神であり、太陽の神さまです。今日のタイミングでは「鏡」をイメージして、ご縁を感じてみてください。鏡は太陽の光を集中させ、世界を作り出すと太古の人々は理解したのです。

今日の呪文

「日《ひ》日《び》新《しん》又《ゆう》日《ひ》新《しん》」

毎日昇る太陽も、前と同じ状態であることはあり得ません。同じように見えても、昨日の太陽と今日の太陽は違うのです。それを認識するための呪文には「集中力を上げる」効果があります。同じ瞬間は二度とないからこそ「いま、ここに集中できる」のです。仕事や勉強の前に唱えてみてください。

ご利益フード

西瓜《すいか》

太陽の恵みがそのまま凝縮された甘みを、存分に楽しみましょう。

7月23日

「今日から始める」と決めてしまおう

二十四節気
小暑から**大暑**《たいしょ》へ

七十二候
鷹乃学習から**桐始結花**《きりはじめてはなをむすぶ》へ

ご利益行動

初めての一歩を踏み出す

あなたの「初めて」は、すぐに「いつもの」へと変化します。**今日は「最初の一歩」を踏み出してください。それは、どのようなジャンルでも構いません。**「明日からも継続すること」限定です。過去にやってみたことの再現ではなく「今までやったことがないこと」へ踏み出すのです。それに必要なのは「勇気」と「ワクワク」です。心配や恐れが強い場合は「いや〜楽しみだな〜、ワクワクする！」とウソでもいいので、口に出してみます。何度も、笑えるまで繰り返しつぶやきます。それで「スイッチオン」です。

暦からのメッセージ

今しか得られないスタートアップ

小暑から大暑へ。今日の切り替わりは、次の冬まで影響する大きなポイントとなります。**いよいよ暑さが極まる時期へと移行し、このタイミングでしか得られない「スタートアップ」が始まるのです。**その動きに同調することで、さまざまな恩恵が得られます。それは自力だけでは得られない「他力」がついてくれるという現象です。そこから「ツイている」状態が実感できるようになります。

今日のご縁日

宝《ほう》幢《とう》如《にょ》来《らい》さま

すべての始まりとなる「心」を表す仏さまです。「発《ほっ》菩《ぼ》提《だい》心《しん》」というお導きによって、迷いや邪魔する感情を消してくれる力をもっています。今日のご縁で不安を軽くする支援を感じてみてください。

今日の呪文

「ノウマク サマンダ ボダナン ランラク ソワカ」

新しいことに挑戦する前に唱えると、勇気と前に進む力を与えてくれる呪文です。抑揚をつけずに、ゆっくり、しっかりと唱えるのがコツです。

ご利益フード

モロヘイヤ

昔からある夏野菜ではなく、近年になっておいしさと栄養価が評価され、出回るようになってきました。もし、まだ食べたことがないのなら、ぜひ今日のタイミングで「初めて」に挑んでみてください。

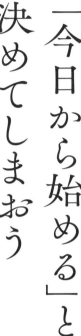

7月24日

二十四節気 **小暑**から**大暑**へ

七十二候 **鷹乃学習**から**桐始結花**へ

すべては妄想から始まる

ご利益行動

カレンダーで妄想する

今日はスケジュールや計画表ではなく、「カレンダー」を確認します。月と日と曜日だけが記載されているシンプルなものがおすすめです。それを手に取って、この先の日付を確認していきます。今年の祝日が後どのくらいあるのか、家族や友だちの誕生日や日付が決まっている恒例行事の日を見ていきます。日めくりカレンダーだと大変なので、月めくりがよいですね。そのうえで、年内のイベントについて日付を見ながら「妄想」するのです。今はまったく想定していないことや、日付を見ながら思いついた内容で、楽しくなるイメージを描きます。抽象度を高くして行うのがポイントです。

暦からのメッセージ

抽象的な妄想が現実に

計画がすべて現実化するなら、この世界は現在のような姿にはなっていません。つまり、計画にはもともと「その通りにはならない」という要素があるのです。結果として振り返ったとき「始まりは妄想からだった」ということも事実としてあるのです。**今日のタイミングでは「抽象的なこと」が始まりとなる可能性が高いのです。**

今日のご縁日

天日鷲神《あめのひわしのかみ》さま

天の岩戸神話のなかで、弦楽器を奏でて、ときを刻んだ神さまです。その際にどこからともなく鷲が飛んできて、その楽器の先に止まったという伝説から、この御名となりました。今日は「ときを刻むリズム」をイメージしながら、ご縁を繋いでみてください。

今日の呪文

「志行正《しぎょうせい》」

唱えておくと「チャンスが来たことに気がつくようになる」という効果があります。目的を達成するには、適切な機会、つまり「好機」に気がついて活かすことが大切なのです。

ご利益フード

間八《かんぱち》

淡白な白身に旨味がある夏の魚です。いろいろな味つけにも順応し、和食でも洋食でも楽しめるメニューが多いのです。

7月25日

本当の付き合い上手は、否定せずにうまく避ける

二十四節気 **大暑**

七十二候 **桐始結花**

ご利益行動

虫よけ対策を徹底する

突然ですが「虫よけ」していますか？　もう蚊が飛ぶ季節になっているので、対策している方も多いかと思います。**今日のタイミングでは「虫よけ」について徹底してみてください。**蚊などの実在する虫についての対策だけでなく、自分にとって「迷惑となる可能性がある生物を避ける」という対策も徹底するのです。これは無駄に命を奪うのではなく、うまく共存するという道を選ぶ場合に、必要な行為となります。とくに私たち人間には、「迷惑となる可能性」をもつタイプが存在するようです。その場合も「存在を否定する」のではなく「うまく避ける」という選択が賢明です。「共存共栄」とはそういう努力の結果で実現します。

暦からのメッセージ

虫よけを意識する

「桐」には古くから「防虫効果」が認められていました。そのため、虫喰いされると困る経典や巻物の保管には「桐の箱」が使われるようになったのです。今日は目に見える虫よけに加えて、目には見えない領域での「虫よけ」を意識することで、この先の「望まない状態」を回避できるタイミングです。

今日のご縁日

意富加牟豆美命《おおかむづみのみこと》さま

邪気を払い、悪いものを追い払う神さまです。「桃」の神さまでもあります。古来より桃は「仙木《せんぼく》」とも呼ばれ、神さまの力が宿った果物として貴重品だったのです。今日は「桃で邪気を払う」イメージで、ご縁を繋いでみてください。

今日の呪文

「雄氣堂堂《ゆうきどうどう》」

「良い姿勢で、堂々としていると悪いものが寄ってこない」という意味の呪文です。何となく怖さや不安を感じたときに唱えてみてください。

ご利益フード

苦瓜《にがうり》

漢字で書くと馴染みがないのですが、現代では「ゴーヤー」として店頭に並んでいます。沖縄の郷土料理「ゴーヤーチャンプルー」は、そのおいしさと栄養バランスの良さで大人気になりました。

7月26日

二十四節気 大暑

七十二候 桐始結花

ゆったりと落ち着けるよう整えることが豊かさへの道

ご利益行動

引き出しを更新する

整理整頓についての「誤解」があります。それは「したほうがよい」のではなくて「しないと損」なのです。**今日は、自宅はもちろん、職場や学校で自分が使っている引き出しのなか、収納のなかを確認しましょう。**「私は日ごろから整理しているから大丈夫」と思った人も、普段使わないもの、すでに必要でないものをしまい込んでいないか、確認して「更新」してください。引き出しのなかを新しくすると、心のなかも更新されます。1年以上使用していない道具や小物は手放すことで自由にしてあげてください。

暦からのメッセージ

桐の真価を知る

「鳳凰《ほうおう》」という伝説の鳥は「桐の樹」にしか止まることはなかったといわれています。そして太古から「桐の花」はお祭りや儀式に用いられることが多く、「神聖な樹」として扱われてきました。それは花の美しさや幹や枝などの「見た目」だけではなく、内側にある「整った氣」が尊ばれたのです。現代でも一流の職人さんが作る「桐の箪笥《たんす》」は芸術品の域にある「家具」です。ぜひ、このタイミングで確認してみてください。

今日のご縁日

五《い》十《そ》猛《たけるの》神《かみ》さま

木々を司る神さまであり、林業、造船、航行、商売繁盛のご神徳で大人気の神さまです。産業を興し、家具や木工品の職人さんにも篤く奉賛された神さまですので、今日のタイミングでご縁を繋いでみてください。

今日の呪文

「従容無為《じゅうようむい》」

「自然に従い、ゆったりと落ち着く」という意味の呪文です。「容量に合った状態を維持することが、豊かさへと繋がる」という意味もあります。

ご利益フード

谷中生姜《やなかしょうが》

東京都・谷中の特産だったため、その名がつきました。旬のものは生でも味噌をつけておいしくいただけます。

7月27日

二十四節気 **大暑**

七十二候 **桐始結花**

目に見えない報酬に気づくと幸せに近づく

私たちの世界は「目に見える報酬」だけで成り立つものではないのです。

ご利益行動

見返りと感謝を考える

今日は「見返り」という単語の意味と使い方について、考えてみましょう。大きな意味としては「後ろを振り返ること」と「保証・担保・代償として得たり、与えたりするもの」という内容が確認できます。私たちの日々の生活は「後ろを振り返り」ながら「代償を得たり、与えたりする活動」が軸となっています。給料や報酬も「見返りとして受け取る」という意味は否定できません。では「報酬ではない見返り」はあるのかというと……それは「感謝」という単語で存在します。

暦からのメッセージ

花の変化に気づく

「花」は自然界では目立つ「変化」です。鮮やかな色がつぼみから現れると、人間はもちろん、小さな虫たちも、その変化に気がつき、近くに寄ってきます。咲くまでは存在していなかった「香り」だけでなく、「美しさを喜ぶ感情」までも新しく生まれるのです。それは受粉や生育を助けてくれる他の生物に対する「見返り」ともいえるものですが、それだけでは「花の美しさ」は理解できないのです。

今日のご縁日

聖《しょう》観《かん》音《のん》さま

「大いなる慈しみ」をもって、人々を救済される仏さまです。それは人間と仏さまの「取引」などではなく、宇宙の法則として伝わる摂理です。

今日の呪文

「オン アロリキャ ソワカ」

助けが欲しいとき、助けてもらったときに唱えると、より良い結果へと導かれる効果のある呪文です。とくに助けが必要でなくても、お昼の時間帯に唱えてみてください。自分でも気づかなかった危機から救われる効果もあります。

ご利益フード

鮑《あわび》

太古から「神さまへの捧げもの」のなかでも特別な食材です。肉厚で旨味が凝縮された味はもちろん、その形や光り輝く貝殻も特別なものとなった理由です。

7月28日 魔法が効く時間帯を体感する

二十四節気 **大暑**

七十二候 **桐始結花** から **土潤溽暑**《つちうるおうてむしあつし》 へ

ご利益行動

夏の夜の匂いを楽しむ

今日は日暮れから夜にかけての「匂い」を確認してください。夕立の場合は、雨がやむのを待って外に出て確認するのです。宵闇から夜へ移行する時間は「マジックアワー」、つまり「魔法の時間帯」と名づけられています。絶妙な光量のなかで、現実とは思えない景色を写真や映像で捉えることができるからだといいますが、じつは本当に「魔法」がよく効く時間帯となるのです。そのことを日本語では「逢魔時《おうまがとき》」という表現で伝えています。別の次元への扉がうっすらと開く時刻という解釈もあります。今日は美しい時間帯を五感で確認してみてください。

暦からのメッセージ

下へと視点を変更する

桐始結花から土潤溽暑へ。**今日からの切り替わりでは「視点」を変更する必要があります。**夏の太陽光が強いので、つい「上」にばかり注意が向いてしまいますが、上ばかり見ていると足元が危なくなるのです。この期間は、しっかりと「下側」に注意を向けて、暑さの先にある変化に対応する必要があります。そのためにも「視覚」だけでなく「嗅覚」や「聴覚」を意識的に使ってみてください。

今日のご縁日

孔雀明王《くじゃくみょうおう》さま

美しい孔雀に乗り、天地を駆け巡る仏さまです。人々の災いや苦痛を取り除いてくれる力があるといわれ、恵みの雨を降らせてくれる力もあります。美しい孔雀をイメージしながら、ご縁を感じてください。

今日の呪文

「オンマユラキランテイソワカ」

事前に唱えておくと、いろいろな罠や落とし穴を回避できる効果があります。今日は「マジックアワー」に唱えてみてください。もし夕立が来たら、それは「吉兆」です。

ご利益フード

桃

秋のイメージがありますが、じつは夏の果物です。神秘的な夕闇を楽しみながら、豊かな香りを楽しんでみてください。

7月29日

二十四節気 大暑

七十二候 桐始結花 から 土潤溽暑 へ

決まった価値観だけでは、幸せは決まらない

が「幸せについての事実」です。「人間の価値観だけでは、幸せは決まらない」という原則に気がつくと、奥行きのある人間へと進化することができます。

暦からのメッセージ

蟬のメッセージに気づく

この期間を表す「土が潤う」という表現には、さまざまな解釈が発生します。解釈には先人たちの志向性や自然界の状況を取り込んでいく必要があります。今の季節で土から生ずる生き物といえば「蟬」です。そして蟬は生き物のなかでも特殊な生態であり、そこから「メッセージ」を読み解くのです。

ご利益行動

蟬の一生に思いをはせる

「日本の夏」といえば「蟬の声」がつきものです。もちろん地域によって印象が薄くなることもありますが、日本中ほとんどの場所にいて、「ほぼ夏だけ」その声が聞こえてくるのです。**今日は「蟬の一生」について確認してみてください。**細かい情報は検索結果にお任せして、その後の行動について、お伝えします。調べた後は、「蟬の幸せ」について、考えてみてください。人間の一生との比較や他の昆虫との比較でオッケーです。その作業を通じて、確認していただきたいの

今日のご縁日

吉祥天《きっしょうてん》さま《さま》

もともとはインドの神さまでしたが、仏教に取り入れられ守護の仏さまとなったと伝えられます。「幸福」と「美」と「富」をもたらすという力があり、日本でも大人気です。美しさと豊かさの象徴であることから「弁財天《べんざいてん》さま」と一緒に祀られていた時代もあります。

今日の呪文

「壽山福海《じゅざんふくかい》」

「山のように高く積まれる喜び」と「海のように深く広がる幸福」を意味する呪文です。目に見える豊かさをもたらす効果があります。

ご利益フード

辣韮《らっきょう》

カレーの付け合わせとして大活躍の夏野菜です。土のエネルギーを蓄え「滋養強壮」や「整腸作用」などの嬉しい効果があるのです。

7月30日

二十四節気 大暑

七十二候 土潤溽暑

誰かの教訓が、あなたの教訓になるとは限らない

ご利益行動

自分の教訓を確認してみる

今日は自分が生きてきたなかで「教訓」として受け入れているものをチェックしましょう。せっかく得た教訓も、放置したり、安易に受け入れたりしていると「現状と合わない」状況が発生します。なぜなら、その教訓を生んだ人と、あなたとでは「住む世界」が違うのですから、適合しないことのほうが多いのです。今日は「自分の幸せと合わない教訓」を受け入れて放置していないか、確認してください。

暦からのメッセージ

自分の土台をメンテナンスする

家や建造物は「土台」が弱かったり、欠陥があったりすると、その形を維持することが難しくなります。地面よりも上の問題は個別に対処できますが、「土台」は全体に対応する必要が生じてしまうのです。**この期間は「自分の土台」をメンテナンスする時期でもあります。**人間は「土台」に問題があっても、全部取り壊すことなく修復することもできます。でも、問題を放置すると、やがて全体に影響が出ることを忘れないでください。

今日のご縁日

大《おお》国《くに》主《ぬしの》神《かみ》さま

日本という国を作った、知名度抜群の神さまです。神話のなかでは、もっとも「困難を克服した神さま」として伝えられています。それらは、未来を生きる私たちに「教訓」を伝えてくれているのです。

今日の呪文

「百《ひゃく》折《せつ》不《ふ》撓《とう》」

すべての成功には「教訓」が含まれています。今日の呪文は「あきらめない」ということが、成功の基礎となることを教えてくれているのです。あきらめそうになったときに唱えると、不思議な力が湧いてくる効果があります。

ご利益フード

葡《ぶ》萄《どう》

古代から人類が食してきた果物です。この時期は「小粒の品種」が旬となります。たわわに実る恵みを、楽しんでください。

7月31日

二十四節気 **大暑**

七十二候 **土潤溽暑**

心を耕し、隙間を作る

心、思考や意識にも、隙間が必要であることを認識してください。

暦からのメッセージ

隙間の大切さを学ぶ

「土」は硬くすると密度が上がり、粒子の隙間が小さくなります。その状態は形状を維持することには優れていますが、植物が根を張ったり、雨を蓄えておいたりすることができません。しかも、土が硬い状態は、耐久力を超える圧力が加わると、全体が崩壊してしまいます。そのため、まずは土を耕し、硬い部分をなくし、「隙間」を作る必要があるのです。この期間は、それに適しています。

ご利益行動

意図的な隙間を作る

「美しく仕上げる整理整頓のワザ」をご存じですか？　それは「意図的な隙間を作る」こと。棚や引き出しなどは、びっしりとモノを詰め込むのでなく、ところどころに「隙間となる空間」を作るようにレイアウトします。すると、全体を眺めたときに「おおらかさ」と「柔らかさ」を表現できるのです。収納はモノをしまうだけでなく、その空間の「意識」も表現します。しまい込むだけでは、魅力的でないのです。これは、目に見える領域だけの法則ではありません。**気持ちや**

今日のご縁日

石《いわ》土《つち》毘《び》古《この》神《かみ》さま

土を司る神さまです。今日のご縁日では、砂と砂、石と石が結合した塊のなかに、無数の隙間がある姿をイメージして、ご縁を繋いでみてください。自然界には適切な隙間が必要なことが理解できます。

今日の呪文

「安《あん》以《い》楽《らく》」

「平和を楽しみ、安らかなときを招く」という意味の呪文です。今日は休憩時間や隙間時間に唱えて、効果を実感してみてください。

ご利益フード

隠《いん》元《げん》豆《まめ》

成長が速く、飢饉などの危機から、多くの人々を救ってきた野菜です。皮膚や粘膜を健やかにしてくれる効果があるので、夏に日焼けした人は、肌へのご褒美となります。

コラム

食べ物から霊力をいただき、ご利益を得る

私たちのご先祖さまは、幸せになる方法として食べ物でゲンを担いできました。

本書では、それを現代に蘇らせたいという想いで、日々のタイミングに合わせた食材を「ご利益フード」としてお伝えしています。

日本では古来より、食事を通して他の生命を取り込むことにより、それらがもつ「霊力」をも取り込めると考えられていました。

また、私たちの主食である「お米」は、太陽神であり、日本の神話の最高神である天照大御神さまからのエネルギーが、形を変えて届いたものだとして尊ばれていた時代が確実に存在しています。

このように日本人にとって食べることは、「祈ること」でもあったのです。

さらに、日本人は「初物」も大切にする文化をもっていました。たとえば、「初鰹」は、もともと縁起の良い「鰹」という食材を、「人よりも早く取り込む」というおまじないを追加して生まれたものです。

本書でもっとも重視しているゲン担ぎは、「旬」です。自然界における収穫できる期間を優先して、その日ごとのゲン担ぎとなる食材を選択しました。

これは「おいしくなる時期の食材は霊力が高い」という思想を優先することにしたからです。

ですので、ご紹介した食材は、あなたのタイミングで、その期間中に楽しむことをおすすめします。高価だったり、手に入りづらかったりする食材は、似た食材や加工品で代替しても構いません。ゲームを楽しむ感覚で、旬のゲン担ぎを実践してみてください。

8月

8月は立秋《りっしゅう》から処暑《しょしょ》へと移り変わり、
まだまだ暑さは続くものの、
暦のうえでは秋となり、これ以降は
残暑となります。
夏祭りや花火大会など、
華やかなイベントが多い時期では
ありますが、一方でお盆もあり、
自身のルーツや家族に静かに想いを
はせる時間も大切にしたいものです。

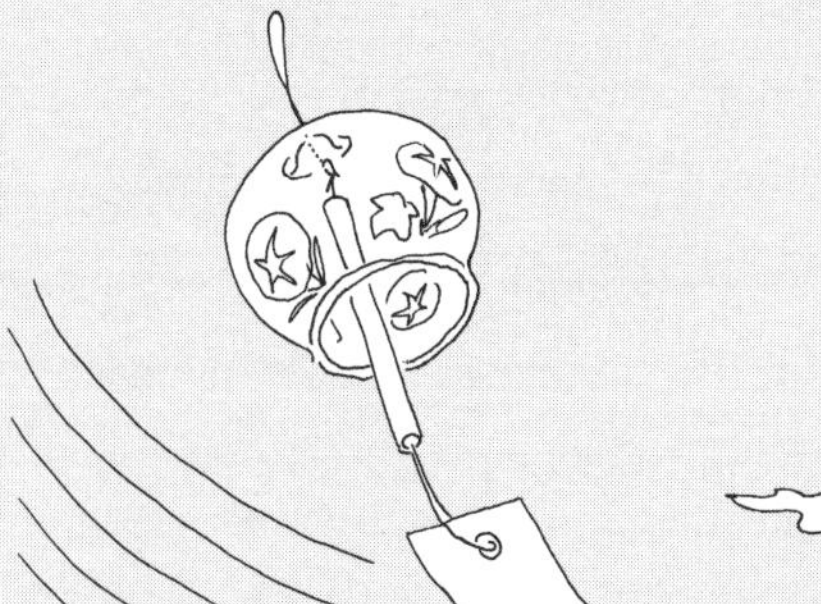

Suzukazeitaru

Taiutokidokifuru

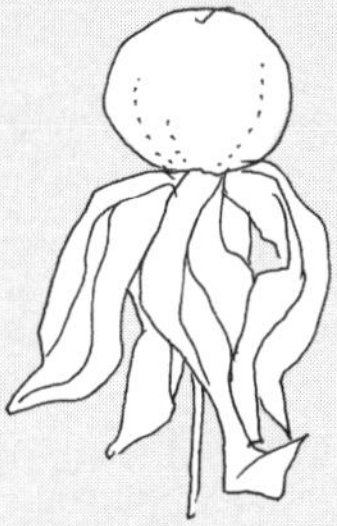

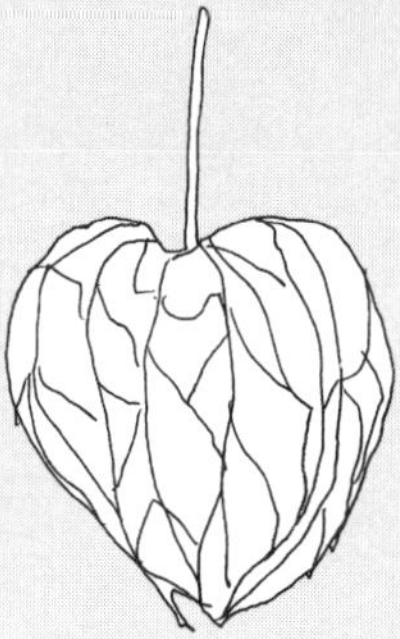

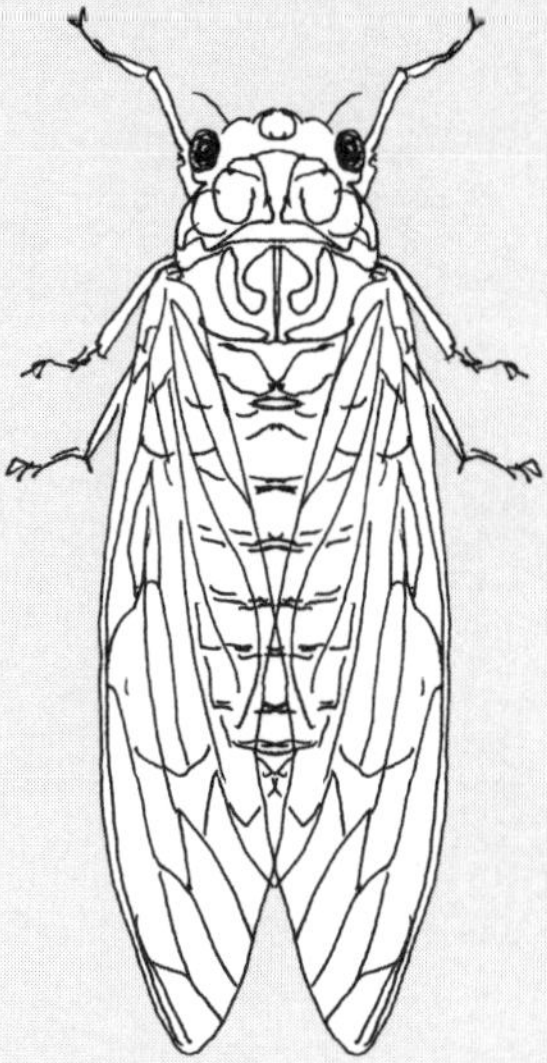

Higurasinaku

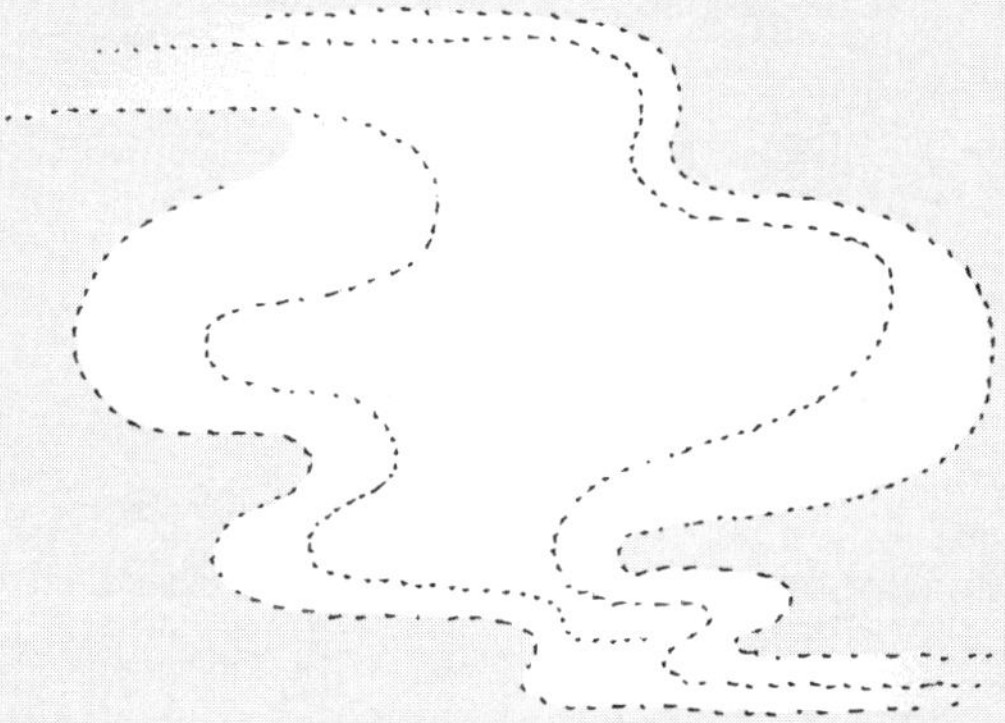

Fukakikirimatou

Tenchihajimetesamushi

Watanohanashibehiraku

8月1日

地球も呼吸している

二十四節気 大暑《たいしょ》

七十二候 土潤溽暑《つちうるおうてむしあつし》

ご利益行動

深呼吸でリセットする

暑さはまだまだ続きますが、それを「快」とするか「不快」とするかは、自分で選ぶことができます。エアコンが利いた環境は確かに「快」ですが、長時間その状態にいると、「不自然さ」への抵抗が蓄積していくのです。そして、それが限界値を超えると「夏バテ」に陥ったりします。**今日は、夏バテを未然に防止し、さらに「自然の力」を蘇らせる方法を伝授します。それは「深呼吸」です。**

私が伝える深呼吸は「吸うときは7秒」「吐くときはできるだけ時間をかけてゆっくり」。これを繰り返します。今日は20分くらい続けてみてください。真剣にやれば、エアコンが利いた部屋にいても汗だくになりますよ。

暦からのメッセージ

呼吸で疲労を回復する

古暦を見ると呼吸の重要性に気がつきます。日本人はもともと「地球も呼吸している」という感覚をもっていました。**そして今日は、それを自分の体で行うことで、深いところから疲労を解消してくれることを伝えています。**8月を元気に楽しく過ごすためにも、「本気の深呼吸」を試してみてください。

今日のご縁日

勢至菩薩《せいしぼさつ》さま

とても強い力をもつ仏さまで「勢力」という単語のもとなった仏さまだともいわれています。でも、それは「物理的な力」ではなく、知能や知性といった「智慧の力」です。人間界の争いや迷いを素晴らしい導きによって消してくれる仏さまなのです。

今日の呪文

「オン サンザン ザンサク ソワカ」

8月の始まりに唱えると「予防的効果」となる呪文です。暑い時期に心身ともに穏やかでいることは、多くの人にとって難しいことです。そこから生じる争いや迷いを未然に防止する意図をもって、唱えてみてください。

ご利益フード

大蒜《にんにく》

さて、8月もスタートです。まずは暑さに負けないためのパワーフードを取り込みましょう。

8月2日

二十四節気 大暑

七十二候 土潤溽暑 から 大雨時行《たいうときどきふる》 へ

無駄な手荷物は、無駄な用事を呼ぶ

ご利益行動

鞄の中身を精査する

あなたが出かけるときの「手荷物」について、確認しましょう。たまに大きな鞄に、たっぷりと荷物を詰め込んで歩いている方がいます。それ、本当にすべて必要ですか？　**今一度、普段出かけるときの鞄の中身を精査してみてください。**ほとんど使わないもの、必要ではないものも入っていることが珍しくないです。それらは「無駄を認めている」と表明していることになります。すると、不思議なことに「無駄な用事」が引き寄せられるのです。

暦からのメッセージ

変化への対応力

土潤溽暑から大雨時行へ。地上の暑さは変わりませんが、空の上ではゆっくりと次の季節への移行が始まっています。**今日の切り替わりのタイミングでは、自分の「普段」を見直すことにより、さまざまな変化に対応できる機能を向上させることができます。**ここからは暑さだけでなく、台風や落雷などにも備える必要性が増していきます。外にいるときの危険は、あらかじめの準備や知識で回避できるのです。しっかり備えて残りの夏を楽しみましょう。

今日のご縁日

神直毘神《かみなほびのかみ》さま

伊邪那岐命《いざなぎのみこと》さまが「黄泉《よみ》の国」から戻ったときの禊《みそぎ》から生まれた神さまです。体の内と外、心と肉体を浄化する力と空間を浄化する力があるといわれています。暑さで蓄積した疲れが浄化されるイメージで、ご縁を繋いでみてください。

今日の呪文

「洗心《せんしん》」

「心の汚れを洗い落とす」という意味と効果のある呪文です。心がすっきりと洗われると、自動的に体もきれいに整うようになっていきます。シャワーのイメージと一緒に唱えてみてください。

ご利益フード

穴子

江戸前のお寿司と天ぷらには欠かせない食材です。夏の穴子は、余計な脂が抑えられ、その分本来の味わいが楽しめます。

8月3日

二十四節気 **大暑**

七十二候 **土潤溽暑** から **大雨時行** へ

自然に生かされている感覚を呼び覚ます

ご利益行動

夕立に風情を感じる

急な雨は、たいていの場合「迷惑」です。小さな傘が通用しないほどの雨量となるのが夕立の特徴ですね。一昔前の日本人は無理に先を急がず、「雨宿り」という手段で、それが過ぎるのを待つという選択も有効でした。その際は樹木の下は落雷があると危ないので、人の家の軒先や建物の屋根の下で、降りしきる雨を眺めることになるのです。無駄で面倒な時間だと感じる人が多いのですが、**じつはその時間は「風情を楽しむ」ものであり、昼間の暑さに耐えた自分の体をいたわり、自然の力に敬意を払う時間として活用できます。**もし、外出先で夕立にあったら、お店に入らずに「風情を楽しむ雨宿り」を試してみてください。

暦からのメッセージ

自然に生かされている

台風も雷雨も昔から発生していて、その強大な力に神さまと仏さまの力を見出したのが、私たちのご先祖さまたちです。被害が出た際にも怒りや憎しみをまき散らすのではなく「畏怖の念」と「祈り」を捧げたのです。雷は「神なり」とも解釈します。「生かされている」という事実を思い出すタイミングなのです。

今日のご縁日

建《たけ》御《み》雷《かづち》之《の》男《おの》神《かみ》さま

国譲りの神話の際に、高天原《たかまがはら》の「調停役」として地上に降り、力比べに勝利した後に、この国の平和を守る神さまとして祀られるようになりました。御《み》名《な》の通り「雷さま」であり、強力な力で地震を抑えつける神さまでもあります。

今日の呪文

「天《てん》地《ち》和《わ》同《どう》」

「天と地には調和する力がある」という意味の呪文です。今日のタイミングで唱えると、「天地がバランスをとる強大な力」を味方につけることができます。

ご利益フード

冬《とう》瓜《がん》

優しい味わいがあり、体をクールダウンさせてくれる効果もある夏の野菜です。シンプルにスープにすると、優しい食感と風味が楽しめます。

8月4日

小さな命からも秋の気配を感じる

二十四節気 **大暑**

七十二候 **大雨時行**

ご利益行動

かすかな虫の声に注意する

家のなかにいても、耳を澄ませば蟬の声が聞こえてくるころです。**今日は、蟬の大合唱のなかから、他の虫の声を探ってみてください。**地域にもよりますが、すでに秋の虫が活動を始めています。でも、その声は小さく、数も少ないので昼間は届かないのです。夕闇を待って、外に出てみてください。公園や街路樹からは、小さくても力強い「秋の声」が聞こえてくるはずです。

暦からのメッセージ

いま、ここに集中するトレーニングをする

自分の意識、五感、心のすべてを「いま、ここ」に集中させること。これは、「お参りの極意」でもあるのですが、現代人は苦手な人が多いのです。なぜなら、普段さまざまな思考や想いを制御する訓練をしていないからです。仏教の「禅」という行動は、その訓練ともいえます。**今日からは、自分の意識や自分の心を「いま、ここ」に集中させるトレーニングに適した期間となります。**

今日のご縁日

毘《び》沙《しゃ》門《もん》天《てん》さま

多くの音を聴き分け、人々を助け、仏教を守護する仏さまです。そのため「多《た》聞天《もんてん》さま」という御名でも呼ばれるようになりました。今日は「虫の声を聴く」イメージで、ご縁を繋いでみてください。

今日の呪文

「オン ベイシラマンダヤ ソワカ」

意識を「いま、ここ」に集中させたいときに有効な呪文です。唱えた後に、五感を使って、現状を把握する訓練をしてみてください。今日はとくに「聴力」を意識すると良い効果が現れます。

ご利益フード

香母酢《かぼす》

すっきりとした天然の調味料、それが「香母酢」です。この期間のものは青々として爽やかさと酸味が強いので、魚料理との相性がバツグンです。

8月5日

二十四節気　**大暑**

七十二候　**大雨時行**

自力で身を守る方法、他力で助けてもらう方法

ご利益行動

避難経路を確認する

日本には毎年台風がやってきます。さらには気圧配置の影響で8月でも雨が降りつづくこともあります。**今日は、「経路」、「避難場所」と、そこに向かうための「自分を守るための情報」を確認しておきましょう。**また、それらの情報は家族やパートナーと共有しておくことが必須です。自分で自分の身を守ることが大前提ですが、それぞれが離れている時間に災害が発生したときは、いち早く無事を確認できることが、余計な心労や消耗を発生させず、それぞれの安全を確保することに繋がるからです。

暦からのメッセージ

神社を頼る

昔は、災害時の避難場所として「神社」が選ばれることが普通でした。なぜなら、街を見下ろせる高台にあり、お参りするための参道が整備されていたので、どこからでも向かいやすかったからです。また地域の人は、ほとんどの人がお祭りに参加していたので、神社に集まれば連絡や連携がとりやすいのです。それだけではなく、「神さま、仏さまの力」に助けてもらう「意図」があったことは、言うまでもありません。

今日のご縁日

八《や》幡《はたの》神《かみ》さま

全国でお祀りされる「強さと勝利」をもたらす神さまです。武将たちが競うようにお祀りしたことから、八幡神さまを祀る神社は現代でも「一番多い神社」といわれています。今日は「守り」や「防御」のイメージで、ご縁を感じてみてください。

今日の呪文

「四《し》海《かい》昇《しょう》平《へい》一《い》事《ず》無《む》」

不穏な空気を払いのけ、安全を確保する呪文です。自分の安全を確保したい場所で唱えておくと効果を発揮します。「盛り塩」をしている方は、塩に向かって唱えておくのも有効です。

ご利益フード

蛸《たこ》

1年中食べられますが、西日本で獲れるものは、今の時期においしくなります。暑い夏はシンプルに湯引きして、梅ダレで食べると最高です。

8月6日

二十四節気 **大暑**

七十二候 **大雨時行**

あなたの幸せは昔生きた人の願い

ご利益行動

夏を思う存分体感する

今日のチャレンジは簡単です。**今しかできないことを存分に楽しんで「夏」をしっかり体感してください。**前後3日間ほどズレても大丈夫ですので、休みを調整してみてください。できれば「夏の太陽」を思い出として楽しめるような体験も、選んでみてください。海でも山でも川でも、夏にしかできない時間を選択していくのです。日本の夏は、自分の深いところで「宝物となるような思い出」をプレゼントしてくれます。BGMも大切です。その曲を聴くと、楽しい思い出が瞬時に蘇るようになるのが理想です。

暦からのメッセージ

夏祭りに込められた意味

夏が特別なのは、この期間に普段とは違う災害の可能性が高まるからです。夏の思い出の代表格である「夏祭り」は、この時期に発生した災害で、不意にこの世を去っていった人々の魂をなぐさめる目的もあります。そして生き延びた人々は、犠牲になった人々の分まで、この世での幸せを追求する責任を負うことになるのです。**あなたの幸せは、昔生きた人の願いでもあることを認識してください。**

今日のご縁日

天忍日命《あめのおしひのみこと》さま

天孫降臨の神話で、瓊瓊杵尊《ににぎのみこと》さまと一緒に高天原から降りてきた神さまです。最新鋭の弓と刀をもち、先頭に立って導かれたと伝えられていることから「新しい技術」や「新しい道具」をこの国にもたらした神さまでもあります。

今日の呪文

「以《い》友《ゆう》輔《ほ》仁《じん》」

コミュニケーションを活性化させる呪文です。今日は友だちや家族に連絡する前に、唱えてみてください。あなたからの連絡を喜んでくれるでしょう。

ご利益フード

梨《なし》

今年も独特な風味が楽しめる時期が始まりました。今の時期は「幸水」という品種が主流です。初物を楽しみましょう。

8月7日 成果へと結びつく、望みの種を見つける

二十四節気 **大暑** から **立秋《りっしゅう》** へ

七十二候 **大雨時行** から **涼風至《すずかぜいたる》** へ

ご利益行動

目指す成果を明確にする

現在の仕事や勉強は、どんな成果を得るために続けているのですか？ **今日は、自分の求めている成果としっかり向き合ってください。**これは、人によってはキツいワークかもしれません。「生きていくのに精いっぱいで、成果を求める状況ではない」という方も多いからです。でも、いつまでも同じ場所をぐるぐる回る生き方で納得できますか？ 「望み」は自分のなかで確認した瞬間から、現実へと向かう「種」となります。今日から始まる新しい期間中に、ぜひ望みを成果として表現できるようになってください。

暦からのメッセージ

秋の始まり

大雨時行から涼風至へ。**驚くかもしれませんが、今日から秋へと季節が移行します。**暑い日々が続いていますが、「目に見えない領域」は先行して変化していくから、気候や気温の印象とは異なるのが本来の「季節」なのです。**そして、その「先取り」こそ、古暦が「幸せに役に立つ」理由の一つです。**目に見える気候が変わってから対応していたのでは、遅すぎます。ゆとりをもって準備することで、より良い結果を招くのです。

今日のご縁日

熱田大神《あつたのおおかみ》さま

三種の神器の一つ・草薙神剣《くさなぎのみつるぎ》をご神体とする「天照大御神《あまてらすおおみかみ》さま」の御霊の御名です。今日のご縁では「太陽」のイメージより「神剣」のイメージでご縁を感じてみてください。「人間が見ることができる物質」に「見ることのできない御霊」を見出すのが、日本人本来の感覚なのです。

今日の呪文

「万物生光輝《ばんぶつしょうこうき》」

「すべての命は光である」という意味の呪文です。今日は「光り輝くもの」をイメージして唱えてみてください。

ご利益フード

鮑《あわび》

日本を代表する高級食材です。おめでたいときに使う「熨斗袋《のしぶくろ》」の「のし」とは、紐状に細長く加工して神さまへの捧げものとした鮑のことです。

8月8日

太古から重宝してきた「香り」を取り入れる

二十四節気
大暑 から 立秋 へ

七十二候
大雨時行 から 涼風至 へ

ご利益行動

香りに注目する

五感のなかで「嗅覚」を活躍させるタイミングです。**今日は自分の好きな「香り」を考えてみてください。**アロマでもお香でも香水でもよいです。香りを考えると、自分の嗜好について、今まで気がつかなかった新しい発見があります。自分が好きな香りがすでに決まっている方は、新しい香りを探してみてください。人類は紀元前から祈りを捧げるときに香りを利用していました。そこには、私たちの知らない効果があるのです。

暦からのメッセージ

目に見えない領域を重視する期間へ

自然に発生する「匂い」から、人類は自分で生成する「香り」を生み出しました。それは、さまざまな利用がなされ、現代でも活用されている智慧の一つです。**今日からの期間は「目に見えない領域」ではなく「目に見える領域」へのアプローチが有効となります。**その一つが、嗅覚を使った「香り」という見えない存在へのアプローチなのです。

今日のご縁日

経津主神《ふつぬしのかみ》さま

国譲り神話で、調停役として降り立った神さまです。とても強い神さまで、弓矢で星を射抜き、地上へ落としたという伝説も受け継がれています。「ふつ」という発音は「活性化」を意味するという解釈があるため、「嗅覚が活性化されるイメージ」をもってみてください。

今日の呪文

「祥煙堯佳氣稠《しょうえんぎょうかきちゅう》」

「良い煙が良い香りとなり、良い氣が生まれる」という意味の呪文です。今日、お香やアロマを楽しむ前に唱えてみてください。その場を整え、良い氣を招く効果もあるので、自分の部屋で唱えるのも有効です。

ご利益フード

鮎《あゆ》

京都の雅を愛する人々にとっては、夏を楽しむための重要な食材でした。

8月9日

風や空気は、幸せな暮らしに直結する

二十四節気　**立秋**

七十二候　**涼風至**

ご利益行動

今いる場所の換気をする

今日の行動は簡単です。**自分のいる環境で「換気」を行ってください。**家も職場もエアコンが利いている状態が多いと思いますが、窓を開け、空気の入れ替えを行います。エアコンの空気だけで満たされている空間には目には見えない「よどみ」が発生していることがあるのです。換気ができていない空間はさまざまな「停滞」を招く可能性が高くなります。それによる、効率の低下や健康への影響を回避するには、暑さを覚悟のうえで、換気するのが一番簡単な方法なのです。

暦からのメッセージ

風はメッセージ

「風」は、モノを動かすことができるので、その存在を視覚で確認することができます。何もない空間では、肌への感触で確認でき、香りや匂いがあれば嗅覚でも確認できます。**そのため、風を認識することは「変化」を認識することに直結するのです。**さらには「目に見えない領域からのメッセージ」として風を捉え、解釈することもあります。お参りのときに風が吹くと縁起が良いのは、そこに神さまからのメッセージがあると信じていた時代があったからです。

今日のご縁日

級《し》長《な》津《つ》彦命《ひこのみこと》さま

風を司る神さまです。日本の歴史では何度も「風に助けていただいている危機」があったため、今でも「救い」や「守り」の力がある神さまとしてお祀りされています。今日は頬に風を感じながら、ご縁を繋いでみてください。

今日の呪文

「雨《う》順《じゅん》風《ふう》調《ちょう》四《し》海《かい》寧《ねい》」

「雨も風も順調に流れ、すべてが穏やかになる」という意味の呪文です。今日は風をイメージしながら唱えてください。

ご利益フード

玉蜀黍《とうもろこし》

そろそろ収穫が終わる夏野菜の代表格です。風になびく「玉蜀黍畑」は、美しい原風景として、豊かな夏のイメージと結びついていきます。

8月10日

二十四節気 立秋

七十二候 涼風至

季節の気配を感じる感知能力を大切にする

ご利益行動

朝の空気に直接触れる

早起きして、朝の空気を確認してみてください。まだ夏の気配が濃いのですが、確実に「秋の気配」が発生しています。夜も同じように空気を確認すると、それを感知することができます。えっ、夏の気配しか感じられませんでしたか？ その場合は、私たちの「感知能力」が衰えている可能性があります。1年を通じて空調された環境で生きていると「感知能力」はどんどん退化していきます。なぜなら、使用しない機能は不要だと判断されて、現実から消えていくからです。でも、この能力は幸せに生きるためには「必須」です。今日の変化のタイミングで、取り戻すことを意識してください。

暦からのメッセージ

見えない導きを感じる

七十二候は、涼風至。「涼風」という表現を使用していますが、実際には涼しい風が吹かない期間に、その表現を使用しています。**「風」は太古から「見えない領域からのメッセージ」だと理解されていました。**そこからこの期間の意味と行動を導く必要があります。

今日のご縁日

馬《ば》頭《とう》観《かん》音《のん》さま

もともとはインドの神さまで馬の頭をもつお姿でしたが、仏教に取り込まれることによって、強い観音さまとしてお祀りされるようになりました。牙をもったお姿が目立ちますが、怒りではなく「慈愛」の表情であることを理解して、ご縁を感じてみてください。

今日の呪文

「オン アミリト ドハンバ ウンハッタ ソワカ」

秋の気配を感じながら、唱えてみてください。実際に秋の気配を発見できなければ、イメージだけでも構いません。夕方以降に唱えると相乗効果も期待できます。

ご利益フード

トマト

美しい赤い輝きを朝から取り込めば、1日中元気となる「おまじない」となります。今日は「丸かじり」でいきましょう。

8月11日

二十四節気　立秋

七十二候　涼風至

原始の生物が陸に上がったときの気候を感じる

ご利益行動

海に行き、海に触れる

今年の夏は海に行きましたか？　**今日は海を感じる時間を作ってください。一番良いのは、実際に海に行き、海に触れることです。**眺めるだけでは「視覚」でしか海を感じることができないので、効果は少し弱くなります。夏に海に行くのは、涼を求めたり日焼けをしたりすることだけが要因ではありません。現代の「夏の気候」は、原始の生物が陸に上がってきたときの気候と似ているともいわれています。私たちは進化の過程において、極めて重要なタイミングを感じるために海に惹かれている可能性があるのです。行けない方は……海の景色を視覚で楽しみながら、海の幸で味覚を使用しましょう。

暦からのメッセージ

クラゲは神さまの使者

日本の一部の海では8月中旬以降の海水浴が難しくなります。それは人が触れると危ないクラゲの数が増えるからです。このような現象にも昔の人々は「意味」を見出そうとしていました。「クラゲは神さまの使者で、岸から沖へと向かう強い潮流の発生を警告してくれている」と考えたのです。

今日のご縁日

大《おお》綿《わた》津《つ》見《みの》神《かみ》さま

海を司る神さまです。海底にある神殿で大海原の平和を守っていて、「人々はその恵みをいただいて漁を許されている」と考えられていました。今日は「海」を感じながら、ご縁を繋いでみてください。

今日の呪文

「無《む》量《りょう》壽《じゅ》」

「素晴らしいこと、嬉しいことには限りがない」という意味の呪文です。今日は「遥かに広がる海」をイメージしながら唱えてみてください。

ご利益フード

雲丹《うに》

独特の甘みと海の風味満点のご馳走です。こちらも、旬はそろそろ終了です。今日は「お寿司」で楽しんでみてください。海の幸とお米のコラボレーションは、それだけで「壽《ことぶき》」なのです。

8月12日

二十四節気 **立秋**

七十二候 **涼風至** から **寒蟬鳴《ひぐらしなく》** へ

最期の日を恐れても意味がない

「明日が最期」と思ったときに、自分が何を行い、どう思うのかを考えてください。

ご利益行動

自分の最期を考える

突然ですが「自分が死ぬ日」について、想像したことはありますか？ 経験がない人もある人も、今日はそれについて考えてみる日です。「自分が死ぬ日を想像しなければ、長生きできる」という法則は確認されていません。もし「おまじない」としても効果があるなら、受け継がれるべきこととして伝えられているでしょう。いつかは必ず「その日」が来るのですから、恐れを抱いても意味がないのです。何歳くらいとか、どんな場所で、という情報については、除外してください。

暦からのメッセージ

自分のお盆を想像する

高い気温は続きますが、夏の終わりが近づいています。それを感知した人が、仏教の行事と合わせて、ここからの時期を「死者が家に戻ってくる期間」として人々に伝えていきました。それが「お盆」なのです。涼風至から寒蟬鳴へ。今日は、その期間が始まる前の切り替えのポイントとなりますので、その準備と一緒に「自分の場合のシミュレーション」が有効となるのです。

今日のご縁日

閻魔羅闍《えんまらじゃ》さま

死後最初に会う仏さまです。その人が生きていた期間を確認し、判定をくだされています。そのため日本中でお祀りされている、大人気の仏さまです。

今日の呪文

「オン カカカ ビサンマエイ ソワカ」

地蔵菩薩さまのご真言です。日本の仏教では閻魔さまはお地蔵さまと同一とされています。「自分の最終日」を想像する前と後に唱えておいてください。

ご利益フード

桃

この国の神話では「あの世」と「この世」を繋ぐ坂の途中にも実を結び、豊かな香りを放っていると伝えられている特別な果物です。その不思議な力をイメージしながら、体に取り込んでみてください。

8月13日

あなたが今日生きて、この世に存在する奇跡

二十四節気 **立秋**

七十二候 **涼風至** から **寒蟬鳴** へ

ご利益行動

自分のルーツに感謝する

今日は自分のルーツ、つまり「ご先祖さま」と「おじいさん、おばあさん」に感謝してください。今日のタイミングで感謝することにより、今私たちがいる次元とは違う次元へ「想いが届く」可能性があります。そして「向こうからも感謝が返ってくる」可能性があるのです。それが「ご利益」という不思議なエネルギーであると考えています。ご先祖さまに、感謝を捧げるには「言葉と動作」を用います。この国ではそれが「ありがとう」と「合掌」となります。

暦からのメッセージ

迎え火を焚く

「お盆」の期間は、もともと旧暦を基準にしていたため、明治の改暦によって変更となりました。現代では「8月15日」の前後の期間とする地域が多くなりましたが、7月に行う地域もあります。本書では古暦を西暦に翻訳する際にスタンダードと思われるほうを優先して選択しました。そのため、本日が玄関で「迎え火を焚く」というタイミングとなります。煙を出すことができない場合は、玄関でお香やお線香を焚くだけでも気持ちが整いますよ。

今日のご縁日

日光《にっこう》遍照《へんじょう》菩薩《ぼさつ》さま

幾千もの光を放ち、闇に隠れた穢れを消し去る仏さまです。さまざまな強い光を司る仏さまですので「強い光」のイメージで、ご縁を繋いでみてください。

今日の呪文

「日出《じつしゅつ》乾坤《けんこん》輝《き》」

「美しく強い光が、宇宙を広く照らす」という意味の呪文です。記憶を呼び覚ますときも有効な呪文ですので、必要なタイミングでも試してみてください。

ご利益フード

胡瓜《きゅうり》

子どものころ、夏のこの時期は不思議な姿をした可愛い胡瓜が楽しみでした。それが「精霊馬《しょうりょううま》」だと知ったのは、大人になってからです。これは、ご先祖さまに「早く来てほしい」という気持ちを伝えるための道具なのです。

8月14日

二十四節気 **立秋**

七十二候 **寒蟬鳴**

ご縁が家族を作る。それがこの世のルール

ご利益行動

家族の存在に感謝する

どんな人にも「家族」がいます。それは、血縁だけに限定されるものではありません。「ご縁という繋がり」は誰にでも存在するのが、この世のルールだからです。**今日は「生きている家族」に感謝してください。**良い感情も、そうでない感情も家族であればあるほど、増幅します。**今日は感情を無視して、ただ感謝してください。**気持ちや心がついてこなくても「ありがとう」と朝から言いつづけてください。直接伝える必要はありません。「感謝していないのに、ありがとうとは言えない」と思っている人もいますが、今日からそれも変更しましょう。

暦からのメッセージ

家族の役割

「家族」という存在は、自分では選べないものです。生まれる前に「選んでいる」という説もありますが、多くの事例が確認できないので、仮説として捉える必要があります。自分で選べないのに、なぜこんなにも「重要な役割」が家族にはあるのでしょうか？　それを考えるタイミングが「お盆」という期間でもあります。自分なりの回答が得られれば、家族との関係性は良くなるでしょう。

今日のご縁日

月光菩薩《がっこうぼさつ》さま

お月さまそのものではなく、強い光を受けて輝く月の光を司る仏さまです。そのため、日光菩薩《にっこうぼさつ》さまとご一緒に祀られることが多いのです。人間が認識できない領域へと繋がるイメージで、ご縁を感じてみてください。

今日の呪文

「人和念豊《じんわねんほう》」

「人の想いや願いが、豊かさを実現する」という意味の呪文です。「家族との調和」が強い念となって現実化する効果が確認できます。

ご利益フード

小麦

田んぼができない場所でも栽培でき、加工することによってさまざまな楽しみが広がる素材です。この期間は「そうめん」がおすすめ。白く美しい麺を、様子を見にきたご先祖さまと一緒に楽しみましょう。

8月15日 新しい光には、新しい影が生まれる

二十四節気 **立秋**

七十二候 **寒蟬鳴**

ご利益行動

光と影は分けられない

光だけの写真もなければ、影だけの写真もありません。どんな技術を用いても「光と影」が人間の視覚が感知できる情報なのです。**今日は「光だから良い」「影だから悪い」という概念を修正しましょう。**それらは神話や小説の「比喩表現」であり、「光が正しい」という理由も「影が悪い」という根拠もないのです。光と影は分離しません。それは人間が決めたのではなく「もともと、そうなっていること」です。ご先祖さまのお墓の前か、実家のお仏壇の前で考えてみてください。

暦からのメッセージ

光と影は常に一体

「ひぐらし」が鳴くのは、黄昏どきだけではありません。山深い場所では昼間も大合唱を楽しむことができます。でも今日の七十二候「寒蟬鳴」という表現は、「昼が終わり、夜が訪れる時間帯」の描写です。この声が聞こえてくると「こちら側の世界」が眠りに向かい、「あちら側の世界」で目覚めが始まる。そのような概念を伝えてくれています。それは光と影は、常に一体であるという原則を理解できる期間であることを意味しています。

今日のご縁日

天《あめの》火《ほ》明命《あかりのみこと》さま

高天原から降りてきた神さまで、すべての世界を照らす光をもちます。光に照らされて影ができるのは、人間が決めたことではなく、「もともと、そうなっていること」です。自分を照らす光と、生じる影をイメージして、ご縁を感じてみてください。

今日の呪文

「輝《き》光《こう》日《じつ》新《しん》」

「新しい光が、新しい喜びを映し出す」という意味の呪文です。気分転換したいときにも有効な呪文です。

ご利益フード

お米

この期間は、おはぎをお供えする地域も多いですね。夏の季節に作るものは「夜船」や「北窓」とも呼ばれていました。ご先祖さまへの感謝とともに、お米のパワーをおいしくいただきましょう。

8月16日

二十四節気 立秋

七十二候 寒蟬鳴

見送られるときに想いをはせる

ご利益行動

見送りを考える

今日は自分があの世に行くときの「見送る人」と自分を「見送ってくれる人」について考えましょう。「自分が見送る人」は、自分より年齢が上の人、病気などで心配な状態にある人が対象となります。それに対し「見送ってくれる人」については難しくなります。家族が候補として挙げられますが、子どもがいない場合は自分より若い対象が、いきなり少なくなります。そうすると親戚や友人となりますが、そのなかで「しっかり頼める人」はいるでしょうか？　悩む方はパートナーよりも長生きすることを目指しましょう。長く生きると「見送ってくれる人」を確保する時間もできます。

暦からのメッセージ

送り火というおまじない

「送り火」は燃える炎よりも、立ち上る煙が軸となるおまじないです。お盆の際中に遊びにきた家族やご先祖さまの「御《み》霊《たま》」が、別の次元へ戻る「お見送り」の代替え行為です。立ち上る煙が、空気中で消えていく様子を見て「見える世界から見えない世界への合図」だと定義したのです。今日はそれを毎年行えることに感謝してみてください。

今日のご縁日

世《せ》自《じ》在《ざい》王《おう》仏《ぶつ》さま

「すべてを自在にする王」という御名の仏さまです。日本人が昔から使っている「あの世」と「この世」という概念をも超越する力があるといわれています。

今日の呪文

「日《じっ》出《しゅつ》東《とう》方《ほう》夜《や》落《らく》西《さい》方《ほう》」

人が生き、人が死ぬ。それは太陽が東から昇り、西へと沈むことと同じです。宇宙から見れば、遥か昔から延々と続いている地球の営みの一部なのです。今日は宇宙から見た青く美しい地球をイメージしながら、唱えてみてください。

ご利益フード

茄子《なす》

茄子で作る「精霊馬」は、ご先祖さまに「ゆっくりお帰りください」という気持ちを伝えるための道具です。胡瓜は速く走る馬のイメージ、茄子はゆっくり歩く牛のイメージなのです。

8月17日

世界はあなたの発見を待っている「舞台」

二十四節気　**立秋**

七十二候　**寒蟬鳴** から **蒙霧升降《ふかききりまとう》** へ

ご利益行動

見慣れない景色を求める

旅に出なくても、日常から半歩踏み出せば「見慣れない景色」を楽しむことができます。今日は、それが全体の波と調和する行動となります。

世界は、あなたに発見されることを待っている「舞台」のようなものです。いくらネットやテレビで、その存在を確認したとしても、それは「情報」に過ぎません。それを現実として自分の五感で確認するには、その場に行くしかないのです。さあ、恐れを捨てて少しでいいので外に出てみましょう。

暦からのメッセージ

世界が曖昧になる期間へ

寒蟬鳴から蒙霧升降へ。**「日を暮れさせる」期間から「世界が曖昧となる」期間へと移行します。**この暗喩は、「この世界はすべてが確立され、証明されたものではないこと」を伝えています。人間の五感は、自分の肉体がない「空間」を感知することはできません。そのため「自分が現実として認識する範囲」は限られているのです。その事実を受け入れていくことで「内側」と「外側」の境界線が曖昧になっていきます。それは自分の「願望」が現実化するプロセスと同じです。

今日のご縁日

伊邪那美命《いざなみのみこと》さま

この国の神話で、世界を生み出した母なる神さまです。島を作り、多くの神さまを生み、自然界の現象を生み出したとされています。「炎の神さま」を生んだことで違う場所へ旅立たれましたが、その御霊は今でも多くの生き物を慈しみ、守ってくださっています。

今日の呪文

「一鳥不鳴山更幽《いっちょうぶめいざんこうゆう》」

「一つの鳥の鳴き声もない、すべての静寂のなかに別世界の気配を感じる」という意味の呪文です。普段とは違う景色を確認しながら、唱えてみてください。「外と内」での違和感を大切にする日には、さらに効果が強まる呪文です。

ご利益フード

葡萄《ぶどう》

小粒の品種から、大粒の品種へと移行する期間となりました。最近は皮まで甘く、おいしく食べられるものも多く、智慧と創意工夫の結果に驚かされます。

8月18日

食べることで、神さまのエネルギーをいただく

二十四節気 立秋

七十二候 寒蟬鳴 から 蒙霧升降 へ

ご利益行動

神さまとの繋がりを感じながら食事をとる

神社では、大きなお祭りの後「直会《なおらい》」という食事をとる機会が設けられています。これは「神さまへの捧げもの」をいただく機会であると同時に、神さまのエネルギーと「直接、会う」機会なのです。**今日はお祭りに行かなくても、食べ物には「神さまのエネルギーが入っている」と思って、食事を大事にとってみてください。**食後の感謝も忘れずに。

暦からのメッセージ

食事は神さまとの接点

原始時代から続けられてきたことの一つが食事という行為です。人間がこの地球上に誕生してから、絶えることなく受け継がれてきた行為の一つです。当初は「生存本能」に基づいた基本的活動だったものが、**文化・文明が高度化するにつれ、神さまとの「接点」となる行動という意味をもつようになっていきました。**それは「人間は生きているのではなく、生かされている」という前提を認める行為なのです。

今日のご縁日

豊受大御神《とようけのおおみかみ》さま

豊かで素晴らしい食べ物を創造する神さまです。そのため、天照大御神さまのお食事を奉るために、お伊勢さまでお祀りされています。私たちにも、そのご神徳を与えていただけますので、今日はしっかりとご縁を感じてみてください。

今日の呪文

「作雨作晴《さくうさくせい》」

「雨も晴れも、豊かな作物を育てる力となる」という意味の呪文です。今日は「いただきます」の後と「ごちそうさま」の後に唱えてみてください。

ご利益フード

玄米

西日本では、そろそろ「今年のお米」が出荷されはじめます。それは「初物」であり、江戸時代のゲン担ぎとなります。精米された白米より栄養価が高く、風味の豊かな玄米のおいしさを試してください。

8月19日

二十四節気 **立秋**

七十二候 **蒙霧升降**

見えない＝不安ではない

ご利益行動

視力を使わない時間を30分以上とる

現代の私たちは、短時間でより多くの情報を取り込む競争を繰り広げています。こうした偏りも「波の動き」なので、時間が経過すると、入れ替わる時期が来るのですが、それはまだ先のようです。**今日は視力を使わない、つまり「目を閉じる」時間を30分以上とってください。**睡眠は除外です。柔らかいタオルかアイマスクで、目を覆ってもいいですね。

暦からのメッセージ

視力への偏りを知る

「視力」は人間が進化の過程で得た、「強力なセンサー」です。この機能が発達したことにより、遠くからの危険を察知できるようになり、「違う場所を見たい」という好奇心が育つようになりました。そもそも二足歩行は目の高さを少しでも上げて、視界を広くすることが目的で始まったともいわれているくらいです。霧が立ち込める今の期間は、**それに頼りすぎな実態を把握することで、他のセンサーの活性化を目指すのです。**

今日のご縁日

仏《ぶつ》眼《げん》仏《ぶつ》母《も》さま

人々の心の目を開かせることによって、悟りへと導くといわれる仏さまです。母のような慈愛に満ちた眼差しをされているとの伝承もあります。視力を使わないワークの際に、ご縁を感じてみてください。

今日の呪文

「色《しき》即《そく》是《ぜ》空《くう》空《くう》即《そく》是《ぜ》色《しき》」

「目に見えるもの、形あるものは、目に見えないもの、形のないものと同じ」という意味の呪文であり、仏教の宗派を超えて支持されている「般若心経」の一節です。目を閉じて、ゆっくりと唱えてみてください。

ご利益フード

ブルーベリー

何といっても「目に良い」ことで、大人気です。国産のものは今ごろから甘みが増し、おいしい時期となります。

8月20日

二十四節気 **立秋**

七十二候 **蒙霧升降**

内側の声を聞くと、五感すべてが活性化する

ご利益行動

内側の声を文字にする

視界からの情報に頼っていると、現実は「外の世界」で展開しているように認識してしまいます。でも、実際は目に見えない「内の世界」と表裏一体なのです。**今日はその「誤認識」を修正するために「内側の声」を文字化して、外側で確認する訓練を行います。**メモ帳かスマホを用意して、一番上に「自分の名前」を書き、その下に「内側の声」と記入して、そこから箇条書きに、思い浮かぶ単語を書いていきます。注意点としては文章ではなく単語だけを記載すること、それを声に出さないようにすることの二点です。

暦からのメッセージ

感覚を活性化させるチャンス

人間は「視覚」が使えなければ「聴覚」「嗅覚」「触覚」が、すぐに代理を務めようと機能しはじめます。**霧が立ち込めて視覚が使えない今の期間は、別の「感覚」を活性化させるチャンスなのです。**その訓練に有効なのが「内側の声を聞く」こと。これは「五感」を利用することなく、自分のなかにある「情報」を外に出す作業です。この機能を使うと「五感すべて」が活性化していきます。

今日のご縁日

菊《くく》理《り》媛《ひめの》神《かみ》さま

人の声に耳を傾け、素晴らしいご縁を結んでくれる女神さまです。大輪の菊の花のように美しいお姿は、目で見るのではなく、五感で感じるものだと伝えられています。ご縁を感じながら、美しい女神さまをイメージしてみてください。

今日の呪文

「花《か》有《ゆう》清《せい》香《こう》月《げつ》有《ゆう》陰《いん》」

「花は見えなくても香り、月の裏は見えなくても陰としてある」という意味の呪文です。内側を探る前に唱えると、発見を助けてくれる呪文となります。

ご利益フード

パイナップル

輸入中心の果物なので旬は感じづらいのですが、国産物はまさに今が旬です。消化を助ける成分もあります。南国の甘みを存分に楽しみましょう。

8月21日

視界が狭くならないよう、心のアクセルを緩める

二十四節気 立秋

七十二候 蒙霧升降

ご利益行動

心の速度を緩めてみる

「視界が狭くなる」原因の一つとして「速度が上がる」ことが挙げられます。これは、車に乗っているときに、確認できる事象です。一般道から高速道路に入り、速度を上げていくと、しっかりと確認できる範囲が狭まっていくのです。実際は確認できていないのに、脳が勝手に補完して、見えていないところを見えているかのように錯覚させます。**今日は車の速度ではなく、あなたの心と体の速度を緩めてみてください。**焦りや急かされた気持ちを、スローダウンするのです。そうすると「視界が広がる」ので、いろいろなチェックが可能となります。

暦からのメッセージ

余計な力を緩める

今日は「視界を広げる行動」が必要となります。少し先が見えないだけで、急に不安になりスピードを上げて先に行きたくなる「習性」が人にはあります。それを放置しておくと、危険なだけでなく、自分の望みとは違う道を突き進んでしまう可能性があるのです。**「緩める」のは「スピード」だけでなく、余計な力や緊張です。**この選択が「豊かな秋」を迎えるために必要な期間となったのです。

今日のご縁日

韋駄天《いだてん》さま

お釈迦さまのために各地を猛烈なスピードで走り回っていたために「最速の仏さま」として人気となった仏さまです。「ご馳走」という言葉もこの仏さまが「走り回って集めた尊い食事」という意味が語源となったともいわれています。

今日の呪文

「オン イダテイ タモコテイタ ソワカ」

走る仏さまを称えるご真言です。速度のコントロールがうまくなるとともに、「急いでいるときに、速く行けるようになる」という効果もあります。

ご利益フード

蛤《はまぐり》

潮干狩りでも主役のおいしい貝です。じつは世界最速で移動できる生き物でもあるのです。最高速度は時速４４０キロ！　生き物の神秘も楽しめる食材です。

8月22日

二十四節気　立秋

七十二候　蒙霧升降

近くにあるものは、進む道しるべになる

ご利益行動

近くにあるものを見る

今日は先のことや遠くのことを見ようとするのではなく、近くにすでに存在しているものに注目してください。周囲の人、周囲の道具、周囲の色、周囲の道、周囲の窓などを視覚で確認できたら、次は「内側での近くにあること」を確認していきます。今の気分、今の気持ち、今の理解、今のイメージ、今の理想、今の希望……などなど、自分の近くにあるもの・ことへ意識を向けるのです。そこでの発見は「霧のなか」を進む際にも必ず有効なものとなります。

暦からのメッセージ

近くと遠くを整理する

「近視」は遠くのものが見えづらくなり、「遠視」は近くのものが見えづらくなります。どちらも不便ですが、人間の耐久性から考えると発生すべき事案なのです。**今日の暦は「自分の外」で近くにあるものと「自分の内」で近くにあるものを確認する有効性を伝えています。**外のことは「距離」としての近さ、内のことは「時間」としての近さから検討することができます。ここでの整理が自分に「すでにある」資材を活用することに繋がるのです。

今日のご縁日

建《たけ》速《はや》須《す》佐《さ》之《の》男命《おのみこと》さま

人々を救い、この国の基礎を作った英雄の神さまです。強いだけでなく、人々の感情に寄り添い、救いの道へと導いてくれます。心のなかで大きく、強く、カッコいい神さまをイメージして、ご縁を繋いでみてください。

今日の呪文

「千《せん》里《り》萬《ばん》里《り》一条《いちじょう》鐵《てつ》」

「時間と空間を超えて届く力」という意味です。遥か宇宙で生まれた感情が、私たちの内側にも届いているのかもしれません。

ご利益フード

レタス

今ごろにおいしいのは標高の高い場所で採れる「高原もの」です。朝と夜の寒暖差が、旨味を増すポイントとなるのです。ぜひ清々しい高原の朝をイメージしながら、新鮮なサラダを楽しんでみてください。

8月23日

移動距離は生き方の軌跡を示す指標

二十四節気　立秋 から 処暑《しょしょ》 へ

七十二候　蒙霧升降 から 綿柎開《わたのはなしべひらく》 へ

ご利益行動

人生の移動距離を推測

生まれてから現在まで、あなたは「どのくらいの距離」を移動してきたのでしょうか？　少し手間がかかる作業となりますが、それを推測してみてください。自分が生まれた場所から現在までの「住居」の変遷を確認します。引っ越しを繰り返してきた方は思い出せる範囲で数字にしてみます。ネットで調べれば住所から次の住所への距離が確認できます。そのうえで、1日の移動距離も推測します。これは、過去の通学通勤の距離に通っていた日数をかけて計算します。そこまで計算できたら、「40075」で割り算します。その結果は……あなたが今まで地球を何周したか確認できる数値となるのです。

暦からのメッセージ

移動と数値がポイント

立秋から処暑へ。いよいよ季節が変わり、「全体の性質」が変わるときへ近づいていています。今日は「移動」と「数値」がキーワードとなるため、風変わりな計算をおすすめしました。でもこの数値には旅行や出張の移動距離を入れていないので、それを入れると「かなりの回数」で地球を周回していると思います。

今日のご縁日

神産巣日神《かみむすびのかみさま》

宇宙が誕生したときに、同時に誕生したといわれる神さまであり、すべての法則を生んだ神さまとしてお祀りされています。自分がいる場所から視点を上げて宇宙に至るイメージで、ご縁を感じてみてください。

今日の呪文

「八角磨盤空裏走《はっかくまばんくうりそう》」

大きくて重い八角形の石の板が、自由に空を飛び回るイメージで唱えてみてください。すぐに始めたいのに、なかなか始められないときなどに唱えると、効果抜群です。重たいものを軽くする効果もあります。

ご利益フード

鰯《いわし》

魚へんに弱いと書いて「いわし」ですが、それは賞味期限だけの表現で、じつは日本列島近海を泳ぎ巡る強靱な体力をもつ魚なのです。

8月24日

柔らかい心が柔らかい世界を作る

二十四節気 **立秋** から **処暑** へ

七十二候 **蒙霧升降** から **綿柎開** へ

ご利益行動

心を柔らかくする

硬い状態は「密集している状態」であり、柔らかい状態は「隙間がある状態」です。**今日は、「心の硬度」を確認したうえで柔らかいほうへ移行することを意識してみてください。**心が硬くなると新しいことが入ってこなくなるだけでなく、強い衝撃を受けると壊れやすくなってしまいます。心は「目に見えない領域」にありますが、外の世界の法則と同じものが適用されています。これは「心が外の世界を作っている」という可能性を示唆するものです。ぜひ、心を柔らかくすると、「外の世界」も柔らかくなる現象を体験してみてください。

暦からのメッセージ

衣・食・住の秘密

蒙霧升降から綿柎開へ。「綿の花」は古代から日本人に大切にされてきた「作物」です。糸を紡いで織物を作ったり、防寒のための服や布団を作ったりしているのです。昔と大きく異なるのが、「希少性」です。他国からの輸入が容易でない時代は、一部の貴族に渡る量ほどしか収穫できませんでした。「衣食住」という言葉の順番は、希少性を表していると理解することもできるのです。

今日のご縁日

大《だい》黒《こく》天《てん》さま

今日は大国主命《おおくにぬしのみこと》さまと習合される前の、インドの神さまから仏教を守る仏さまとなった大黒天さまのイメージでご縁を感じてください。現代に伝わる大黒さまのお姿とは違うのですが、人々を幸せに導く力という点では同じなのです。

今日の呪文

「絶《ぜっ》點《てん》澄《ちょう》清《せい》」

「澄み切って清らかな状態とは、しなやかで自由な状態である」という意味の呪文です。雲一つない澄み切った空をイメージしながら唱えてみてください。

ご利益フード

帆立

新鮮なものは「ひも」や「わた」もおいしいです。「帆を立てる」という名前から、豊かさへのイメージに繋がるご利益フードなのです。

8月25日

全身を緩めると、軽やかに生きられる

二十四節気　処暑

七十二候　綿柎開

ご利益行動

脱力してジャンプする

まず全身の力を抜きます。3回ほど深呼吸（7秒で息を吸って、できるだけ長く吐く）して、吐くときに自分のなかで硬い部分、力が入っている箇所を確認していきます。自分なりに「全身が緩くなった」と思えたら、その場で真上に飛び跳ねます。**最初のうちは難しく感じるかもしれませんが、3回ほど繰り返してみると、跳ねるときと着地するときだけ足に力を加えればよいとわかります。**トランポリンで跳ねているような感覚になれば成功です。布団やベッドの上で、挑戦してみてください。体が動かない人はイメージだけでもオッケーです。

暦からのメッセージ

綿は神さまへの捧げ物

「綿」は軽いため、大空に舞い上がり、遥か遠くまで飛んでいくことができます。その姿に、昔の日本人は「特別な力」を意味づけていました。**天の上にいるという神さまへの贈り物として、「天まで届くほどの軽さ」である作物として綿を奉納して、神さまのゴキゲンをとろうしたのです。**結果として気候の安定や豊作などの「喜び」がもたらされたので、今でもその行為は受け継がれています。

今日のご縁日

飛《ひ》天《てん》さま

翼をもち、仏さまや神さまの周囲に現れる神さまです。日本の仏像や仏画にもよく登場しますが、その存在は仏教誕生よりも前から確認されており、古代オリエント時代の壁画にもいらっしゃいます。今日は「ジャンプ」のイメージと一緒にご縁を感じてみてください。

今日の呪文

「天《てん》高《こう》群《ぐん》星《せい》近《きん》」

「精神の世界では、天高く輝く星も間近で捉えることができる」という意味の呪文です。高くジャンプして、大気圏を突破して宇宙の星々まで届くイメージで唱えてみてください。

ご利益フード

パプリカ

果肉のなかは、綿のような種が詰まっています。植物にとって種は次の世代への「希望」そのものです。

8月26日

二十四節気 処暑

七十二候 綿柎開

ご先祖さまが感じていた雲の力を知る

ご利益行動

雲からメッセージを受ける

雲に神さまや仏さまの姿を見出す。これは、遥か古代から行われていた「占い」のようなものです。雲の形は人間が作り出せないものなので「それ以外」が生み出した「創造物」として崇め、そこからメッセージを読み取ろうとした行為なのです。**今日は雲を眺めてください**。とくに朝と夕方の雲に注目して、そこから得られるメッセージを感じ取ってください。雲の形から意味を読み取る行為は、未来を読み取る行為と同じなのです。

暦からのメッセージ

雲と綿花の繋がり

雲が地上で花となった存在。「綿花」は、その見た目や性質から、そのように捉えられていた時代もあったのです。そして、それを人間に与えてくれたのは「神さま」という存在だと定義しました。この国を創建したといわれる「大国主命」という神さまは「出雲」に巨大な神殿を建築し、高層階に住居を構えました。そこは「雲の形」がよく見られる場所であり、綿花が風に乗り飛んでいくのを確認できる場所なのです。

今日のご縁日

幽冥主宰《かくりごとしろしめす》大《おお》神《かみ》さま

「この世とは違う次元の世界の王」という御名の神さまであり、大国主命さまの別の御名でもあります。私たちの住む世界以外を認め、祈りの対象となった際に生まれた御名だと考えられています。雲を見ながら、ご縁を繋いでみてください。

今日の呪文

「天《てん》何《か》言《ごん》哉《さい》」

「天からのメッセージは言葉ではない」という意味の呪文です。情報に対する感度が良くなる効果があります。

ご利益フード

苦瓜

ゴーヤーとして今でこそ大人気の夏野菜ですが、もともとは「観賞用」として日本にやってきました。今日は、その不思議な形も楽しんでみてください。

8月27日

二十四節気 **処暑**

七十二候 **綿柎開**

睡眠は起きている時間と同じくらい大切な時間

ご利益行動

睡眠環境を整える

暑さは「内側」も「外側」も消耗させます。**今日は「休息」と「充電」がキーワードとなります。**消耗したエネルギーを再生し、ここから始まる「収穫の期間」により素早く的確に動けるようになるためには、自分が寝る環境を、より適したものにする努力が必要です。細かいノウハウは、ネットや本で確認してください。大切なのは、「このタイミングで行った」という実績です。自然界の生き物も厳しい冬を越すために、今から準備を始めています。その流れに沿って準備すれば、さまざまな特典が得られるのです。

暦からのメッセージ

眠りと覚醒は表裏一体

「綿」の優れた性質を遺憾なく発揮できるのが「寝具」としての利用です。軽量で保温に優れ、形状を自由に変えることができるという特徴は、まさに快適な眠りを実現する道具の素材として最高だったのです。**まだ掛け布団が必要となる時期ではないですが、「良い睡眠で回復する」という意識を高めるタイミングなのです。**眠りの環境は起きている環境と「表裏一体」であることも覚えておいてください。

今日のご縁日

弥《み》勒《ろく》菩《ぼ》薩《さつ》さま

目をつぶったお姿は寝ているわけではありません。でも、未来を救うための深い瞑想は、人間の姿としては催眠状態に近いものとなるのです。今日は寝る前にご縁を繋いでみてください。

今日の呪文

「オンマイタレイヤソワカ」

「寝る前」に唱えてみてください。繰り返し唱えるうちに眠りに入れるのが理想ですが、それほどこだわらなくても大丈夫です。リラックスして、ゆっくり唱えるのがコツです。

ご利益フード

里芋

そろそろ秋を感じさせる食材も出はじめました。独特な食感と栄養を楽しめるのが里芋です。甘辛く煮つけると豊かな風味も引き出せる一品となります。

8月28日

二十四節気 処暑

七十二候 綿柎開 から 天地始粛《てんちはじめてさむし》 へ

地球規模のおまじないを最大限に利用する

ご利益行動

区切りを文字化する

8月が過ぎようとしています。今日からは「仕上げ」を意識する期間が始まります。**すべての仕事、すべての学びが、良いものへと進化するための「おまじない」、それは「自分で仕上げる」というワザです。**これは「区切り」を意識することで、初めて有効となります。**今日は「年内限定」で、今の行動や継続において「区切るべきこと」と「区切ることになること」を分けて文字化してください。**いつごろが区切りとなるのかも記載しておく必要があります。漠然と「〇月ごろ」とするより「〇月〇日」と具体化するのがポイントとなります。リストは3〜5個の項目となるよう、調整してみてください。完成後は「区切り」の日付をスケジュールに記載することも忘れずに。

暦からのメッセージ

時間はコントロール可能

時間は私たちの都合とは関係なしに流れていきます。それは自分では介入できない「前提」のように感じられますが、**じつは「区切り」という「自分で設定できること」を使うことにより、その流れのスピードやタイミングをコントロールすることができるのです。**

今日のご縁日

金《こん》剛《ごう》薩《さっ》埵《た》さま

時間は、自分の選択によって光り輝くものともなります。でもそれが確認できるのは、選択した後に流れる時間のなかだけなのです。今日のご縁では、永遠のときのなかで輝く仏さまをイメージしてみてください。

今日の呪文

「オン バサラ サトバ アク」

ダイヤモンドのような輝きと強さをもつ仏さまのご真言です。区切りを検討する前と後に唱えてみてください。今日検討したい区切りが強固となり、余計な変更をしなくて済むようになります。

ご利益フード

枝豆

過ぎゆく夏を惜しみながら、おいしい夏の味覚を楽しみましょう。新鮮なものほど、甘みが増し、おいしくなります。

8月29日

二十四節気 **処暑**

七十二候 **綿柎開** から **天地始粛** へ

区切りは全人類が幸せに生きるための最良のツール

ご利益行動

区切りの良い点、悪い点を考える

もし、私たちの世界にカレンダーが存在せず、太陽の動きだけで日々の生活を送っていたなら、どんな進化を遂げていたでしょう？ もしかしたら、現在とは違う「能力」が目覚めていたかもしれません。人類がカレンダーを使うようになったのは、「区切る」という魔法の効果を認めたからです。**今日は「もし区切りがなかったら、今の生活はどう変わるだろう？」という質問を自分に投げかけてください。**「良い点」と「悪い点」の両方を確認するのです。

暦からのメッセージ

区切りは強力なおまじない

古暦が気が遠くなるほどの長い年月をかけて研究され、受け継がれてきたのは「適切な区切り」を明確にするためでした。**今日は、それを検討するのに相応しいタイミングです。**天と地が同じ状態へと移行する期間に入ったのです。気候や気温の区切りは「目に見える領域」でしか機能しません。それ以外へのアプローチとして「季節を区切るというおまじない」は強大な力を発揮します。

今日のご縁日

天石門別神《あまのいわとわけのかみ》さま

天孫降臨神話に登場する神さまです。「聖域の門」を司る神さまであり、領域の区切りを管理する神さまです。区切りがあるからこそ「内と外」を認識することができるのです。「区切ること」の力を感じてみてください。

今日の呪文

「百《ひゃく》事《じ》楽《がっ》嘉《か》辰《しん》」

「100回お祝いすると、100回良いことが起きる」という意味の呪文です。ぜひ、今日のタイミングで唱えて予祝のスキルを向上させましょう。

ご利益フード

鯛

お祝いの席で大人気となる食材です。遥か昔から海のご馳走として、日本人を喜ばせてきた食材です。味はもちろん、その名も「めで・たい」というゲン担ぎとなっています。

8月30日

月末という期限に区切りを意識する

二十四節気 **処暑**

七十二候 **天地始粛**

ご利益行動

期限を確認する

学校では「いよいよ夏休みも終わり」です。仕事をしている方も「世間の休みは終わる」という感覚を忘れないでください。学校の宿題も仕事も月末ですので、区切りをつけて終わらせる必要があります。**今日は、多種多様な「期限」について確認しましょう。**プレゼントの応募、コンテストへの参加も期限があります。自分で決めた期限も、他人が決めた期限も、それぞれに意味があり、それぞれに守るべき理由があります。今日は、それを忘れていないか確認してください。

暦からのメッセージ

無期限なものは存在しない

「期限」も区切りというおまじないのために設定されています。自然界では「無期限」のものは存在しません。生命はもちろんのこと、岩や土などにも「期限」があるのです。**注意が必要なのは、人間がやることにおいて「無期限」だと勘違いしてしまう事象が発生することです。**自分の認識では「期限がない」ものでも、必ず「期限は存在」します。それが急に来ても慌てないように、認識を変えておきましょう。

今日のご縁日

普《ふ》賢《げん》菩《ぼ》薩《さつ》さま

あらゆる智慧をもち、世界の本当の姿を知る仏さまです。「人々が知らず知らずのうちに溜めてしまっている罪」を許してくださるという仏さまでもあります。

今日の呪文

「オン サンマヤ サトバン」

今日は期限の確認をする前と後に唱えてみてください。また、もし「期限に間に合わないかも」というものがあったら、それに間に合うことをイメージして唱えると、いろいろな変化が起きる呪文です。

ご利益フード

車海老

力強い動きから「前進するイメージ」と結びついた食材です。パワーをいただいて、この夏を締めくくりましょう。

8月31日

夏の終わりを思って、深呼吸する

二十四節気　処暑

七十二候　天地始粛

ご利益行動　去りゆく夏を惜しむ

今日は「惜しむ」という感情をもってください。来年の夏が絶対にやってくると保証されている人は、この世に存在しません。**秋に期待する前に、かけがえのない夏が終わるのを惜しみながら、振り返ってみてください。そして、今年の夏の「良い思い出」だけを選択して思い返してください。**暑い状態は「生命の危機」に直面しやすいため、他の気候に比べて印象が強くなるのです。過ぎゆく夏を惜しむことで、来年の夏がもっと楽しくなります。

暦からのメッセージ　同じ季節は巡ってこない

「始粛《はじめてさむし》」という表現には、さまざまな暗喩が込められています。毎年季節は巡り、気温は変化するのですから、「はじめて」という表現は本来矛盾しています。**では、どういう解釈になるのか。「昨年と今年のさむしは異なるものである」という摂理を指摘しているのです。**私たちは「計測された気温」だけを把握していますが、実際は「五感」を通じて複雑な「さむし」を感知しています。その点において、去年と完全に同じ季節が、再びやってくることはあり得ないのです。

今日のご縁日　天《あめ》之《の》吹《ふき》男《おの》神《かみ》さま

高い場所にいて、四季を巡らせる神さまです。お名前の通り強力な息で、さまざまなものを吹き飛ばす力があります。今年の夏が吹く風とともに去っていくイメージで、ご縁を感じてみてください。

今日の呪文　「養《よう》氣《き》得《え》其《き》和《わ》」

「氣を養っておけば、どんな季節でも気分よく過ごせる」という意味の呪文です。深呼吸をした後、お腹に力を入れて唱えてみてください。

ご利益フード　南瓜《かぼちゃ》

そろそろ収穫期が終わりますが、貯蔵することにより甘みが増していくので「秋から冬」に主役となる食材です。今日はあえて「新鮮なもの」を食べておきましょう。来年もこの味が楽しめることを、先回りして感謝しておくのです。

コラム

古暦は「非循環型」との「合わせ技」で真の力を引き出す

本書は、「いつからでも」「どこからでも」読みはじめ、何年でも実践しつづけられる古暦の智慧をお伝えしています。

このように繰り返し恩恵を受けられる古暦は「循環型」と呼ばれるものです。自然界の四季が、毎年同じような変化を繰り返しながら「輪」のように循環していることから、その名がついています。

これとは別に「非循環型」と呼ばれる古暦が存在します。

これは「同じ日は来ない」という原則のもと、毎日の太陽、月、星、方位、時間、空間の傾向から導き出されるものです。

これも明治維新の混乱期に多くが失われることとなり、ごく一部が受け継がれることとなりました。

非循環型は循環型と比べて、その日の暦を分析するためのリソースが多いという特徴があります。

循環型の二十四節気、七十二候とは別の「暦注」「暦中段」「暦下段」および台湾や香港で受け継がれている「古暦」も参照し、「同じ日がない古暦」「またと来ない今日1日のための古暦」を知ることができるのです。

本書で「暦の現代活用」に興味が湧きましたら、書籍やネット、専門家の講演などで、深遠な暦の世界への一歩を踏み出してみてください。

また、私が毎日配信している『ご利益1万倍のこよみメール』というメールマガジンでもお伝えしていますので、興味がある方はぜひ検索してみてください。

9月

暑さは少し続くものの、
徐々に秋物を着る機会が増え、
季節の移ろいを感じやすいでしょう。
処暑《しょしょ》から白露《はくろ》、秋分《しゅうぶん》へと着実に
秋の実りを感じ、感傷に浸る日も
増えるかもしれません。
過ごしやすい陽気のなか、
次第に近づく年末に向け
準備を始めてみませんか。

Kokumonosunawachiminoru

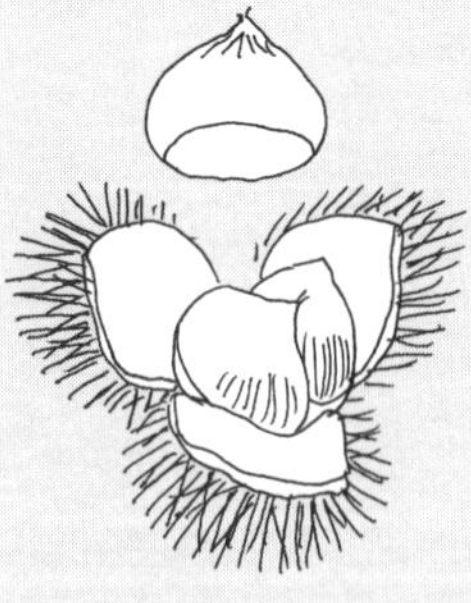

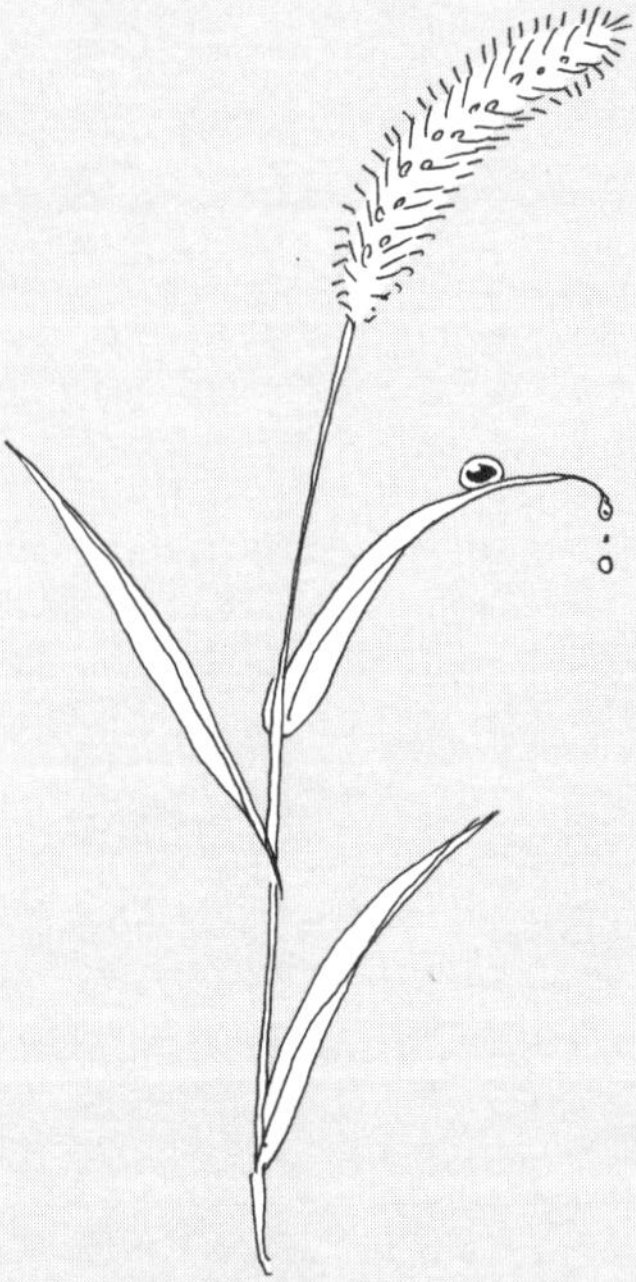

Kusanotsuyushiroshi

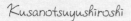

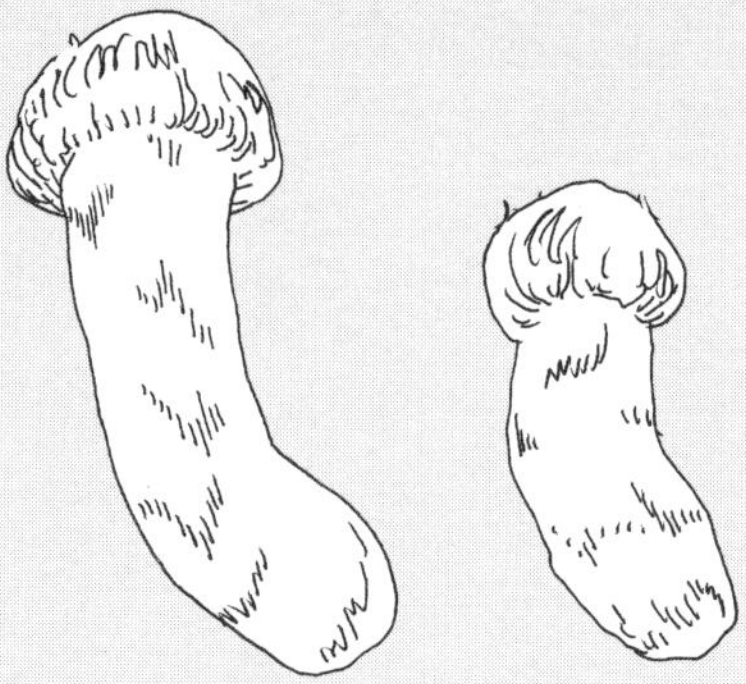

Sekireinaku

Tsubamesaru

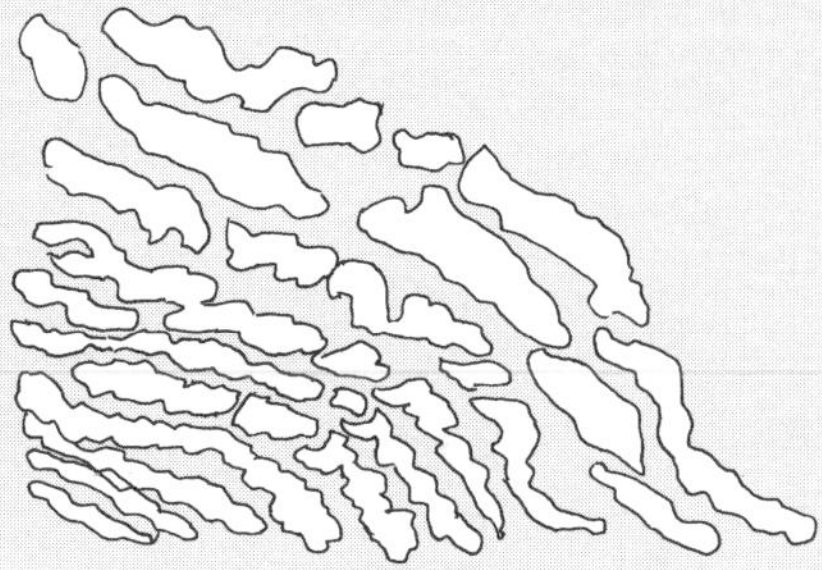

Kaminarisunawachikoewoosamu

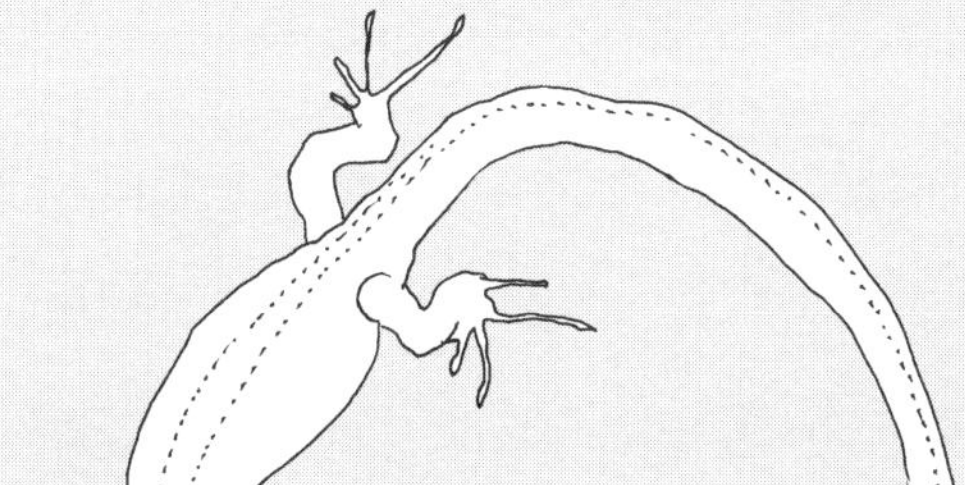

Mushikakuretetowofusagu

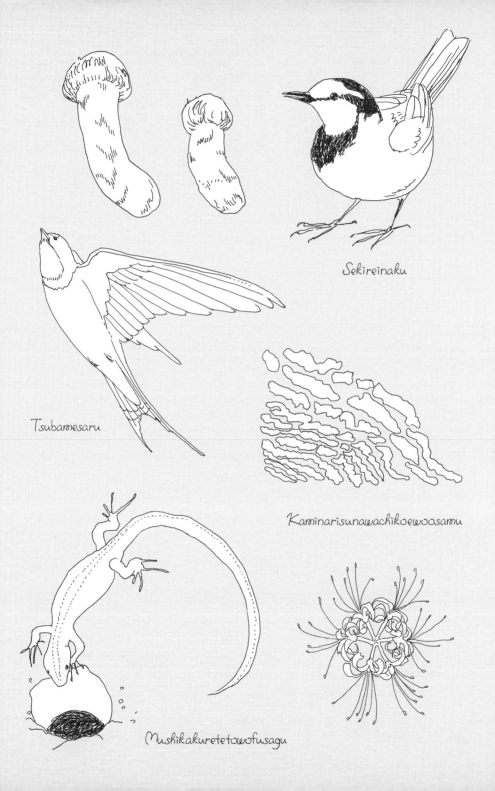

9月1日

「いま、ここ」を思って、残りの時間を丁寧に

二十四節気 **処暑《しょしょ》**

七十二候 **天地始粛《てんちはじめてさむし》**

ご利益行動

1年を振り返る

現代で一番わかりやすい区切りは、西暦の「月替わり」です。カレンダーが新しい月になると、「新しい月が始まる」という認識が世界共通で発生します。**このタイミングで発生する意識を利用して、今年1年を振り返っておきましょう。**残り4か月を「より良いもの」とするために、9月が始まるタイミングでしっかりと「今年の自分」と向き合ってみてください。ここまで自分が取り組んだ本書のワークがあれば、それを確認するにも絶好のタイミングです。年末までに「やりたいこと」を再整理しましょう。

暦からのメッセージ

流れる時間を意識する

「まだ9月」か「もう9月」か。人それぞれに抱く印象は異なります。どちらにも共通しているのは「残り時間」としての今年は残り4か月だということです。誰にとっても年末へのカウントダウンは、平等に進んでいきます。**今日は「流れる時間」を「流される時間」としないための意識が必要となる日です。**「いま、ここ」に意識を集めて、ここからの自分に挑みましょう。

今日のご縁日

大日如来《だいにちにょらい》さま

永遠不滅の光を表す仏さまです。これから日が短くなっていきますが、それは自分が認識できる領域での変化です。大宇宙に出れば「光」は常に存在します。今日は燦然《さんぜん》と輝く太陽のイメージで、ご縁を繋いでみてください。

今日の呪文

「ナウマク サンマンダ ボダナン アビラウンケン」

永遠の光を称えるご真言です。今月のご加護を祈ってみてください。朝・昼・夜・寝る前に唱えられたら完璧です。

ご利益フード

陸蓮根《おくら》

夏の元気な野菜たちも、そろそろ入れ替わりの時期です。最後の暑さを乗り切る体力をネバネバ野菜からいただきましょう。

9月2日

二十四節気 処暑

七十二候 天地始粛 から 禾乃登《こくものすなわちみのる》 へ

「私は恵まれている」と思って生きる

ご利益行動

恵まれていることを数える

「自分は恵まれている」。それを実感して生きている人には、今日は簡単なワークです。**メモ帳かスマホを取り出して「自分は恵まれていると思うこと」を箇条書きにして、数を確認しましょう。**たまに「人との比較が苦しみを生む」という意見もありますが、それは「ケースバイケース」です。ときと場合によっては、自分の位置を確認するために、他の人の現状が必要となります。今回は「自分の認識」に関するトレーニングともなりますので、比較と検証で挑んでみてください。

暦からのメッセージ

収穫への移行

天地始粛から禾乃登へ。冬に準備し、春に芽吹き、夏に育ち、秋に収穫される「循環」は、人間が決めた法則ではなく「もともと、そうなっていること」です。**実際の「稲の収穫」はまだ少し先ですが、古暦では今日からモードが切り替わり「収穫」への移行を促しています。**それはもちろん農作業のことだけではありません。さまざまな領域も「循環」に沿って変化しているのです。

今日のご縁日

活津日子根命《いくつひこねのみこと》さま

天照大御神《あまてらすおおみかみ》さまが、左手に巻いていた「玉」から生まれたとされる神さまです。御名《みな》の表す通り、光を活性化され、物事を明確にしてくれる神さまです。

今日の呪文

「神足通《じんそくつう》」

物事がスムーズに流れるようになる呪文です。今日のワークを行う前と後にも有効ですので、ぜひ試してみてください。唱えれば唱えるほど、効果が高まるタイプの呪文です。

ご利益フード

無花果《いちじく》

甘みが増して、おいしくなる時期となりました。現代では新鮮なものも手に入りますが、ジャムなどの保存食にしてもおいしい果物です。

9月3日

二十四節気 処暑

七十二候 天地始粛 から 禾乃登 へ

古来の日本人の感覚から「富」を知る

ご利益行動

自分にとっての富を知る

日本一高い山は「富士山」です。かつてこの「富士」は「富知」という漢字で表現されることもありました。「富を知る」という感覚が「幸せに生きて、幸せに死ぬ」ために極めて重要なので、日本一の山の名となったという説です。**今日は「富」について、確認します。「自分にとっての富とは何か」を自分なりに確認するのです。**現代では「お金」が「富」であるという定義が支持されています。どのくらい多ければ富となるのか、そのお金をどのように使うと富なのかを自分に質問してみてください。

暦からのメッセージ

本来の富とは

本来、富とは「物質」を指すものではありませんでした。**今日の古暦・禾乃登が伝えるような「豊かな稲穂がびっしりと実る田んぼで、人間が喜んでいる状態」が富の由来とも推測できるのです。**「富」という漢字は「神さまにお供えする酒樽がふっくらしている状態」の象形文字から生まれたともいわれています。今日は富の本来の意味について、考えてみましょう。

今日のご縁日

大物主神《おおものぬしのかみ》さま

「大いなる力」という御名をもち「偉大なる精霊の王」という伝承をもつ神さまです。地上を見守る大きな存在をイメージして、ご縁を繋いでみてください。

今日の呪文

「天壌無窮《てんじょうむきゅう》**」**

「天地が限りなく、豊かに広がる」という意味の呪文です。私たちが知ることのできる範囲は限られていますが、その外側にも宇宙が存在するのです。今日は「無限」を思いながら、唱えてみてください。

ご利益フード

鰹《かつお》

今月から秋のシーズンが始まります。名前も姿も良い、江戸時代から愛されるゲン担ぎの食材です。豊かな秋をイメージしながらいただきましょう。

9月4日

二十四節気 **処暑**

七十二候 **禾乃登**

謙虚は必須スキル

ご利益行動

謙虚さを学ぶ

すごい実績や実力があるのに威張ることなく、人の意見を尊重し、自分だけの利益を追求しない人のことを「謙虚」と表現します。**今日は、謙虚な人の生き方や発言について学ぶタイミングです。**謙虚とは、もともとは大陸から来た哲学の書によく登場する言葉ですが、意外と理解されている方が少ないのです。**今日は「なぜ、謙虚だとほめられるのか」という理由も考えてみてください。**謙虚は人類の試行錯誤によって生まれた「幸せに生きる手段」の一つでもあります。多様化する社会のなかでは「必須条件」ともなるので、早いうちに知っておいたほうがお得ですよ。

暦からのメッセージ

謙虚という感覚

「実るほど、頭《こうべ》を垂れる、稲穂かな」。非常に有名な俳句ですね。「謙虚である状態」を意味していると思われがちですが、そもそも稲穂は威張らないので、「威張る」という感覚すらもち合わせていない状態」のほうが、的確ですね。そして今の期間は、その状態へと移行するタイミングなのです。

今日のご縁日

大《おお》事《ごと》忍《おし》男《おの》神《かみ》さま

熊野の聖地に鎮まり座して、その大いなるご神徳で、世界のバランスを保つ神さまです。また、この国の「始まり」からいらっしゃった神さまであり、日本人のことをよく理解している神さまです。

今日の呪文

「安《あん》而《じ》不《ふ》忘《ぼう》危《き》」

「安らぎは危険を忘れないことから始まる」という意味の呪文です。出かけるときや旅行の前などに唱えておくと、危険を遠ざけてくれる効果があります。玄関で唱えるとさらに効果が増します。

ご利益フード

薩《さつ》摩《ま》芋《いも》

今年も秋の楽しみがやってきました。貯蔵で甘みが増す前の本来の「薩摩芋の風味」を確認できるのは、今ごろの時期だけです。

9月5日

二十四節気 処暑　七十二候 禾乃登

若さに年齢という数値は関係がないと知る

ご利益行動

年齢という基準を見直す

日常生活のなかで「年齢」という数値は、いろいろな使われ方をします。今日は**「年齢」という基準が自分のなかでどのように扱われているか、確認してみてください。**数値としての年齢は「若い」「年寄り」という形容詞には直結しないことも確認してください。あなたの身近にも年齢という数値が自分より高いのに「若い人」や、低いのに「年寄りな人」はいませんか？　「年齢という数値の呪術」から離脱するには、その「矛盾」を確認する必要があります。

暦からのメッセージ

成長と老化の真実

同じ田んぼで、同じ品種を育てていれば、「若い稲」や「年寄りの稲」という違いはないはずです。同じタイミングで植えられているので、すべて同じ世代の稲です。でも、不思議なことに「早く成長する稲」と「遅く成長する稲」が同じ田んぼでも存在します。もちろん、日当たりや育成条件の影響もあるのですが、それだけではないと昔の人々は理解していたようです。**時間以外の要素が「成長」と「老化」という現象には存在することを確認してみてください。**

今日のご縁日

如意輪観音《にょいりんかんのん》さま

「如意」とは「宝珠《チンターマニ》」という美しい宝を意味し、「輪」とは「法輪《チャクラ》」という「輪のような道具」を意味しています。その二つの道具で、人間を苦しみから救ってくれる仏さまです。仏像や仏画で描かれるお姿にも、その道具が表現されています。今日はそれをイメージして、ご縁を繋いでください。

今日の呪文

「オン ハドマ シンダマニ ジバラ ウン」

「自力だけでなく他力が必要だ」と感じたときに唱えると、効果絶大です。ビックリするくらい「救われる」という実感が得られるご真言です。

ご利益フード

青梗菜《ちんげんさい》

これから冬に向けて本格的な旬を迎える野菜が店頭に並ぶ時期となりました。油との相性も良いので、塩炒めで本来の風味を楽しんでみてください。

9月6日

喜び、感謝することで現実を引き寄せる

二十四節気 処暑

七十二候 禾乃登

ご利益行動

存在しない富に感謝する

今日は「イメージトレーニング」です。**15分くらいでいいので「今は存在しない自分の富」を具体的に想像したうえで、それに対して「ありがとう」と伝えている自分の姿を想像してください。**あまり難しく考えず、「欲しいもの」を手に入れて大喜びしながら感謝している自分の姿なら全部オッケーです。わかりやすいのは、理想の家、理想の相手、理想の服やアクセサリー、理想のご馳走、理想の車などですね。注意点は喜びの後、「感謝」が必須となる点です。

暦からのメッセージ

あらかじめ祝う

古暦では、たびたび「あらかじめ祝う」と「あらかじめ感謝する」タイミングを伝えています。それは確定していない未来に対して、自分の望むべき結果を見えない領域で現実と交換するという行為が、事前に行われるべきことだからです。抽象度の高い表現ですが、**あなたの目の前の「現実」は「時間の流れの結果」だけではないのです。**今の期間も、まさに「あらかじめ祝う、感謝する」に該当しています。

今日のご縁日

梵天《ぼんてん》さま

古代インドにおいて「すべてのものの根源」とまでいわれた「ブラフマン」が仏さまとして現れたお姿です。今日のタイミングでご縁をイメージすると「もともとの原因から良くなる」という効果が期待できます。

今日の呪文

「福至心霊《ふくちしんれい》」

「幸福に至るには、まず心と魂から始める」という意味の呪文です。自分の「なりたい姿」も「やりたいこと」も、自分の内部からスタートすることを認めるために、唱えるべき呪文です。

ご利益フード

葡萄《ぶどう》

夏の終わりから秋の始め限定のフルーツです。豊かな房と大きな実は、その姿だけでも、縁起が良いのです。「富」のイメージと一緒に、瑞々しい果肉を楽しんでください。

9月7日

自分への問いかけで生き方を見直す

二十四節気
処暑から白露《はくろ》へ

七十二候
禾乃登から草露白《くさのつゆしろし》へ

ご利益行動

ゼロベースで思考する

「ゼロベース」という言葉をご存じでしょうか？　物事をゼロの状態から検討し直すことを指します。**今日は「もし、それを選択しなかったとしたら、再度それを選択するだろうか？」と自分へ質問をしてください。**その質問には「ＹｅｓかＮｏか」、答えを出すところまでたどり着いてみてください。「現代人の三大悩み」である「仕事」「人間関係」「お金」の領域で整理すると、より具体的に考えられます。一通りできたらＹｅｓの数とＮｏの数をカウントし、その数を記録します。来年の今日と比較するので、なくさない場所に保管しておいてください。

暦からのメッセージ

空白が大切

禾乃登から草露白へ。**今日は順調に実りへと推移する流れにおいて、空白の期間の有効性を伝えています。**このタイミングで「意図的な空白」を作ることが、この後の「豊かな実り」には不可欠なのです。「原因」と「結果」は一直線に結ばれているわけではありません。「原因」だけに注目していると「得たい結果」にたどり着けないことを学び、結果までの意図的な空白を大切にしましょう。

今日のご縁日

神大市比売《かむおおいちひめ》さま

須佐之男命《すさのおのみこと》さま直系の女神さまで、農耕による「植物系の食べ物」を慈しみ、守り、育てる神さまです。また「市場」の神さまとしても大人気だった時代もあり「良い取引」や「良いビジネス」を実現したいときに助けてくれます。

今日の呪文

「無彊福《むきょうふく》」

「限りない幸せ」を認識するための呪文です。「目に見えること」だけに囚われている「心」を、解放するために唱えてみてください。今日は本来の「幸福」に気がつくタイミングなのです。

ご利益フード

鮭《さけ》

今年の初物がそろそろ出回ります。味覚としてはこれからおいしくなりますが、ゲン担ぎとしては初物がおすすめです。

9月8日 水のおいしさを認識する

二十四節気 **処暑**から**白露**へ

七十二候 **禾乃登**から**草露白**へ

ご利益行動

水を味わう

「水の味」は、どのようにして決まるのでしょうか？ **今日は水の味を確かめてみましょう。**「高級な水」を用意してください。普段のミネラルウォーターではなく「普段よりおいしそうな水」を準備して、まったく同じ容器を二つ用意します。一つに「普段の水」、もう一つに「準備した水」を注ぎ、どちらがどちらの水かわからないように容器を動かします。そして、どちらか一方の水を飲むときだけ「この水がうまい！」と大きな声で宣言してから飲み、もう一つのものと「おいしさ」を比較してみてください。それが「水のおいしさ」なのです。

暦からのメッセージ

循環は衰退へ繋がる

変化を楽しんでいると、その変化を止めることに恐怖を感じるようになっていきます。そうすると、自分では変化を楽しんでいるつもりでも、だんだんと「変化しないこと」を楽しんでいるようになります。それが「循環」という状態の始まりです。今の期間は、それを予防するための期間です。**循環は成長ではなく「衰退」へと繋がるという「摂理」を古暦は伝えています。**

今日のご縁日

鳩摩羅天《くまらてん》様《さま》

孔雀に乗る、美しい仏さまです。人間が幸せになることを妨げる「執着」や「固執」を清らかな水の流れのように洗い流してくれる力を持っています。おいしい水を飲みながらご縁を感じてみてください。

今日の呪文

「慶雲昌光《けいうんしょうこう》」

「美しい雲が喜びとともに現れる」という意味の呪文です。今日のタイミングでは、実際の雲の様子を見ながら、唱えられたらベストです。

ご利益フード

梨《なし》

瑞々しくて、すっきりとした甘さの梨の旬もそろそろ終了です。今年の収穫をしっかり楽しんでおきましょう。最近は品種も増えているので、今日は、食べたことのないものを選んでみてください。

9月9日

動いている間には見えないものがある

二十四節気　白露

七十二候　草露白

ご利益行動

立ち止まってみる

少し変わった行動となりますが、**普段の通勤路や通学路、よく通る散歩道などで、立ち止まってみてください。**信号や一時停止などでの立ち止まりは除外してください。あくまでも「自分の意志で意味なく立ち止まる」という行為が対象となります。足を止めたら、その周囲をじっくり観察してみてください。「動いていると見えないものがある」と、しっかり認識するのです。この実験中は観察に集中するため、スマホの使用は控えることも条件となります。

暦からのメッセージ

空白の効果

意図的な「空白」には、さまざまな良い効果があります。ずっと続いている状態や、隙間や空間がないほどに詰まっている状態では、新しい情報や発想が入り込む「隙間」が少なくなってしまうのです。そのために定期的な「お祓い」が必要だと考えられていた時代もあるのです。「罪や穢れ」が積もっていくと「隙間」が失われてしまいます。今日は「陽」の最大数である「9」が重なる日です。立ち止まって、周囲の景色を楽しんでみてください。

今日のご縁日

国《くに》忍《おし》富《とみの》神《かみ》さま

大国主命《おおくにぬしのみこと》さまの別の御名ともいわれていますが、地方の神話では独立した神さまであったとの記録も伝わっています。国を豊かにするために立ち上がった神さまです。ぜひ「立ち止まったとき」にご縁を繋いでみてください。

今日の呪文

「福《ふく》聚《じゅ》海《かい》无《む》量《りょう》」

自分にとって「嬉しいこと」「楽しいこと」を空間に引き寄せる効果をもつ呪文です。ぜひ、立ち止まっている状態で唱えてみてください。

ご利益フード

間《かん》八《ぱち》

今月で旬を終える、大人気の白身魚です。鰤《ぶり》よりも脂身が少ないため、本来の旨味を楽しむことができます。シンプルにお刺身や塩焼きなどで、素材の味を確認しておきましょう。

9月10日

二十四節気 白露

七十二候 草露白

継続から生まれる負の側面

ご利益行動

固執の矛盾を知る

「継続は力なり」。この言葉は「継続すると強くなる」という意味の他に「継続すると、不思議な力が生まれる」という意味も含まれています。どんなことでも「継続」すると、人間には理解できないような現象へと繋がっていくのです。それだけなら良いのですが、「固執」という嬉しくない力も発生してしまいます。**今日は自分が続けていることを検証して「望ましい結果」が出ていない行為が「固執」となっていないか確認するタイミングです。**本来、変化と成長のための「継続」が、いつのまにか「それを妨げる力」へと変化してしまうのです。

暦からのメッセージ

立ち止まって考える

「固執」が怖い理由は、自分が気づかないとどんどん強くなるという点です。**今の期間は「停止」や「空白」によって、それらを点検する期間です。**それは勇気のいる行為でもあります。なぜなら、自分の「努力」を否定する可能性があるからです。でも「望まない結果へ向かう努力」ほど、無益なものはないのです。

今日のご縁日

賀《か》夜《や》奈《な》流《る》美命《みのみこと》さま

古代より「王さまとその一族」を守る神さまとして伝わり、そこから国を守る神さまとしてお祀りされています。流れを整え、スムーズな成長へと導いてくれるご神徳があります。

今日の呪文

「仁《にん》者《じゃ》壽《じゅ》」

「素晴らしい人は、いるだけで優れている」という意味の呪文です。「世界から喜ばれている自分」をイメージして唱えると、自分の意図とは違う「幸運」がやってくる効果があります。

ご利益フード

里芋

これから冬にかけて、旨味も需要も増す根菜です。栄養価も高く、さまざまな調理方法に順応する万能選手です。なかでも、「煮っころがし」は、香ばしさと風味がベストマッチした逸品です。

9月11日

リズムを変え、見える世界を変える

二十四節気　白露

七十二候　草露白

ご利益行動

早起きを検証する

このページを確認した次の日は、いつもより1時間早く起きましょう。日付よりも、確認したタイミングを起点にします。生活リズムが「朝起きて夜寝る」という方でなくても「起きる時間」がいつもより1時間早くなれば、それでオッケーです。いつもより早く起きるという挑戦は、通常は意図的に変えられない「リズム」を変えることができる、数少ない手段なのです。いつもよりも「1時間早い世界」を認識してみてください。とくに「屋外の世界」を確認することが有効です。

暦からのメッセージ

波に乗る

私たち人間は自然界の一部であるだけでなく、見えない領域で流れつづける「波の動き」を形成する一つの要因なのです。さらには「私たち」も「波の動き」によって、構成されています。大きな波は、小さな波によって立っているのです。全体の「大きな波」が切り替わるとき、意図的に「小さな波」を切り替えてみる。そうすると「波に乗る」という感覚が得やすくなります。生活のリズムを変えてみることは、大きな波への同調へと繋がる行為なのです。

今日のご縁日

櫛八玉神《くしやたまのかみ》さま

国津神《くにつかみ》として、古くから私たちの国を守ってくださる神さまです。鳥の「鵜《う》」に変身して、海に潜り、海底の泥を採取して、そこから新しい海藻や魚を生み出した神話があります。ぜひ、そのイメージを使ってご縁を繋いでみてください。

今日の呪文

「萬世不易《ばんせいふえき》」

「宇宙の根本は変化しない」という意味の呪文です。今日は「目に見えるものが変化しても、じつは本質は変化していない」と認識するために唱えます。

ご利益フード

椎茸

春と秋、2回の旬があるキノコの王さまです。煮ても焼いてもおいしいですが、今日はお味噌汁で、楽しんでみてください。出汁の旨味がよくわかります。

9月12日

二十四節気 白露

七十二候 草露白 から 鶺《せき》鴒《れい》鳴《なく》 へ

恋しい想いが原動力になる

ご利益行動

恋の効能を確認する

人間にとって「強大な原動力」となるのが「恋」という現象です。ただし、本来の「恋」という単語は「相手と通じ合っていない状態」「愛ではない状態」を意味しています。**今日はその意味を尊重して「自分が一方的に好きなもの」を確認してみてください。**人物以外にも、対象をさらに広げて「やりたいのに、やれていないこと」や「行きたいのに、行けない場所」でもよいです。その際は「単なる願望」なのか、恋と呼べるほどの「情熱」があるのかをチェックしてください。それにより恋がどのような「効能」をもつ現象なのかを確認できます。

暦からのメッセージ

求愛のもつ力

知能が発達した生き物に発生する現象、それは「求愛」です。それが発生する理由やタイミングは、人間が決めたことではありません。**今日の暦は、これから迎える冬をより良いものとするために「求愛」を意識することを促しています。**「愛」が成就している状態より、それを求める状態のほうが「効果と効能」が強いのです。美しい鳥たちの進化は「求愛」が原動力であることに注目しましょう。

今日のご縁日

木《こ》花《はな》之《の》佐《さ》久《く》夜《や》毘《び》売《め》さま

この国を代表する「美」と「恋」の神さまです。富士山があまりに美しい山であるため、その象徴として習合したと考えられています。美貌だけでなく知性も素晴らしく、まさに「才色兼備」の女神さまなのです。

今日の呪文

「萬《ばん》古《こ》清《せい》風《ふう》」

「天上界に吹く、永遠にやむことのない心地よい風」を意味しています。清々しい風のなかにたたずむ「富士山」をイメージしながら、唱えてみてください。画像を見ながら唱えるのも有効です。

ご利益フード

イクラ

今年の「初物」が出回る時期となってきました。豊かな風味と赤い粒が宝石のように輝く姿は、まさにご馳走です。今日は「きれいにいただく」という意識で、旬を楽しみましょう。

9月13日 すべてが物語であることを知る

二十四節気 白露

七十二候 草露白 から 鶺鴒鳴 へ

ご利益行動

物語であると宣言する

今日のワークは、少し難易度が高いです。**「私は、すべてが物語であることを知っている」と宣言してみてください。**もちろん、そのように思っていなくてもオッケーです。実際にそれを証明することはできないので、あくまでも「仮説」のアファメーションです。なぜかというと「完全に否定することもできない」からです。もしかしたら、自分が死んだ後に、自分の魂が神さまや仏さまと会っているとき「いや〜あなたが現実だと思っていたことは、すべて物語だったんだよ！」と言われるかもしれないでしょう？ その「想像」は実際に、私たちのご先祖さまが本気で検討してきた「仮説」でもあるのです。

暦からのメッセージ

語りの認識を変える

「物語」という単語は「語り継がれたもの」という意味です。**今日は、時空を超えて届く「語り」について認識を変えるのに適しています。**「鶺鴒鳴」という表現には、「受け継ぐべき語り」という暗喩が込められています。鳥の声や自然界に溢れる音も、私たちには理解できない「物語」なのかもしれないのです。

今日のご縁日

建《たけ》速《はや》須《す》佐《さ》之《の》男《おの》命《みこと》さま

日本の数々の神話のなかでも、これほどドラマチックで、激しい物語の主人公である神さまは、他にはいません。でもそれは、この神さまのもつ「強烈な力」を受け継ぐための伝説なのです。今日はしっかりと「最強の神さま」とのご縁を感じてください。

今日の呪文

「百《ひゃく》事《じ》楽《がく》嘉《か》辰《しん》」

「すべてのことは、楽しむことができる」という意味の呪文です。今日は「自分という物語」を楽しむイメージと一緒に唱えてみてください。

ご利益フード

茗《みょう》荷《が》

そろそろ「秋茗荷」と呼ばれる甘みとおいしさが増したものが出回る時期となりました。ピリッとくる味覚を楽しみましょう。

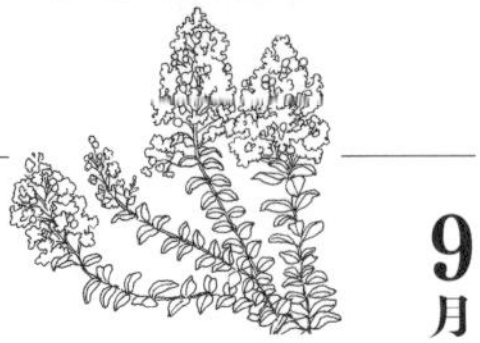

9月14日

二十四節気 白露

七十二候 鶺鴒鳴

弱くならないように、痛みに触れる

ご利益行動

あえて感傷に浸る

日常のなかで「感傷に浸る」時間はありますか？　具体的には、「過去のことを思い出して、心を痛める」時間のことです。「痛みを避ける」というのは、生き物として備わった「もともと、そうなっていること」の一つなので、本来「感傷」は避けるべきものなのですが、**今日のタイミングでは、それを意図的に起こすことを体験してみてください。**「痛み」を避けてばかりいると弱くなります。その法則も人間が決めたことではありません。トレーニングとして取り組むと、適度な負荷で大きな効果を得ることができます。

暦からのメッセージ

心の強度を上げる

夏の暑さが過ぎ去り、多くの生き物にとって「生存のため」に使用していたエネルギーを他の目的で使用できる期間となりました。そのため、感傷に浸りやすくなります。**今日は、それを自然界と同調させずに、自分のコントロールで行うことができるのです。**感傷は「心の強度」を上げるための訓練としても有効です。その認識をもって浸ってみてください。

今日のご縁日

阿《あ》修《しゅ》羅《ら》さま

興福寺の国宝となった仏像が仏さまです。「戦いの神」として、武将からの信仰も篤く、その美しくも気迫溢れる表情は、多くの人々から祈りの対象として祀られています。でも実際は「不要な戦いを未然に防ぐ」仏さまなのです。

今日の呪文

「天《てん》上《じょう》趣《しゅ》」

「人間ではない存在がもたらした芸術」を意味する呪文です。今日は奈良の興福寺にある「国宝・阿修羅像」のイメージと一緒に唱えてみてください。

ご利益フード

茄子

「秋茄子は嫁に食わすな」ということわざがありますが、これは「体が冷えることを心配した」という説と「おいしいから、もったいない」という説があります。現代は「お嫁さんが喜んで食べる」ことができる時代なので、みんなで楽しみましょう。

9月15日

秋の好きなところを文字にする

二十四節気 白露

七十二候 鶺鴒鳴

ご利益行動

秋に恋する

「恋」という言葉には「双方向ではない状態」という意味が含まれています。**今日は、双方向を確認できない対象に向けて「好意」を寄せてみてください。**メモ帳かスマホを使用して「秋の好きなところ」「秋を好きな理由」を言葉にするのです。ラブレターを出す感覚で、秋に「賞賛」と「感謝」を文字化して捧げるのです。これは、この期間に行われる「秋祭り」と同じ行為です。いよいよ本格的な収穫期を迎え、神さまや仏さまに「エコヒイキ」されるために、実りを授けてくれる力を賞賛し、その実りに感謝するのが「祝詞《のりと》」であり、「祭り」なのです。

暦からのメッセージ

想いは芽生えただけで尊い

この期間に古暦として登場する「せきれい」には「恋数え鳥」という愛称があります。これは先人たちが鳥たちの行動を観察し、この期間を伝えるために相応しいと決めたことで、暗喩として成立しています。もともと想いは「結ばれること」だけが成功ではないのです。自分のなかに芽生えた時点で、意味があり、尊いことなのです。

今日のご縁日

不空羂索観音《ふくうけんじゃくかんのん》さま

無数の「縄」を解き放ち、宇宙の法則を繋ぎ合わせる仏さまです。この縄は「ご縁を繋ぐ糸」と考えられていた時代もありました。この糸が結ばれることにより、地球上に生命が誕生し、多くの種族が生まれたのだと考えられたのです。

今日の呪文

「オン ハンドマダラ アボキャ ジャヤデイ ソロソロ ソワカ」

少し長いのですが、仏さまが広げる「縄」に感謝を捧げるご真言です。「良いご縁」を結ぶための「他力」をお願いする呪文ですので、タイミングによっては「恋の呪文」として機能する場合もあります。

ご利益フード

白子《しらす》

春と秋に旬がやってくる海の風味そのものが楽しめる「小さな魚」です。

9月16日

二十四節気　白露

七十二候　鶺鴒鳴

魅力と色彩は直結しないと知る

ご利益行動

色のない世界を確認する

私たちは色とりどりの世界で暮らしています。それは人間が進化するうえで「より多くの色彩」を識別できることが生存にとって有効だったからです。安全な植物を見分けたり、毒をもつ危険な生き物かどうかを判定するときに「色彩の判別」は必要だったのです。**今日は、その能力を休ませて「色のない世界」を確認してみてください。**モノクロームの写真や動画などを見比べてみるのです。一枚の写真でもモノクロームとカラーでは伝わる情報量がまったく異なります。でも自分が「キレイ」「美しい」と感じる対象は、それほど変化しません。視覚による情報量は「魅力」とは直結しないことを確認しましょう。

暦からのメッセージ

色彩の誤解を解く

鶺鴒は白黒模様の美しい鳥です。白と黒だけの世界は味気ないようでいて、人々を惹きつける魅力があります。シンプルなデザインは、多彩な色よりもモノクロームで表現されたほうが、印象が強くなります。**今日は、冬が来る前に「色彩」の誤解を解いておくタイミングなのです。**

今日のご縁日

法《ほっ》身《しん》普《ふ》賢《げん》如《にょ》来《らい》さま

宇宙の秩序を生み出し、すべての知識とすべての時間を掌握する仏さまです。今、人間が認識している「宇宙」が出現する前から存在すると伝えられています。

今日の呪文

「天《てん》眼《げん》通《つう》」

「すべてを見抜く目」という意味の呪文です。今日は「モノクロームの世界」を確認しながら、唱えてみてください。「物事の真の姿」を見抜く効果もあるので、観察や研究する前に唱えるのも有効です。

ご利益フード

冬《とう》瓜《がん》

こちらも、そろそろ旬が終わる食材です。火を通すと透き通るので、それが確認できる調理方法がおすすめです。

9月17日

ご縁は一人だけでは成り立たない

二十四節気 白露

七十二候 鶺鴒鳴 から 玄鳥去《つばめさる》 へ

ご利益行動

ご縁の不思議を想う

「ご縁」という単語は、長い年月をかけていろいろな意味をもつようになってできました。人間が理解できる領域以外での「作用」は、すべて「ご縁」という言葉に集約されていったのです。**今日は自分の理解の範囲を超えた「人と人の出会いと別れ」について、思ってみてください。**親とのご縁、子、兄弟、パートナー、友だち、仕事仲間……それらが「自力」だけで成立することがあったでしょうか？その回答を自分なりにもっておくと、人間関係の達人への移行が始まります。

暦からのメッセージ

生き物の不思議

鶺鴒鳴から玄鳥去へ。渡り鳥である「ツバメ」が去る理由を確定することはできません。気温や気候などの要因は「予想」でしかないのです。もし「動物と話し合える道具」が発明されて「あなたはなぜ、旅を続けるのですか？」と質問しても、ツバメは「さあ？　なぜかはわかりません」と回答するでしょう。それが「ご縁」という日本語が伝える意味なのです。**生き物には、自分の意志で選択していない「不思議」があることを確認する期間の始まりです。**

今日のご縁日

級長津彦命《しなつひこのみこと》さま

軽やかな風の神さまで、日本人を守るために「神さまの風」を吹かせてくれます。今日は「ツバメが風に乗って軽やかに去っていく」イメージで、ご縁を感じてみてください。

今日の呪文

「安静良足喜《あんじょうりょうそくき》」

「安らかで、心地よく、素晴らしい領域」という意味の呪文です。ご縁をいただいた人の幸せを祈って唱えてみてください。ますます良いご縁に恵まれるようになる効果があるのです。

ご利益フード

栗

秋の到来を告げる木の実の代表格です。とげに覆われたいがのなかから、美しい実が現れる姿に「不思議」を感じてみてください。今日は焼き栗のように素材そのものの味を楽しめるものがおすすめです。

9月18日

二十四節気 白露

七十二候 鶺鴒鳴 から 玄鳥去 へ

「別れ」を考えることは冬の準備でもある

ご利益行動

別れの記憶を修正する

今日は「別れ」と向き合う時間をとってください。このワークは「時系列」に整理するとうまく進行します。自分が10歳くらいの記憶から始めていき、現在の年齢に至るまで確認していきます。人によっては「恋愛の記憶」に偏ることもあるので、他の記憶も探ってみてください。一番強い印象となる「死別」も、できれば逃げることなく向き合っていくと、さらに強力な効果を生みます。**一通り確認できたら、「すべて必要な別れだった」と宣言してください。**それで「1セット」なので、途中で終わらせる場合も宣言まで終えるようにしてください。

暦からのメッセージ

記憶は修正できる

「記憶」の優れた点は、後から修正できることです。その出来事が発生したときは「不可能」でも、ときが経ち、記憶として保管されるようになると、自分の意志で変えられるようになります。それは「幸せに生きる」ために必要な機能だったのです。**今日は「別れ」という強い感情を伴う変化に対して、その機能を使うタイミングです。**それは冬の準備ともなる行為なのです。

今日のご縁日

鳥《とり》鳴《なる》海《みの》神《かみ》さま

「鳴く鳥が海を渡る」という御名をもつ神さまで、この世界から違う世界へ飛び越えられる能力をもつといわれる神さまです。違う世界へと旅をする魂のイメージをもって、ご縁を感じてみてください。

今日の呪文

「鳳《ほう》鳴《ちょう》朝《ちょう》陽《よう》」

「東の空に太陽が昇るころ、神の使いである鳳凰が鳴く」という意味の呪文です。空間を清浄し、新しい力を招き入れるときに唱えます。朝、自分の仕事を始める前に唱えると、その日はずっと「流れが良くなる」という効果もあります。

ご利益フード

大葉

お刺身のツマで、1年中お目にかかれますが、天然の旬は今月までです。今日は爽やかな風味を楽しんでみてください。

9月19日

二十四節気 白露

七十二候 玄鳥去

人生における出会いを見直す

ご利益行動

もう会えない笑顔を思う

もしあなたが、この欄から読みはじめたなら、昨日の分を確認してから、この先を読んでみてください。**今日は「記憶を修正する」ことに着手したうえで、さらに「感情」とも向き合います。今日のワークは振り返った「別れ」のなかで、もう二度と会えない人の「笑顔」を思うというキツい内容です。**今の自分には向いてないと感じるようでしたら、「記憶の修正」だけに留めてください。挑戦できる方は「相手の笑顔」のイメージに「自分の笑顔」を返します。自然と涙が溢れる場合もありますので、自分一人になれる環境で挑んでみてください。

暦からのメッセージ

出会いの価値

「一期一会《いちごいちえ》」という言葉があります。これは日本の「茶道」から生まれたコトダマです。お茶の席において「二度と同じ機会はない」という教えを伝えるための用語ですが、「出会いと別れの価値」を教えてくれる言葉なのです。同じ人、同じ場所、同じ時間であっても、その笑顔は「その瞬間だけ」にしか存在しません。ぜひ、その「大切さ」を認識してください。

今日のご縁日

宝幢如来《ほうとうにょらい》さま

「素晴らしく、美しい旗印をもつ」といわれる仏さまです。人間が新しい世界を目指す際に必要となる「発心《ほっしん》」を司るといわれています。今日は「忘れられない笑顔」を思いながら、ご縁を感じてください。

今日の呪文

「ノウマク サマンダボダナン ランラク ソワカ」

知らない世界へ一歩踏み出す「勇気」をいただける呪文です。行動を迷ったり、躊躇したりするときにも、唱えてみてください。より良い決断を助けてもらえます。

ご利益フード

鮭

今年も生まれた川に戻ってくる時期となりました。命の不思議を思いながら、おいしくいただきましょう。

9月20日

二十四節気 白露

七十二候 玄鳥去

真っ赤に染まる夕焼けに秋を思う

ご利益行動

夕暮れの美しさを知る

今日の天気と日の入り時間を確認して、その時間の太陽を観測しましょう。

天気が曇りや雨だったら、明日に繰り越しても大丈夫です。赤く染まる夕日は、秋を象徴する色であり、太古から人間が崇めた姿と同じなのです。日本では、一番偉い神さまを「太陽の女神さま」と決め、祈りの対象として受け継いできました。それは、すべての生き物にとって必要不可欠の存在であり、代替えがない存在であることを認めていたからです。秋分という大きな分岐点より前に、それをしっかり感じてみてください。

暦からのメッセージ

特別な秋の夕日

『まっかな秋』という歌をご存じですか？この歌では「紅葉」や「赤とんぼ」「たき火」などの赤いものが登場します。それらはすべて「夕日」に照らされているというイメージです。この歌が多くの人に時代を超えて支持されるのは、日本人の深いところに「秋の夕日」が「特別な存在」であるという意識があるからだと考えています。それは人間が理解できる領域の外で起こる変化であると、古暦は教えてくれているのです。

今日のご縁日

天照大御神《あまてらすおおみかみ》さま

日本の最高神であり、太陽のエネルギーを司る神さまです。今日のタイミングでは「秋の夕日」をイメージして、ご縁を繋いでみてください。

今日の呪文

「三陽開景運《さんようかいけいうん》」

「朝・昼・夜の太陽が、良い流れをもたらす」という意味の呪文です。「三陽」という単語には「春」のイメージが強いのですが、文字通り「三つの太陽」という意味が優先されます。太陽が出ている昼間に唱えて、大いなるお日さまの力を実感してみましょう。

ご利益フード

鮑《あわび》

神さまへ捧げる最高の「ご馳走」です。貝殻の美しさも「ご神饌《しんせん》」として相応しいと、古代の人々は確信していたようです。

9月21日

二十四節気 白露

七十二候 玄鳥去

今の自力と他力の割合を出してみる

ご利益行動

変化を分類する

「変化」には二つの大きな分類があります。一つは「自分で選択した結果」、もう一つは「自分以外が選択した結果」です。それらは「良い悪い」という判断基準ではなく、単純に「違う」という認識が必要なのです。**今日は、自分が体験してきた「変化」について、整理してみましょう。**まずは「住む場所」の変化からスタートします。「住む場所の変化」が確認できたら、次は「学校」と「職場」です。最新の所属まで確認します。「学力」や「能力」で進路を決めた場合は「自分以外が選択した結果」として確認します。仕事やさまざまな分野も分類していきます。この二つの分類ができたら、全体を確認してください。それが、現在のあなたの「自力と他力の割合」です。

暦からのメッセージ

去るという変化

「その場を去る」という行為は、とても大きな変化です。自分の周囲は「五感」によって認識できますが、それ以外の「場」は移動することによって、初めて現実として認識されます。**今日の暦・玄鳥去は「去る」という変化についての認識を深めるタイミングだと伝えています。**

今日のご縁日

猿《さる》田《た》彦命《ひこのみこと》さま

強大な力で人々を導き、守り、育てる神さまです。「去る」という行為は、新しい道を歩みはじめるという行為へと繋がります。その道がより「幸せなもの」となるためには「ひらめき」や「発想」が不可欠です。今日は「導かれるイメージ」で、ご縁を繋いでください。

今日の呪文

「百事《ひゃくじ》諧《かい》」

「自分が行く道をすべて整える」という意味の呪文です。「進路」を選択する前に唱えると、そこへの障壁や邪魔が消滅することがあります。迷ったときに唱えてみてください。

ご利益フード

南瓜《かぼちゃ》

夏に収穫されたものが貯蔵により甘みが増すころとなりました。野菜のおいしさを変えるのは「鮮度」だけではないのです。

9月22日

二十四節気 白露

七十二候 玄鳥去

渡り鳥を手がかりにする日本人の智慧

ご利益行動

渡り鳥の習性を知る

日本にはさまざまな「渡り鳥」が生息しています。**今日は、この鳥たちに注目してみましょう。**習性だけでなく、それぞれの鳥たちの姿も、画像で確認してみてください。そこまで終わったら「どうして、彼らは命がけで旅をするのだろう？」という疑問の検討へと移行します。**正解を求めるのではなく「それについて、自分はどのように考えるのか」を確認することが目的です。**このワークは変化に対する「勇気」を与えてくれる効果があります。

暦からのメッセージ

渡り鳥は神さまの意思

日本は島国ですが、意外と「面積」は大きいのです。大陸と比較すると小さく感じますが、本州の大きさは「世界の島」としては第7位となるほどの面積です。そのため、世界規模で旅をする「渡り鳥」にとっても貴重な場所となっています。どこからともなくやってきて、どこかへ去っていく鳥たちは、古代の人々にとって「季節を観測する貴重な手がかり」でした。そして、その習性に「神さまの意思」を読み取っていたのです。

今日のご縁日

寒《さむ》川《かわ》比《ひ》古命《このみこと》さま

「方位」を司る神さまで、時代によっては「天文学」を押し開くご神徳で、さまざまな恩恵をもたらしてくれました。渡り鳥は「正しい方位」を知る能力があります。今日のご縁を繋いで、「方位よけ」のご神徳を感じてみてください。

今日の呪文

「転《てん》禍《か》為《し》福《ふく》」

「良くないと思っていたことが、良い結果となる」という意味の呪文です。「心配」や「不安」があるときも効果抜群です。

ご利益フード

湿《しめ》地《じ》

「香り松茸《まつたけ》、味湿地」と呼ばれるくらい、風味豊かな秋のキノコです。現代では1年中おいしくいただけますが、「本来の旬」は秋です。

9月23日

二十四節気 白露 から 秋分《しゅうぶん》 へ

七十二候 玄鳥去 から 雷乃収声《かみなりすなわちこえをおさむ》 へ

年内の着地点を明確にする

ご利益行動

収入と支出を確認する

「まだ早い」と感じる方も多いと思いますが、**今日は「年末の状態」について真剣に考えてみてください。**「数値化」できるものは、現状をしっかり確認して、挑んでみてください。とくに「家庭という経済圏」での検討が有効です。今年の1月1日から今日まで、自分の家に「いくら入ってきて、いくら出ていったのか」を把握しましょう。そのうえで、今年の12月31日の予測を「収入」と「支出」という数字で表現してみるのです。これは数字を使用した「おまじない」です。今のタイミングなら、年内の「補正」に間に合います。

暦からのメッセージ

年末の結果を変化させる

古暦が伝えていることは「変化」と「予測」と「期限」です。自然界の変化を表現することにより、そこから発生する未来のパターンを伝え、それらに対応するためには、いつまでに準備しておく必要があるのかを教えてくれているのです。**この期間は「年末の結果を変化させるための準備」が期限となることが告げられています。**取り組んでおくべき課題を確認してください。

今日のご縁日

寒川比女命《さむかわひめのみこと》さま

昨日の寒川比古命さまと一緒にお祀りされる神さまです。方位には「陰」と「陽」があり、それぞれに神さまが必要であるため「二柱」で「一対」となるのです。方位の問題を解消してくれるイメージでご縁を繋いでみましょう。

今日の呪文

「求福不回《くふくふかい》」

「求めていた望みが変化しない」という願いが込められた呪文です。「目的地が変わる」という変化を、未然に防ぐ効果もあります。

ご利益フード

秋刀魚《さんま》

世界の海を回遊し、今は日本列島近海を北から南へと移動している「秋においしい刀のような形をした魚」です。脂のりが良く、風味が増す今ごろからがシーズン。殿さまも愛したという「秋の味覚」を楽しみましょう。

9月24日

二十四節気 **白露** から **秋分** へ

七十二候 **玄鳥去** から **雷乃収声** へ

12月31日をイメージする

ご利益行動

過ごしたい未来を想像する

今日はイメージの力を使って、より楽しく、より嬉しい年末を現実化するワークを展開しましょう。「12月31日」指定で「誰と」「どこで」「どのような」大晦日を過ごしているのか、徹底的に想像してみてください。条件や現状や手段などの制約は一切なしで「自分が過ごしたい内容」限定で、想像を膨らませていってください。自分の好きな人と、好きな場所で、好きな時間を過ごしている映像を頭に描いてみるのです。その際に「ワクワク」や「ドキドキ」を感じられたら、それは、現実化が始まっているサインです。

暦からのメッセージ

先のことを意識する

白露から秋分、そして玄鳥去から雷乃収声へ。**ここからの新しい期間は「年末」を意識することで、さまざまな支援が受けられることを伝えています。**天にとどろく「雷鳴」がやみ、静寂とともに「先のことに集中」できる状態となったのです。この機会を逃してしまうと、大きな「区切り」が年越しに間に合わなくなります。「早すぎる」という感覚は誤解ですので注意しましょう。

今日のご縁日

大《だい》通《つう》智《ち》勝《しょう》如《にょ》来《らい》さま

多くの仏さまの「御親」となる仏さまとして、お祀りされ、受け継がれています。今日は「年末」のイメージを抱くときに、こちらの御名とのご縁を感じてみてください。良いイメージが得られるだけでなく、それが現実化する可能性も高まります。

今日の呪文

「献《けん》壽《じゅ》符《ふ》萬《ばん》歳《ざい》」

「喜びを捧げることで、幸せな状態を得る」という意味の呪文です。「ワクワク」を感じながら唱えることで、さらに効果が倍増します。

ご利益フード

車海老

縞模様が昔の馬車の車輪のように見えることから名前がついた「海老の王さま」です。その食感と旨味から、日本ではご馳走として珍重されてきました。

9月25日

ほめちぎる練習は、いい呪術にもなる

二十四節気　秋分

七十二候　雷乃収声

ご利益行動

身近な人をほめる

今日は、できるだけ身近な人物を「ほめちぎって」ください。いきなり本人を目の前にしてできる人は少ないので、対象がいない場所で「ほめ言葉」を考え、口に出して唱えます。20個以上の表現を生み出してください。普段では口に出せないほどの「賞賛」を本人がいないところで、言いつづけるのです。これは「良好なコミュニケーション」のための「呪術」としても機能します。このワークを継続していくと、自然と本人に向かってほめ言葉が出てくるようになっていきます。それは素晴らしい状態です。

暦からのメッセージ

雷という強大な力

「かみなり」は「神也」と表現される場合もあります。自然現象である雷鳴は、人間がコントロールできない「強大な力」です。それが「神である」という意味となったのです。そして、それは「脅威」であると同時に「予兆」としても意味づけられていました。神社やお寺にお参りしたときの「雷鳴」は、「賞賛」である可能性があるのです。

今日のご縁日

賀茂《かも》別《わけ》雷《いかづち》大《おお》神《かみ》さま

天空に昇り「かみなりさま」として地上に戻ったという伝説をもつ神さまです。神話では「父神さま」が天にいたため、そこにお酒を届けに行ったという内容となっています。

今日の呪文

「盛《せい》徳《とく》大《たい》業《ぎょう》」

「天地が生き物を育んでいる」という事実を祝福する呪文です。今日は「雷さま」を意識しながら、唱えてみてください。大きな雷鳴や稲光は、強大なエネルギーをこの地上にもたらしてくれているのです。

ご利益フード

松茸

秋の味覚の王者が登場するころとなりました。なぜ、ここまで貴重なのかというと「さまざまな自然の条件が整わないと、成長できない」からです。

9月26日

五感以外の力を重視する

二十四節気 **秋分**

七十二候 **雷乃収声**

ご利益行動

音のない世界を体験する

今日は「音のない世界」を体験してみましょう。一番簡単な方法は、静かな場所と時間を選び、耳栓をして、さらに大きめのタオルで耳全体を覆うように縛るのです。外部から音を遮断すると、最初は「内部の音」が響きます。自分のなかで発生する音です。血が流れる音と心臓の鼓動が、驚くほど鮮明になります。そしてしばらくすると、それらの音も気にならなくなっていき、「音のない世界」を体験することになるのです。その世界では、鼓膜の機能は「空気の振動」を感知していないのですが、何かの「音のようなもの」が確認できるでしょう。

暦からのメッセージ

勘が研ぎ澄まされる

雷は雨に繋がる予兆として「喜び」をもって迎えられていました。現代のように水がいろいろな場所で自由に手に入る状態ではない時代は、天からの水は命を繋ぐための恵みそのものでした。**これからの期間は、その音は消えていくのですが、その代わりに「音以外の感覚」で恵みを得るタイミングを感知する機能が動きはじめます。**それは「五感」として数えられていない「勘」という名の感覚です。

今日のご縁日

地蔵菩薩《じぞうぼさつ》さま

いろいろな場所で、人々を優しく見つめてくれている「お地蔵さま」です。仏さまとして多くの力があり、多くの状況に対応できるために、生活の場でお祀りされているのです。今日は感謝の気持ちでご縁を繋げてみてください。豊かで柔らかいイメージをもつと、さらに良いご縁となります。

今日の呪文

「オン カカカ ビサンマエイ ソワカ」

地蔵菩薩さまに感謝し、その偉大なる力を称えるご真言です。今日だけは声に出さず、心のなかだけで、唱えてみてください。「心での発声」を訓練するつもりで取り組むと、より良い効果が得られる日です。

ご利益フード

胡麻《ごま》

1年中身近にある食材ですが、収穫としては、今ごろが旬となります。

9月27日

二十四節気　**秋分**

七十二候　**雷乃収声**

「良い人間になる」と宣言する

ご利益行動

姿勢を正して宣言する

深呼吸して気持ちを落ち着かせてから、自分の姿勢を確認します。腰骨を立て、胸を張り、目線はやや上に向けてください。自分なりに準備ができたと思ったら、堂々と次のセリフで宣言してください。**「私は良い人間になります。ありがとうございました」。何度も繰り返して、気が済むまで言い放ちます。**現在、良い人間でも、そうでない人間でも、今回の結果には影響ありません。この行動には「イメージ」や「ビジョン」は不要です。具体的な「良い人間」を思い描かないのが、良い成果をもたらすためのコツです。

暦からのメッセージ

抽象度の高い宣言

「良い人間になります」の「良い」とは「他人からの評価」のことではありません。そして、何か特定の領域の状態を示すものでもないのです。ただ単に「良い」という状態を指すためだけに用いられた言葉です。**何が、どのように「良い」というのではなく「良い人間という存在」を目指す宣言です。**この抽象度の高さが「人間の理解できない領域」では極めて重要となります。

今日のご縁日

金剛薩埵菩薩《こんごうさったぼさつ》さま

光り輝く仏さまであり、その光で世界を救う力があると伝えられています。「金剛」とは、この地上でもっとも硬度が高い鉱物である「ダイヤモンド」であるともいわれています。今日は美しく加工された宝石としてのダイヤモンドの輝きをイメージしながら、唱えてみてください。

今日の呪文

「オン バサラ サトバ アク」

こちらも「ダイヤモンドの輝き」をイメージしながら唱えます。ネットでダイヤモンドの画像を検索して、見ながら唱えるのもおすすめです。

ご利益フード

昆布

「良い人間」とは「体も心も健康」である状態も含みます。昆布には海のミネラルや、健康に役立つ栄養素が豊富に含まれています。

9月28日

今の家があなたを表している

二十四節気 **秋分**

七十二候 **雷乃収声** から **蟄虫坏戸**《むしかくれてとをふさぐ》 へ

ご利益行動

自分の環境を確認する

自分が暮らす「家」や「部屋」について、順番に確認してください。玄関や窓、壁、天井、床、それぞれ「範囲」を決めて、しっかり確認します。色や形状、材質や質感など、自分の五感をフル活用して確認するのです。普段の暮らしのなかでは得られない発見があるかもしれません。また、劣化や不具合などが見つかることもあるでしょう。点検のつもりで取り組んでみると、効果的です。一通り終了したら、自分の現在の環境について、どのような感想が生まれたかメモで文字化してみましょう。それは、今の自分に対する評価として活用できます。

暦からのメッセージ

エネルギーを取り込む

雷乃収声から蟄虫坏戸へ。今日の古暦は、膨大なエネルギーが天から地へと移行する期間であることを伝えています。そして、そのエネルギーが地中へと潜っていく「冬」が近づいていることも示唆しているのです。**今日は、それらの「人間には感知できないエネルギー」を自分の環境に留めておくための「工夫」に取り組む期間となります。**この先の変化に影響しますので、実践しましょう。

今日のご縁日

大《おお》山《やま》津《つ》見《みの》神《かみ》さま

日本のすべての山を司る神さまで、巨大な存在として祀られています。古代から山は「聖地」であり「祈りの場」として、特別な場所でした。それを守り、受け継ぐためには「膨大なエネルギー」が必要なのです。

今日の呪文

「君《くん》子《し》防《ぼう》未《み》然《ぜん》」

「徳のある人は、自然に危機に備える」という意味の呪文です。いろいろな「工夫」が思いつく効果もあるので、試してみてください。

ご利益フード

柿

9月も終盤に入り、さすがに暑さも控えめになってきました。そうすると、現れはじめるのが「秋だけの味覚」です。とくにこのフルーツは「秋の風情」とも結びついていますので、今日は秋を歓迎する気持ちで楽しみましょう。

9月29日

二十四節気 秋分

七十二候 雷乃収声から蟄虫坏戸へ

目には見えない危険から智慧を感じ取る

ご利益行動

危険な場所を調べる

人間が集団で生活するようになってから、常に存在するのが「危険な場所」です。崖や沼や急流などの「物理的に目に見える危険な場所」はわかりやすいのですが、そうではない「目には見えない危険な場所」も、存在するのです。それらは「重要な情報」として各地域に受け継がれてきたのですが、現代では「科学的な根拠がない」という誤解により、失われている場所も多数存在します。**今日はネットや書籍を使って「昔の日本人が危険な場所として認定していた場所」について学んでみてください。**ちょっとオカルトが混ざる場合もありますが、それも含めて「危険」の意味と、その場所を避ける「意義」を確認するのです。

暦からのメッセージ

虫から知る意識

雷乃収声から蟄虫坏戸へ。今日から「虫が隠れて、戸を塞ぐ期間」に移行しているのですが、そこに含まれた意味は、**一つには「環境」に対する意識、もう一つには「見えない脅威に対する備え」です。**このタイミングで確認しておくことが、試行錯誤の結果、ベストだったのです。

今日のご縁日

木《き》俣《またの》神《かみ》さま

御名の通り「木」の神さまとして祀られています。今日は山や森の木ではなく、街路樹や庭の木など、身近にある木のイメージで、ご縁を感じてみてください。

今日の呪文

「平《へい》明《めい》之《し》地《ち》」

「安全で安心できる場を創造する」という意味の呪文です。危険な場所や出来事を未然に回避する能力を強化する効果があります。

ご利益フード

鰻《うなぎ》

夏のイメージが強いのですが、これから寒くなるにつれ「脂のり」が良くなってくるご馳走です。体を強く、元気にする成分が多く含まれ、さらには「格別においしい」という特徴があるので、ご馳走と呼ぶに相応しい食材なのです。

9月30日

二十四節気　秋分

七十二候　蟄虫坏戸

生まれた国の良い点を客観視する

ご利益行動

外からの視点で観察する

自分が生まれた国のことを、どれだけ知っていますか？　学校の授業で習ったことだけでも問題ないのですが、今日は視点を変えて確認してみましょう。**自分がこの国の生まれではないと仮定して、他国の人から見た「この国の良い点」を考えてみてください。**ネットで実際の海外の声を参考にするのもありです。海外からの客観的な視点は、日常の暮らしでは得られない気づきをもたらしてくれます。良い点が発見できたら、その「根拠」となる事例や状況を想像してみてください。それを繰り返すと、いつのまにか自分の国が大好きになれます。

暦からのメッセージ

当たり前を見直す

環境は、主観からは把握できません。そのため、自分の視点を意図的に「客観」へと切り替えることが大切です。普段**「当たり前のこと」だと思っていることが、他の国では「あり得ないこと」なのです。**これを学ぶために「旅」をするのは有効なのですが、空想の世界でも確認し実感することができます。「環境」がキーワードとなる期間に、ぜひ試して、その「効果」を実感してみてください。

今日のご縁日

久《く》延《え》毘《び》古《こ》さま

田んぼに立つ「かかし」の神さまともいわれています。「国造り」の神話では「土地」と「知恵」の神さまとして登場し、少名毘古那神《すくなびこなのかみ》さまを大国主命さまに紹介するという役割も担いました。「かかし」のイメージでご縁を繋いでください。

今日の呪文

「人《じん》事《じ》蓋《がい》棺《かん》定《てい》」

「人は死んだ後の評価しか正しくない」という意味の呪文です。唱えると「生きている間の成長を促進する」という効果が生まれます。読書や勉強に疲れたときにも、唱えると元気が湧く呪文です。

ご利益フード

新米

今日は「お米そのものの旨味」を確認する日です。おかずと一緒ではなく「ご飯」だけを味わってみてください。

10月

10月は秋分《しゅうぶん》から寒露《かんろ》、霜降《そうこう》へと
移り変わり、空気が澄み渡る一月。
田んぼでは稲刈りに
取り掛かる時期でもあります。
年末に向けて、
今年1年の収穫や来年への備えを
少しずつ意識していきましょう。

Kougankitaru

Mizuhajimetekaruru

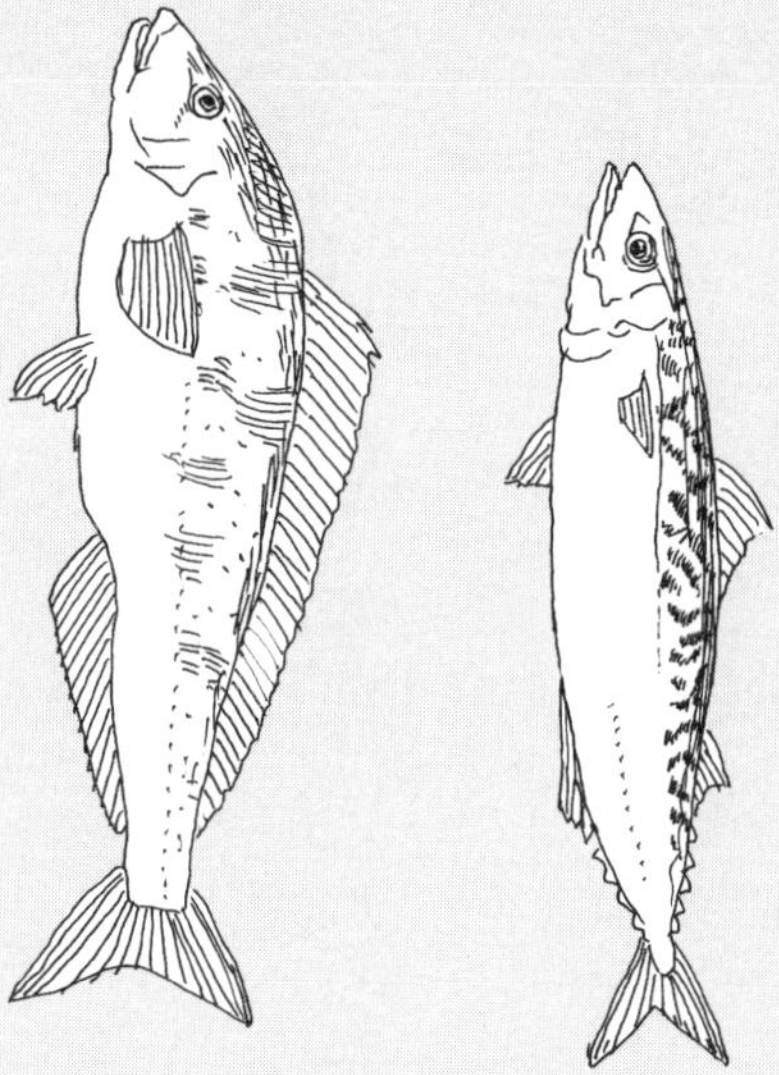

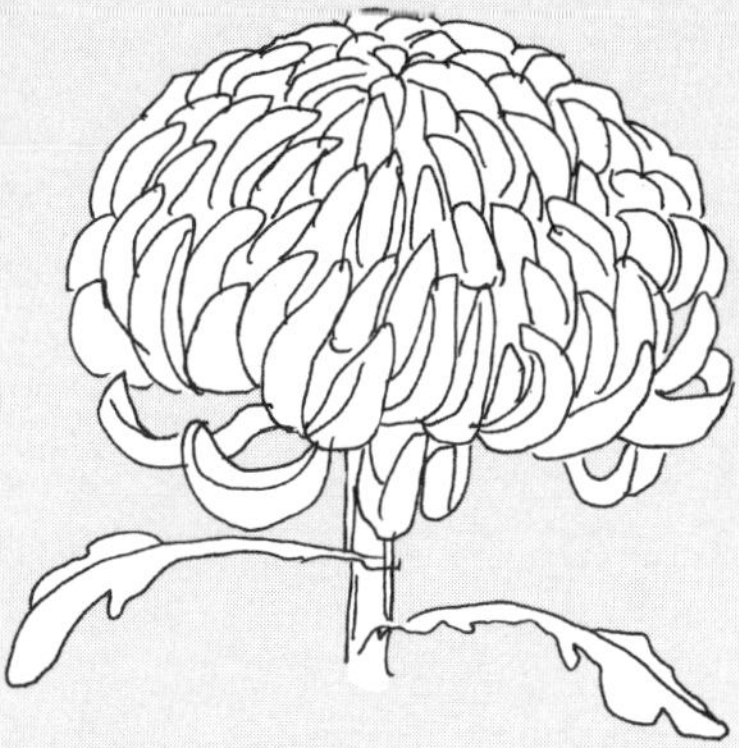

Kikunohanahiraku

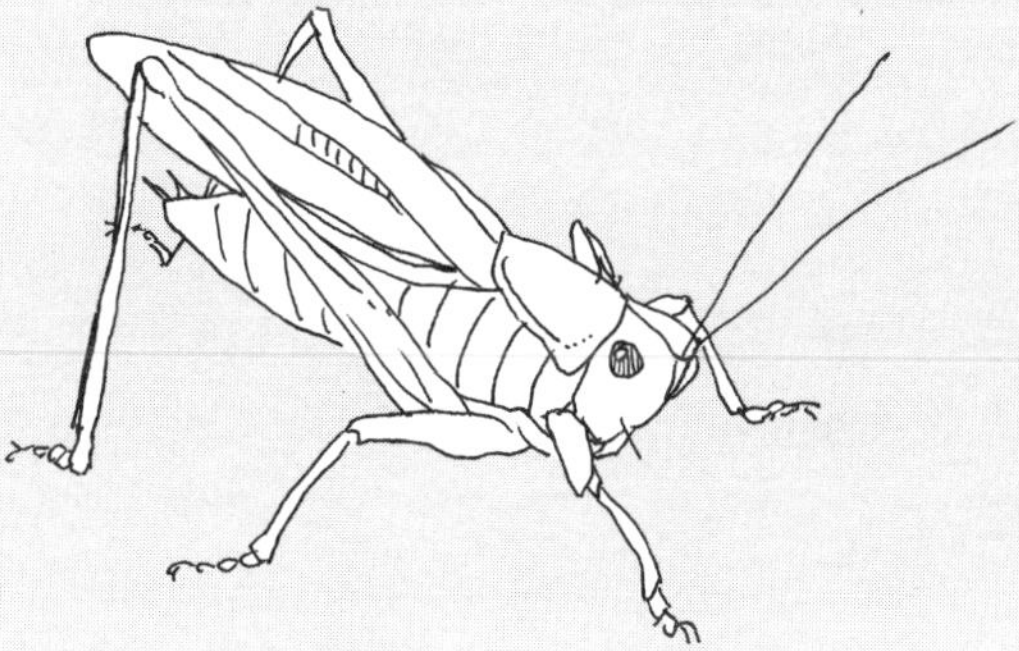

Kirigirisutoniari

Shimohajimetefuru

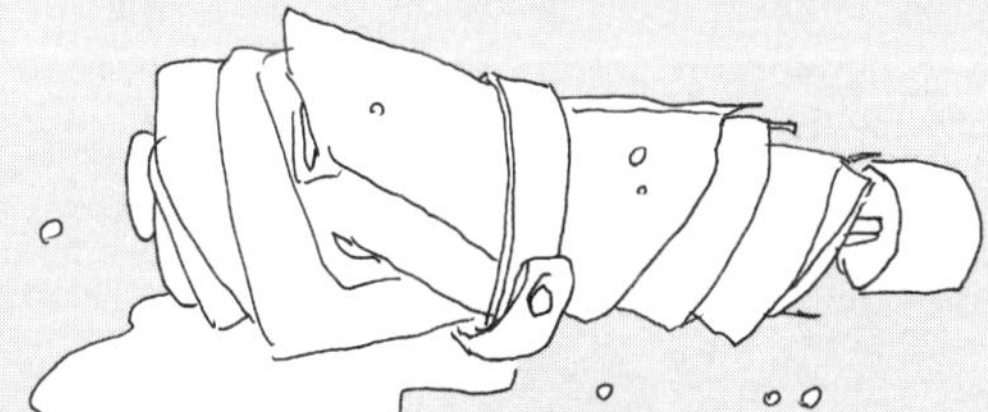

Kosametokidokifuru

10月1日

二十四節気
秋分《しゅうぶん》

七十二候
蟄虫坏戸《むしかくれてとをふさぐ》

この地球、そして社会が動く法則を考える

ご利益行動

防災について確認する

日本の歴史をひもとくと、多くの「転換点」は「大きな自然災害」が原因となっています。どんなに技術や観測が進んだとしても、災害を未然に防ぐことは難しいのです。私たちの社会は、それらが起きた後、回復するための機能を目指して構築されたとも考えられます。災害が起きた地域にいた人々を救うのは、それ以外の地域にいた人の役目です。**今日の行動は、「安全」と「生存」を確保するための準備です。**非常用の水と食料、万が一の避難時に必要なものについて、多くの情報がありますので、確認してみて、足りないものは調達してください。

暦からのメッセージ

災害も波の動き

「運」とは波の動きを示す言葉です。時間の経過によって、上がったり下がったりする「法則」を意味しています。そして「災害」は、地球規模の波の動きのなかで、その法則に従って発生します。この星の「もともと、そうなっていること」なので、例外はないのです。今日は、そのことをしっかり思い出しておきましょう。

今日のご縁日

聖観音《しょうかんのん》さま

人々を救うために、人々に近い姿となり、「如来《にょらい》」という領域から「菩薩《ぼさつ》」という人間に近い領域へと降りた仏さまです。その「慈愛」は、どのような状態の人も救うといわれています。今日は「思いやり」と「優しさ」の気持ちでご縁を感じてみてください。

今日の呪文

「オン アロリキャ ソワカ」

こちらも「思いやり」と「優しさ」の気持ちがカギとなる呪文です。何度も唱えているうちに、その気持ちが芽生えてくるのが理想です。

ご利益フード

エリンギ

1年中安定して供給されるキノコの代表格ですが、やっぱり自然界の旬としては、これから冬にかけてなのです。「太い柱」のイメージで、香りと食感を楽しみましょう。

10月2日

二十四節気 秋分

七十二候 蟄虫坏戸

安心を好むという生物の原則を思い出す

ご利益行動

安心の条件を明確にする

自分にとって「安心」と思える「条件」を明確にしましょう。まず「場所の条件」からスタートします。どんな場所が自分にとって「安心」と思えるのか、考えてください。次に「食事の条件」です。どんな食事が自分にとって安心なのかを確認します。最後に「服装」です。季節と気温に適した「服装の条件」を具体的に検討します。一通り終えたら「現状」との比較をしてみてください。これらの「安心の条件」を満たすことが、次の「目標」となります。家族やパートナーと共有すると、より「安心」です。

暦からのメッセージ

生物は安心を目指す

「虫が隠れて戸を閉める」のは「気温の変化」や「天候への対応」のためだけではありません。生存を脅かす変化に対応し、準備しておくことで、「恐怖」を打ち消し、「安心」を得るための行動なのです。**すべての生物は「安心」を手に入れることを望んでいるのです。**私たち人間も同じなのですが、人間は「かりそめの安心」を手に入れたために、そのことを忘れてしまっています。

今日のご縁日

不《ふ》動《どう》明《みょう》王《おう》さま

炎とともに描かれ、厳しい表情で人々を見据える仏さまですが、それは、目に見えない「脅威」から、人々を守るために必要な姿だからなのです。今日はその強い力で守ってくださることに感謝を捧げましょう。

今日の呪文

「ノウマク サンマンダ バザラダン カン」

不動明王さまの力をお借りし、自力では避けられない脅威を打ち消すための呪文です。唱えておくと「安心」へと導かれます。

ご利益フード

人参《にんじん》

1年中、店頭にありますが、天然の新鮮なものは、これから冬にかけておいしくなっていきます。風味を楽しむなら、バター焼きなどのシンプルな調理方法がおすすめです。

10月3日

快適な自分でいられる範囲を広げる

二十四節気 秋分

七十二候 蟄虫坏戸 から 水始涸《みずはじめてかるる》 へ

ご利益行動

安心領域を記録する

自分の成長に自信がある人は少ないです。なぜなら、自分が成長しているかどうかを確認するには、他人からの評価が必要となるからです。でも、自分で確認する方法もあります。**「安心領域を記録する」という方法です。**自分が安心だと思える「範囲」を、毎年同じ時期に記録します。「自宅」を軸にして、「学校」「会社」「好きな場所」などを輪のなかに記載していきます。「安心できる度合」が高いほど、中心に近い位置です。それが広がっていれば「成長」ですが、縮小していたら「衰退」となります。

暦からのメッセージ

はじめて、かれる

蟄虫坏戸から水始涸へ。**今日からの切り替わりでは「はじめて、かれる」という表現がキーワードとなります。**これも自然現象の変化を示しているのではなく、暗喩として、これからの期間に有効な行動・手段・心・気持ちを伝えています。この期間の気候は多くの生き物にとって「快適」となります。その状態をアドバンテージとして活かす智慧が古暦には込められています。

今日のご縁日

大屋毘古神《おおやびこのかみ》さま

建物を守り、安心領域を確保してくれる神さまです。家宅六神《かたくろくしん》と呼ばれる「家」や「社殿」の材料や構造を司る神さまの一柱ですので、自分の家や部屋を守ってくれるイメージで、ご縁を感じてみてください。

今日の呪文

「家和萬事成《けわばんじせい》」

「家のなかを整え、仕事を成功させる」という意味の呪文です。今日は自分の家、自分の部屋で「その場が整う」というイメージで唱えてみてください。安心できる場が整っていると、いろいろな「効率」が上がるのです。

ご利益フード

花梨《かりん》

不思議な姿をした果物です。今日は新鮮なうちに加工したジャムがおすすめです。優しい風味を旬の間に楽しんでおきましょう。

10月4日

挑戦＝苦しいという思い込みを捨てる

二十四節気 秋分

七十二候 蟄虫坏戸 から 水始涸 へ

ご利益行動

快適で楽しい挑戦をする

「挑戦」と聞くと「困難で崇高なこと」と連想される方がいますが、そのような思い込みは、すぐに解除してください。自分にとって「快適で楽しい挑戦」は必ず存在します。**今日は妄想力も駆使して、自分にとって「快適で楽しい将来」がやってくる可能性も含めて、「挑戦」について具体的に考えてください。**あくまでも「成果」ではなく「過程」が「快適で楽しくなる」ためには必要だということにも注意してください。

暦からのメッセージ

米という成果

収穫のために必要な行為の一つが「田んぼの水を抜く」ことです。「米」とは、水を張った泥のなかで育つ「稲」から収穫される成果です。そのために人工的に稲が生長できる環境を生み出し、維持し、より大きく育つために管理することが「稲作」となります。美しい水が豊かであること、その作業を徹底的にやり抜くという条件が、「米」という成果のために必要です。そして、この国では、そのどちらも存在していたのです。

今日のご縁日

歓喜天《かんぎてん》さま

喜びと楽しみを司る仏さまです。象のようなお姿で描かれた時代もあり、インドの神さまである「ガネーシャさま」として日本でも大人気となりました。今日は「ウキウキ」「ワクワク」の気持ちでご縁を繋ぎましょう。

今日の呪文

「オン キリク ギャク ウン ソワカ」

「歓びの種」を称えるというご真言です。何度か唱えてみて「良い感じ」がしたら、笑顔で唱えてみてください。

ご利益フード

鰹《かつお》

秋のシーズンも終了間近です。日本人の生活に根付いた味覚を、旬の時期に楽しみましょう。脂ののりが最高潮となる時期ですので、それが楽しめる「タタキ」がおすすめです。

10月5日

二十四節気 秋分

七十二候 水始涸

他力に導かれるための行動を始める

ご利益行動

早歩きで散歩をしてみる

「発想」「ひらめき」「アイデア」、それらは「自力」でやってくることはありません。それらが新たな形となって現れるのは「他力」のおかげです。そのことに日本人は気づいていました。だから、神さまや仏さまという「人間ではない存在」に対し、それを与えてくれることを願ったのです。**今日は、その願いを進行させるための「行動」を試してみましょう。その行動とは「いつもより早歩きで、散歩する」です。**散歩はいつでも有効な「促進法」ですが、この期間はとくに「早歩き」を加えることで、より強い効果が期待できます。

暦からのメッセージ

初めての感覚をもつ

「初めて」という表現には二つの意味が含まれます。「生まれてから最初に行うこと」と「前にも体験があるけど、特定の条件下では最初となる行い」です。**今日は「以前も散歩はしていたけれど、他力を引き出すための早歩き散歩は、初めて」という認識をもってみてください。**同じ行為、同じ行動でも、認識と目的を変更することで、違う目的地にたどり着くのです。

今日のご縁日

思金神《おもいかねのかみ》さま

智慧と知識と発想の神さまです。天の岩戸神話でも、さまざまなアイデアを駆使して、世界の危機を救った神さまなのです。良い発想を得られることをお願いしながらご縁を繋ぎましょう。

今日の呪文

「三《さん》人《じん》行《ぎょう》必《ひつ》有《う》我《が》師《し》」

「三人が協力して得た智慧は、どんな師匠よりも優れている」という意味の呪文です。そこから「発想」や「ひらめき」を得たいときに効果を発揮する呪文となりました。今日は「三人の自分が良い智慧を出し合っている姿」を思い描きながら、唱えてみてください。

ご利益フード

鯖《さば》

天然の旬は、これからスタートです。豊富な栄養素には「歩く」という基本動作に必要不可欠なミネラルも多く含まれています。

10月6日

肌は口以上にものを言う

二十四節気 **秋分**

七十二候 **水始涸**

ご利益行動

自分の皮膚を整える

人間を構成する「器官」で最大となるもの、それは「皮膚」だといわれています。最近は「間質」という体液で満たされた隙間の部分が最大ともいわれます。しかし、体重の16%もの重さがあり、目に見える器官のため、やはり「最大の器官は皮膚」という結論となるようです。**今日は、私たちと外の世界の物理的な境界線である皮膚の表層である「肌」を整えることを意識しましょう。**まずは現状の把握です。しっかり整えるにはやがて訪れる「寒さと乾燥の期間」になってからでは遅いのです。

暦からのメッセージ

肌をケアするという戦術

人と人とのコミュニケーションにおいて、ファーストコンタクトで重要視されるのが「顔」です。でも、無意識化では「肌」の状態の把握が重要視されています。**それは表情からは得ることができない多くの情報が「肌からの情報」で得られるからです。**今日は、肌をケアすることは、有効な戦術であると理解しましょう。

今日のご縁日

弁《べん》才《ざい》天《てん》さま

「美」と「芸術」と「財宝」の女神さまとして、日本中でブームを巻き起こした女神さまです。今日は「美肌」についてイメージしながら、美の女神さまとご縁を繋ぎましょう。

今日の呪文

「オン ソラソバテイエイ ソワカ」

美を称え、芸を称え、財を称えるご真言です。きれいな場所、きれいな状態で唱えることをおすすめします。家で唱える場合、整理・整頓・清掃を行ってから唱えてみてください。

ご利益フード

蔓《つる》紫《むらさき》

インド原産の野菜で菠薐草《ほうれんそう》の仲間です。独特のぬめりには、美肌に効く成分がたっぷり含まれています。

10月7日

二十四節気　秋分

七十二候　水始涸

人は存在するだけで誰かの望みを叶えている

ご利益行動

他人の望みを叶える

自分ではなく、「他人の望み」を叶えたことがありますか？　即答できなくても心配ありません。すべての人は他人の望みを叶える存在であり、認識していなくても直接的・間接的に誰かの望みを叶えながら生きています。**今日は「具体的に、誰かの望みを叶える」という行動に挑んでみてください。**身近な協力者を選んで、自分が叶えてあげることができる望みを決定します。このとき、相手に「実験」であることを伝えてからヒアリングしてください。その内容が相応しいものとなったら実行に移しましょう。もちろん、本日中に完結するものに限定しなくてオッケーです。

暦からのメッセージ

手助けで行動する

「他人の望みを叶える行為」は「貢献」という表現で伝えられることがあります。でも、この単語には「代償」や「犠牲」の意味が自然と含まれてしまうのです。**今日は貢献ではない「手助け」や「お手伝い」のニュアンスで行動するタイミングです。**うまく実現すれば「信頼」という莫大な報酬を、お互いが収穫することになります。

今日のご縁日

事代主神《ことしろぬしのかみ》さま

日本という国の土台を作り、医学や薬学をもたらした神さまです。さらには「言葉の不思議な力」を司る神さまとして、人々の祈りの言葉を受け止めてくれます。今日は「ありがとうございます」というコトダマでご縁を繋いでみてください。

今日の呪文

「和光同塵《わこうどうじん》」

「自分の光を塵で抑える」という意味の呪文です。これは人を助けるとき「おせっかい」や「でしゃばり」と思われることを未然に防いでくれる効果があります。あなたの「強い光」は、そのままでは他人にとって「まぶしい」のです。

ご利益フード

馬鈴薯《ばれいしょ》(じゃがいも)

これからが冬の旬です。毎年素敵な「新品種」が発表されますので、それを楽しめるのも嬉しい野菜です。

10月8日 旅は準備から始まっている

二十四節気
秋分から寒露《かんろ》へ

七十二候
水始涸から鴻雁来《こうがんきたる》へ

ご利益行動

旅を楽しむ

澄み渡る空、過ごしやすい気温と湿度、収穫期を迎えた旬の食材。それらはすべて「旅に出るための好条件」となります。**今日からの期間は「旅」を意識しましょう。**実際に旅に出るのもおすすめですが、旅の準備をするにも最適となるタイミングです。今日以降は「どれだけ準備を楽しめるか」というテーマにも挑戦してみてください。行き先を検討した瞬間から、旅は始まっていきます。自分の妄想から旅へ出発しましょう。時間やお金などの条件が整わないからといって、準備を始めない理由にはなりません。それを整えることも旅であると知りましょう。

暦からのメッセージ

旅は人生に必須

今日からの期間は旅が「軸」となる期間です。人それぞれに好みがありますので「旅は嫌い」という人もいますが、旅は好き嫌いではなく「必須」であることを強調しておきます。肉体を伴って空間を移動することによって、自分が認識できる領域が飛躍的に広がります。それはこの時代に生まれた私たちにとって「必須のタスク」ともなる行為なのです。

今日のご縁日

勢至菩薩《せいしぼさつ》さま

「迷い」と「戦い」の世界からの旅立ちを促す仏さまです。いかなる状況からも救い出してくれる、無上の力をもっているといわれています。

今日の呪文

「オン サンゼン ゼンサク ソワカ」

豊かな発想や逆転の智慧を与えてくれるご真言です。また、新しい世界への移行を願うときも、その効果を確認することができます。

ご利益フード

鮭《さけ》

「旅をする魚」といえば、すぐに連想される回遊魚です。世界の海を巡り、最後は、産卵のために故郷の川へと旅をする。この行動には「旅の本当の意味」が含まれています。今日は、それを思いながら、旬の味覚を楽しみましょう。

10月9日

二十四節気 **秋分**から**寒露**へ

七十二候 **水始涸**から**鴻雁来**へ

再現と再会を目指す生き物としての本能

ご利益行動

また会いたい人を思う

今日は静かな時間を作って「また会いたい」と思える人を、明確にしてみてください。以前に会ったことがある、また会いたいと思う理由がある人を記憶のなかから選び、メモ帳やスマホに名前を書き出します。今回は「この世」限定ではなく「あの世」も含めてオッケーです。可能であれば10人以上の名前を挙げてみてください。そのうえで、それぞれの人の名前の横に「会えない理由」を記載していきます。最後に、その理由が真実なのか、本当に会えないのかを考えて、このワークは終了です。

暦からのメッセージ

生き物の進化

水始涸から鴻雁来へ。「雁《かり》」という渡り鳥は、毎年決まった場所へやってきて、時期が来ると去っていきます。その習性は誰かに命令や訓練をされたわけではありません。**生き物は「過去の記憶」のなかから、再現したい体験と再会したい存在を選択するようになっています。**そして、その「再現」と「再会」のためにさまざまな進化を選択してきたのです。

今日のご縁日

幽冥主宰大神《かくりごとしろしめすおおかみ》さま

人間界ではない「魂の世界」を統治する神さまです。大国主命《おおくにぬしのみこと》さまの「別称」として受け継がれています。「国譲り」の神話で、この国の統治を天津神《あまつかみ》さまにお渡しする際に、魂の国の統治は移行しなかったことを意味しています。今日は「あの世」を思いながら、ご縁を感じてみてください。

今日の呪文

「光明無背面《こうみょうむぜべん》」

「神さま、仏さまの光は、すべての領域に届く」という意味の呪文です。これは「この世」以外にも届いているという状態も意味しています。

ご利益フード

小豆《あずき》

「仏教の節目」でも珍重される食材です。春は「牡丹《ぼたん》」でぼたもち、秋は「萩《はぎ》」でおはぎですね。

10月10日

二十四節気 寒露

七十二候 鴻雁来

ご先祖さまが味わった感情を再生する

ご利益行動

違う道を歩く

旅の楽しみの一つは「いつもと違う環境」を知ること。「普段の空間とは違うところにいる」と五感が認知することで、自分のなかにある「ご先祖さまが味わった感情」が再生されるのです。**今日旅をされている方は、そのまま楽しんでください。旅をしていない方は「いつもと違う道を歩く」という実験をしてみてください。**いつもと違う空間を歩くことで、自分の感情がどう変化するか、検証してみるのです。「いつもと違う店に入る」「いつもと違うものを食べる」なども有効ですのでお試しください。

暦からのメッセージ

人生は魂の旅

「すべての人生は旅と同じ」だと表現する人がいます。私たちは「どこからかやってきて、どこかへ去っていく存在」であり、「広大な宇宙を肉体ではなく魂で旅をしている過程である」と解釈しているのです。旅が魅力的な理由について検討する際には、有効な意見となります。そして古暦の流れを全体から確認してみると、日本人は「季節も旅」として捉えていたことを確認できるのです。

今日のご縁日

丹《に》生《う》都《つ》比《ひ》売《め》大《おお》神《かみ》さま

水の神さまであり、川の流れを司る神さまです。そして「朱色の水銀」をシンボルとする女神さまでもあります。現代でも神社の鳥居やご社殿が「赤い」のは、この「朱色の水銀」に防腐効果があるために塗料として使用されたからです。「朱色」のイメージでご縁を繋いでみてください。

今日の呪文

「一句《いっく》道著《どうじゃく》」

「長い道のりも、一言の言葉で表せる」という意味の呪文です。今日のタイミングでは「旅」を思い浮かべながら、唱えてみてください。

ご利益フード

鰆《さわら》

「春の魚」という漢字ですが、関東では冬にかけておいしくなります。「秋に春を取り込む」という言葉のゲン担ぎともなっています。

10月11日

二十四節気 寒露

七十二候 鴻雁来

旅の食事がおいしく、記憶に残る理由

ご利益行動

秋の味覚を楽しむ

旅をより楽しむために大活躍するのが「味覚」です。今の期間はとくに収穫を迎える素材が多く、「初物」と出会えます。現代では「検索とクリック」で、旅に出なくても、旬の食べ物を取り寄せて楽しむことができますが、それは「食材に旅をさせて、手元で受け取る」という行為です。**その逆で、自分が旅をして「食材に会いに行く」という行為は、単に「味覚」だけを使用するのではなく、五感で受け止めた情報が、そのおいしさに加わることになるのです。**それは旅先での食事がおいしくなる理由でもあります。

暦からのメッセージ

渡り鳥が旅をする理由

渡り鳥たちが、命を危険にさらしてまで「旅をする理由」は、食料を確保するためだけではありません。そのリスクは旅をしなくても解消できるからです。近場で栄養素となる他の食料を受け入れれば、遠方へ旅をする必然性がなくなります。「その選択」をしたのが人間という種族です。先人たちは「渡り鳥が旅する理由」についても暦を通じて伝えようとしているのです。

今日のご縁日

宇《う》摩《ま》志《し》阿《あ》斯《し》訶《か》備《び》比《ひ》古《こ》遅《ぢの》神《かみ》さま

この国の地面がまだ固まらずに漂っている状態だったころに、一本の葦《あし》のように、真っ直ぐに伸びる棒から生まれたという伝承をもつ神さま。「活力」や「生命力」を司ります。原始に生まれた生命力を宿す植物が、稲であり、米なのです。日々の食事に感謝して、ご縁を繋ぎましょう。

今日の呪文

「呑《どん》却《きゃく》山《さん》河《が》大《だい》地《ち》」

「山・川・大地のエネルギーを取り込む」という意味の呪文です。ぜひ秋の恵みをいただく際に、感謝を込めて唱えてみてください。

ご利益フード

松《まつ》茸《たけ》

秋の味覚の王さまとして、長い間君臨するキノコです。再現できない「香り」と「食感」が、特別な付加価値をもたらしてくれます。

10月12日

二十四節気　寒露

七十二候　鴻雁来

穏やかで波の少ない湖からヒントを得る

ご利益行動

湖の瞑想をする

一人きりになれる時間を確保して、静かで穏やかな環境を準備します。声や音はもちろん、光の量も調節して、自分にとっての「穏やかな状態」の空間を用意してください。タイマーで「20分間」行えるようセットします。この最中はできるだけ体が動かないように配慮してください。姿勢は自分として楽であれば、どのようなものでもよいですが、「寝る姿勢」は本当に寝てしまうので、避けてください。**準備ができたら、タイマーをスタートさせ、目を閉じて「湖の景色」をひたすら思い浮かべます。**途中で気が散ったら「湖のイメージ」と声に出して戻してみてください。

暦からのメッセージ

湖のイメージ

「水」は人間にとって不可欠な存在です。地球が「水の惑星」であることは、生命の存在にとって「大前提」なのです。**今日は海でもなく川でもなく「湖」のイメージが有効となります。**川の流れや海の潮騒などより、穏やかで動きの少ない湖の存在が、とても大きな影響を与えてくれる期間なのです。

今日のご縁日

市《いち》杵《き》嶋《しま》姫《ひめの》神《かみ》さま

美と芸術と産業の女神さまであり、「弁才天さま」と習合し、明治以降は日本中の「池や湖のなかにある島」で、お祀りされている神さまです。波のない、穏やかな湖に浮かぶ美しい女神さまをイメージして、ご縁を繋いでみてください。

今日の呪文

「青《せい》山《ざん》緑《りょく》水《すい》」

「静かに澄み渡った、山と水」を意味する呪文です。瞑想の前に唱えると「静寂」が与えられる効果が見出されました。今日は「湖のイメージ」を思い描きながら、唱えてみてください。深いところにある静寂を呼び覚ますのです。

ご利益フード

滑《なめ》子《こ》

水をまとったかのような光沢をもつ姿と、なめらかな食感。そしてキノコの風味を併せもつ、日本の定番素材です。

10月13日

怒りや感情の変化の意味を考える

二十四節気　寒露

七十二候　鴻雁来から菊花開《きくのはなひらく》へ

ご利益行動　怒りを伝えない

「怒りは良くない」と教えてもらったことがあります。血圧も上がるし、表情も険しくなるし、周囲の人には迷惑なのです。何よりも「怖い」ので、周囲の人には迷惑なのです。ところが、人類は社会と文明と文化を創造するようになって2000年以上もの年月が経過しても「怒り」を克服できていません。この事実からも「怒りは悪いわけではない」という仮説は成り立ちます。怒りを否定していても、克服されることはないのです。**では、どうするかというと「伝えない」という意識を優先するのです。**

「誰にも伝えない怒り」は「原動力」として利用することができます。

暦からのメッセージ　感情の起伏に注意

鴻雁来から菊花開へ。切り替わりのタイミングでは、感情の起伏が激しくなりがちです。人間に限らず生き物はすべて、全体が変化することに対して、深いところで恐れているのかもしれません。**今日からの切り替わりでは「感情の起伏」に注意する必要があります。**収穫という大切な期間に向けて、感情をケアしておくことが、生産性や品質の向上には必要なのです。

今日のご縁日　荼《だ》枳《き》尼《に》天《てん》さま

白い狐に乗り、世界中を巡る仏さまです。日本では「お稲荷《いなり》さま」とも習合したため、江戸時代に大人気となった仏さまです。

今日の呪文　「オン シラバッタ ニリウン ソワカ」

軽やかで、穏やかな時間をもたらしてくれるご真言です。怒りを感じたときに唱えると、不思議なほど冷静になれる効果もあります。

ご利益フード　隠《いん》元《げん》豆《まめ》

お坊さんの名前がついた豆です。これから冬に向かっておいしさの旬となります。お坊さんは怒りを消す修行をしていますが、怒りの感情がなくなるわけではありません。それを表に出さないようにすることが「修行」なのです。

10月14日

二十四節気 寒露

七十二候 鴻雁来 から 菊花開 へ

「行動と成果」があなたを前に進める

ご利益行動

行動と成果を結ぶ

今日は「現在の行動がどういう成果をもたらすのか？」という質問を自分に投げかけてみましょう。朝から順番に「行動」と「成果」を紐づけていきます。「顔を洗う行動は他人から見られても大丈夫な状態にする成果」とか「電車に乗る行動は会社から給料をもらう成果」というくらいの簡単な表現で、まとめてみてください。このワークで生まれる「行動と成果のリスト」は自分の選択に対して、とても有益な情報を与えてくれます。たとえば「ストレス解消」が「成果」だと考えていた場合、じつは、それに向いていない行動があることを確認できるのです。

暦からのメッセージ

良い循環へのステップ

自分の「内側」と「外側」を整えることとは、良い循環へと至るための手段です。すっきりと整理されている状態だからこそ、次のステップを「有効な選択肢」のなかから選択することができます。混乱して散らかっている状態が続くと「意味のない選択肢」が繰り返し現れます。それをすべて試行錯誤できるほど、時間は無限ではないのです。

今日のご縁日

白《しら》山《やま》比《ひ》咩《め》神《かみ》さま

美しくも険しい自然を司る女神さまです。現代では「菊理《くくり》媛神《ひめのかみ》さま」と習合されています。今日は、遠くから眺める雪化粧した山の景色と、雪山の厳しい自然を思いながら、イメージでご縁を繋いでみてください。

今日の呪文

「白《はく》雲《うん》自《じ》去《きょう》来《らい》」

「雲は、意図することなくやってきて、去っていく」という意味の呪文です。自分の思考を「中立」にしてくれる効果があります。偏った状態では正しい検討ができないので、検討や判定が必要なタイミングで唱えてみましょう。

ご利益フード

大根

白くて太い、冬野菜の代表格も、そろそろ出番が近づいてきました。「初物」をいただくのは鉄板のゲン担ぎとなります。

10月15日

罪と穢《けが》れに対する先人の智慧に触れる

二十四節気 寒露

七十二候 菊花開

ご利益行動

水の冷たさを知る

神社の「大きなお祭り」の前には、神職やご奉仕される方は「禊《みそぎ》」という行動が必要となります。これは、目には見えない「汚れ」や意識していない「罪」を冷たい水で洗い流す儀式です。「禊」が受け継がれてきた理由は「それをやらないと、お祭りがうまくいかないから」です。**今日は禊ではありませんが「水の冷たさ」を確認しましょう。**そして、その冷たさが「罪と穢れ」を消してくれると考えた先人たちの想いに触れてみてください。

暦からのメッセージ

収穫と成果

自分の「内側」と「外側」を整える期間です。**これ以降のタイミングだと「年内の収穫に間に合わない」ので、ここがリミットなのです。**もちろん、作物や仕事や勉強の「収穫」や「成果」は、必ずしも年内に現れるわけではありません。古暦が伝えている本質は、「区切り」を設定したうえで成長を確認するための結果が「収穫と成果」であり、すなわち自分の選択がどのような「結果」となるのかを確認する行為のことなのです。

今日のご縁日

水光姫《みひかりひめ》さま

その御名《みな》の通り、美しい水の女神さまです。冷たい井戸のなかから現れ、その光で包まれると罪や穢れが消滅すると伝えられています。今日は井戸と冷たい水のイメージでご縁を感じてみましょう。

今日の呪文

「一滴一凍《いってきいっとう》」

「一滴の水が瞬時に凍るほどの冷たさ」を意味する呪文です。これは意図的にイメージの世界で「寒さ」と「瞬間」を結びつけることにより、自分の意識を「いま、ここ」にもってくる効果があります。

ご利益フード

山葵《わさび》

冷たい水のなかだけで育ち、日本の食卓には欠かせない調味料となった野菜です。辛味のなかにも甘い風味と香りがあるものが最上級といわれています。

10月16日

二十四節気 **寒露**

七十二候 **菊花開**

移りゆく山の色は神さまと仏さまからのメッセージ

ご利益行動

山の色を覚えておく

地域によっては「山の色」が変わってくるころとなりました。**今日から12月20日ごろまで、「山の色」に注目してみてください。**自分が暮らす場所で山が見えないようでしたら、少し移動して高台などの見える場所へ行ってみてください。それは、私たちのご先祖さまも「幸せに生きる方法」として実践してきたことです。変化する「山の色」は「神さまと仏さま」からのメッセージであると真剣に定義していた時代があります。その感覚を取り戻すのは難しいのですが、同じ行為は簡単に真似できます。

暦からのメッセージ

見えない変化を予測する

自然を観察することは、古代の人々にとって生死を分けるほど重要な行為でした。そのため、わずかな変化も記録し、その後の検証と合わせ、記録に残していったのです。生き延びるために必要な予測は「目に見える変化」からしか推測することができなかったのです。そして「目に見える変化」から「目に見えない変化」を推測することによって、「より豊かで幸せな未来」を実現していったのです。

今日のご縁日

大《おお》山咋《やまくいの》神《かみ》さま

「大きな山に杭を打つ神さま」という御名です。これは、神さまの領域である山を人間が入れる領域へと変換してくれる力をもつ神さまであることを意味しています。そのため「山の神さま」というだけでなく「人間を守る神さま」としてもお祀りされているのです。今日は感謝を伝えながら、ご縁を繋ぎましょう。

今日の呪文

「作《さ》雨《う》作《さく》晴《せい》」

「自由自在に天候を操れる力」を意味する呪文です。これは「天候」という「現象」に神さまや仏さまを見出す際に生み出された呪文なのです。

ご利益フード

栗

秋の山の幸といえば、やっぱり人気なのが栗です。甘みのなかにある独特な風味が、秋の記憶と直結しているのです。

10月17日

宣言することで、大切なことが降りてくる

二十四節気 寒露

七十二候 菊花開

ご利益行動

「成し遂げる」と宣言する

今日は**「私は、成し遂げます」と宣言してください。**一人になれる場所で、堂々と胸を張って言い切るのです。「何を」「どのように」「いつまでに」などといった具体的な情報は一切必要ないだけでなく、かえって効果を妨げる要素となるので、意図的に自分の思考から排除してください。とにかく宣言だけが必要なのです。「この宣言ができる人に成し遂げるべきことがやってくる」と、想像してみてください。試してみる感覚で、楽しみながら宣言するのがおすすめです。

暦からのメッセージ

神さまからの贈り物

自分が「やるべきこと」は、本当に自分の「成し遂げるべきこと」なのでしょうか？　古暦の解釈では、**たびたび「やるべきことも、神さまからの贈り物」という示唆が含まれているのです。**菊が美しい大輪の花を咲かせるのは、自らの意思によって選択した結果だとは思えません。そして、それを育て、愛でる人々に芽生える「喜び」も、古暦を創造した先人たちにとっては「贈り物」としか解釈できないものだったのです。

今日のご縁日

金剛力士《こんごうりきし》さま

お寺の門に祀られていることが多い仏さまです。「仁王さま」とも呼ばれ、「阿《あ》形《ぎょう》」と「吽形《うんぎょう》」という二体が一対となるのが基本です。「最初から最後までやり遂げる」という祈りが仏さまとなって具現化したのです。

今日の呪文

「獨坐大雄峰《どくざだいゆうほう》」

「強大な力そのもの」を意味する呪文です。今日は「成し遂げたいこと」に絶対の力が加わるイメージで唱えてみましょう。

ご利益フード

銀杏《ぎんなん》

秋になると、黄色になるもの。それは「銀杏の葉《いちょう》」です。そして、葉が色づくと、独特な香りとともに結実を告げるのが「銀杏」です。和食の大切な脇役として、料理にアクセントをつけてくれる存在です。

10月18日

耳から新しい情報を取り込む

二十四節気 寒露

七十二候 菊花開から蟋蟀在戸《きりぎりすとにあり》へ

ご利益行動

クラシック音楽を聴く

数ある「人類の宝」と称されるもののなかでも、ある時期に集中して誕生した「芸術」があります。それは「クラシック音楽」です。**今日は普段馴染みがない人も、その片鱗に触れてみる機会です。**モーツァルト、ベートーヴェン、バッハなどの作曲家が取り掛かりとしても、理想的です。自分の直感で選んで、1時間くらい聴いてみましょう。気に入ったものがあれば、その作曲家を深掘りしてみることをおすすめします。普段からクラシックが好きな人は……今日は「秋の虫」という素晴らしい演奏家の曲に耳を傾けてみてください。

暦からのメッセージ

情報を取り込む期間へ

菊花開から蟋蟀在戸へ。一度「戸を閉じた」はずの虫たちが「閉じた戸を開く」という期間です。**収穫に向かって整える期間が途切れ、情報を取り込む期間が始まりました。**聴覚からの情報は、視覚よりも「曖昧」である分だけ、深いところへ届く性質があります。「良い情報」を取り入れることは、より良い変化へと導かれるアクションとなります。

今日のご縁日

天宇受賣命《あめのうずめのみこと》さま

芸能の女神さまであり、天の岩戸神話では、素晴らしい天上の舞を披露し、そこに集まるすべての神さまを魅了したと伝えられています。舞う姿をイメージしてご縁を繋ぎましょう。

今日の呪文

「詠《えい》花《か》吟《ぎん》月《じょう》」

「美しい花と月を心より喜ぶ」という意味の呪文です。今日は「天上の女神さま」をイメージしながら、その美しさを称える気持ちで唱えてみてください。新しい扉が開くタイミングとなります。

ご利益フード

伊勢海老

日本のご馳走として、堂々たる姿と味を楽しめる食材です。古代から、神さまへの捧げものとして大切にされてきた「縁起物」の代表格です。その姿を愛でてから、おいしくいただきましょう。

10月19日

一冊との出会いが人生を変える

二十四節気 寒露

七十二候 菊花開 から 蟋蟀在戸 へ

ご利益行動

傑作を探す

今日のキーワードは「本」です。ネットや本屋さんで「傑作」と表現されている作品を探して、自分の勘で選んでみましょう。基準は「これ読んだら、カッコイイかも」と思えるもの。タイトルでそう感じたら、冒頭の3ページと巻末の3ページを読みましょう。そのうえで、気に入れば全部読んでみてください。ただし、今日は「探す」のがメインですので「読む」に偏らないようにしましょう。

暦からのメッセージ

古暦はアドバイス

「芸術の秋」「読書の秋」という表現は、この期間の古暦を読み解いた結果のアドバイスです。太陽のエネルギーが変化する周期を読み解くことによって、「年・月・日」と「時間」という概念は生まれました。そして、それを生み出した目的は「幸せに生きて、幸せに死ぬ」という人類の共通の願望を叶えるためなのです。現代でも、断片的に伝わる智慧は「ことわざ」や「熟語」「慣用句」などの表現として受け継がれています。

今日のご縁日

文《もん》殊《じゅ》菩《ぼ》薩《さつ》さま

宇宙を理解し、さまざまな智慧で、人々を救済する仏さまです。御名にある「文殊」とは「素晴らしいお経」のことという解釈もあります。「お経」と「本」のイメージでご縁を繋いでみてください。

今日の呪文

「オン アラハシャノウ」

素晴らしい智慧を称えるご真言です。本を探す前や、良い本と巡り合えたときに、感謝の気持ちをもって唱えてみてください。3回以上唱えると「三人寄れば文殊の知恵」といわれる「相乗効果」も発生します。

ご利益フード

林檎

神話では「禁断の智慧の実」という設定ですが、それは豊かなビタミンと爽やかな風味が、人間の進化を助けてくれた側面を伝えているのかもしれません。

10月20日

二十四節気 **寒露**

七十二候 **蟋蟀在戸**

自分と他人の視点をすり合わせる

ご利益行動

他人の評価を評価する

今日はネットにある情報から「評価」に関するものを検索してみてください。具体的には「レビュー」や「感想」などのテキストデータです。それらのなかで、自分も「評価」に参加できるものを選んでみてください。**自分が買ったり、体験したりしたもので「レビュー」や「感想」を確認してみるのです。**自分の「レビュー」や「感想」との違いはありますか？　これは「評価」の曖昧さや正確性について検討することが目的です。もちろん、この本のレビューを確認するのも「あり」です。自分と同じ、または自分と違う「感想」を確認してみてください。

暦からのメッセージ

他人の視点を意識する

外側から見る景色と内側から見る景色は、まったく異なる場合があります。その「視点の違い」に気がつかないと「評価」が適正かどうかを判断することはできません。自分の視点から見える「限られた世界だけがすべて」だと誤解してしまうと、いつのまにか偏った世界に生きるようになってしまいます。**今日は「人の振り見て、我が振り直せ」をテーマに過ごしてみてください。**

今日のご縁日

天《あめの》豊《とよ》足《たらし》柄《から》姫命《ひめのみこと》さま

人間の「衣食住」を守り、豊かにしてくれる女神さまです。古代において、さまざまな先進技術と道具をもたらした神さまだと考えられています。

今日の呪文

「壷《こ》中《ちゅう》自《じ》有《ゆう》佳《か》山《さん》水《すい》」

「壷のなかに広がる素晴らしい世界」という意味で、これは「見える範囲では、物事の本当の豊かさは理解できない」という教えが含まれている呪文です。今日は小さな壷のなかに、美しい山や川が存在するイメージで唱えてみてください。

ご利益フード

蛸《たこ》

壷に入る習性を変えないのは、なぜなのでしょう？　今日はその不思議を思いながら、古代から親しんできた海の恵みをいただきましょう。

10月21日

見落としがちな休憩の力

二十四節気　寒露

七十二候　蟋蟀在戸

ご利益行動

休憩を工夫する

仕事でも勉強でも「休憩」は効率を高めるために有効な手段です。**今日は「休憩の効果」を認めたうえで、「より良い成果をもたらす工夫」について考えてみましょう。**一般的に有効なのは決まった時間内は集中して、インターバルとして休憩を入れるというものです。その他には、同じ姿勢や体操をルーチンとして休憩時間にするようにしたり、チョコレートやお茶などを口に入れて味覚を利用したりすることもあります。共通しているのは「休憩を検証する」姿勢が必要なことです。意外と楽しい作業ですので、「気分転換」にもなりますよ。

暦からのメッセージ

エネルギーは有限

生物が進化するうえで「合理性」ばかりが優先されていたとしたら、地球はこんなに「複雑な生態系」を築くことはなかったでしょう。同じ動作や活動を継続していると、「休息」が必要になるという現象は、**個体がもつ「エネルギー」が有限であることと、それを完全に消費してしまうと「停止」してしまうことを教えてくれています。**これは有機体共通のルールなのです。

今日のご縁日

塩《しお》土《つち》老《の》翁《おじ》さま

「航海」と「塩」の神さまであり、海の潮流を司る神さまでもあります。潮の流れは、岩や海底の状態が狭まれば速くなり、広がれば穏やかになります。「生活のリズムに緩急をつける」イメージをもちながら、ご縁を感じてみてください。

今日の呪文

「海《う》月《げつ》澄《ちょう》無《む》影《えい》」

「穏やかな海に浮かび上がる、燦然《さんぜん》と輝く月」という意味の呪文です。ゆったりとした気持ちで、休養したいときに唱えてみてください。回復の効果が倍増する効果があります。

ご利益フード

木耳《きくらげ》

耳のような形から、その名前となったキノコです。独特な食感と、どんな味つけにも対応できる特性で、さまざまな料理に使用されています。

10月22日

二十四節気 寒露

七十二候 蟋蟀在戸

暮らしの根底にある家との接点を増やす

ご利益行動

家に感謝を捧げる

自分の住む「家」について、どのように感じていますか？　今日は**「おまじない」として、自分が住む家、自分が住む部屋に感謝を捧げてください。**

まず天井全体に「ありがとう」、次に四方の壁それぞれに「ありがとう」、そして床に「ありがとう」と頭を下げて、感謝の言葉と姿勢を表します。広い家に住んでいると時間も手間もかかりますので、自分が普段寝る部屋だけは最低限実施してください。笑顔で行うと効果が早く出ます。

暦からのメッセージ

仕切りを考える

生き物が生活するうえで、重要となるのが「外部」と「内部」を仕切る存在です。多くの巣や生息地は、そこに住む生き物にとって「内部」となり、休息のために必要な空間となります。地球もまた、宇宙から見れば幾層もの「仕切り」に守られた「内部」であり、すべての生き物を守る空間となっています。さらに、生き物も幾層もの組織に仕切られ、守られた「内部」をもつ構造です。**私たちは、もともと「仕切り」に守られた存在であることを認識しましょう。**

今日のご縁日

阿《あ》遅《じ》鉏《すき》高《たか》日《ひ》子《こ》根《ねの》神《かみ》さま

「農耕」や「天候」を司る神さまですが「家」や「建物」を守るというご神徳も伝わる神さまです。今日は「自分の家」に感謝を捧げながら、ご縁を感じてみてください。

今日の呪文

「善《ぜん》因《いん》招《しょう》善《ぜん》果《か》」

「良い行いや良い要素が、良い結果となる」という意味の呪文です。今日は家のいたるところで、感謝とともに唱えてみてください。自分が住む空間が「良い結果を招く要素」へと変化する効果があるのです。

ご利益フード

蜜《み》柑《かん》

本格的なシーズンに入る前の「初物」として、ゲン担ぎを楽しみましょう。食物繊維が多いので、食べすぎには注意しましょう。

10月23日

流行や文化の背景を知る

二十四節気
寒露から霜降《そうこう》へ

七十二候
蟋蟀在戸から霜始降《しもはじめてふる》へ

ご利益行動

漫画を学ぶ

世界を席巻するジャパニーズカルチャー、それは「漫画」です。ここまで世界で支持されるようになったのは、マーケティングの成果だけではなく、海外の一部の熱烈なマニア層から、自然発生的に広がっていったから。今では流行の域を超えて、いつまでも収束しない「文化」へと成長しつつあります。**今日は「漫画とは何か?」について考えてみてください。**正解はありませんので、自分の興味のままに定義を探してください。漫画の歴史や「名作」「傑作」と呼ばれるものを確認したり、海外での実態を確認したりしてみるのもおすすめです。

暦からのメッセージ

先人の智慧を学ぶ

今日の切り替わりのポイントからは**「人気」や「勢力」を確認し、そこからの教訓やノウハウを得ることが有効となります。**自分独自の手法を編み出し、それを一から世界に展開していくには、人生は短すぎます。先人たちの「成功例」や「検証結果」を確認し、自分に合ったものを取り入れることで、その分の「時間」と「手間」を省略し、さらに先へと進むことができるようになります。

今日のご縁日

大国主命さま

日本という国の基礎を築いた神さまであり、数々のドラマチックな神話の主人公となる神さまです。「冒険」も「恋」も「蘇り」も体験されている神さまとして、もっとも「漫画の主人公」として相応しい伝承が受け継がれています。神話の魅力を確認しながら、ご縁を繋いでみてください。

今日の呪文

「精進《しょうじん》無涯《むがい》」

「修行や勉強には終わりがない」という意味の呪文です。「やる気」を出したいときに唱えると効果抜群です。今日は「成功者の心構え」を思いながら、何度も唱えてみてください。

ご利益フード

金目鯛

大きな目と赤い体、昔から「縁起物」として喜ばれた魚です。新鮮なものはお刺身でも楽しめますが、丸ごとおいしくいただくなら「煮つけ」ですね。

10月24日

複雑な世のなかでも、小さな変化に敏感に

二十四節気
寒露 から **霜降** へ

七十二候
蟋蟀在戸 から **霜始降** へ

ご利益行動

冬の気配を見つける

今のタイミングで、「冬」を見つけておきましょう。目に見えない「空気の様子」から、目に見える木々の変化まで、冬のイメージが表面に現れてきているものを注意深く探してみてください。自然界の変化だけでなく、人間界での「冬の気配」を見つけておくのも有効です。年末年始に向けての準備や毎年恒例となっている行事なども、これから来る冬を先取りしたものが多いことに気がつくでしょう。冬は「目に見えない領域」が「目に見える領域」へと入れ替わるタイミングでもあるのです。でも、それは「急に」ではなく「ゆっくり」なので多くの人は、まだ気がついていません。

暦からのメッセージ

変化に気づく

蟋蟀在戸から霜始降へ。気温や湿度の変化だけが、植物や動物の変化を促進するのではありません。それを見過ごさないという「目的」が古暦の成立には含まれています。**いち早く「変化」に気がつくことは、さまざまな支援を得られる「条件」でもあるのです。**

今日のご縁日

普《ふ》賢《げん》延《えん》命《めい》菩《ぼ》薩《さつ》さま

生命を育み「命の法則」を生み出す仏さまです。御名の通り「命を伸ばす力」があり、多くの人々の願いを受け入れる仏さまです。

今日の呪文

「雪《せつ》上《じょう》加《か》霜《しょう》」

「雪の上に霜が降っても気がつく人は少ない」という意味の呪文です。「微妙な変化に気がつく」という効果があります。「冬季」に唱えると効果が増す呪文なので「寒さ」を感じながら、白い雪と霜をイメージして唱えてみてください。

ご利益フード

鱈《たら》

文字通り雪が降るころに旬となる魚です。美しい白身は、さまざまな味つけに適応しますが、風味を楽しめて、良い出汁がたっぷり出る鍋が一番おすすめです。

10月25日

霜が降りる季節こそ、空を見上げてみる

二十四節気 **霜降**

七十二候 **霜始降**

ご利益行動

天井や空を見る

今日は自分の姿勢を使って、実験してみましょう。**屋内にいる場合は「天井」を、屋外にいる場合は「空」を眺めてください。** 座っていたら、立ち上がってみてください。その状態で「自分の気分」が変化するかどうかを検証してみるのです。「上を見ると憂鬱な気分が消える」ともいわれています。もし冬に向けて「沈む」ような気分を感じるときは、このシンプルで時間もお金もかからない方法を試してみるのもありです。もちろん個人差はあるのですが、上を向く習慣をつけると、「メンタル」においてかなりの強度を誇れるようになれます。

暦からのメッセージ

憂鬱に浸らない

「霜が降りる」とつい地面に意識がいってしまいますが、暦は「その逆の行為」が有効であることを伝えています。冬に向けて日照時間は短くなり、「憂鬱」を感じさせる要因が多くなります。**じつは、それ自体は「幸せに生きる」ことにとって、それほど脅威ではありません。** 適度な憂鬱には良い効能もあります。問題なのは「それに浸ること」です。それを防ぐのが「上を見る」という行為なのです。

今日のご縁日

月読命《つくよみのみこと》さま

三貴神の一柱で、夜を司る神さまです。現代まで伝わる神話がほとんどないのは、支配者が変更となるたびに、多くの過去の記録が燃やされてしまったからです。それでも、お祀りは受け継がれ、ご神徳を授かることができるのです。今日はぜひ「美しいお月さま」を見上げながら、ご縁を繋いでみてください。

今日の呪文

「清《せい》風《ふう》明《めい》月《げつ》」

「澄み切った空に浮かぶ月」を意味する呪文です。今日は冬の冷たい空に白く輝く「お月さま」をイメージしながら、唱えてみてください。

ご利益フード

洋《よう》梨《なし》

西洋からやってきた、独特の甘さが人気の果物です。形も可愛く、日本の梨よりも香りが強いのが特徴です。

10月26日

幸せなイメージが幸せな日を作る

二十四節気　霜降

七十二候　霜始降

ご利益行動

幸せな大晦日を想像する

イメージしてください。前日の大掃除を終えて、すっきりとした気分で目覚めました。会社も学校もお休みなので、不思議な静けさが感じられます。そこから始まる大晦日の1日について、できるだけ映像として思い描いてください。「今年の12月31日」という条件に囚われる必要はありません。ハワイとか温泉とかよりも、「自宅」を舞台とするほうが、有効です。年末年始がお休みでない方は、新年に入ってからの「区切りとなる休日」を対象としてください。**現実や現状の制限は「ある程度除外」して、幸せな大晦日とはどういう1日なのかをイメージする訓練です。**

暦からのメッセージ

イメトレの練習

スポーツ競技においては「イメージトレーニング」の有効性は、かなり深いところまで確認されています。その研究で確認されたのは、「イメージトレーニングにも繰り返しのトレーニングが必要」という事実です。「意図的にイメージを描く」には、繰り返しの訓練が必要です。今日は最初の一歩に挑んでみてください。

今日のご縁日

不《ふ》空《くう》成《じょう》就《じゅ》如《にょ》来《らい》さま

「実践」を司る仏さまです。何事にも囚われずに、自分の道を進む人を応援してくれるのです。「追い風」を感じるときは、この仏さまの応援をいただけているときなのかもしれません。「自分の行動に推進力を得たい」という願いをもって、ご縁を感じてみましょう。

今日の呪文

「オン アボキャシッデイアク」

「やる気」を出したいときに唱えると、効果抜群のご真言です。活力を入れてくれる効果もありますので、ぜひ「実践」として唱えてみてください。

ご利益フード

鱧《はも》

夏のゲン担ぎとしてのイメージが強いのですが、食材として旬を迎えるのは、これからです。豊かさをイメージするタイミングで、楽しんでみてください。

10月27日

溢れる情報とうまく付き合う術を身につける

二十四節気 霜降

七十二候 霜始降

焦らず気長に取り組んでみましょう。

暦からのメッセージ

情報にどんな反応をするか

「五感から得られる情報」が中心だった時代は、自然界に起こる変化を収集することで「幸せに生きる」状態を目指すことができました。現代では他人の情報を中心に、さまざまな対応をする必要があります。そのなかでも、情報に対する反応をコントロールできるようになりましょう。**今日は「情報」という刺激に対して防御を整えるタイミングなのです。**

ご利益行動

情報の変化による気持ちの変化を考える

現代に生きる私たちは、日々膨大な情報にさらされています。それに抗うのは難しいと言わざるを得ません。「遮断」よりも、入ってきた情報による変化を把握して、反射的な対応を減らすほうが対処としては有効です。**今日は自分が確認している情報で、自分の気持ちがどのように変化するのかを「客観的」に観察してみてください。**反射的に湧き起こった「気持ち」が「どのような情報」からもたらされているか、確認してみるのです。

今日のご縁日

天《あめの》児《こ》屋命《やねのみこと》さま

古代の日本において「託宣《たくせん》」、つまり、さまざまなメッセージを読み解くという能力をもった神さまとして祀られています。それは「人間が感知できない領域からの情報」をキャッチして伝える立場の人々にとって、必須の感覚であり、「六感」とも呼ばれるセンサーのことです。

今日の呪文

「松《しょう》樹《じゅ》千《せん》年《ねん》翠《すい》」

「松の木は１０００年も変わらずに緑の葉をつける」という意味の呪文です。変化の情報だけに注目しがちな視点を正常な状態へ戻してくれる効果があります。

ご利益フード

𩸽《ほっけ》

魚に「花」と書いて「ほっけ」と読みます。これから脂がのり、旨味が増す期間へと入る、北国からの味覚です。

10月28日

成功を目指す日々から一息ついてみる

二十四節気
霜降

七十二候
霜始降 から **霎時施《こさめときどきふる》** へ

ご利益行動

曖昧さを許す

仕事や学びのなかで「曖昧」であることを非難する場合があります。具体的であるほうが、精度や成果が向上すると信じられているからです。もちろん、具体的であるほうが成功率は向上するケースもありますが、だからといって「いつもそう」ではないのです。「曖昧」な状態というのは、固定化されていないうえに、人それぞれの解釈によって「イメージ」が異なるという「利点」があります。そこには「不確定な要素」が含まれるのと同時に「制限や制約」を超える可能性が存在するのです。**いつも「成功率」ばかり気にしていると、「可能性」についての考慮が失われてしまいます。**その結果、「成長」ではなく「停滞」という状態に陥るのです。

暦からのメッセージ

具体化を避ける期間へ

霜始降から霎時施へ。今日からの切り替わりでは「曖昧」という状態がカギとなります。**具体化や現状の追求には、相応しくない期間に入るのです。**この期間は具体化ではない、「他の側面」を活かしたほうがよいのです。

今日のご縁日

大野手比売《おおぬてひめ》さま

「ぬて」とは「鐸《たく》」のことであり、古墳などから出土する「銅鐸」を司る女神さまだといわれています。しかし銅鐸は、作られた目的も使用方法も判明しておらず「曖昧」なのです。曖昧な存在を認めて、ご縁を感じてみてください。

今日の呪文

「醍醐味《だいごみ》」

「最高、最上級の教え」という意味の呪文ですが、今日は「人間には理解できない領域がある」という事実を認めてから、唱えてみてください。

ご利益フード

鮟鱇《あんこう》

寒さが増すにつれ、おいしくなる魚です。そのすべてが味わえる「鮟鱇鍋」は一度味わってしまうと、毎年食べたくなってしまう「風物詩」となります。

10月29日

二十四節気 **霜降**

七十二候 **霜始降** から **霎時施** へ

日本人が受け継いできた秋の夜の良さに触れる

ご利益行動

秋の夜長を楽しむ

「秋の夜長」といいますが、実際には冬のほうが夜は長いのです。では、なぜ「秋の夜」の長さが強調されるのでしょう？ **それは「秋の夜は、楽しい時間」だからなのです。**外では虫たちの合唱が聞こえてきます。冬の凍えるような寒さはなく、収穫期を迎えた旬の食材も充実していて、芸術を楽しむことによりゲン担ぎにもなる期間。それが「秋の夜長」の実態です。**今日はそれを理解し、存分に楽しむことに挑戦してみてください。**今日くらいは、いつもと違う楽しみ方で秋の夜長を過ごすのです。

暦からのメッセージ

夜の楽しみは秋まで

冬が来ると、夜は楽しいものではなくなります。生き物が活動するには厳しい気温となるからです。そのため、「冬眠」という手段を選んだ生き物もいます。起きていても楽しくないから、冬の間はずっと眠っていられるように「進化」したのです。さらには冬の夜は他の期間に比べて「エネルギー」の消費が激しくなります。修行としては良いのですが、いろいろな意味で秋の夜を楽しんでおくことをおすすめします。

今日のご縁日

准胝観音《じゅんでいかんのん》さま

たくさんの腕に、たくさんの道具をもつ仏さまです。今日は「夜長を過ごす方法」を授けてもらう気持ちをもって、ご縁を感じてみてください。

今日の呪文

「オン シャレイ シュレイ ジュンテイ ソワカ」

助けが欲しいとき、あと少しの力が欲しいときに唱えると有効なご真言です。夜になり、時間がゆったりと感じられるようになってから唱えてください。秋の夜長に唱えておきたいご真言です。

ご利益フード

薩摩芋《さつまいも》

秋の夜の楽しみの一つは、ほっくほくの「焼き芋」です。甘くとろけるような食感は、収穫の喜びに直結しています。最近はあまり聞けませんが、秋の夜に響く焼き芋屋さんの声も、秋の情緒ですね。

10月30日

覚悟がもたらしてくれる不思議な力

二十四節気 霜降

七十二候 霎時施

ご利益行動

覚悟を決める

あなたが今まで生きてきたなかで「覚悟を決めた記憶」はありますか？ **他の選択肢の可能性を排除し、結果がどうであろうと、「それを受け入れる」と決めたことがあるか、自分に確認してみてください。**そのときの気持ちや、その決断がもたらした「結果」についても検討してみてください。じつは「覚悟」には「意思の力」以外にも「不思議な力」が生じる場合があります。選択肢を絞り込んでも「どちらか選べない」という状況は、この先も発生します。そのとき、この「覚悟の力」を思い出してみてください。

暦からのメッセージ

覚悟は日常にも

今日のタイミングでは「覚悟」がキーワードとなります。この単語は「ドラマチック」な響きがあるのですが、じつは日常の生活でも「どちらか決められない」ときに発揮されている「能力」を意味しています。「選べないのだから、その結果がどうであれ、受け入れるしかない」という決断は珍しいことではないのです。

今日のご縁日

鸕鷀草葺不合尊《うかやふきあわせずのみこと》さま

山の神さまである「山幸彦《やまさちひこ》さま」と、海のお姫さまである「豊玉姫《とよたまひめ》さま」との間に誕生した神さまです。「神武天皇」の父神さまであり、この神話には「日本人が山からも海からも愛される存在でありたい」という願いが込められていると解釈されます。

今日の呪文

「風吹不動天辺月《ふうすいふどうてんぺんげつ》」

「雲は風により流れるが、それより高い位置にある月は流れない」という意味の呪文です。「不動の月」をイメージしながら、覚悟を強化してください。

ご利益フード

秋刀魚《さんま》

今年も旬が終わります。名残を惜しんで、この味覚を覚えておきましょう。大根おろしと醤油でシンプルにいただくと、秋刀魚だけがもつ旨味をよく確認できます。

10月31日

二十四節気 霜降

七十二候 霎時施

「夢の区別」が幸せな生き方への道

ご利益行動

夢という言葉に注意する

今日は夢を記録してください。自己啓発や引き寄せ術などでも有効とされている方法です。自分が寝ているときに体験する「不思議な世界」は、認識できない意識の領域＝潜在意識からの作用で現れると考えられています。それはすぐに記憶から消えてしまうので、記録する必要があるのです。日本語では「寝ているときの体験」と「起きているときの理想」を同じ「夢」という言葉に集約しています。どちらも自分の自由にできない点で共通していますが、本来は同じ単語を使用するべきではないのです。なぜなら「自分の理想」は「目覚めたら消えてしまう幻」ではないからです。

暦からのメッセージ

日本語という異質な言語

「言葉」は人類の進化において、極めて重要な要因といわれています。とくに日本語は、世界の言語体系においても「異質」だといわれています。「漢字」は大陸から伝来したものであることは間違いないのですが、文法や発音が特殊なのです。「夢」という「コトダマ」について、今日のタイミングで検討してみてください。

今日のご縁日

弥《み》勒《ろく》菩《ぼ》薩《さつ》さま

遥か未来、56億7千万年後に現れるといわれている仏さまです。この「遥かな未来」は人間の感覚とは時間の流れが違います。仏さまにとっては「束の間」の時間なのかもしれません。今日は宇宙の神秘と不思議な夢の世界をイメージしながら、ご縁を感じてみましょう。

今日の呪文

「唱《しょう》彌《み》高《こう》和《わ》彌《み》寡《か》」

「頂点を目指せば目指すほど、同調できる人はいなくなる」という意味の呪文です。「孤独」を感じたときに唱えると、その状況に「意味」と「意義」を与えてくれる効果があります。

ご利益フード

落《らっ》花《か》生《せい》

不思議な形をした豆は、受粉した花がわざわざ地中に潜って実をつけるという不思議な生態です。

コラム

広範囲の学問・国学が受け継いできたもの

私のすべての講義や講演、そして本書のベースになっているのが「国学」という学問です。国学を座学として学び、実技として作法を習得することにより、一般の神社に奉職するために必要となる神職の階位も認められています。ただ、現代において「国学」は、あまりにも範囲が広いため定義が難しい学問の一つとなっています。古代からの国語や詞、歌、神社の歴史、地理、朝廷や公家、武家の行事や法令・制度・風俗・習慣・官職・儀式・装束などの研究が「国学」の範囲となるのです。

各ジャンルに専門家がいて、私の30年以上にわたる「ご利益研究」は、これらの先生方の研究結果の取材と収集が軸となっています。

聞き馴染みのない学問だと思いますが、なぜ国学が現代まで継承されてきたのでしょうか。

私はその答えを、「古道《こどう》の追求」という日本人が原始のころに、神さまに祈っていた姿を追求し、蘇らせる活動に見ています。

この思想と研究は、明治維新の際に曲解が重ねられ、さらに戦争という大事件により、現代では「絶滅寸前」になってしまっています。

私の活動は、「古道」を推測し、太古の人々の「祈り」と「想い」の復活を目指すこと。生きている間に成し遂げることはできないほど、大きな変革だと考えていますが、これこそが国学を現代、そして未来へと残す大きな価値なのです。

だからこそ今、多くの人々の幸せに貢献し、太古の人々の祈りに触れ、未来の人々へ、その想いとタスクを繋げたいと願っています。

11月

木々が色づき、肌寒い空気に
冬の始まりを感じるでしょう。
立冬《りっとう》を迎え、
いよいよ暦のうえでも冬の到来です。
霜が降りる、氷が張る、
冷たい北風が吹く。
変わりゆく毎日を愛おしみましょう。

Momijitsutakibamu

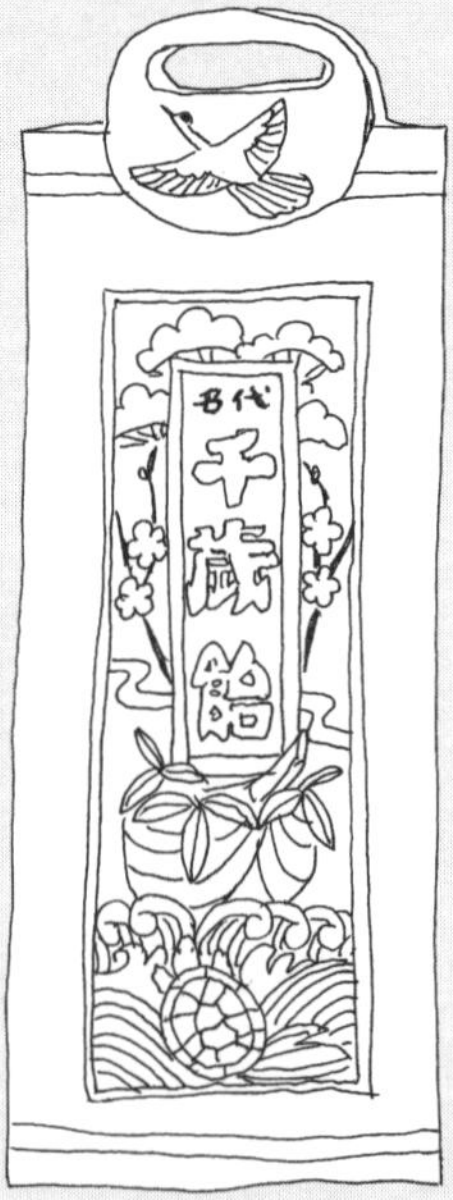

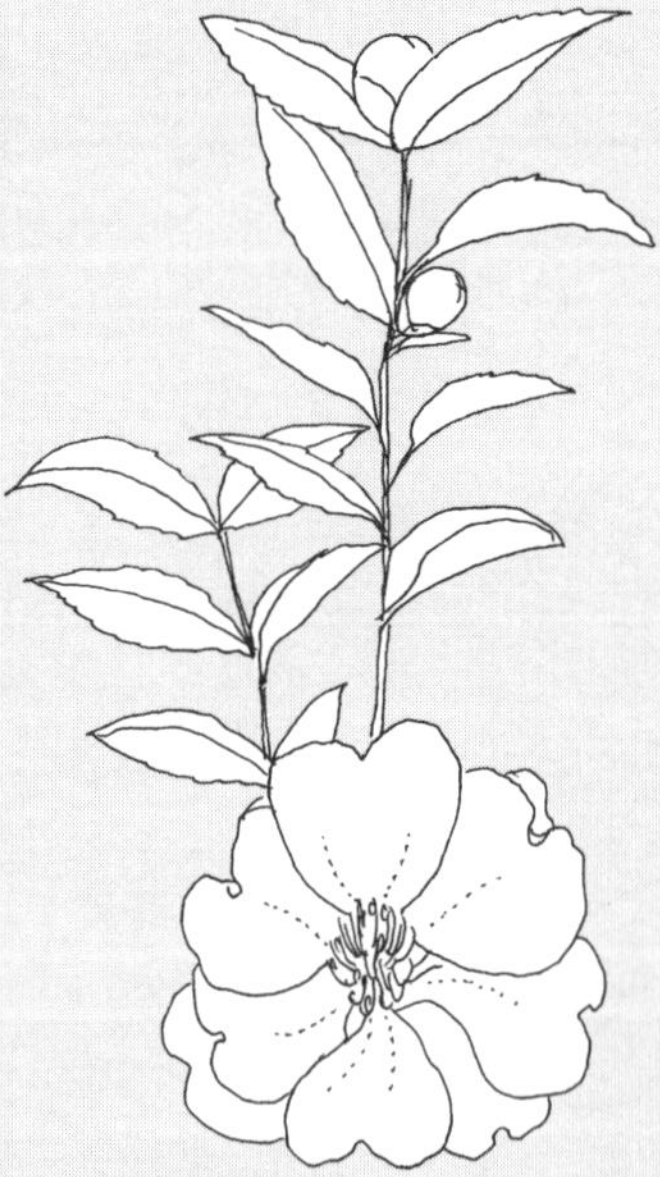

Tsubakihajimetehiraku

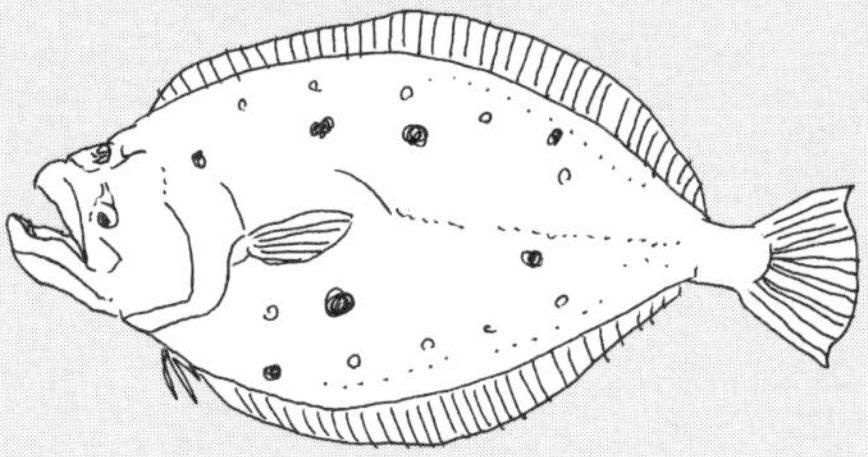

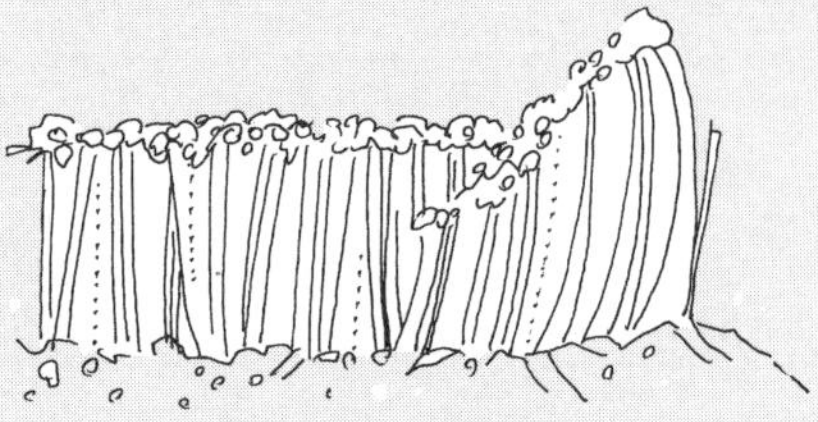

Chihajimetekooru

Nijikakuretemiezu

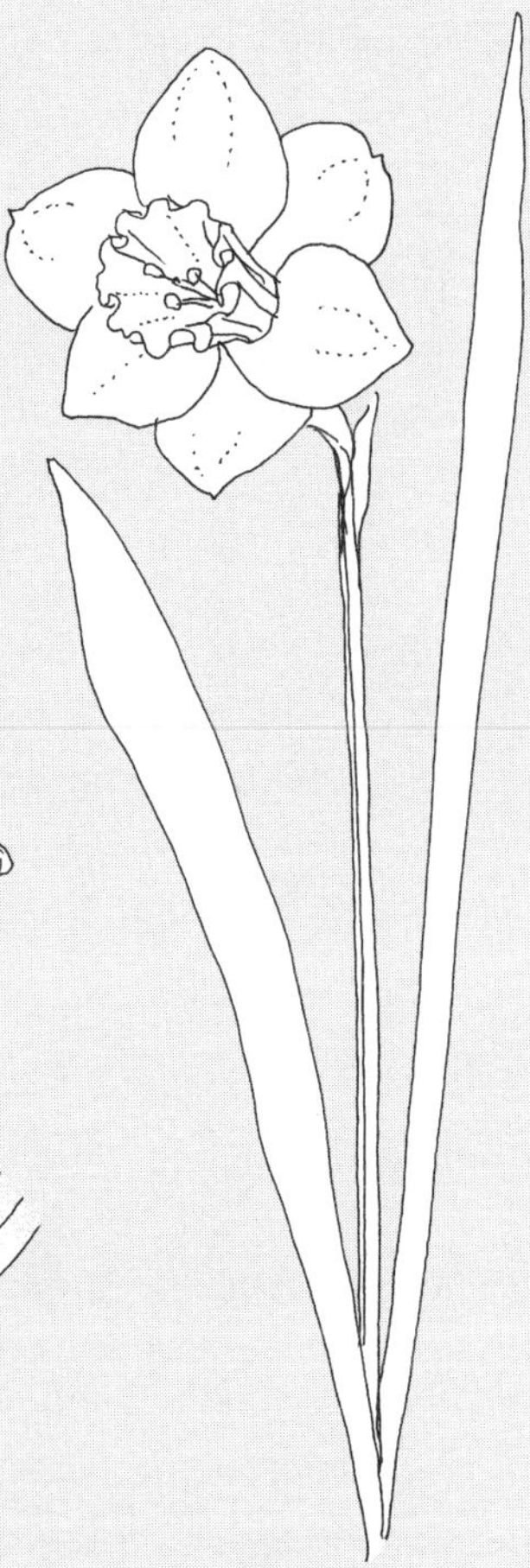

Kinsenkasaku

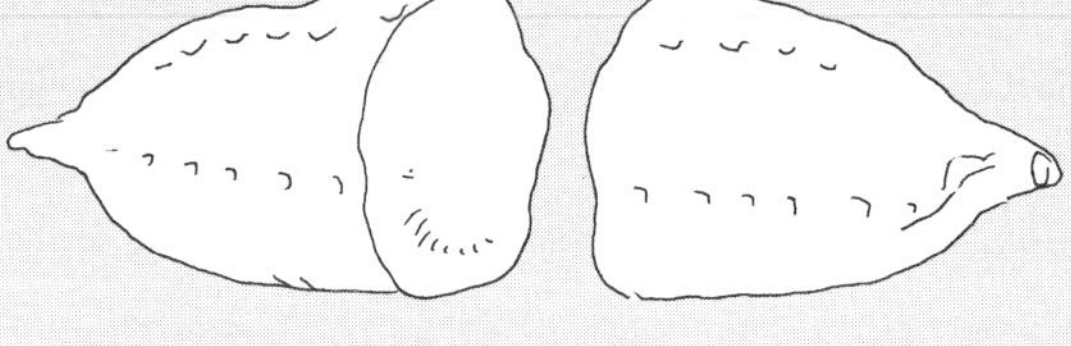

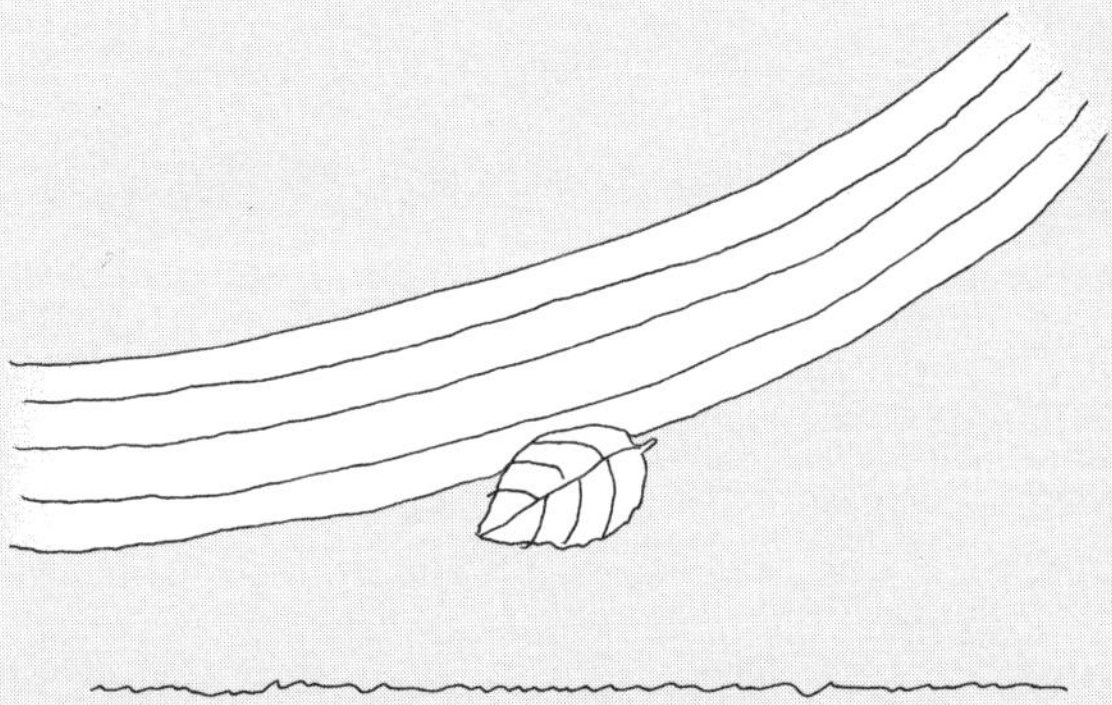

Kitakazekonohawoharau

11月1日

二十四節気　霜降《そうこう》

七十二候　霎時施《こさめときどきふる》

生きる楽しみを倍増する簡単なおまじない

ご利益行動

未体験リストを更新する

今日は自分の「未体験」について確認しておきましょう。生きる楽しみを増やすことができます。必要なのは、メモ帳と時間と意欲だけ。「自分がやったことがない」と思うことをリストにしていきます。定期的に更新したほうが効果倍増となりますので、後から読んでもわかるように心がけてください。この作業を通じて「未体験」を「放置」するかどうかも、点検することができます。今は「とくにやりたくない未体験」も、次の更新時には「あれ？　ちょっと興味あるかも」に変化することは珍しくありません。

暦からのメッセージ

年内にやることを決める

さて、今年も残すは2か月です。カレンダーは、もともと自然界のルールに則していません。ただの「区切り」に過ぎないのですが、それが「不思議な力」を発揮するようになっていったのです。**とくに「年」という区切りは人間の内面に働きかけて、「自分の選択」に対して時間の制約を要素として押し付ける力があります。**要するに「年内にやることを決めておくタイミングが今」ということです。

今日のご縁日

天《あま》津《つ》日《ひ》子《こ》根命《ねのみこと》さま

光と風と波を司り、「自然界の調和」をもたらす神さまです。美しい光も、心地よい風も、穏やかな波も、それ「単体」では成り立たないのです。今日は「全体が良くなる」という感覚で、ご縁を繋いでみてください。

今日の呪文

「一身《いっしん》如《じょ》雲《うん》水《すい》」

「自分の体が雲や水のように自由自在になる」という意味の呪文です。「人間は本来、自由自在である」という意識で、この呪文を唱えてみてください。束縛や制限が解消されていく効果があります。

ご利益フード

蒟蒻《こんにゃく》

材料となる蒟蒻芋は、今が旬です。もともと「特有の味」がないため、多種多様な料理に適用でき、その楽しみ方はたくさんあります。

11月2日

二十四節気
霜降

七十二候
霎時施 から **楓《もみじ》蔦《つた》黄《きばむ》** へ

終わりがあるから、命を燃やせる

ご利益行動

期限を利用する

「期限はないけど、頑張ってください」。そう言われて頑張れる人は稀です。ほとんどの場合「期限がない依頼」は迷惑です。なぜなら「いつまでに」という「期限」は頑張ることの原動力となるからです。もし自主的な活動において、自分が期限を決めていないものがあれば、**今日のタイミングで「年内」を期限にすることを決めてください。**現実的に可能であることが前提ですが「年内に完了させることが不可能ではない」内容なら、はっきりと「年内が期限」と決めましょう。

暦からのメッセージ

終わりがあるから始まる

「終わらないと始まらない」。自然界の変化は基本的に、この前提のうえに成り立っています。春が終わらないと夏は始まらず、秋が終わらないと冬は始まらないのです。「命」も同様です。終わりがあるからこそ、新しい命が始まるのです。これも人間が決めたことではなく「もともと、そうなっていること」です。それに逆らうより、それを利用するのが、多くの先輩たちの成功の秘訣なのです。

今日のご縁日

伊《い》耶《ざ》那《な》岐《ぎ》命《のみこと》さま

日本の神話の冒頭に登場し、宇宙初の「夫婦神」として、この世界を創造した神さまです。すべての人間の命に限りがあるのは、この神さまにまつわる神話で語られています。限りあることに感謝してご縁を繋いでください。

今日の呪文

「事《じ》難《なん》方《ほう》見《けん》丈《じょう》夫《ぶ》心《しん》」

「難しいことが起きても、揺るがない心」を意味する呪文です。「心配事」や「不安」は、多くの場合「自分の心が決めつけている錯覚」なのです。唱えるとピンチがチャンスに変わる効果があります。

ご利益フード

菠《ほう》薐《れん》草《そう》

寒さが厳しくなればなるほど、栄養を蓄え、おいしくなる冬野菜です。「鉄分」を補給できる貴重な存在ですが、食べすぎには気をつけましょう。

11月3日

好きという根源の感情を見直してみる

二十四節気 霜降

七十二候 霎時施 から 楓蔦黄 へ

ご利益行動

自分の好みに疑問をもつ

自分が「好き」だと思うものは、本当に自分の選択で好きになったのでしょうか？ **今日は好きという感情が「先天的でない」ことを知りましょう。**多くの場合、親や身近な人からの情報や条件が好きという感情の「発生源」となっているのです。「いえいえ、私の好みは両親や兄弟の好みとはまったく異なります」と思う人もいるかと思いますが、その場合は「親の好みと異なるから好き」という理由が考えられるのです。さらには「好き」が発生するには「タイミング」が極めて大きな要素を握っています。その仮説をもとに「自分の好きなこと」を見直してみると、素晴らしい発見に繋がります。

暦からのメッセージ

根本へ軸が移る

霎時施から楓蔦黄へ。**「曖昧」な期間が終わり「根本」や「原因」へと軸が移る期間となりました。**このタイミングで、自分の「思い込みや常識」について疑ってみることは、循環を断ち切り、成長へと向かうプロセスに移行する行為となります。「幸せに生きる」ためには、外の世界の変化に対して「順応」するだけでなく「成長」する必要があるのです。

今日のご縁日

宝生如来《ほうしょうにょらい》さま

「すべての存在に絶対的な価値がある」という「摂理」を伝える仏さまです。あらゆる生き物には「仏さまが宿っている」という思想が仏教の根底にはあります。それを認めると、さまざまな可能性が広がるのです。

今日の呪文

「オン アラタンノウ サンバンバ タラク」

バランスをとりたいとき、本来の位置に戻りたいときなどに唱えると、絶大な効果をもたらすご真言です。朝・昼・晩とバランスよく唱えてみてください。

ご利益フード

小松菜

鉄分やカルシウムなどのミネラルと、ビタミンなどの栄養素がバランスよくとれる冬の野菜です。江戸時代に油菜と蕪を交配させて作った新野菜です。先人たちの努力に感謝していただきましょう。

11月4日

冬が訪れる前に風を感じる

二十四節気　**霜降**

七十二候　**楓蔦黄**

ご利益行動

媒介を通して風を見る

今日は「風を見る」ことに挑戦してみましょう。自分がいる環境のなかで「風が目に見える時間と場所」を探してみてください。簡単なのは水面、植物、雲ですね。水の上を風が走るとき、植物を揺らすとき、空の雲が流れるとき、「風を見る」ことができるのです。それは「目に見えない領域の変化」を目で確認するためには、「媒介」として「風で動かされるもの」が必要だということです。そして、神社にお参りに行くと「風で動く紙垂《しで》」や「風で鳴る絵馬」が飾られています。これは「目に見えない神さま」を「風の動きで感じたい」という願いが具体化したものなのです。

暦からのメッセージ

見えないものも存在する

視覚で捉えることができなくても、存在しているものがあります。「空気」は**人間にとって「なくてはならない」ものですが、普段は「存在」を忘れています。**「風」となり媒介を通じて見えたとき、存在を認めることが多いのです。今日は「見えぬものでも存在する」「見えぬものでも重要」であることを、しっかり意識してみてください。

今日のご縁日

志那都比古神《しなつひこのかみさま》

日本の美しい「風」を司る神さまです。風は、新鮮な空気を運ぶだけでなく、植物の種子を運び、多くの生命を育む「目には見えない力」なのです。今日は風を感じる環境で、ご縁を感じてみてください。おすすめはベランダや屋上などの空が見える場所です。

今日の呪文

「歩《ほ》歩《ほ》起《ぎ》清《せい》風《ふう》」

「一歩一歩の歩みでも、いつのまにか清らかな風を巻き起こす」という意味の呪文です。「継続」していたことが途切れなくなる効果があります。

ご利益フード

柚子《ゆず》

爽やかな香りには、さまざまな食材を盛り立てる力があります。ほんの少量でも、その効果は絶大です。今日は香りを楽しむ料理をいただきましょう。

11月5日

二十四節気 霜降

七十二候 楓蔦黄

使わないものが新しいものを拒んでいる

ご利益行動

使わないものを手放す

年末の大掃除までには余裕がありますが、今日のタイミングで「使わないもの」を確認しましょう。家にあるものだけでなく、職場や学校に置いてあるもので「いつか使うだろう」と手元に置いて「2年以上」活躍がなかったものは手放す必要があります。使わないものを置いておくと、新しく使うものがやってくる「隙間」がなくなってしまうのです。これは道具に限定される現象ではありません。手放さないと新しいものがやってくる機会は巡ってこないのです。

暦からのメッセージ

すべては手放すことから

広葉樹が、葉の色を変化させるのはなぜでしょう？ 気温の変化や葉緑素の減少などが考えられますが、**一番の要因は「必要がなくなったから」です。**日照時間が短くなり、太陽からのエネルギーを得るために必要な「色」と大きくなった「葉」を手放さないと、生存のためのエネルギーが足りなくなるのです。さらには手放した「葉」が地面につもり大切な根を守り、他の生物を引き寄せるという現象は、すべて「手放す」という変化から始まっています。

今日のご縁日

瀬《せ》織《おり》津《つ》姫《ひめ》さま

水の流れを司る女神さまであり、人々の「罪」や「穢れ」を祓い清める「祓《はらえ》戸大神《どのおおかみ》さま」の一柱となる神さまです。美しい川の流れに体を浸しているイメージで、ご縁を繋いでみましょう。入浴中もおすすめのタイミングです。

今日の呪文

「山《さん》色《しき》清《せい》浄《じょう》身《しん》」

「美しい山は、清浄そのものである」という意味の呪文です。「心身のバランス」を整えてくれる効果があります。

ご利益フード

自《じ》然《ねん》薯《じょ》

山の力を集めた自然薯は、おいしく滋養強壮も期待できます。昔の修験者たちは、わずかに地上に伸びている蔓から、自然薯の場所を探り当てることができたそうです。

11月6日

ご先祖さまが求めた暮らしの礎《いしずえ》を感じる

二十四節気 **霜降**

七十二候 **楓蔦黄**

ご利益行動

鍋料理を存分に楽しむ

冬のお楽しみの一つといえば、「鍋料理」です。それぞれの具材の味を楽しみ、全体の味も楽しみ、そこから出るスープも楽しむ。まるで「自然界そのもの」を楽しめる料理なのです。じつは、この料理の起源は古く、日本では紀元前から楽しまれていたことが、出土した土器の形状などからも推測されるのです。あなたのご先祖さまも楽しまれたことがある料理です。**今日は「遥か太古に暮らす自分たち」のイメージをもって、鍋を楽しんでみましょう。**もちろん、多彩な具材を楽しめる「現代」に感謝することも忘れないでください。

暦からのメッセージ

「今」は祈りの賜物

私たちの「今」は、過去の「祈りや願い」から発生しているのかもしれません。なぜなら、私たちの生活を形成しているものは「昔の人々にとっての理想」が現実化しているからです。「生きたい」という願望が叶うと、「もっと豊かに生きたい」という願望に変化する。その結果が私たちの「今」だとするなら、豊かな食材を存分に楽しむことは、先人たちへの感謝となるのです。

今日のご縁日

開《かい》敷《ふ》華《け》王《おう》如《にょ》来《らい》さま

美しい蓮の花と一緒に描かれることの多い仏さまです。「恐れ」を消し去り、進化を促します。ぜひ感謝と喜びをもって、ご縁を感じてみてください。

今日の呪文

「龍《りゅう》聚《じゅ》鳳《ほう》翔《しょう》」

「美しい龍と煌びやかな鳳凰が集まり、飛び交っている様子」を意味する呪文です。集まる喜び、笑い合う楽しみを引き寄せる効果があります。

ご利益フード

柳《し》葉《しゃ》魚《も》

独特な風味と魚卵の食感が楽しい冬の旬です。「アイヌ語」が名前のもとだといわれています。

11月7日

今から始める、ここから始める

二十四節気

霜降から立冬《りっとう》へ

七十二候

楓蔦黄から山茶始開《つばきはじめてひらく》へ

ご利益行動

始めることを宣言する

霜降から立冬へ。今日から冬が始まります。11月1日に更新した「未体験リスト」は手元にありますか？　もしないようでしたら、11月1日のご利益行動をご参照ください。**そのうえで、そのなかから「今さら始めても、遅いかも」と思うものと「今の状況からは難しいかな」と思えるものをピックアップしてください。**

さらに、そのなかから「一つ」を選んで、「今日はこれを始める」と宣言してください。今日、必要なのは「あきらめずに、一歩踏み出した」という事実だけです。

もちろん、そこから「継続」できればより良いのですが、そこまでは必要ないのです。これは毎年同じ日に取り組むべきワークです。

暦からのメッセージ

最初の一歩はうまくなる

やる前から、「やらない」。その理由はいろいろありますが、それを積み重ねていくと「自分が終わる前」に後悔することになるようです。**「最初の一歩」は回数を重ねるほど、うまくなっていきます。**「手遅れ」というのは、自分が勝手に決めた「期限」が厳しすぎるだけです。今日は、そこを修正してみてください。

今日のご縁日

猿《さる》田《た》彦《ひこ》大《おお》神《かみ》さま

導きの神さまですが、そのご神徳は絶大で、広範囲に及びます。たとえば、自分にとって必要なタイミングで、必要な「ひらめき」を授けていただけることも、猿田彦さまの不思議な力として実感されてきたのです。今日は「最初の一歩」に必要な力をお願いしてみてください。

今日の呪文

「鶏《けい》頭《とう》鳳《ほう》尾《び》」

「始まりは地味でも、どんどん派手になる」という意味の呪文です。今日は「地味に始まって、派手な成果を得る」イメージで、唱えてみましょう。

ご利益フード

鰈《かれい》

海底を優雅に飛ぶように泳ぐ姿から、その名がついたともいわれています。体の片側に両目と口を集めることで、安全な場所に隠れるように進化した魚です。

11月8日

生きているからこそ味わえる「楽しみ」

二十四節気
霜降から立冬へ

七十二候
楓蔦黄から山茶始開へ

ご利益行動

疲労の楽しみを知る

誰でも「疲れることは避けたい」と思っています。**今日はあえて適度に疲労を感じる作業を選択してください。**肉体的負荷や精神的負荷を適度にかけることにより「疲れた～」と自然に口から出てしまう程度を目指すのが理想です。そしてその状態で、回復するための行動を選択します。お風呂やマッサージ、そして睡眠。疲労が回復した後に、それらの「回復行動の喜び」をしっかり確認します。ちゃんと疲れていなければ「回復」という楽しみは発生しないのです。

暦からのメッセージ

世界に溢れるご褒美

「山茶始開」には「努力の先に待つ美しい花」という意味が隠れています。**今日は疲労の先にある「ご褒美」を確認してみるチャンスです。**この世界はご褒美に満ち溢れています。多くの生き物は、自分にとっての「地球からのご褒美」をよく理解し、それを喜んで受け入れられる環境を選択していったのです。ところが人類だけが、それを見失うような進化を選択してしまいました。その結果、本来は「ご褒美」であるはずの環境を避けるようになってしまったのです。

今日のご縁日

提婆達多《だいばだった》さま

お釈迦さまの優れた弟子であり、さまざまなルールや規定を「より良く生きる」という目的のもと、発案されたといわれている仏さまです。

今日の呪文

「一鳥不鳴山更幽《いっちょうふめいさんこうゆう》」

「一羽の鳥も鳴かない山の静けさ」を意味する呪文です。疲れたときに唱えると、心と体の回復を促進してくれます。「仙人が住んでいそうな山」のイメージと一緒に唱えてみてください。

ご利益フード

鰻《うなぎ》

苦手な人も多い食材です。「脂が強すぎる」という理由が挙げられるのですが、それを克服するのが「蒲焼」です。蒸し上げて適度に脂を落とし、炭火で香ばしく焼き上げる工夫は「多くの人に届けたい」という想いから生まれたのです。

11月9日

二十四節気　立冬

七十二候　山茶始開

名前は人類の大発明

ご利益行動

好きな名前を探す

今日は変わったチャレンジです。**植物から一つ、動物から一つ、自分が「これが好きだと思える名前」を選び出してみてください。**ネット検索や本で「たくさんの名前を見た」と思えたら、直感で選びましょう。このワークでは「人の名前」は対象外です。一つに決めることが重要ですので、候補を出した後、迷う場合は、自分が最初に選んだものを優先してください。今日は、その作業そのものが目的なので、気に入った名前を一つずつ選べたら終了となります。

暦からのメッセージ

名前と発見

私たちの暮らす地球は「多様性」に満ちています。見れば見るほど不思議な色や形をした生き物が、今もどこかで生きているのです。その世界のなかで人間だけが、他の生物に「名前」をつけているのです。そして、その名前を共有することにより、その存在を認めているのです。本来は名前などなくても、その生物は存在しているのですが、それではそれが「発見」されたことにはなりません。名前がつくことにより「発見」されたことになるのです。

今日のご縁日

葦《あし》原《はらの》色《し》許《こ》男《おの》神《かみ》さま

多くの御名《みな》をもち、数々の神話に登場している「大国主命《おおくにぬしのみこと》さま」の御名の一つです。今日は、こちらの御名でご縁を繋いでみてください。

今日の呪文

「念《ねん》念《ねん》不《ふ》停流《じょうりゅう》」

「生き物の念は、止まることなく生まれつづける」という意味の呪文です。今日のタイミングでは、今、この瞬間も「新しい名前」をもった命が生まれていることを連想しながら、唱えてください。それは生命が地球上に誕生したときから、止まることのない「流れ」なのです。

ご利益フード

人《にん》参《じん》

熱を加えると甘みが増して、よりおいしくなります。免疫力を高める「ベータカロチン」もとれ、風邪が心配な今の季節に、ぴったりなのです。

11月10日　不思議な勘違いを愛でる

二十四節気　立冬

七十二候　山茶始開

ご利益行動

デジャヴを考える

「デジャヴ」という言葉をご存じでしょうか？　日本語では「既視感」と訳されています。「あれ？　初めてなのに、前にも同じことが……」という感覚のことです。小説や映画などでは「予知」という超能力と結びついたり、「パラレルワールド」という「多元的宇宙説」との繋がりとして表現されたりすることも多いです。**今日は、検索や書籍を使って、自分なりのこの「不思議な感覚」について、「意見」をもってみてください。**もちろん、これも「正解がない問い」ですので、「自分の好みにあった説」を自分の意見に取り込むことがおすすめです。

暦からのメッセージ

同じ季節はやってこない

「季節」に懐かしさを感じるのは、それが去年と同じような変化だからです。一番よく覚えている一番最近の「前の季節」は「1年前の同じ季節」となります。でも、実際は「まったく同じ季節」は、二度とやってくることはなく、同じように感じられても違う内容なのです。今日は「勘違いの懐かしさ」についても考える日なのです。

今日のご縁日

天《あめ》之《の》御《み》中主《なかぬしの》神《かみ》さま

すべての始まりとなる神さまです。御名は「大宇宙の中心」という意味となり、時間や空間を超える力があるともいわれています。今日は宇宙の神秘を感じながら、ご縁を繋いでみてください。

今日の呪文

「思《し》之《し》在《ざい》之《し》」

「想いが存在を作る」という意味の呪文です。「宇宙の中心」を思い浮かべながら、唱えてみてください。

ご利益フード

芽キャベツ

キャベツのミニチュア版だと思われがちですが、下茹でしてアクを取り、シンプルな味つけで楽しんでみると、その意外な奥深さに驚かされる野菜です。独特な食感が楽しいので、それを意識した調理方法を選んでみてください。

11月11日

二十四節気　立冬

七十二候　山茶始開

来年の今日から時間を逆流させる

ご利益行動

来年の11月11日を決める

今日は実験です。**「来年の11月11日」の予定を決めてください。**「朝は何時に起きて、午前中は何をして、午後は何をして、何時に寝る」。ここまで考えた結果をメモに残してください。おおざっぱでも、具体的でも、自分が「面白そう」と感じるやり方を優先して大丈夫です。1が四つ並んだ日付なので、比較的記憶に残るかと思います。1年後の11月11日になったら、今日作成したメモを確認してください。そして1日が終わる前に、さらに翌年の予定を決めるのです。

暦からのメッセージ

時間は一方通行ではない

時間の流れは「一方通行」だと思われています。「過去から現在、現在から未来」へと一方向に流れるだけであり、その逆や例外はないと考えられていて、実際にそれ以外の流れを体験したことはないはずです。でもそれは「物理的な側面」だけの時間を捉えているのです。「予定を立てる」というのは「未来からの流れ」を発生させることになります。過去となった時間がその流れに向かうと「予定」は「現在」となるのです。

今日のご縁日

不《ふ》空《くう》羂《けん》索《じゃく》観《かん》音《のん》さま

宇宙に広がる「不思議な縄」で、すべての人々を救うとされる仏さまです。その縄には、過去や未来を変えてしまう力があるのです。今日は時間の流れが一方向ではない可能性を感じながら、ご縁を繋いでみましょう。

今日の呪文

「オン ハンドマダラ アボキャ ジャヤデイ ソロソロ ソワカ」

ゆっくり、区切りながら唱えてみてください。何度か唱えると、すらすら出てくるようになります。このご真言は「全体を良くする効果」があります。

ご利益フード

大根

真っ直ぐに伸びた、真っ白な大根を選んでみてください。「1111」＋「1」というゲン担ぎを発動させるのです。さらに凝るなら、スティック状に切って「大根サラダ」を楽しみましょう。

11月12日

周りにある「氷」を感じる

二十四節気　立冬

七十二候　山茶始開 から 地始凍《ちはじめてこおる》 へ

ご利益行動

氷の性質を知る

水が氷点下になると凝固して、「氷」になります。**今日は「氷」について確認してみましょう。**容積が大きくなり、液体のときには考えられないほどの「強度」を保つことができる状態です。人類は文化・文明をもつ前から氷を利用していたことも確認されていて、家を作るための建築材料にしたり、いろいろなもの冷却したりするためにも使用していました。美しい氷の作り方や、瞬間の芸術である氷の彫刻などもありますね。氷に対する「印象」は変わったでしょうか？　今日は普段は忘れてしまう「氷の性質」について思い出しておきましょう。

暦からのメッセージ

氷の性質は水以外にも

山茶始開から地始凍へ。今日登場する「凍る」という表現は、「寒さによって水が凍る季節に入った」という意味を伝えるものではありません。**氷の特性や同じような性質が「地」、つまり、私たちが暮らす地上で発生するという意味を伝える暗喩です。**「硬くなる」「滑るようになる」「大きくなる」「透明になる」。そのような氷の性質が、現象として強調される期間が始まります。

今日のご縁日

淤《お》美《み》豆《づ》奴《ぬの》神《かみ》さま

「偉大なる水の王」という御名の神さまです。水の変化についても司るとされていて、水が温度によって、沸騰して水蒸気になったり、氷点下で凍ったりするのも、この神さまの力だと考えられていたのです。「水」のイメージでご縁を繋いでみてください。

今日の呪文

「一《いち》雨《う》潤《じゅん》千《せん》山《ざん》」

「1回の雨は、分け隔てなく1000の山を潤す」という意味の呪文です。山々に降り注いだ雨が氷となり、白く山を覆うイメージで唱えてみてください。

ご利益フード

鰊《にしん》

冷たい氷の海を泳いでやってくる、北国の旬です。今は漁獲高が減り「高級魚」の仲間入り寸前です。ありがたい冬の恵みを、しっかりいただきましょう。

11月13日 やらないことを宣言する

二十四節気 立冬

七十二候 山茶始開 から 地始凍 へ

ご利益行動

迷いを手離す

今日は、始めるべきか迷っているものを「手放す」タイミングです。今年になって、始めようか考えたものから「始めていないもの」を確認してみましょう。メモ帳に箇条書きで書いてみてください。一通り終わったら、上から順番に読みながら「今年はやらない」と宣言します。たとえば「英会話、今年はやらない」というセリフを声に出して言います。違和感がなければ、「本当に今年はそれをやらない」と決めましょう。違和感があったら、明日から始めましょう。

暦からのメッセージ

始めることを区切る

「区切り」には不思議な力があるので、始めるときの原動力や終わらせるときの理由として、活用することができます。そして「年」という区切りは、とても強いので、それを活用する機会がないのは、もったいないのです。今年も「あと少し」と感じられるタイミングから**「保留にしていること」を減らしていく意識をもってみてください。**もし、「また始めてみたい」という気持ちになったら、それは「来年の冒頭」で検討することが有効です。

今日のご縁日

神《かむ》屋《や》楯《たて》比《ひ》売命《めのみこと》さま

「神さまが住む社の防壁」という御名の女神さまです。守備や防御に対して優れたご神徳を発揮されることから、海岸沿いなどでのご信奉も篤いのです。今日は「守られている」感覚でご縁を繋いでみてください。

今日の呪文

「一《いち》念《ねん》万《ばん》年《ねん》去《きょ》」

「一瞬の想いも、1万年の歳月も、同じ長さとなる」という意味の呪文です。今日は「区切り」がもつ力を感じながら、唱えてみてください。

ご利益フード

河豚《ふぐ》

河の豚と書いて「ふぐ」と読みます。中国では「揚子江」や「黄河」といった巨大な河川で、よく釣れたそうです。ちなみに「豚」なのは、釣り上げたときの「声」が「ブーブー」という豚の声に似ていたからという説が有力です。

11月14日

人類が挑み、拒まれてきた地から力をもらう

二十四節気　**立冬**

七十二候　**地始凍**

ご利益行動

極地に学ぶ

「氷の世界」と聞いて、何を連想しますか？　名曲のタイトルでもありますが、**今日は「南極」と「北極」について、情報を集めてみてください。**「極地」として広大な面積を誇りますが、人間の侵入を拒みつづける「未踏の地」でもあります。その場所について、先人たちの「命がけの探検」がどのような成果となっているのか、確認するのです。地形や気候、そこに生息する生物、無数の隕石、氷に封じ込められた何万年も前の地球の大気など、日常の生活とはかけ離れた「神秘」の数々が確認できます。そしてそれらは、まだ明かされていない「秘密」のカギでもあるのです。

暦からのメッセージ

極地を基準に考える

私たちが暮らす環境がいかに恵まれているかは「極地」を知れば、容易に理解できます。そのことについて、これから寒さが増す時期に向けて、認識しておいてください。「気温」に対する不満を減らすことができます。

今日のご縁日

降《ごう》三《ざん》世《ぜ》明《みょう》王《おう》さま

絶大な力をもち「勝利」をもたらす仏さまです。もともとは、インドの神さまであり、勇ましい神話に彩られ伝えられたといわれています。「極地」のイメージで、ご縁を感じてみてください。そこでは生きることそのものが「勝利」なのです。

今日の呪文

「オン ニソムバ バサラウン パッタ」

「絶大なる力を捕らえ、引き入れ、勝利する」という解釈が伝わるご真言です。勝負事の前や元気や活力が欲しいときなどにも、効果絶大なご真言です。

ご利益フード

公魚《わかさぎ》

分厚い氷に穴を開けて釣ります。群れに当たると大漁となります。淡白な味わいですが、やっぱり1匹丸ごとサクッといただく「天ぷら」は外せません。

11月15日

二十四節気 **立冬**

七十二候 **地始凍**

根拠よりも大切なものを考える1日に

ご利益行動

根拠に惑わされない

天動説は事実としてさまざまな根拠をもとに信じられていました。それが否定されたのは「祭祀の日程」を忠実に守ろうとした司祭・コペルニクスからだといわれています。

このことからわかるのは**「常識や定説」は「根拠」があったとしても、覆ることがあるという事実です。**今日は根拠よりも大切なことがあることを理解するタイミングです。

たとえば、常識や定説となっていることも視点を変えて疑ってみる。すると、今までとは違う気づきや発想を得ることができるのです。

暦からのメッセージ

根拠か虚構か

私たちは日々「根拠」を探して生きています。「根拠」は自分の行動が「正しい」と信じさせてくれる情報なのです。でも、過去の出来事を研究してみると「根拠」として成立していたものが、現在は「虚構」に変化した事例は、いくらでもあるのです。この期間は「根拠」に踊らされない訓練をしましょう。

今日のご縁日

国《くに》之《の》常《とこ》立《たちの》神《かみ》さま

日本の神話において「宇宙の根源」とされる神さまの一柱です。地表や大地を意味し、地球やその他の惑星を創造した神さまとしても語り継がれています。今日は「自転と公転する地球」をイメージして、ご縁を繋いでみてください。

今日の呪文

「風《ふう》従《じゅう》虎《こ》雲《うん》従《じゅう》龍《りゅう》」

「虎が風を巻き起こして現れ、龍が雲とともに現れる」という意味の呪文です。停滞していた物事が動きはじめる効果が確認できます。

ご利益フード

鰆《さわら》

字の通り春に旬を迎えると思いきや、それは「瀬戸内海」に押し寄せる「産卵期の鰆」限定。それ以外の地域では、身に脂がのる今ごろが旬なのです。これも「根拠」に気をつけなければならない事例ですね。

11月16日

二十四節気 立冬

七十二候 地始凍

区切りという万能の力を活用する

ご利益行動

作業に区切りをつける

繰り返すことで成果が上がってくると、つい楽しくなって、のめり込んでしまいます。スマホのゲームなどでは、それを手軽に体験できます。それ自体は、否定することではないのですが、問題は「依存や中毒」という副作用です。それを防ぐために必要なのは……「区切り」です。**今日からは単純作業に入る前に「どのくらいの時間、それを楽しむのか?」をルール化して計測します。**少なくとも今日から年内は続けてみてください。大晦日には素晴らしい効果を実感できます。

暦からのメッセージ

スマホゲームの仕組み

「単純な作業はすぐに飽きてしまう」という人もいると思いますが、複雑に思える作業も、じつは「単純な作業の組み合わせ」で成り立っています。なぜ飽きてしまうのかというと「成果」や「ご褒美」がその作業内容に見合うものではないと判断しているからです。**それは「自分が勝手に決めた基準」ですので、それを意識的に変更することで、繰り返しにも楽しさが生まれます。**スマホのゲームはその原理を求心力に利用しているのです。

今日のご縁日

深《ふか》淵《ふち》之《の》水《みず》夜《や》礼《れ》花《はなの》神《かみ》さま

「深い淵から水が送り出される力」という御名をもつ神さまです。遥か古代から超重要なインフラである水路の整備と維持はとても大切な仕事でした。先人たちの生きるための仕事を思いながら、ご縁を感じてみてください。

今日の呪文

「渾《こん》身《しん》寒《かん》如《じょ》氷《ひょう》」

「寒いときには、氷のように硬くなれ」という意味の呪文です。集中の大切さを伝える意味が含まれていて飽きたときに唱えると、倦怠を解消してくれます。

ご利益フード

鰰《はたはた》

秋田の郷土料理では欠かせない冬のご馳走です。「ブリコ」と呼ばれる卵をもった雌が喜ばれ、「しょっつる」を使った鍋は「豊かな味わい」の逸品です。

11月17日

数字という呪術を暮らしに取り入れる

二十四節気　立冬

七十二候　地始凍 から 金盞香《きんせんかさく》 へ

「数字は呪術」ですので、そのつもりで取り組んでみてください。

暦からのメッセージ　数字の魔力

強大なローマ帝国も、自国の数字よりアラビア数字を選択しました。今日の切り替わりでは帳簿と数字に意識を向けてください。本書では、西暦を考慮したうえで数字も意識して鑑定した結果をお伝えしています。なぜなら「アラビア数字」には「強大な力」があり、現代ではそれが「年・月・日」を示す記号であるからです。

ご利益行動　帳簿の重要性を認める

会社や組織を運営するうえで、常に重要となるのは「帳簿」です。帳簿のない経営はあり得ません。組織で働く人や、保護者にお任せしている人は「帳簿なんて関係ない」と思っている人も多いですね。**今日からは、その認識を変えてみましょう。まずは、1日単位で「いくらお金を使って」「いくら入ってきたか」を記録してください。**実際の帳簿や家計簿ソフトは、難しく感じるなら使う必要はありません。手間を最小限に、「数字を記録する」という習慣をつけるのです。

今日のご縁日　多宝如来《たほうにょらい》さま

お釈迦さまが説法をしていると、突然地中から「宝石や貴金属で覆われた塔」が出現し、そのなかに座っていたという伝説をもつ仏さまです。今日は、その「宝の塔」をイメージしながら、ご縁を繋いでみてください。

今日の呪文　「好事不如無《こうずふじょむ》」

「良い状態に囚われすぎると、それを失う」という意味の呪文です。今日は「良い状態」を確認したときに唱えてみてください。その状態を維持するために必要な「アイデア」を得られる効果があります。

ご利益フード　長《なが》葱《ねぎ》

鍋料理の需要が高まるとともに、おいしくなる冬野菜です。風味と他の味を引き立てる役割は、他の食材には真似できません。

11月18日 喜びの演技は喜びの縁起に繋がる

二十四節気 立冬

七十二候 地始凍 から 金盞香 へ

ご利益行動 いつもの10倍喜んでみる

今日は演技のトレーニングです。**今年の出来事で「良い」と思えるものを探して、喜んでみてください。**本当に「すごく良いこと」よりも「まあまあ良いこと」や「普通に良いこと」のほうが、演技力の向上へと繋がります。「やった、嬉しい」とつぶやくのが通常の喜び方だとすると、その10倍を目指して、演技してください。今日の「演技」は「縁起」に繋がります。このトレーニングは行えば行うほど、上達するタイプのものです。

暦からのメッセージ 喜べる人になる

「喜べる人」に「喜び」はやってくるのです。そして、喜ぶことは些細なことでも大きなことでも、喜んでいるという状態になれる人の「優位性」を証明します。私たちは喜ぶことを遠慮することが「美徳」であると教えられていました。それは「他人の目」や「嫉妬」を恐れての教訓なのですが、**重要なのは「他人の前で喜ぶ必要はない」という前提です。**地始凍から金盞香へ。ひっそりと咲く花の香りのように、自然と喜びがにじみ出る人を目指す期間がやってきたのです。

今日のご縁日 邇芸速日命《にぎはやひのみこと》さま

天照大御神さまから「十種《とくさ》の神宝《かんだから》」を預かり、地上に降り立った伝説をもつ神さまです。「天上界からの素晴らしい宝」をイメージしてご縁を繋いでください。

今日の呪文 「天《てん》高《こう》海《かい》濶《かつ》」

「澄み渡る空と美しい海原」という意味の呪文です。「素晴らしい景色」を確認しながら、唱えてみてください。「自分が好きな空と海の画像」を見ながら唱えるのもおすすめです。自然と湧き上がる喜びをもたらす効果があります。

ご利益フード 鮃《ひらめ》

魚に平と書いて「ひらめ」と読みます。よく似た魚に「かれい」がいますが、口の形を見れば違いがはっきりわかります。

11月19日

お金以外に仕事で得られるものに気づく

二十四節気　立冬

七十二候　金盞香

ご利益行動

稼働対効果を確認する

自分が何を、どのくらい、どのようにして行っているのか。そして、それに対する「効果」は、どのようなものなのか。今日はそれを確認してみましょう。「稼働」とは「稼ぐために働く」という単語です。すべての活動が「稼働」となることはありません。休息や睡眠は「回復」が目的なので、今回は除外してください。自分にとって「稼働」と思える活動についての「効果」を具体的に考えてみましょう。社会人として働いている方は「給料」という回答が多くなると思います。でも、それは「効果」というよりは「報酬」という表現が相応しくなるので、仕事を通じて「得られるもの」をお金以外で検討してみてください。

暦からのメッセージ

時間の濃度は人それぞれ

「時計が刻む時間」は、人によって違いは生まれません。AさんとBさんの時計は、故障していなければ「同じ時間を示す」のです。それでもなお、AさんとBさんの「時間の流れ」は異なります。**それは「同じ時間」でも「濃度」が異なるからです。**そのことに気づくと、自分の選択が変わるのです。

今日のご縁日

持《じ》金《こん》剛《ごう》仏《ぶつ》さま

金色に輝く姿で、人々を幸せに導く仏さまです。すべての「徳」を兼ね備えていると伝えられています。

今日の呪文

「長《ちょう》樂《らく》萬《ばん》年《ねん》歡《かん》」

「長く続く楽しみと喜び」という意味の呪文です。笑顔と一緒に唱えてみてください。短時間で状況を好転させる効果があるので「稼働対効果」は抜群です。

ご利益フード

栗

今年の旬も終わりですが、保存が利くので「おせち料理」でも欠かせないご利益フードです。その由来は「やりくりできるようになる」という「言葉遊び」です。実際に効果があるから、現代まで受け継がれていることを「稼働対効果」と合わせて確認してみてください。

11月20日

お金への偏見を捨てて選択肢を増やす

二十四節気 立冬

七十二候 金盞香

ご利益行動

三つの宣言をする

今日は「もっとお金が欲しい」と思っている人限定の「おまじない」です。素直に「お金が欲しい」と言えるのは、汚いわけでも、貪欲なわけでもありません。自分の「選択肢」を増やすためには、お金が便利だと理解しているだけなのです。簡単なアファメーションですが、今日以降も継続して宣言しましょう。**「お金は、素晴らしいです」「お金は、自然なものです」「お金は、エネルギーです」。三つで1セットです。**回数は好きなだけ唱えてください。

暦からのメッセージ

偏見は一瞬で育つ

「偏見」は、ゆっくりと育っていくように思えますが、じつは一瞬で形成されます。「原因」と「結果」しか確認しない状態が続いていると「自分にとっての原因」だけが現実化したのだと思い込んでしまいます。そのため、「理解できる原因だけが結果に繋がるのではない」という原理から離れ、すべてを理解したかのような意見を全面的に支持してしまいます。とくに「お金」は偏見に満ちた解釈が多いのです。「金盞香」の豊かな香りは、ニュートラルな視点に戻してくれます。

今日のご縁日

世《せ》自《じ》在《ざい》王《おう》仏《ぶつ》さま

世界を自由自在に創造することができる仏さまです。今日は「自分が存在しない世界」は成立しないことを理解して、ご縁を感じてみてください。

今日の呪文

「金《きん》声《せい》玉《ぎょく》振《しん》」

「黄金の響きをもつ声が素晴らしい宝をもたらす」という意味の呪文です。「自分の声が、金色の波紋となって広がっていく」イメージで、唱えてみてください。

ご利益フード

舞《まい》茸《たけ》

山で見つけた人が「舞を踊るほど喜んだ」といわれるお宝のようなキノコです。現代では栽培方法が確立されて、1年中出回るようになりましたが、それをおいしく楽しめる季節は、やっぱり「もともとの旬」なのです。

11月21日

二十四節気 立冬

七十二候 金盞香

本来の自分を肩書きで取り戻す

肩書き」を自分につけて、本来の自分に与えるべき肩書きを生み出してください。

ご利益行動 肩書きを勝手に変える

あなたの「肩書き」は、どのように決められていますか？　多くの人は「組織からの認定」によって、使用しているのではないでしょうか？　たとえば、私の肩書きは「日本良学株式会社　代表取締役」ですが、これは法務局に登記して、国から認定されているので、使用できるものです。でも、それ以外の肩書きである「神社に所属しない明階認定者」とか「ご利益の専門家」などは、認定されていませんが、「キャッチコピー」として使用しています。**今日は「認定されない**

暦からのメッセージ 本来の肩書きがもつ意味

「肩書きが人を育てる」とビジネスの世界ではいわれています。実際に「役職」という制度は、上がるたびに能力が高まる効果を発揮するために存在したとも考えられます。しかし現代では、顧客の信頼や印象を良くするために肩書きを乱発したため、その効果は薄れてしまいました。そのため、自分で自分に肩書きを与えることで、本来の能力向上を目的とした「肩書き活用術」を復活できるのです。

今日のご縁日 神《かむ》直《なお》日《ひ》神《かみ》さま

恐れや不安を打ち消し、本来あるべき世界へと修正してくれる神さまです。矛盾や誤解から抜け出すためにご縁を繋いでみてください。

今日の呪文 「獨《どく》掌《しょう》不《ふ》浪《ろう》鳴《めい》」

「片方の手のひらだけでは、拍手ができない」という意味の呪文です。「一人きりでは、仕事が成り立たない」という示唆を含んでいますので、今日は「周囲の人」を思い浮かべながら、唱えてみてください。

ご利益フード 薩《さつ》摩《ま》芋《いも》

黄金に輝く食材は、ゲン担ぎとして楽しむべきです。この芋に日本人は食料難に陥ったときに何度も救われています。旬の今こそ、感謝を捧げるべきタイミングです。

11月22日

想像の翼を広げ、現実と向き合う

二十四節気
立冬から**小雪**《しょうせつ》へ

七十二候
金盞香から**虹蔵不見**《にじかくれてみえず》へ

ご利益行動

連想の質を意識する

今日は「連想」について、考えるタイミングです。連想とは、一つの出来事から、それ以降の出来事を思い浮かべ、予測する行為のこと。たとえば「雨が降る」という出来事から「虹が出る」と連想する人もいれば、「道で転ぶ」と連想する人もいます。どちらも「良い、悪い」では判定できません。ただし「連想の質」としては、虹は「陽」であり、転ぶは「陰」となります。連想を固定化してしまうと、対極にある現実を引き寄せることになりますので、注意が必要です。

暦からのメッセージ

現実と連想の折り合い

金盞香から虹蔵不見へ。「虹が隠れる」という表現は、雨が降り虹が出ると連想したのに、実際は虹が現れなかったときに、「虹のほうが隠れた」と主張することの「矛盾」を示唆する表現です。**自分の連想とは「違う現実」が発生したとき、「連想の質」を確認することが重要なのです。**「連想」を自分の希望に重ねてしまうと、それが現実化しないときに「間違っているのは連想ではなく、現実」だと捉えてしまいます。その「危険性」に気づくタイミングです。

今日のご縁日

愛染明王《あいぜんみょうおう》さま

厳しいお姿をされていますが、じつは「愛」を司る仏さまです。見えない領域からの「良くないもの」を追い払い、多くの人々を救い導いてくださいます。仁愛、智慧、勇気の象徴として、戦国武将からも篤く信仰されました。

今日の呪文

「ウンタキウンジャク」

勇気や前に進む力を授けてくれるご真言です。力強く唱えるのが効果を倍増させるコツとなります。お腹に力を入れて、唱えてみてください。

ご利益フード

林檎《りんご》

真っ赤な色が美しい旬の果実です。ふっくらと赤い様子は「林檎のほっぺ」という子どもの可愛らしい頬の表現にも使われています。そんな連想も楽しみながら、旬を味わいましょう。

11月23日

二十四節気
立冬から小雪へ

七十二候
金盞香から虹蔵不見へ

見えないものが世界を変える

ご利益行動

見えないものを感じ取る

今日は「見えないもの」を**「見えたかのように表現する」ことにチャレンジしてみましょう。**たとえば、山の美しい景色を確認して、視覚で認識できる情報を意識します。山の輪郭や木々の色、空の色とのコントラストなどです。そのうえで、見えていないものをイメージします。山から立ち上る、美しいオーラのようなもの、周囲を飛ぶ龍の姿、山頂に降り立つUFOなど、思いつくままに、イメージを広げてみてください。このワークは画像を利用してもできますが、実際の景色を前にして行うと、さらにさまざまな効果が期待できます。

暦からのメッセージ

視覚の期間へ

「嗅覚」の期間から「視覚」の期間へと移行していきます。古暦には「五蘊《ごうん》」という仏教での教えも取り込まれています。そのため、それぞれの「期間」に対応する「人間の感覚」を定義しているのです。**それらは「一つの感覚に固執しない」という原則を思い出させてくれます。**身体的事情がある方はイメージで、五感を展開すれば、「流れに沿う」という効果が得られます。

今日のご縁日

鳥《とり》之《の》石《いわ》楠《くす》船神《ふねのかみさま》

「鳥のように天を駆ける船」という御名をもつ神さまです。高い視点をもち、遠くを見渡せるご神徳も伝えられています。「宇宙船」のイメージでご縁を繋いでみてください。不思議な感覚が得られるかもしれません。

今日の呪文

「千《せん》里《り》萬《ばん》里《り》同《どう》風《ふう》」

「吹く風には距離は関係ない」という意味の呪文です。「地球規模で流れる風」をイメージしながら、唱えてみてください。物事をスムーズに進行する効果もありますので、それも意識すると良い効果が確認できます。

ご利益フード

鯖《さば》

これから本格的な旬を迎えるおなじみの青魚です。冬に向かって脂身が厚くなっていくのを目で見て確認することができます。

11月24日

光があったから、人間はここまで進化できた

二十四節気 小雪

七十二候 虹蔵不見

ご利益行動

照明を確認してみる

今日は家のすべての場所の**「照明」を確認してみてください。**普段あまり意識したことがないと思いますが、家のなかを明るく照らしてくれる照明の役割はとても大きいのです。もし「不便じゃないから」という理由で、照明が切れた状態で放置しているような場所があれば、すぐに新しい電球や蛍光灯と交換して、正常な状態に戻してください。照明は「視界」を確保するだけではなく、外部と内部を区切るための大切な力を発揮します。今日のタイミングで、より好みの「照明」を検討するのも有効です。

暦からのメッセージ

光のもつ特別な力

光は人間が地球に現れる前から、世界に満ち溢れていました。そして、それを認識し、そこからの情報を得るのが「視覚」です。**人間は、それを優先させる進化を選択した結果、他の生物とは異なる進化を遂げたのです。**そこには「光」がもつ、不思議な力があったと、「信仰」からも確認することができます。多くの時代、多くの場所で「太陽」は最高の神さまであり「光」は最高の力だったのです。

今日のご縁日

天津《あまつ》甕星《みかぼし》さま

「カセ」という星座から来たといわれている神さまです。現代では「オリオン座」と呼ばれる星座です。今日は夜空に輝く星座をイメージして、ご縁を感じてみましょう。

今日の呪文

「天《てん》禄《ろく》永《えい》昌《しょう》」

「天から降り注ぐ永遠の幸福」という意味の呪文です。これは「光」が「幸福そのもの」とする思想から生まれた表現です。今日は「光」を受け入れ、感謝を捧げるタイミングです。照明を見ながら唱えてみてください。

ご利益フード

鱈子《たらこ》

冬に旬を迎える「鱈の卵」です。加工してもその風味が損なわれないため「明太子」という最高のご飯のお供も誕生したのです。

11月25日

二十四節気 小雪

七十二候 虹蔵不見

予測と結果の違いが快感を生み出す

ご利益行動 予測以上の結果を求める

人間は「ドーパミン」に支配されている。そのように表現する研究者の方もいます。ドーパミンとは、人間の脳内で分泌される「神経伝達物質」。「快」の状態をもたらすともいわれており、先進的な実験では驚くべき成果が確認されています。**今日意識したいのは、「予測よりも結果が良い場合」にドーパミンは多く分泌されるという観察結果です。**私たちは自動的に結果を予測しながら、行動を起こしています。そして「予測よりも結果」が良かったときに多くのドーパミンが分泌されるというのです。今日は、この「理由」について検討してみてください。

暦からのメッセージ 科学は摂理を発見する

医学が発達しても新しい仕組みが生まれるわけではなく、「もともと、そうなっていたこと」が実験や観測から数値化され、検証されているだけです。「ドーパミン」が予測を上回る結果に対して多く分泌されるという現象は、人間が作り出したのではありません。「虹」という現象には「予期せぬ兆し」という意味づけがされていました。それは昔の人がワクワクして虹を見ていたからかもしれません。

今日のご縁日 吉祥天《きっしょうてん》さま

もともとはインドの女神さまで「幸福」「美」「富」をもたらすといわれている仏さまです。豊かさを願うのは、人類共通の「祈り」です。今日は「心地よい感覚」と一緒に、ご縁を繋いでみてください。

今日の呪文 「延《えい》年《ねん》壽《じゅう》千《せん》秋《しゅう》」

「1000の秋を楽しむほどの喜び」という意味の呪文です。「長寿への願い」が込められていますが、今日は「喜び」に意識を向けて唱えてみてください。この呪文は「心身の健康」に対しても効果を発揮します。

ご利益フード 葡萄《ぶどう》

世界中で「豊かさの象徴」として扱われる果物も、今シーズンは終了間近です。たわわに実る様子を、しっかり覚えておきましょう。

11月26日 鏡は太古から伝わる神聖な道具

二十四節気 小雪

七十二候 虹蔵不見

ご利益行動

自宅の鏡を隠す

今日は「鏡」について、確認するタイミングです。昔から「神秘的な道具」として扱われ、日本における最高の宝物である「三種の神器」としても、受け継がれてきた「重要な道具」です。そして、風水では「極めて扱いが難しい道具」としても知られています。**今日は「ゲン担ぎ」の試行として、家のなかで、玄関以外の鏡が露出しないようにしてみてください。**タオルなどで覆うだけで構いません。2週間ほど検証して「良い感じ」がしたら、おしゃれな「鏡カバー」で継続してみることをおすすめします。

暦からのメッセージ

鏡の神秘性

「鏡」は古代から「お祀りの道具」として利用されていたことが確認できます。視覚の情報は、光の識別によって成り立ちます。そのため「鏡」に仕掛けを施すことで、誰でもわかりやすい「不思議な現象」を起こすことができます。現代では、その利用方法は受け継がれなかったのですが「不思議な道具」であるという認識は、深いところで受け継がれています。今日は視覚からの情報に注意して過ごしましょう。

今日のご縁日

大日孁貴神《おおひるめのむちのかみ》さま

太陽神であり、日本の最高神である「天照大御神《あまてらすおおみかみ》さま」の別の御名です。今日は「鏡に映る太陽」をイメージして、ご縁を繋ぎましょう。

今日の呪文

「嘉福成基《かふくせいき》」

「幸福には基礎がある」という意味の呪文です。今日は「鏡」を見ながら、唱えてみてください。そこに映る自分の顔、自分の表情を観察しながら「これが、自分の幸せの基礎なんだ」と感じてみてください。鏡のなかの姿が変われば、現実の姿も変わります。

ご利益フード

鮭《さけ》

今年のシーズンは終わりますが、この後も「塩鮭」や「燻製」などで楽しむことができます。

11月27日

二十四節気 小雪

七十二候 虹蔵不見 から 朔風払葉《きたかぜこのはをはらう》 へ

呼吸を意識して触覚と嗅覚を呼び覚ます

ご利益行動

呼吸を徹底的に意識する

「呼吸」は生き物の動作のなかでも、断トツで繰り返されてきた回数の多い動作です。生命を維持するためにもとても重要な行為ですが、それを日常で意識することはありません。あまりにも回数が多すぎて、確認しながら行っていたら、他のことができないからです。**今日は無意識でやっている呼吸を「意識」しましょう。**簡単な方法は「口呼吸」と「鼻呼吸」を意識的に切り替えながら続けることです。たとえば「口呼吸5回」の後「鼻呼吸5回」を試してみてください。7秒くらいで吸って、ゆっくりゆっくり吐くのが理想的です。

暦からのメッセージ

触覚と嗅覚の期間へ

虹蔵不見から朔風払葉へ。今日からは「視覚」から「触覚と嗅覚」へと軸が切り替わるタイミングです。**この二つの感覚に意識を向けるために有効なのが「呼吸」なのです。**とくに「心身の平穏」に対しては効果絶大ですので、年内は検証してみるつもりで、今日のワークを継続してみてください。これからせわしない年の瀬を迎えるにあたり、必須のワークとなります。

今日のご縁日

釈迦如来《しゃかにょらい》さま

この地上に「仏教」をもたらした仏さまです。今日は「呼吸」を意識しながら、そのご縁をいただいてみてください。

今日の呪文

「延寿萬歳《えんじゅばんざい》」

「永遠の存在を祝福する」という意味の呪文です。「お釈迦さま」をイメージしながら、唱えてみてください。肉体がこの世を去っても、その存在は受け継がれています。その事実を思いながら、ゆっくりと唱えるのがポイントです。

ご利益フード

花梨《かりん》

そのままでは食べられないほどの苦味があるのに、お酒やシロップに漬けると、香《かぐわ》しい魅力が引き出される不思議な果実です。喉の薬として珍重され、呼吸を整える効果もあります。

11月28日

二十四節気　小雪

七十二候　虹蔵不見 から 朔風払葉 へ

掃除の範囲がご利益に結びつく

ご利益行動

掃除の範囲を広げてみる

今日は有名な「ゲン担ぎ」を試してみましょう。**それは「自宅以外の場所を掃除する」という行動です。**掃除する範囲を拡大して、周辺の歩道や公園などでゴミを拾ったり、汚れを拭いたりしてみてください。「冬はつとめて」と清少納言が伝えている通り、冬の早朝は美しい時間帯なのです。そこで実施するのも有効です。この「掃除の範囲を拡大する」という行動は、直接的な効果より、間接的な効果が大きくなります。「年内は週に1回」くらいの実現可能なペースで検証してみることをおすすめいたします。

暦からのメッセージ

北風を肌で感じる

朔風払葉。「北風が葉を払う」という古暦の表現ですが、これは「落ち葉」が対象ではありません。まだ木の枝についたままになっている「枯れ葉」を落とすという意味です。「北風」は目には見えませんが、肌で感じることができ、嗅覚でも認識できます。そして枯れ葉を落とすことで「視覚」でも、その存在を認識できるようになるのです。今は、それが「浄化」へと繋がる期間であることを認識してみてください。

今日のご縁日

級長戸辺命《しなとべのみこと》さま

「伊邪那美命《いざなみのみこと》さま」が朝霧を吹き払った際に生まれた風の神さまです。今日は目には見えない風が自分の視界を塞いでいる霧を吹き払うイメージで、ご縁を繋いでみてください。

今日の呪文

「風不鳴枝《ふうぶめいし》」

「枝を鳴らさないほどのわずかな風」という意味の呪文です。今日は掃除をしながら「微風」のイメージと一緒に唱えてみてください。「気づき」が欲しいときにも有効な呪文ですので、お試しください。

ご利益フード

蜜柑《みかん》

多くの品種がありますので、順番に試してみて、自分の好みを見つけてみてください。こたつも用意すれば、冬の情緒は完璧です。

11月29日

二十四節気　小雪

七十二候　朔風払葉

いらないものにエネルギーは使わない

ご利益行動

創造のための破壊を思う

新しいものが生まれるからといって、前からあるものを壊す必要はありません。「新しいもの」と「古いもの」は同時に存在することができるからです。でも前進するために「破壊」が有効となるケースが多く存在します。それは「限りあるエネルギー」が古いものの維持に使用されてしまうためです。**今日は自分なりの「創造」と「破壊」について、考えてみてください。**「固執」や「維持」のために使用されている「無駄なエネルギー」がないか点検してみるのです。

暦からのメッセージ

朔風はリセットの風

「朔風」と書いて「きたかぜ」と読みます。この期間に吹く風は「朔《そ》」、つまり「始まり」をもたらすために吹く「北からの風」を意味しているからです。それには「リセット」も含まれています。古いものを破壊することによって、新しいものを創造するプロセスが自然界には存在します。人間の生活も「自然界の営み」として捉えていた時代は、そのタイミングを認識することが、幸せに生きるために重要だったのです。

今日のご縁日

建《たけ》速《はや》須《す》佐《さ》之《の》男命《おのみこと》さま

高天原《たかまがはら》という、この次元とは違う場所を破壊し、この地に降りてきた、英雄であると同時に破壊者でもある神さまです。今日は「破壊と創造」は繋がっていることを思いながら、ご縁を感じましょう。

今日の呪文

「仁《じん》者《じゃ》天《てん》下《か》無《む》敵《てき》」

「本当に優れた人は、敵を作らない」という意味の呪文です。今日は「本当の無敵」について想像しながら、唱えてみてください。

ご利益フード

鱈《たら》場《ば》蟹《がに》

鱈が獲れる漁場で揚がり邪魔だったため、その名がついたのですが、現在では、鱈を遥かにしのぐご馳走として高級食材に。まさに「無敵」のご馳走となっています。

11月30日 出会いの儚さを感じる15分

二十四節気 小雪

七十二候 朔風払葉

ご利益行動 道行く人を観察してみる

人通りのある場所で、ゆっくりと座れる場所を探してみてください。歩道が見られるカフェや大きな商業施設の通路などにあるベンチでもよいです。**15分ほど座って、目の前を通り過ぎる人を観察してみてください。**月末の慌ただしさはありますが、このワークの間はそこから離れて、ぼんやりと行き交う人を眺めるのです。慣れてくると、服装や表情、歩き方の違いなどに気がつくようになります。多くの人々は「知らない人」です。そして、もう二度と会うことがない人々です。この状態も「一期一会」という表現をすることができます。人と人は一瞬の接点でしか、交流していないのです。

暦からのメッセージ 繋がりは奇跡の連続

同じ時間は二度とは再現されません。だからといって「常に特別な時間」というわけではありません。そこに「人と人」という「ご縁」が生じることにより、「特別」という認識が生まれるのです。**多くの人々が存在する世界で、周囲の人々との繋がりは、「奇跡の連続」により現実化された時間です。**今日はそれを確認するのに絶好のチャンスとなります。

今日のご縁日 千《せん》手《じゅ》千《せん》眼《げん》観《かん》世《ぜ》音《おん》菩《ぼ》薩《さつ》さま

1000の手をもち、1000の目をもつ仏さまです。無数の人々を救うために、そのお姿で現れたのだといわれています。今日は無数の人々の幸せを願う祈りで、ご縁を感じてみてください。

今日の呪文 「横《おう》身《じん》當《とう》宇《う》宙《ちゅう》」

「すべての存在は、宇宙でたった一つの存在である」という意味の呪文です。今日は「今まで出会った人」も「これから出会う人」も全宇宙で一人だけのかけがえのない存在であることを認めて、唱えてみてください。

ご利益フード 春菊

春はまだ遥か先ですが、食用として楽しめるのは今からです。これから来る「新春」を先取りするイメージで、おいしくいただきましょう。

12月

いよいよ1年の締めくくりとなる
12月がやってきました。
暦のうえでは、本格的に雪が
降りはじめる大雪《たいせつ》、そして1年で
もっとも日が短い冬至《とうじ》へと移ります。
年末は何かと忙しなく、
心が落ち着かない人も多いでしょうが、
来年への力を蓄え、
新しい1年に備えましょう。

Tachibanahajimetekibamu

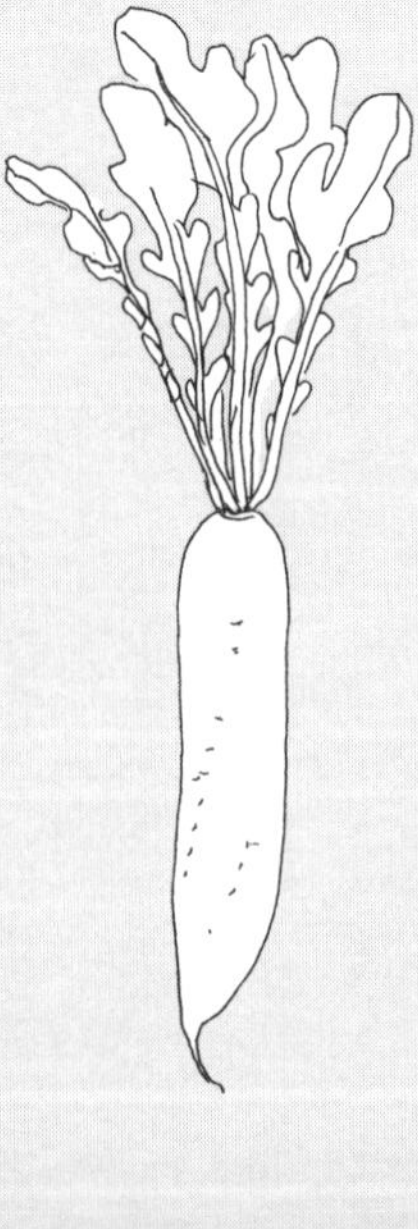

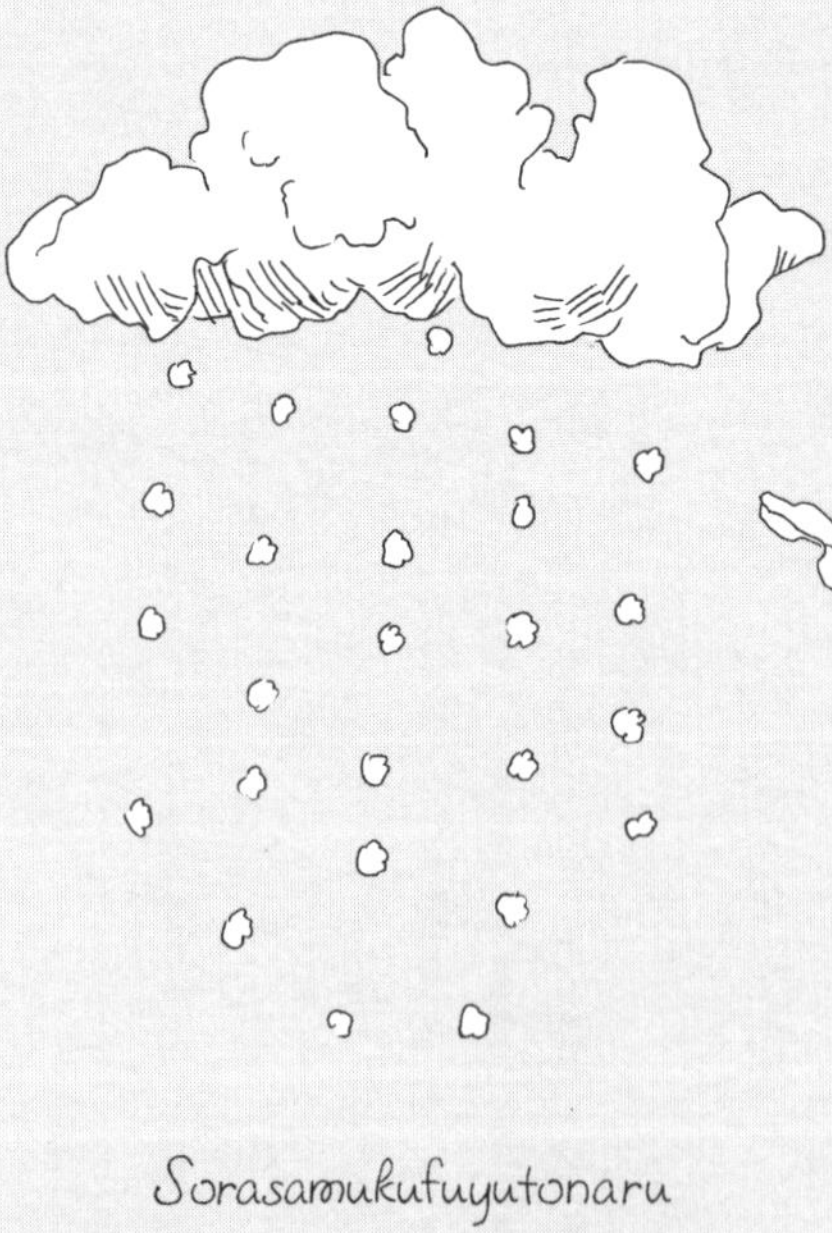

Sorasamukufuyutonaru

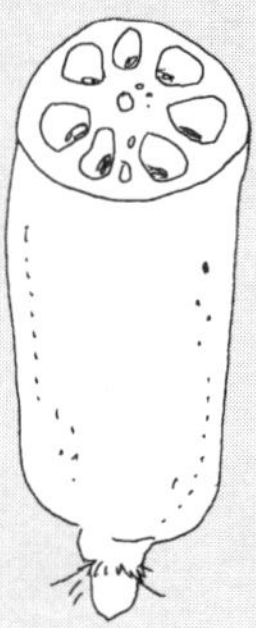

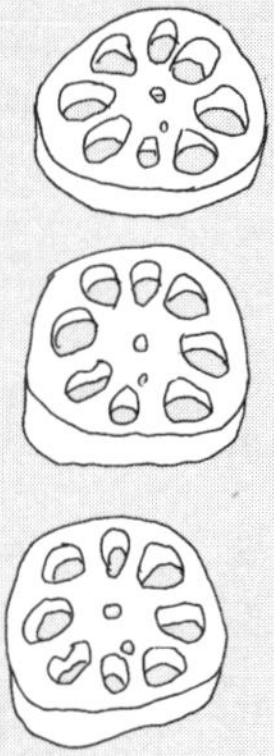

Kumaananikomoru

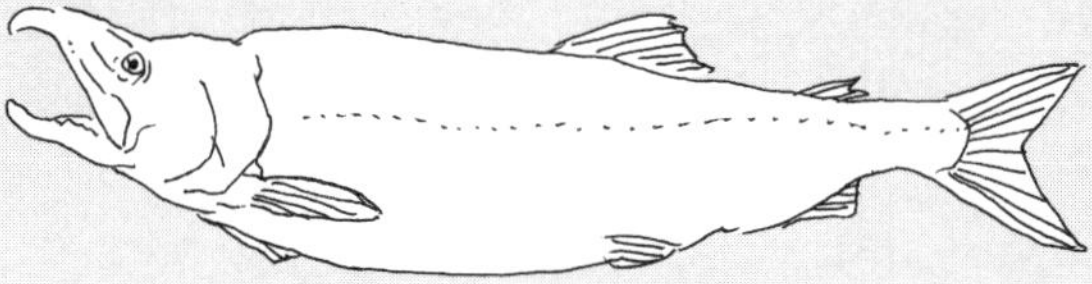

Sakenouomuragaru

Natsukarekusashouzu

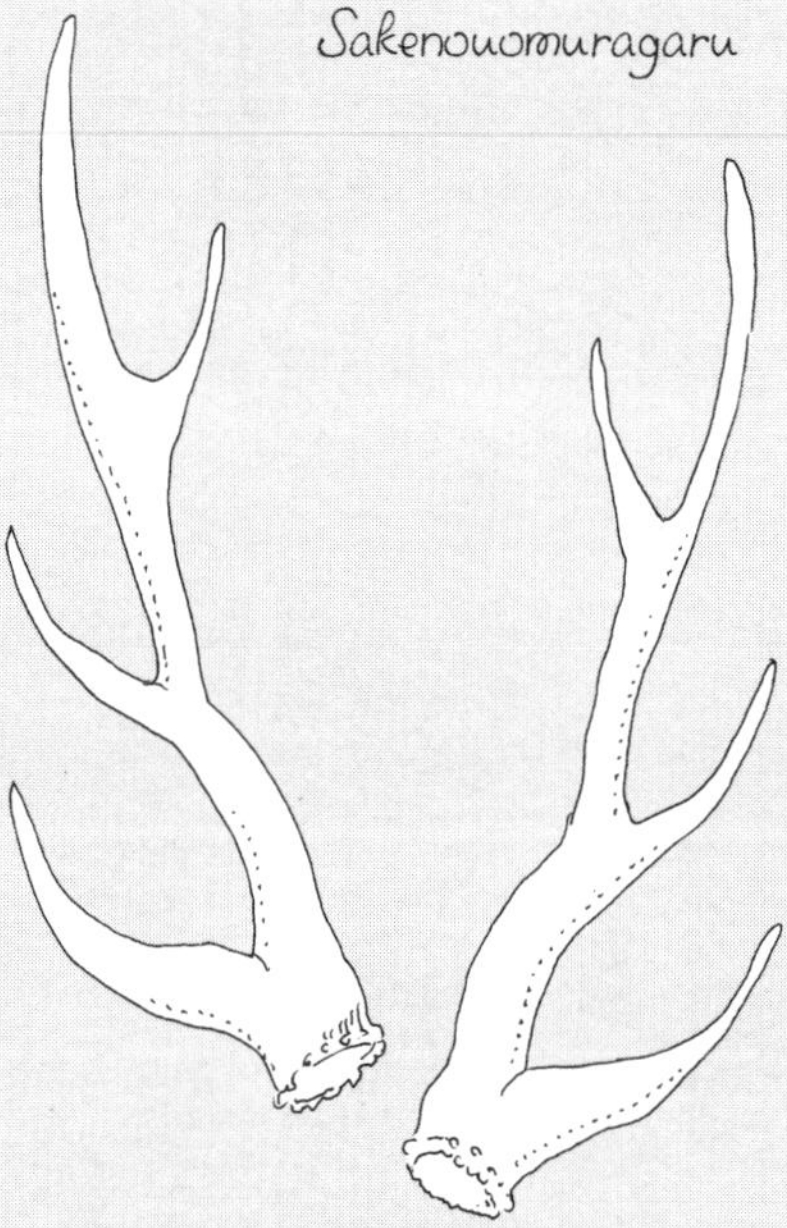

Sawashikatsunootsuru

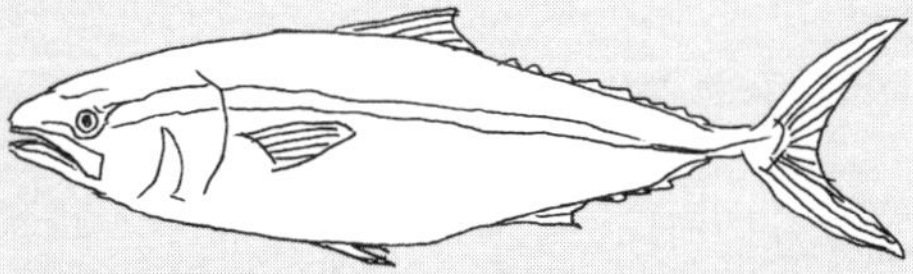

12月1日

二十四節気　**小雪《しょうせつ》**

七十二候　**朔風払葉《きたかぜこのはをはらう》**

今年最後の1か月間を幸せに迎える

ご利益行動

締めくくりを宣言する

「区切り」があるからこそ、計画も実行も検証も改善も可能となります。今日**は、この12月が「明確な区切り」となるための宣言をしましょう。**「私はこの12月で今年を締めくくる」と堂々と言い切ってください。**このとき注意が必要なのは、「何を」や「どうやって」などを具体的に特定しないようにすることです。**そこで特定してしまうと「自力」で可能なものだけが範囲として限定されてしまいます。自分の意識している範囲だけでなく、それ以外の範囲に対しても「締めくくる」と宣言し、それに向けてスタートさせる意識が大切なのです。

暦からのメッセージ

世界的な区切り

さて、現代のカレンダーでは「今年最後の一枚」となる12月がスタートです。世界中のカレンダーも同じように「今年最後」なのですから、人類全体の「共通的無意識」において、同じ感情や認識が広がっていきます。**私たちの「認識」が同時に同じものを捉えるとき、自然界も含む「全体」が変化するのです。**今年からは「区切り」のパワーを存分に利用してみてください。

今日のご縁日

阿弥陀如来《あみだにょらい》さま

「はかり知れない光と力をもつ」という仏さまです。今年の最後の1か月を楽しく、元気に、幸せに暮らすイメージでご縁を繋いでみてください。

今日の呪文

「オンアミリタテイセイカラウン」

今日は「特別な月がこれから始まる」という意識をもって、唱えてみてください。「願う」のではなく、認識するだけでオッケーです。個別の願いを超えた素晴らしい時間を楽しみましょう。

ご利益フード

牛蒡《ごぼう》

見た目は地味ですが、人間にとって必要な栄養素が詰まった根菜です。胃腸を整えて12月をスタートしましょう。

12月2日

二十四節気 小雪

七十二候 朔風払葉 から 橘始黄《たちばなはじめてきばむ》 へ

「続ける」と決めるのは、あなた自身

ご利益行動

自分の選択を見つめる

今日は30分くらい時間をとって「来年も続くこと」と「続けること」を文字化して確認しましょう。まずは「続くこと」を5個以上リストにします。制度として決まっていることや、自分の意志ではなく継続することが当てはまります。そのうえで、自分の意志で続けること、続けたいと思っていることも5個以上リストにします。両方比べてみて「自分の選択」で来年も行うのか、「自分以外の選択」で継続するのかを比べてみてください。自分の現状と未来の予測のために役に立ちます。来年の今日は、それを確認して更新していただきたいので、しっかり保管しておいてください。

暦からのメッセージ

継続が固執になっていないか

「継続」は、それそのものが「不思議な力」を得るための「おまじない」です。どんなことでも、続けていくと「不思議な現象」が起こります。**今日は「受動的な継続」と「能動的な継続」を分けて考えてみてください。**そのどちらも固執や執着といった方向へ繋がっていないか、しっかり確認しましょう。

今日のご縁日

磐《いわ》長《なが》媛命《ひめのみこと》さま

無限のときを司る女神さまで「不老長寿」の象徴ともいわれます。今日は「命を繋ぐ」という「継続力」について思いながら、ご縁を感じてみてください。地球が誕生したときから、すべては継続しているのです。

今日の呪文

「歳《さい》月《げつ》不《ふ》待《じ》人《じん》」

「流れるときは人の都合を待たない」という意味です。継続には必ず「始めた瞬間」が存在しますが、それがベストなタイミングであるかどうかは、重要ではないのです。今日は「ときの流れを利用する」意図をもって、唱えてみてください。

ご利益フード

鰻《うなぎ》

まだまだ旬です。そして、これから師走の慌ただしさが本格化するので「疲れる前に食べる」のが、正しい対策なのです。

12月3日

二十四節気　小雪

七十二候　朔風払葉 から 橘始黄 へ

この世の根源である螺旋《らせん》の神秘

ご利益行動

螺旋を知る

「螺旋」について、どのくらいご存じでしょうか？　**今日は「螺旋」について調べてみてください。**自然界では貝殻や、蔓《つる》植物なども螺旋です。そして、生物のDNAも螺旋です。さらにはネジやバネといった道具も螺旋です。真上から見ると「環《わ》」に見えますが、横から見ると垂直方向へ伸びているのがわかります。そして「時間の流れ」も真上から見ると環ですが、横から見ると螺旋なのです。昨年と今年では環は同じに見えても、位置が異なることを認識してください。

暦からのメッセージ

永遠はスパイラル

今日の古暦・橘始黄の表現となっている「橘《たちばな》」は常緑樹であり、「永遠」の象徴として意味づけられています。でも、その実は毎年この時期から「黄色」へと変化します。**これは「永遠はループではなくスパイラルである」という暗喩なのです。**緑の葉は変化していないように見えますが、毎年の果実は、色を変えながら収穫されていきます。また「実の大きさ」や「数」も昨年とは異なるのです。これは「成長」という言葉の真の意味を伝えてくれています。

今日のご縁日

地蔵菩薩《じぞうぼさつ》さま

日本人にとって身近でありながら、絶大な力で「すべての命を育む」仏さまです。階段や貝殻、DNAのモデル図など、螺旋のものをイメージして、ご縁を繋いでみてください。

今日の呪文

「オン カカカ ビサンマエイ ソワカ」

地蔵菩薩さまとご縁を繋ぐ前に、唱えてみてください。もちろん「お地蔵さま」の前で唱えても、画像に向かって唱えても有効です。新しい発想が欲しいときにも効果抜群です。

ご利益フード

飯蛸《いいだこ》

頭のような胴体に、ご飯のような卵が詰まっています。他の食材では「卵をもった状態」を「子もち」といいますが、この蛸だけはお米が詰まった状態を縁起がいい状態と考えるため、「いいもち」と表現します。

12月4日

二十四節気 小雪

七十二候 橘始黄

見える螺旋と見えない螺旋、両方の力を活用する

ご利益行動

螺旋の力を知る

昨日に続き、今日も「螺旋」について調べてみましょう。ネジは回転させることで、強大な力で「前進と後退」をすることができます。バネは圧力を加えると、強力な反発力で弾ける力があります。共通しているのは、ともに「螺旋状」であるという点です。「螺旋」には、他にはない「不思議な力」が多くあります。そして、DNAが螺旋状なのは「たくさんの情報を安全に記録できる」という特性があるからだといわれています。これらは人間が決めたことではなく「もともと、そうなっていること」です。そこには、宇宙が創造されたときからの「意図」が含まれているのです。

暦からのメッセージ

ときの流れを把握する

螺旋階段は「上る」ことも「下りる」ことも可能です。自分の選択によって決めることができるのは、自分の位置が簡単に確認できるからです。**「ときの流れ」という螺旋は、自分が去年よりも「上の位置」にいるのか、「下の位置」にいるのか、すぐに把握しづらいのです。**特定の箇所だけが良く、他の箇所が停滞していないか、この期間に検討しましょう。

今日のご縁日

少《すく》名《な》毘《び》古《こ》那《なの》神《かみ》さま

素晴らしい知識と智慧と「最先端の技術」を他の国からもたらした神さまです。大国主命《おおくにぬしのみこと》さまとともに「国造り」の偉業に取り組まれて、この国の基礎を築き上げた神さまなので「恵比須さま」とも習合しています。

今日の呪文

「過《か》則《そく》勿《ぶつ》憚《たん》改《かい》」

「法則に背くことがあれば、何よりも先に正す」という意味の呪文です。知らず知らずのうちに「やってしまったこと」を自然と修正してくれる効果があるので、今日のタイミングで意識して唱えてみてください。

ご利益フード

マッシュルーム

シチューに入れると風味が増し、食感も楽しめます。和名は「ツクリタケ」。人工栽培で生産されたから、その名がついたといわれています。

12月5日

思い込みのスイッチを逆に入れる

二十四節気 小雪

七十二候 橘始黄

今日から、そのスイッチを逆に入れてください。

暦からのメッセージ

法則は変えられない

地球の公転と自転を変えることができるでしょうか？　昼が夜になり、夜が昼になる変化を止めることができるでしょうか？　「もともと、そうなっていること」を無視したり、否定したり、変更したりすることはできません。**19世紀の半ばから人間は「法則を変える」ことに挑みはじめました。**その結果、今まで経験したことのない「破壊」が発生したのです。

ご利益行動

変えられないものを認める

自分には「変えられないもの」がある。今日はそれを認めてみてください。声に出して「自分には変えられないものがある」とつぶやいてみるのです。そのうえで「自分には変えられるものがある」ともつぶやいてみてください。理解しているつもりでも、今まで声に出す機会はなかったでしょう。「変えられないもの」を変えようとして怒りを感じたことはありませんか？　「変えられるもの」を変えられないと思い込んでいませんか？

今日のご縁日

大《だい》日《にち》如《にょ》来《らい》さま

全宇宙の「智」と「理」を表し、大いなる光を意味する御名《みな》の仏さまです。銀河の中心に光り輝く「太陽」をイメージして、ご縁を繋いでみてください。そのすべてが「人間には変えられない摂理」であると感じられます。

今日の呪文

「ナウマク サンマンダ ボダナン アビラウンケン」

宇宙の中心にいる仏さまを称えるご真言です。真空の宇宙空間で、光り輝く存在を意識して唱えてみてください。気づきや発見を与えてくれます。

ご利益フード

シークワーサー

沖縄を代表する柑橘系のフルーツです。この時期のものは甘みも増すため、加工せずそのまま食べることも多いのです。

12月6日

二十四節気　**小雪**

七十二候　**橘始黄**

語り継がれてきた不思議に触れる

ご利益行動

昔話に触れる

子どものころ、「昔話」を聞いた記憶はありますか？　「不思議」としか思えない物語も数多く存在し、子ども心にも興味津々だったという方も多いのではないでしょうか。各地の伝承や不思議な物語を受け継ぐ昔話は、その内容や意味がわからなくても、子どもに読ませるべき「情報」だったのです。意味や目的が不明でも、受け継がれるべき物語は存在するのです。**今日は大人として、昔話から得られる「不思議な感覚」を確認してみてください。**そこには「陰と陽」「善と悪」という認識だけでは理解できない「不思議」が込められています。

暦からのメッセージ

昔話の奥深さ

たくさんの昔話を学術的に研究すると、「国学」というラベルが貼られるようになります。「昔の人」が未来人である私たちに伝えようとした「物語」は、その内容を綴られた文字だけで理解することは難しいのです。そのため、その地域の「神さま」のことや、神社の周辺で起きた出来事についても、研究する必要が発生します。**今日はそんな「奥深さ」が存在することを知ってみてください。**

今日のご縁日

鬼子母神《きしもじん》さま

恐ろしい鬼からお釈迦さまに救われ、「母と子の守護者」となった物語が受け継がれる仏さまです。今日は「思いやり」と「優しさ」を感じながら、ご縁を感じてみてください。

今日の呪文

「父子相投和《ふしそうとうわ》」

「親子が同じ方向を向いていると、良い状態が続く」という意味の呪文です。今日は昔話に登場する「親孝行の物語」を連想しながら唱えてみてください。身内のケンカを収束させる効果もあるので、そんなときにも唱えてみてください。

ご利益フード

桃

少し旬とはズレますが、今日は昔話で大活躍する果物を楽しみましょう。「魔を払う力」があるとされています。

12月7日

二十四節気
小雪から大雪《たいせつ》へ

七十二候
橘始黄から閉塞成冬《そらさむくふゆとなる》へ

本格的な冬の訪れに、楽しみを見出す

ご利益行動

年末年始限定を確認する

今日のワークは「楽しい」と「ワクワク」を伴うものです。**まもなくやってくる「年末」と「年始」について、その期間でしかできないこと、やらないことを確認していきましょう。**注意点としては、楽しいこと、好きなこと、嬉しいこと限定でリスト化すること。年末の期間は、クリスマス前から31日まで。年始は元日から7日までとしてください。パーティや旅行などは、場所や内容まで確認しましょう。自分の好きなテレビ番組やイベントなども、思い出せるだけ書いていきます。少なくとも年末で10個、年始で10個は明確にしておきましょう。

暦からのメッセージ

冬が始まる

今日からは冬が本格化します。「とっくに冬は始まっているでしょ?」と疑問が湧くかもしれませんが、「気候の冬」と「本当の冬」は異なるのです。ここからは「目に見える領域」が弱くなり、「目に見えない領域」が強くなる期間が始まります。実際は、そのバランスが変化することはありませんが、五感だけを頼りにしていると、そのことに気がつかないのです。

今日のご縁日

豊《とよ》雲《くも》野《のの》神《かみ》さま

日本の神話の冒頭で登場し、宇宙の創造と同じ時期に誕生した神さまとして、祀られています。御名は「豊かな雲の大地」を意味していますが、これは「星雲」も意味していると考えられています。

今日の呪文

「慶雲興《けいうんきょう》」

「めでたい雲が空一面に広がっている様子」を意味する呪文です。「赤く染まる雲」のイメージと一緒に唱えてみてください。雲は「目に見える領域」と「見えない領域」の中間にある「象徴」なのです。

ご利益フード

鰤《ぶり》

鰤の漢字は、「師走限定の旬」という意味とも推測することができます。「限定」はそれだけで「求心力」があるコトダマです。

12月8日

二十四節気　小雪 から 大雪 へ

七十二候　橘始黄 から 閉塞成冬 へ

ドアの向こうには新しい世界がある

ご利益行動

意識してドアを開ける

普段の生活のなかで、あなたは「ドアを開ける」という行為を、何回繰り返しているでしょうか？　**今日は「ドアを開けるという行為」に意識を向けて、ドアを開ける前と後の変化に着目してみてください。**ドアを開けるまでは、その部屋や空間がどのようになっているか、視覚では確認できません。「開けたことのあるドア」と「未体験のドア」では、予測や情報処理も大きく異なることに気づいてください。そして、自分が「未体験のドア」を開けるとき、どのような気持ちなのか、しっかり確認してみてください。

暦からのメッセージ

閉塞せず自由に過ごす

橘始黄から閉塞成冬へ。今日からは「閉塞」という言葉が、暗喩として使われています。文字通りだと「閉じて、塞がっている状態」となりますが「そらさむく」と読ませています。これは「成冬」という後の二文字に合わせて、読み方を改訂したのです。ここから解読できることは、「冬が成るには、閉塞が伴う」という示唆です。先回りして対応できれば閉塞することなく、空を渡る冷たい風のように、自由に過ごせます。

今日のご縁日

天《あめ》之《の》手《た》力《ぢから》男《おの》神《かみ》さま

天の岩戸神話で、岩戸をこじ開け、空高く吹き飛ばした怪力の神さまです。「新しい世界を開く神さま」としてもお祀りされるようになったのです。ドアを開けてくれるのを助けていただくイメージで、ご縁を感じてみましょう。

今日の呪文

「地《ち》道《どう》無《む》成《じょう》」

「大地は多くの命を育むが、それを自慢することはない」という意味の呪文です。自然は私たちに多くの「恩恵」を与えてくれますが、それは「もともと、そうなっていること」です。それに対する感謝を込めて、唱えてみてください。

ご利益フード

鮗《このしろ》

小さいころは「こはだ」と呼ばれる、江戸前寿司の人気ネタです。握り寿司のために小さいほうが人気となる、ちょっとかわいそうな魚なのです。

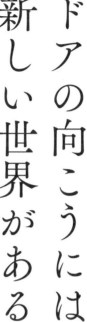

12月9日

二十四節気 大雪

七十二候 閉塞成冬

お気に入りの光とともに年を越す

ご利益行動

光の美しさを演出する

そろそろ「イルミネーション」の季節です。世界中で「光を演出」する場所が現れるようになります。これは、この期間に「美しい光」を楽しむことが、より良い未来をもたらすための「おまじない」となっているからです。クリスマスツリーやイルミネーションでもよいのですが、手間も場所も必要となってしまうので、**今日は自分ができる「光の演出」について考えてみてください。**さまざまなアイテムやアイデアがありますので、自分の好みに合ったものを発見しましょう。お気に入りの演出が見つけられたら、大晦日の夜までそれを毎晩楽しむようにしてみてください。

暦からのメッセージ

光を弱めない

「閉塞」を回避する方法で、とても有効なのが「光」です。「閉じて、塞がる」という表現は、冬の厚い雲で太陽が覆われて「光が弱まる」という意味でもあるのです。つまり、**それを回避しておくと「本当の冬」からの影響を緩和することができます。**冬を生き延びるために「光を工夫できる人間」に栽培されることを選択し、進化した植物も存在するのです。

今日のご縁日

玉祖命《たまのおやのみこと》さま

光り輝く「勾玉」の神さまです。古代の日本においては「光」と「闇」のバランスを整えることにより、見えない領域からの支援を得るための「呪術」が展開されていました。今日は美しいイルミネーションと勾玉をイメージして、ご縁を繋いでみてください。

今日の呪文

「自《じ》燈明《とうみょう》」

「自ら発する光で、世界を照らす」という意味の呪文です。今日は「自分の内部から光が溢れ出している」イメージで唱えてみてください。

ご利益フード

鮟《あん》鱇《こう》

今月も「冬の王さま食材」を推しておきます。とくに「どぶ鍋」と呼ばれる、すべての部位の旨味を楽しめる逸品がおすすめです。

12月10日

陽気に生きるのは幸せのためのスキル

二十四節気　大雪

七十二候　閉塞成冬へ

ご利益行動

陽気を再現する

あなたにとって「陽気な状態」とは、どのようなものですか？　**今日は、普段陽気な方もそうでない方も、それを確認し、再現してみてください。**表情、姿勢、言葉の3点を確認したうえで、あなたにとって「陽気」とは、どういう状態を表現した言葉なのかを考えてみてください。この作業で確認できると、この先も「陽気な状態」へ移行することが簡単になります。もちろん訓練が必要ですが、このスキルが身につくと、本当に便利ですので、挑む価値があるのです。

暦からのメッセージ

冬の陽気を知る

夏は陽気で、冬は陰気。これは単なる錯覚であり、「もともと、そうなっていること」ではありません。常に「陽気」も「陰気」もバランスよく発生しているのですが、光の力が強まる夏は、それを感じる機会が多くなり、光の力が弱まる冬は、それを感じる機会が減るだけなのです。つまり「感じ方」が変化するだけです。だとすると、自分の選択によって「冬の陽気」を受け入れることもできます。今日はそれを試すタイミングです。

今日のご縁日

大《おお》国《くに》主《ぬしの》神《かみ》さま

この国の基礎を築いた「国津神《くにつかみ》さま」の頂点であり、数々の神話と偉業が伝えられる神さまです。今日は「陽気に笑うお姿」をイメージして、ご縁を繋いでください。年末がより楽しく、明るくなりますよ！

今日の呪文

「亀《き》寿《じゅ》鶴《かく》齢《れい》」

「最初から最後まで祝福する」という意味の呪文です。「長寿」の象徴である「鶴と亀」は、始まりと終わりの象徴でもあるのです。今日は「陽気な神々」をイメージしながら、唱えてみてください。

ご利益フード

牡蠣《かき》

今年もこのシーズンがやってきました。苦手な人も多い食材ですが、海の旨味が詰まった身は、やっぱり冬のご馳走として相応しいのです。

12月11日

二十四節気 大雪

七十二候 閉塞成冬

磁石の法則を知ればうまくいく

ご利益行動

磁石の性質を応用する

磁石の性質を思い浮かべてください。一つの磁石にはプラス極とマイナス極が存在します。他の磁石を近づけた場合、同じ極同士は反発し、違う極同士は引きつけ合うのです。**これは磁石だけの性質ではないことを、今日は理解してください。**たとえば、人間関係も同じ属性があまりにも強くなると反発し合うようになります。仕事でも、内容や指向性が同じになると生産性が低下します。「お金」も同様です。「たくさん欲しい」と常に願っていると、「たくさん欲しいと願う属性」となり、反発する結果となります。

暦からのメッセージ

受け継がれた性質の智慧

同じ属性は反発し、真逆の属性が引きつけ合う。これは、人間の認識が生み出した現象ではなく「もともと、そうなっていること」です。その摂理を「極」という表現で伝え、その表現で「磁石の性質」を捉えたのは、現代よりも遥かに科学が発達していなかった時代の人々です。そして、その「性質」が「磁石」だけに適用されるのではないことも、先人たちは気がついていたのです。

今日のご縁日

文《もん》殊《じゅ》菩《ぼ》薩《さつ》さま

宇宙の本当の姿を知り、すべての記憶と知識を司る仏さまです。今日は「磁石の性質」という人間が作り出したものではない「現象」の不思議を感じながら、ご縁を繋ぎましょう。私たちが「知識」だと思っていることは、「現象」に過ぎないことを、感じてみてください。

今日の呪文

「オンアラハシャノウ」

必要な知識や思考が欲しいとき、とくに効果が高まるご真言です。短くてシンプルですが、その効果は強力です。

ご利益フード

鰊《にしん》

骨が多いのですが、独特な風味と旨味が楽しめる魚です。京都の名物である「鰊蕎麦」は骨を気にせず風味が楽しめる逸品です。

12月12日

二十四節気 大雪

七十二候 閉塞成冬 から 熊蟄穴《くまあなにこもる》 へ

あえてやりたくないこと、なりたくない姿を想像する

ご利益行動

真逆を試す

自分の「やりたいこと」と「なりたい姿」も、自分がその姿と同じ極になっていると反発し合います。つまり、求めれば求めるほど、離れていってしまうのです。**今日は「真逆」の有効性を確認してみましょう。「やりたいこと」と「なりたい姿」を「やりたくないこと」と「なりたくない姿」に置き換えて、それを求めてみてください。**難易度は高いです。なぜなら「感情」がそれを防ごうとするからです。なので、可能な内容を想像するのです。たとえば「嫌な奴」になって、暴言を吐きまくっている姿や「やりたくない仕事」を喜んでやっている感覚を想像してみてください。「やっぱり自分はそれを望んでいないなぁ」という感想で終えられたら大成功です。

暦からのメッセージ

心の活動の期間へ

すべての人の願望が叶う世界は存在しません。誰かの願いは、誰かの拒否ともなり得るからです。閉塞成冬から熊蟄穴へ。今日から「熊が穴にこもり、冬眠の準備をする」期間に入ります。これは「体の活動」から「心の活動」へと移行するタイミングを教えてくれています。

今日のご縁日

不《ふ》動明《どうみょう》王《おう》さま

仏像や仏画では「憤怒の相」と「紅蓮の炎」で描かれることが多いため「怖い」という印象を抱かれる方も多いのですが、それは「真逆」の解釈です。あのお姿は「慈愛」と「優しさ」をもって、真に人々を救済するためなのです。

今日の呪文

「ノウマク サンマンダ バザラダン カン」

今日は不動明王さまのお姿をイメージして、感謝を捧げながら唱えてみてください。あのお姿を見て「逃げ出す」のは「良くない存在」だけなのです。

ご利益フード

白菜

本当においしい季節はこれからです。霜が降りることによって、さらに甘みが増していくのです。自然界の営みが生むおいしさを大切にしましょう。

12月13日

理由がわかれば、成長できる

二十四節気 大雪

七十二候 閉塞成冬 から 熊蟄穴 へ

ご利益行動

理由を明確にする

「原因」と「結果」の間には、さまざまな「要因」が発生します。同じ原因でも違う結果となるのが、私たちが生きている世界の法則なのです。そして、その「要因」のことを「理由」と呼びます。原因が同じでも、結果が違うのは、その間に「理由」が存在しているからです。**今日は自分と違う「結果」を現実化している人を観察して、その理由について推測してみてください。**同じ時代、同じ場所に生まれたという「原因」が同じでも、自分とは違う成果や報酬を得ている人には「理由」があるのです。それを推測して、真似してみることを「学び」といいます。

暦からのメッセージ

内側を大切にする期間へ

自分の外側が「体」なら、内側は「心」です。**この期間は徹底的に「内側」へのアプローチが有効となります。**そのなかで、今日は内側を見つめ、「違いを生む理由」について確認するのが有効なタイミングです。「望む結果」が近ければ、他人の「理由」が自分にとって有効となる可能性が高いのです。

今日のご縁日

月読命《つくよみのみこと》さま

お月さまと夜を司る神さまです。光には照らし出されない「見えない領域」、つまり人間の心や気持ちも、「月の影響」が存在するため、月読さまの「管轄」とも考えられるのです。今日は「月」と「人間の内面」の不思議な関係性を思いながら、ご縁を繋いでみてください。

今日の呪文

「心《しん》若《にゃ》眞《しん》時《じ》道《どう》易《えき》親《しん》」

「真剣な心は、真の心に通じる道となる」という意味の呪文です。今日は「自分のなかの心」に対して唱えてみてください。

ご利益フード

蓮根

おせち料理にも使われる「見通しが良くなる」根菜です。粘り気があるため、「忍耐力が上がる」という願懸けも含まれているのです。

12月14日

二十四節気 大雪

七十二候 熊蟄穴

生活リズムという決まりを崩してみる

ご利益行動

いつもより早く寝る

生活のリズムは、心身の健康にとって、とても重要です。とくに「起きる時間」と「寝る時間」は一定のリズムとして維持するほうが、いろいろな「効果」が期待できることが確認されています。**でも、あえて今日は、そのリズムを崩してみることにチャレンジしてください。**いつもよりも1時間以上前にベッドに入り目をつぶるのです。そのためには、どのような「変更」をしなければならないのかを、しっかり確認してください。帰宅時間や食事時間、いつもの「時間」を「早く寝る」という選択のためだけに変更するのです。

暦からのメッセージ

冬眠という選択

「冬眠」という選択は、一部の生き物だけに受け継がれることになった習性です。体温の調節が難しい爬虫類や冬に行動するのが難しい動物などは、多くの準備をしたうえで、冬の間は、一切の行動を放棄し、「ただ眠る」期間にすることを選択したのです。人間も、進化の過程では、それを選択した種族もいたかもしれませんが、受け継がれていないので、それは有効ではなかったということです。

今日のご縁日

建《たけ》比《ひ》良《ら》鳥命《とりのみこと》さま

「この世」ではない世界へ飛んでいける翼をもった神さまです。「あの世」だけでなく「無意識下の世界」も含まれます。今日は「寝ている間、自分の心はどこにいるのだろう?」という疑問を抱きながら、ご縁を感じてみてください。

今日の呪文

「看《かん》雲《うん》樂《らく》只《し》在《ざい》其《そ》中《ちゅう》」

「のんびりと雲を眺め、安らぎを得る」という意味の呪文です。文字通り「安らぎ」を得たいとき、静かな時間が欲しいときに唱えると、それを実現してくれる効果があります。今日は「早く寝る」直前に唱えてみてください。

ご利益フード

里芋

おいしくて可愛い冬の根菜です。栄養価も高く、腸内環境も整えてくれます。

12月15日

今日まで受け継がれてきた安全を思う

二十四節気 大雪

七十二候 熊蟄穴

ご利益行動

3日分の食料を確保する

今日から年末に向けて、いろいろなことが加速していきます。そのため何かと忙しい人が多いのですが、**30分程度時間を作って「水と食料」を確認してください。**少なくとも「3日間、余裕で過ごせる」だけの量が必要です。これは災害時に生き延びるための準備ではありません。この期間に行うべき「おまじない」だと思って取り組んでください。長期保存や緊急用にこだわる必要はありません。自分の好きなもので、賞味期限が有効なら「3日分」用意するだけで構いません。何も起きなくても食料は用意されているという状態を体験して認識を変えてほしいのです。

暦からのメッセージ

安全は人類が願ったこと

人間が他の動物と違う進化を遂げた「理由」の一つが、「安心がほしい」という衝動です。「生存の恐怖」から逃れて、**できるだけ長い期間「心が安らげる状態」を願い、祈り、望んだ結果が、現代の豊かさとなって現実化したのです。**明日も食事ができ、水が飲めること。それは「当たり前」ではなく、太古からの「願い」が現実化しているということなのです。

今日のご縁日

天表《うわ》春命《はるのみこと》さま

開拓と挑戦と学問と安産のご神徳をもち、主に「開拓地」でお祀りされることが多い神さまです。今日は開拓に必要な「備え」について思いながら、ご縁を繋いでみてください。

今日の呪文

「調《ちょう》古《こ》神《しん》清《せい》風《ふう》自《じ》高《こう》」

「歴史に神を見出す人は、安心と快適の高みへ行く」という意味の呪文です。「準備」と「安心」の関係性を確認してから、唱えてみてください。「自分の生存を確保する」ことは、古代の人々にとっての「願い」だったのです。今日はそれが叶った時代に感謝を捧げる行為としても、唱えてみましょう。

ご利益フード

小豆《あずき》

収穫の旬は今ですが、乾燥させることによって、長期保存食として活用できます。そして「不思議な力」も備えたご利益フードです。

12月16日

二十四節気 大雪

七十二候 熊蟄穴

この時代、この場所に生まれた意味を確認する

ご利益行動

世界地図を眺める

今日は簡単です。どのような手段でもよいので「世界地図」を20分以上、確認してみてください。自分が暮らす国の位置や大きさを、しっかり認識してください。とくに取り組んでいただきたいのが「国の形」を確認するという作業です。形から連想する内容と、その国の特徴を比較するのも楽しい作業となります。ちなみに日本を世界地図で確認すると、いかに変わった形をしていて、変わった位置にあるかを認識することができます。世界中の人々によって「黄金の国」と呼ばれていた理由が、わかるかもしれません。

暦からのメッセージ

高い視点から住居を確認

自分の住居について、位置を認識するための情報は、地番や住所と呼ばれる、近代になって整備された「規定」です。**今日はその規定を飛び越えて、できるだけ高い視点、広い視野から「自分の住居が地球上で存在する位置」を確認するタイミングなのです。**世界がいかに広く、大きく、複雑であるかを知りましょう。今日はこの時代、この場所に生まれた意味と意義を考えるチャンスなのです。

今日のご縁日

十一面《じゅういちめん》観音《かんのん》さま

「11の顔を持つもの」という御名の仏さまです。そのたくさんのお顔で、世界の隅々まで見渡して、人々の生活を見守っているともいわれています。「世界の広さ」と世界中の人々の「顔」の違いを思いながら、ご縁を繋いでみてください。

今日の呪文

「オンロケイジンバラキリク」

観音さまを称え、その法力を称えるご真言です。今日は世界地図を確認しながら、唱えてみてください。無数の人々の幸せを祈るつもりで、唱えてみることをおすすめします。

ご利益フード

小松菜

おいしくて栄養バランスも抜群な冬の野菜です。出汁との相性も良いので、鍋ものの具材としても適任です。

12月17日

二十四節気 大雪

七十二候 熊蟄穴 から 鱖魚群《さけのうおむらがる》 へ

この世に当たり前は一つも存在しない

ご利益行動

生まれたことに感謝する

「生まれてきて、本当に良かった」。今そう思えても思えなくても、今日は宣言してください。これは「呪術」ですので、自分がどのような現状であっても、今日のタイミングで取り組んでください。役者になって、監督から渡された「台本」に、そのセリフが明記されているイメージも有効です。そこには「胸を張り、堂々と、喜びに満ちた姿で宣言すること」という演出上の指導も記載されているのです。それを忠実に再現することは、この世に生まれたあなたという「役者」の人生にとって、大きな意義をもちます。

暦からのメッセージ

生命への感謝

熊蟄穴から鱖魚群へ。**今日からは「生命」についての「感謝」が有効となる期間となります。**さまざまなイベントが繰り返しやってきますが、それが続いていると、つい「当たり前」という感覚に陥ってしまいます。新しい年を迎える準備として「当たり前のことなど、何一つない」という実態を認識しておく必要があります。それを思い出すことで「新しい年」から「新しい自分」が始まるのです。

今日のご縁日

勢至菩薩《せいしぼさつ》さま

命の奇跡とそれを慈しむ心を象徴する仏さまです。今日は「生まれてきて良かった」という言葉と一緒に、ご縁を感じてみてください。

今日の呪文

「オン サンザン ザンサク ソワカ」

今日のワークを行う前と後に唱えてみてください。生き物に宿る「命」について、新しい発想や気づきを得ることで、日々の生活が「奇跡の連続」であることに気づきましょう。

ご利益フード

薩摩芋《さつまいも》

今月も「推しのタイミング」がやってまいりました。今日も「感謝」と一緒においしい冬を楽しんでみてください。旬ではありませんが、熟成させて甘くしたものでも大丈夫です。今年のうちに楽しんでおきましょう。

12月18日

二十四節気　大雪

七十二候　熊蟄穴から鱖魚群へ

生まれ変わりの問いに挑む

ご利益行動

生まれ変わりを考える

「仏教」の基本的理念のなかに「人間を含むすべての生き物は、生まれ変わりを続けている」という内容があります。そのことを「転生」といい、それが「螺旋状」に続くことを「輪廻」といいます。生き物の本体である「魂」は変わらずに、それが宿る「肉体」が生まれては死ぬ行為を選択しつづけているという「教え」です。**今日は、それについて自分なりの考えをまとめてみてください。**「自分としては、生まれ変わりについて、このように考える」という文法でまとめるのが、一番簡単です。もちろん、「正解」を確認するのは不可能ですので、気楽に捉えてください。

暦からのメッセージ

鮭《さけ》と生まれ変わり

熊蟄穴から鱖魚群へ。古代の人々は、生まれ故郷の川に命がけで戻ってきて産卵する「鮭」の習性に「生まれ変わりの姿」を見出していました。鮭が「生まれ故郷の川に戻ってこられる能力」があることも「人や熊に食べられる危険を顧みない」ことも、すべて神さまや仏さまからの「メッセージ」として理解しようとしたのです。

今日のご縁日

如《にょ》意《い》輪《りん》観《かん》音《のん》さま

「宇宙に浮かぶ大きな命の輪」をイメージしたうえで、ご縁を繋いでみてください。すべての命に対し、慈愛と加護を与えている存在を感じることができれば、祈りに対する認識が変わります。

今日の呪文

「オン バラダハンドメイウン」

今日は「肉体としての命」と「魂としての命」、その両方が存在する可能性を思いながら、唱えてみてください。慌てずに、ゆっくりと声に出してみることをおすすめします。

ご利益フード

赤貝

日本で獲れる量が激減し、今や貴重となってしまった旬の貝です。その美しい身は江戸っ子に大人気で、昔から高級食材だったのです。今日は再び日本で豊漁となる日をイメージしてみてください。

12月19日

二十四節気 大雪

七十二候 鱖魚群

感情という切り離せない要因を大切に扱う

ご利益行動

年末年始の予算を決める

今日は、良い年越しを迎えるための準備であり、より良い生まれ変わりを目指すための訓練ともなる作業です。**年末年始の「お金の使い道」を徹底的に明確にしておきましょう。**具体的なやり方として「モノを買うお金」と「感情を得るためのお金」を分類して検討します。たとえば「おせち料理」の予算を検討する場合は「食材や料理を購入するための金額」と「おいしくて華やかなおせちを喜ぶための金額」を考えるのです。これは今後の予算を立てるうえでも、極めて有効な手法となりますので、楽しく感じられた方は、今後も続けてみてください。

暦からのメッセージ

選択と感情

私たちの「選択」は「感情」というエネルギーの影響を強く受けています。私たちは全員「感情の奴隷」ともいえるほどです。**「自分が欲する感情を得る」ために、さまざまな選択を積み重ねているのです。**「モノを買う」ときも、じつは「機能」「効果」を欲するより「それを手に入れたときの感情」が優先となっていることに気づいてください。

今日のご縁日

天《あまつ》久《く》米《め》命《のみこと》さま

豊かさと組織力を司る神さまです。今日は素敵な年末年始を過ごしているイメージと一緒に、ご縁を感じてみてください。より有効な「予算」を組むことも、お手伝いしていただけるかもしれません。

今日の呪文

「歳《さい》美《び》」

「良い実りを喜ぶ」という意味の呪文です。現代においての「実り」ともいえる「お金」のイメージと一緒に唱えてみてください。短くて簡単な呪文ですが、繰り返し唱えるうちに「楽しい感覚」となっていきます。

ご利益フード

今年の新米

今年収穫されたお米が、そろそろ一般的になるころです。「ゲン担ぎ」としては「今年収穫されたもの」が有効なのです。

12月20日

年末年始の楽しみが願懸《がんか》けになる

二十四節気　大雪

七十二候　鱖魚群

ご利益行動

楽しかった記憶を呼び覚ます

子どものころ、どのような「年末年始」を過ごしていましたか？　**今日は時間をとって、できるだけ多くのトピックを思い出してみましょう。**場所、一緒にいた人、食べたもの、毎年恒例のテレビ番組、初詣、お年玉、遊び、年賀状などを手がかりとして、記憶を呼び覚ましてみてください。もし、子どもがいるなら、自分が子どものころのことを、ぜひ教えてあげてください。「嬉しかったこと」「楽しかったこと」「びっくりしたこと」を伝えるのは、さまざまな恩恵をもたらす行為です。再現できる行動や行為は、ぜひ今年の年末から再現してみてください。

暦からのメッセージ

年末年始と生まれ変わり

私は子どものころ「なぜ、年末年始は特別なのだろう？」と不思議でしょうがなかったのです。その不思議を解明するために30年以上も研究を続けています。**その成果として、昔の人は「年が変わることによって「生まれ変わり」を目指していたという事実にたどり着きました。**年末年始の特別は「良い生まれ変わり」のための「願懸け」です。

今日のご縁日

定光如来《じょうこうにょらい》さま

素晴らしい未来を予言する仏さまですが、今日は美しい光で「過去の記憶」を照らしていただくイメージで、ご縁を感じてみてください。仏さまの世界は人間とは「異なる時間」が流れていることを感じてみましょう。

今日の呪文

「曙光《しょこう》」

「夜明けの空」を意味する呪文です。「同じ日は二度と来ない」と認めてから、唱えてください。朝日に向かって唱えることができれば、効果倍増です。

ご利益フード

柳葉魚《ししゃも》

柳の葉の魚と書いて「ししゃも」と読みます。これは「もともとある読み方」に「形を表した漢字」を当てたので不自然なものとなったのです。もともとは「アイヌ語」であり、数々の神話に登場する魚です。

12月21日

二十四節気 **大雪**

七十二候 **鱖魚群**

残り時間を考えると、意識が変わる

ご利益行動

カウントダウンを始める

さて、いよいよ今年も残すところ10日を切りました。**今日は今年の残り時間を確認してみましょう。**現代では「カウントダウン」と検索すると、残り日数の「計算結果」が、即座に確認できる便利なサイトがいくつもありますので、それを活用してみてください。通常のカウントダウンは、たいてい大晦日からスタートしますが、**今年からは「心のなかのカウントダウン」をこのタイミングから開始してください。**具体的な「残り時間」を毎日確認する必要はありません。今日のタイミングで確認する行為そのものが「意識を変えること」に繋がっているのです。

暦からのメッセージ

幸せが持続する状態へ

「区切り」の力を最大限に活用して、自分にとって成長へと繋がる選択をする。それができると、あなたの幸せは長期間にわたって持続する「状態」として定着します。**「状態」になると、維持するのに必要なエネルギーが少なくて済みます。**そして、今日は「残り時間」という認識の力も利用します。これは「螺旋」の性質を利用した暦活用術なのです。

今日のご縁日

准《じゅん》胝《でい》観《かん》音《のん》さま

優しく、美しい仏さまであり、手に多くの道具をもつお姿が伝えられています。今日は「時計」のイメージで、ご縁を感じてみてください。カウントダウンは道具が心に働きかける作用もあるのです。

今日の呪文

「オン シャレイ シュレイ ジュンテイ ソワカ」

今日は時計が刻む「時間の流れ」をイメージしながら、唱えてみてください。タイマーを見ながら「リズミカル」に唱えるのも有効です。

ご利益フード

鮭

今年の鮭の漁獲シーズンは終了していますが、まだまだ楽しめる期間です。今年の鮭を使用した「塩鮭」は、「旬のエネルギー」が得られるご利益フードです。

12月22日

一人だけ「師走」から抜け出す方法

二十四節気

大雪から冬至《とうじ》へ

七十二候

鱖魚群から乃東生《なつかれくさしょうず》へ

ご利益行動

来年の挑戦を考える

「師走」という表現には「普段は怠けている先生ですら、年末は走り回っている」という皮肉が込められています。**今日は来年の年末から「走る必要がない人」になるための準備です。目の前のものに向けているエネルギーを未来へと向けてみましょう。**一番簡単な手段は「来年のことを考える」です。単なる予定ではなく、自分にとって「挑むこと」を、このタイミングで明確化してください。毎年このタイミングで取り組んでおけば、いつのまにか「年末なのに忙しくない」という状態へと移行します。

暦からのメッセージ

忙しさは錯覚

この時期は「区切り」に向けてエネルギーが流れる期間です。目に見える領域も見えない領域もスピードが上がっているように感じられます。**「年末年始休暇をとるために忙しい」と信じている方は、今日の切り替わりから、その認識を捨ててください。**「忙しい」と感じているのは「錯覚」です。適切な準備を重ねていくと、錯覚から解放される日が来ます。すると「日常が仕事であり休暇である」という状態を楽しめるようになります。

今日のご縁日

普賢菩薩《ふげんぼさつ》さま

素晴らしい慈愛と智慧で、人々を救ってくださる仏さまです。今日は「来年を検討する」前と後に、ご縁を繋いでみてください。見えない領域からの支援は時間と空間を超越します。ぜひ、力強い支援を感じてみてください。

今日の呪文

「オン サンマヤ サトバン」

今日のワークの前後に唱えてみてください。「挑戦」を楽しむためには「応援」がとても重要なのです。落ち着いて唱えることがポイントです。唱えてみて、自分のなかから勇気が湧いてきたら、今後も唱えてみましょう。

ご利益フード

南瓜《かぼちゃ》

冬至といえば「南瓜」が定番です。「冬至の南瓜」には、「寒さに負けない体を作る」という特別な意味もあるのです。

12月23日

二十四節気　**大雪** から **冬至** へ

七十二候　**鱖魚群** から **乃東生** へ

新しい年に備えて静かに闘志を燃やす

ご利益行動

マイナスなことを振り返る

今日は人によっては「辛い」ワークです。でも、逃げずに取り組むことができれば、確実に「新しい強さ」を手に入れることができます。**今日は今年体験した「悔しいこと」「悲しいこと」「怒ったこと」を振り返ってください。**できるだけ明るい部屋のなかで、はっきりと意識をもって思い返していくのです。最近の出来事や社会的な事件などを振り返ってみるのも有効です。**そのうえで「イヤなことを繰り返さない人になる」という宣言をして、締めくくってください。**そこからは「静かな闘志」が「ともしび」となって、あなたのなかで、燃えはじめます。

暦からのメッセージ

光が減り、陰が増える

「冬至」を迎え、太陽からのエネルギーが「極小」へと移行する期間となります。**「目に見える領域」を照らす光が減少し、「目に見えない領域」である陰が増大する期間です。**多くの人は「光が正しくて、陰が間違っている」と決めつけていますが、それは誤解です。どちらも、世界にとって必要不可欠な要素であり、常に同等で同質なのです。

今日のご縁日

座摩神《いかすりのかみ》さま

ご神域を守る神さまであり、外側も内側も乱れることを防いでくれます。今日のワークで自分の感情の乱れが起きる前に、ゆっくりと深呼吸しながらご縁を感じてみてください。

今日の呪文

「瑞応《ずいおう》」

「良い兆しが現れる」という意味の呪文です。今日は移動する前や部屋に入る前などに、小声で唱えてみてください。ちょっとした変化に気がつくようになり、そこから「良い結果」が得られるという効果が発揮されます。

ご利益フード

慈姑《くわい》

可愛らしい姿から芽を出す＝めでたいとなる、「良い兆し」を得るご利益フードです。「ミネラル」が豊富で「疲労回復」の効果がある「超優良野菜」なのです。1年の疲れが溜まった今こそ、そのおいしさを確認しましょう。

12月24日

人の喜びを喜べる人に問題は起こらない

二十四節気 冬至

七十二候 乃東生

ご利益行動

プレゼントをする

「プレゼント」をしてください。今日は、**世界中で一番行われている行為に同調しましょう。**ここで「プレゼント」の定義を確認しておきます。①喜ばすために行うこと、②喜ばせたい人に行うこと、③自分も喜べること。以上の三つが重要な軸です。ちなみに、プレゼントするのは「モノ」に限りません。「時間」や「体験」はもちろん、「知識」や「ノウハウ」なども、相手が喜んでくれるならプレゼントです。相手の喜びを喜べる人になれば、たいていの問題は解消されます。

暦からのメッセージ

洋の東西が一致

さて、今年も「クリスマスイブ」がやってまいりました。本書は「東洋の古暦」を鑑定した結果から生まれていますが、**不思議なことに西洋で生まれたプレゼントの習慣と東洋の古暦からの指示が一致したタイミングなのです。**これは、もともと「東洋も西洋も区別がなかった時代」から人類が受け継いできた要素が古暦に含まれているからだと考えられます。今年からは「去年を上回るプレゼントを渡す」というチャレンジも、ぜひスタートしてみてください。

今日のご縁日

瓊《に》瓊《に》杵《ぎの》尊《みこと》さま

「天孫」として地上に降り立った神さまです。太陽と海と大地の力を授けられ、「不思議な神さまの宝」とともに、この国にやってこられたのです。

今日の呪文

「一念《いちねん》三《さん》千《ぜん》界《かい》」

「自分の念が、宇宙に届く」という意味の呪文です。プレゼントを渡す前に、唱えておいてください。「あなたの念」と「受け取った人の念」が、宇宙に広がっていくイメージをもって唱えると、喜びが増すという効果も発動します。

ご利益フード

苺

自然界の旬ではないのですが、人々のリクエストが「旬を変える」という結果をもたらした果物です。白と赤のケーキは、日本人がもともともっていた「紅白」のゲン担ぎとも結びつきました。

12月25日

今を愛し、幸福を感じる

二十四節気　冬至

七十二候　乃東生

ご利益行動

今を好きになる

今日は「いま、ここ、すべてが、好きです」、このように宣言してください。意味がわからなくても、実際には好きでなくても、そのように声に出して宣言することで、変化が始まる「おまじない」です。これは一人きりになれる環境で、はっきりと宣言してください。少なくとも10回以上、発声する必要があります。その後は、何回でも宣言していい言葉です。可能であれば、場所を変えて、何度か試してください。自宅はもちろんのこと、公園などの外の世界でも小声でいいので宣言してみてください。今までとは違う世界が、その瞬間からスタートします。

暦からのメッセージ

クリスマスが果たす目的

クリスマスは、世界がもっとも華やぐ期間です。**このタイミングで「美しいもの」「美しいとき」「美しい信仰」を確認することには「自分がいる環境を好きになる」という「目的」が含まれています。**普段の生活だけでは、その目的が果たせないことを先人たちは認識していました。だから、莫大な時間と手間をかけて「世界中を美しく飾る」という「おまじない」を発動させたのです。

今日のご縁日

天照《あまてらす》大《おお》御《み》神《かみ》さま

この国の最高神であり、太陽の象徴である女神さまです。今日は「光り輝く太陽のエネルギー」をイメージして、ご縁を繋ぎましょう。地球に生命が誕生し、その命が紡がれているのは「太陽」があるからです。その感謝も伝えるタイミングです。

今日の呪文

「千《せん》萬《まん》無《む》量《りょう》」

「はかり知れない幸福」を意味する呪文です。今日のご利益行動と組み合わせて、唱えてみてください。

ご利益フード

今年の玄米

世界のゲン担ぎは「七面鳥」ですが、本書は「日本のゲン担ぎ」に徹していますので、今日は「今年収穫された玄米」を楽しんでみてください。

12月26日

二十四節気 冬至

七十二候 乃東生

穏やかで静かな時間を意図的に作り出す

ご利益行動

15分間何もしない

少し珍しい試練を体験してみましょう。**できるだけ静かな環境を屋内で用意して「15分間何もしてはいけない」という状態を経験してみてください。**タイマーは20分間でセットします。なぜなら、最初の5分間は、ほとんどの人が「何かしてしまう」からです。動くものや音が出るものを徹底的に排除して、外の景色も完全に遮断します。実際にやってみて余裕があれば、2回目に挑戦してください。1回目との違いを感じられたら3回目まで実行可能です。物理的に何もしないと、「精神的な負荷」がかかることを確認できれば成功です。

暦からのメッセージ

動きと心の関係

体を動かしていると、自動的に心が軽くなります。その逆に体を動かせない状況は、次第に心が重くなっていくのです。もちろんこれは「比喩表現」です。実際に「心」には重量がないので「軽い」「重い」という変化は起きません。でも、人間に共通する現象として、このような表現がなされているのです。これを修行として捉え、日々の積み重ねにより克服するのが「禅」の目的でもあります。

今日のご縁日

多羅《たら》菩薩《ぼさつ》さま

「観音さまが流した涙から生まれた」という伝説をもつ仏さまです。「青い蓮を手にもつ、美しい女性」のお姿で伝わっています。今日は静かで穏やかで優しいイメージで、ご縁を繋いでみてください。

今日の呪文

「オン ビホラ タレイ ウム」

静かなときを過ごす前に唱えると、効果絶大なご真言です。落ち着きたいとき、癒やしが欲しいときも、ゆっくりと目を閉じて唱えることで効果が確認できます。

ご利益フード

鮃《ひらめ》

海底に身を潜め、動かずにじっとすることが鮃にとっての日常です。生き抜くためには、そういう戦略もあるということです。

12月27日

二十四節気 **冬至**

七十二候 **乃東生** から **麋角解《さわしかのつのおつる》** へ

来年の今日、笑えている自分を想像する

ご利益行動

去年の今日と比較する

今日は「去年の12月27日」と「今年の12月27日」を比較するゲームを楽しんでみてください。日記や手帳など、去年の記録が残っていればそれと比べてみます。もしなければ記憶をたどってみましょう。来年の今日に向けて、今日の行動や出来事、それに対して自分が感じたこと、思ったこと、考えたことを記録に残しておきましょう。朝起きた時刻、出かけた時刻、出かけた場所、やったこと、帰宅した時刻、帰ってからやったこと、お風呂の時刻、寝る時刻など、記録として残すのです。自分が来年の今日、確認して笑っている姿を思い浮かべながら、作成してみてください。それを楽しめたなら、あなたの「生き方」は大成功です。

暦からのメッセージ

死と再生の摂理

乃東生から麋角解へ。**「鹿の角が落ちる」という表現は「終わりが始まりに直結している」という摂理の暗喩です。**立派な角でも、意志とは関係なくそれが落ちるタイミングが来るように「仕組まれている」のです。それは「死と再生」の間にある「成長」という喜びを継続するための「ルール」でもあります。

今日のご縁日

虚《こ》空《くう》蔵《ぞう》菩《ぼ》薩《さつ》さま

仏さまの世界では、時間と空間の認識は人間界とは異なります。今日のタイミングでは「自分がいる宇宙」が「無限に存在する」イメージで、ご縁を感じてみてください。それは「無限の可能性」を確認する機会です。

今日の呪文

「オン バザラ アラタンノウ オンタラク ソワカ」

ゆっくりと落ち着いて唱えてみてください。今日という日を振り返り、来年の今日を思い浮かべる際にも有効です。

ご利益フード

金目鯛

昔も今も大人気のご利益フードです。これだけ季節によって旨味が異なる魚は珍しいです。今年のうちに脂がのった旬だけの味覚を楽しんでみてください。

12月28日

大掃除は、今年の感謝のため

二十四節気 冬至

七十二候 乃東生 から 麋角解 へ

ご利益行動

大掃除で差をつける

「家の大掃除は12月30日」と思い込んでいる人には、今日の行動はとくに有効です。**今日、これから「大掃除」をしましょう。**「まだ、仕事納めじゃないから無理」と思っている方は、来年は28日に大掃除が堂々とできる「立場」を目指してください。もともと新年に向けて掃除をするのは「お正月さま」という神さまが「きれいな家が好き」だからです。そして、その神さまは「来訪神」という毎年違う方角からやってくる神さまです。今日行うのは「今年一緒にいていただいた神さまに喜んでいただく」ためなのです。感謝の気持ちを伝え、次の年の神さまへの「引き継ぎ」がうまくいくことを目的とした大掃除を実行してください。

暦からのメッセージ

年の瀬を感じない生き方

大晦日が近づくこの時期のことを「年の瀬」といいます。「瀬」とは「急流」を意味しています。新しい年を迎えるための準備があまりにも多いので、「ときの流れが急に早くなった」ように感じられることが由来です。今年からは「年の瀬」を体験しない生き方を目指してみてください。

今日のご縁日

天《あめの》日《ひ》鷲《わしの》神《かみ》さま

素晴らしい変化が現れる前に、違う次元からやってくる神さまです。「良い状況」を招くだけでなく、新しい展開をもたらす神さまとして祀られています。今日は「大掃除」が「良い状況を招くためのおまじない」であるという認識で、ご縁を感じてみてください。

今日の呪文

「富《ふう》貴《き》安《あん》樂《らく》」

「豊かで、富める状態」とは「安らかで楽しめる環境」のことです。今日の呪文はそれを思い出すために唱えましょう。

ご利益フード

芹《せり》

春の七草として有名ですが、じつは本当に「デトックス効果」がある薬草としても認められている食材なのです。今日は自分の外側を大掃除したら、内側もきれいにしてみましょう。

12月29日

望みと幸せの方向性を合わせる

二十四節気 冬至

七十二候 麋角解

ご利益行動

なりたい姿を見直す

今日はノートかスマホを取り出して、以前も検討した「なりたい姿」と「やりたいこと」を確認しましょう。そのうえで、それが「自分にとっての幸せ」となるのかを「総合的に検討する」という作業に取り組んでください。今年のうちにそれを整理しなければ、せっかくのタイミングを逸してしまいます。年末の1日を終え、「後は寝るだけ」という状態から開始します。「なりたい姿」と「やりたいこと」が矛盾していると、見えない領域からの支援も、混乱してしまいます。そして、せっかくその願望が叶ったとしても「幸せが継続する状態」でなければ「もったいない」のです。

暦からのメッセージ

区切りの仕上げ

「区切りの力」を活用するために、最後の仕上げをしておく日です。会社でも学校でも家族でも、**人が人と幸せになるためには「方向性」が重要です。**好みや幸せの形が違っても「方向性」を合わせることは可能です。それにより「良い流れに乗る」という状態を体験すると、その感覚を手放せなくなります。

今日のご縁日

薬《やく》師《し》瑠《る》璃《り》光《こう》如《にょ》来《らい》さま

医学や薬学を司り、それを通じて人々を「幸せ」へと導かれる仏さまです。「健康な自分」のイメージとともに、ご縁を繋ぎましょう。

今日の呪文

「オン コロコロ センダリ マトウギ ソワカ」

健康を祈るときはもちろんのこと、年末の疲れが溜まったときにも、即効で元気をくれるご真言です。今日は明るく、弾むように唱えてみてください。寝る前にも唱えておくと、翌朝には不思議な回復力を実感できますよ。

ご利益フード

大根

これからやってくる「年末年始のご馳走ラッシュ」を前に胃腸を整えておきましょう。大根は消化を助ける薬効成分も含まれています。

12月30日

二十四節気　冬至

七十二候　麋角解

この本を最初からめくってみる

ご利益行動

不思議な本の力を実感

今日はシンプルで、誰にでもできて、楽しい作業です。**この本を1月1日からめくっていってください。**すべて読むのではなく、パラパラとめくるだけで構いません。何度かめくっているうちに「気になる日」や「気になるご縁日」「気になる呪文」があったら、それを確認してみてください。世界中には無数の本が存在しますが、ここまで不思議なワークや、日本の神さま、仏さまの御名、不思議な力をもつ呪文が一度に掲載された本は珍しいのです。そして、この本に書かれた内容はすべて「書かされた」という感覚で進行しています。それは、出版社の担当者からではなく「30年以上のご利益研究を通じて、ご縁をいただいた神さまと仏さまから」だと、認識しています。

暦からのメッセージ

生かされているという事実

今年も、後2日で終わります。このタイミングであらためて、私たち人間は自力で生きているのではなく、生かされているのだという事実を認識しましょう。

今日のご縁日

八意思兼神《やごころおもいかねのかみ》さま

思金神《おもいかねのかみ》さまの別の御名です。「すべての智慧」と「すべての想い」を意味する御名となります。今年も後少しで「区切り」です。そのタイミングを逃さず「見える領域」と「見えない領域」の両面から、ご縁を繋いでください。

今日の呪文

「春来《しゅんらい》喜《き》氣《き》迎《げい》」

「春が来ることを心から喜ぶ」という意味の呪文です。新春と呼ばれる新しい区切りが来る前に唱えておきましょう。言葉の後に現実が作られますから、今日のタイミングで「喜べる新春が来る」と宣言しておくのです。

ご利益フード

春菊

昨日のご利益フード・大根に続き、今日も「年末年始への準備」をおすすめします。春菊も胃腸を整え、呼吸器系の働きをスムーズにする薬効がある野菜なのです。

12月31日

来年の大晦日を、今日祝う

二十四節気　冬至

七十二候　麋角解

ご利益行動

予祝で区切りをつける

今年という「区切り」が終結します。世界中の認識が切り替わるタイミングは、さまざまな恩恵をもたらしてくれるのです。そのなかでもとくに強力なのが「あらかじめ、祝って、喜ぶ」という「予祝」です。**「今年の大晦日」を迎えられたことを祝うと同時に「来年の大晦日」も祝ってください。**具体的な方法としては、今年の西暦と和暦（元号と年数）で乾杯した後に、来年の西暦と和暦に変えて、もう一度乾杯する方法です。来年の「やりたいこと」ができた状態をイメージして会話を楽しむ方法もおすすめです。家族や大晦日を一緒に過ごす方の協力が得られると、さらに効果が増す「今年最後のおまじない」となります。

暦からのメッセージ

1月1日へ

さあ、今年という区切りが終わります。ぜひ「循環」ではなく**「螺旋を上がる」生き方を実現するために、明日は1月1日のページに移行してください。**そこには「新しい気づき」と「新しい楽しみ」が溢れています。古暦の祈りに触れる新しい1年が始まります。

今日のご縁日

歳《とし》徳《とく》神《じん》さま

毎年、違う方向からやってくる、幸せの神さまです。毎年変わる「恵方」とは、この神さまがいる方向のことです。今年も「生きる」ことができたことの感謝を捧げてください。これが「区切り」という「おまじない」に直結します。

今日の呪文

「ありがたきかな、ありがたきかな、末《すえ》朝《あさ》の、年神さまの、あきほうに、この1年の感謝を祈念いたします」

今年の「恵方」に向かって唱えます。来年の新しい「恵方」ではないので、注意してください。

ご利益フード

年越し蕎麦

ゲン担ぎとしては「今年最後の食事」にするのがおすすめです。区切りの力を「食」でも取り込むのです。

おわりに

ここまでお読みいただき、本当にありがとうございます。この不思議な本があなたのお手元に届いたのは、数え切れない「偶然」が積み重なった結果です。

でも、この本が「現実」として、今この瞬間にあなたのもとに存在するのは、本当に多くの皆さまのご支援とご指導、そして私のミッションを長年にわたって支持し、強い要望をいただきつづけた結果による「必然」なのです。

本書でお伝えしてきた日々を幸せに生きるためのメッセージは、偶然が必然を生み、必然が偶然へと還元される「自然の法則」がベースとなっています。

「偶然と必然」は、「陰と陽」という言葉に置き換えることができます。

もともと「古暦」は、太陽と月と星が生み出す「陰と陽」を人類が読み解いたものです。

でも、その思想はあまりにも深く、難しく感じられるので、今回は365日に分けて、できるだけわかりやすく、楽しく実践できる内容でお伝えさせていただきました。

興味のある方向けに、補足の動画を作成しましたので、左下のQRコードよりご覧ください。

そして、関係各位の素晴らしいサポートに、あらためまして、心より感謝申し上げます。

最後に、私が毎日唱えている「最強の呪文」をお伝えして、筆を置かせていただきます。

「日に日に、あらゆる面で、あなたが、どんどん、幸せになっていくことを、私は心から信じています」

この本を通じて、あなたにとって「幸せという偶然」が「日常という必然」へと変化することを、心から願っています。

明階・藤本宏人

読者限定

特別解説動画はこちらから！

https://www.sunmark.co.jp/present/365goriyaku.html

藤本宏人

（ふじもと・ひろと）

神社に所属しない「高等神職階位・明階」保持者にして、
33年以上、日本の文化・歴史・精神を研究する「ご利益」の専門家。
日本良学株式会社代表。

海外のVIP専用「神社マスター」として
「VIP専門の個別セッション」を年間80組以上実施。

2017年にはアジア12か国の
起業家コンクールにて優秀企業賞を受賞。
海外VIP顧客であり、メンターでもある師匠より
「HIROTOは、日本人にこそ、話さなければならない」
という指導により、2018年12月より、
日本人を対象とした「国学の講義」と「参拝」をセットにした
「ご利益1万倍シリーズ」を開始。

毎日の「暦中段・暦下段・大陸系暦」の
良いところだけを抽出してお伝えする
メルマガ『ご利益1万倍のこよみメール』も開始し、
宣伝を一切せず、初動で登録者数1000人を突破。

さらに開催するイベントは、常に2時間で満席となる。
現在は「現代版・御師《おんし》復活プロジェクト」も立ち上げ、
江戸時代中期に隆盛を極めた「神社をご案内する職業」を
現代に復活させるための活動を開始。

「100年後に、世界中の人々が、日本というパワースポットで、
祈りを捧げる状況となっていること」
をミッションとして活動を展開している。

365日のご利益大全

2021年12月10日　初版印刷
2021年12月25日　初版発行

著者　藤本宏人

発行人　植木宣隆

発行所　株式会社サンマーク出版
東京都新宿区高田馬場2-16-11
（電）03-5272-3166

印刷・製本　株式会社暁印刷

ISBN978-4-7631-3953-5　C0076　ホームページ　https://www.sunmark.co.jp